上海交通大学凯原法学院 **主办**
上海交通大学企业法务研究中心 **编辑**

2017年
第1辑
第2卷

SJTU International Business Law Review

国际商事法务评论

编委会主任　季卫东

主　　编　杨　力

上海交通大学出版社
SHANGHAI JIAO TONG UNIVERSITY PRESS

内容提要

　　坚定推进国内体制深化改革,稳步扩大国际投资贸易,这是中国对于当今世界全球化挑战的回应。在此背景下,为有效参与商业治理重构和市场规则变革并应对由之产生的风险,企业对于具备全球视野之法律智识的渴求从未像如今这般迫切。《国际商事法务评论》由上海交通大学凯原法学院主办,旨在以问题为导向,推动横断交叉于商事与法律、理论与实务以及具有强烈的现实针对性的深度研究,为政府科学决策和企业战略布局提供有力的智力支持。本特辑涵盖"经济犯罪、合规与企业社会责任"专题研究、投资法律问题实务前沿和商业贿赂调研报告权威发布三个部分,谨供相关人士参考。

图书在版编目(CIP)数据

国际商事法务评论. 第 2 卷 / 杨力主编. — 上海:
上海交通大学出版社,2017.
ISBN 978－7－313－18024－7

Ⅰ.①国… Ⅱ.①杨… Ⅲ.①国际商法—丛刊 Ⅳ.
①D996.1－55

中国版本图书馆 CIP 数据核字(2017)第 208470 号

国际商事法务评论

第 2 卷

特别支持机构(按首字母排序)

　　邦信阳中建中汇律师事务所

　　海华永泰律师事务所

　　上海合勤律师事务所

　　盈科律师事务所

主　　编:杨　力
出版发行:上海交通大学出版社
邮政编码:200030
出版人:谈　毅
印　　制:上海天地海设计印刷有限公司
开　　本:889 mm×1194 mm　1/16
字　　数:337 千字
版　　次:2017 年 9 月第 1 版
书　　号:ISBN 978－7－313－18024－7/D
定　　价:58.00 元

地　　址:上海市番禺路 951 号
电　　话:021－64071208

经　　销:全国新华书店
印　　张:13.5

印　　次:2017 年 9 月第 1 次印刷

目　　录

专题研究·经济犯罪、合规与企业社会责任

实 务 前 沿

权威发布·调研报告

专题研究

经济犯罪、合规与企业社会责任

反思经济犯罪治理中的惩罚路径

〔美〕刘　本（Benjamin V. Rooij）*

吴晓铃** 　译

摘要

　　LIBOR 操纵案的判决标志着司法部开始关注公司犯罪中的高管个人诉讼。这类经济犯罪不同于一般的街头暴力犯罪，惩罚个人能否产生预期的威慑作用存在很大变数。一项权威的实证研究表明，惩罚对研究范围内的公司犯罪的威慑作用极其有限，究其原因，是公司犯罪中的惩罚缺乏足够的确定性。由于信息不对称和公司层级制度等原因使高基准的惩罚确定性难以实现，而监管机构查明违法行为及实际执法等过程亦在降低惩罚的确定性。事实上，即便着力提高惩罚确定性和执法能力，也不会转化为被管理者足够高的惩罚风险感知能力，也因此无法确保预期的威慑效果。另外，公司体系的复杂性使得追究高管个人责任也难以改变公司内甚至整个行业内的违法行为。因此，执法应试图从被管理者的惩罚观念出发，适应公司守法或违法的动机，尝试对违法行为中发挥作用的原因及动机做出回应，而惩罚只是众多回应机制的其中之一而已。

关键词　经济犯罪　公司犯罪　个人责任　惩罚　威慑

引　言

　　2015 年 11 月 5 日（星期四），曼哈顿联邦法院陪审团认定 Anthony Allen 和 Anthony Conti 构成 28 项欺诈罪与共谋罪[1]。两位来自伦敦的荷兰合作银行前交易员因参与操纵伦敦同业拆借利率而获罪（下文简称 LIBOR 操纵案）。该判决是美国司法部（Department of Justice，以下简称 DOJ）取得的一次重大胜利。陪审团宣读判决后，司法部刑事局负责人 Leslie Caldwell 表示：“今日的判决说明司法部在追究违反全球反诈骗计划的银行高管人员的责任上取得了巨大

　　* 刘　本　美国加利福尼亚大学尔湾分校法学院教授。
　　** 吴晓铃　上海交通大学凯原法学院法科特班硕士研究生。
　　〔1〕纽约时报：《两位前交易员在 LIBOR 操纵案中获罪》，2015 年 11 月 6 日，http://www.nytimes.com/2015/11/06/business/dealbook/two-former-traders-found-guilty-in-libor-manipulation-case.html? _r=0，2016 年 5 月 10 日。

成功。"[2、3]

对司法部而言,这两位银行高管的有罪判决标志着近期政策转向关注公司犯罪中高管的个人诉讼。自 2008 年金融危机以来,司法部因在这场危机中及危机后对金融违规行为缺乏高级别的个人诉讼而遭到了来自政客、时事评论员和学界的强烈批评[4]。大多数案件中,[5]司法部将公司作为一个整体起诉,至多达成上百万甚至高达几十亿美元的财务和解。通过暂缓起诉协议达成的诸多此类和解无须进行有罪答辩[6]。LIBOR 操纵案中,Allen 和 Conti 曾工作的荷兰合作银行就通过一项暂缓起诉协议与司法部达成和解,并同意支付超过 10 亿美元的民事和刑事罚金[7]。该罚金由公司及其股东支付,而非由那些应对违规行为负责和从中直接受益的高管和交易员承担。

一、为何不监禁高管

司法部曾为其在全球金融危机之后未进行个人诉讼的行为辩解。通常而言,司法部担忧惩罚大型金融机构会造成国内和全球市场的动荡。美国司法部总检察长 Holder 曾在 2013 年参议院司法委员的听证会上解释道:"我担心,一些机构的规模过于庞大,而当种种迹象表明如果我们做出刑事指控,会对整个国家经济乃至世界经济产生负面影响时,起诉他们会变得非常困难。我认为这正是有些机构已然过于庞大这一事实所带来的结果"[8、9、10]。

司法部曾详尽阐述了金融危机过后长时间未追究高管个人责任的原因。司法部官员称,公司

---

〔2〕 卫报:《两位前荷兰合作银行交易员在美国 LIBOR 操纵案中被判刑》,2015 年 11 月 5 日,http://www.theguardian.com/business/2015/nov/05/two-former-rabobank-traders-convicted-us-libor-rigging-trial,2016 年 5 月 10 日。

〔3〕 参见另一高管因煤矿安全事故入狱的案件。纽约时报:《唐纳德·布兰肯希普因煤矿安全事故被判监禁一年》,2016 年 4 月 7 日,http://www.nytimes.com/2016/04/07/us/donald-blankenship-sentenced-to-a-year-in-prison-in-mine-safety-case.html?smprod=nytcore-iphone&smid=nytcore-iphone-share&_r=0,2016 年 5 月 10 日。

〔4〕 纽约时报:《伊丽莎白·沃伦:重建我们制度的一条道路》,2016 年 1 月 29 日,https://www.nytimes.com/2016/01/29/opinion/elizabeth-warren-one-way-to-rebuild-our-institutions.html,2016 年 5 月 10 日。赫芬顿邮报:《因忽视花旗银行精英罪犯,司法部赢得第四届检举人柠檬奖》,2016 年 4 月 7 日,http://www.huffingtonpost.com/william-k-black/doj-ignores-citis-elite-c_b_9637192.html,2016 年 5 月 10 日。

〔5〕 举例来讲,一直以来对于很多抵押贷款欺诈案件都只做出了轻微起诉。例如,可参见总检察长 Holder 于 2014 年就此所作发言的概要。美国司法部:《总检察长 Holder 在纽约大学法学院关于金融欺诈起诉问题的讲话》,2015 年 8 月 18 日,http://www.justice.gov/opa/speech/attorney-general-holder-remarks-financial-fraud-prosecutions-nyu-school-law,2016 年 5 月 10 日。

〔6〕 Rena Steinzor: Why Not Jail? Industrial Catastrophes, Corporate Malfeasance, and Government Inaction, New York: Cambridge University Press, 2014.

〔7〕 Law360:《联邦政府工作人员称:证据支持对荷兰合作银行员工的定罪》,2015 年 12 月 16 日,http://www.law360.com/articles/738825/evidence-backs-rabobankers-libor-convictions-feds-say,2016 年 5 月 10 日。

〔8〕 美国银行家:《讲稿:总检察长 Eric Holder 论"大到不能判刑"》,2013 年 3 月 6 日,http://www.americanbanker.com/issues/178_45/transcript-attorney-general-eric-holder-on-too-big-to-jail-1057295-1.html,2016 年 5 月 10 日。

〔9〕 在安达信会计师事务案件中,刑事指控虽然最终落败,但这家顶级会计师事务所却因之崩溃。华盛顿邮报:《联邦终结对安达信的指控》,2005 年 11 月 23 日,http://www.washingtonpost.com/wp-dyn/content/article/2005/11/22/AR2005112201852.html,2016 年 5 月 10 日。

〔10〕 关于起诉何以如此艰难的更多文献,参见:Gregg Barak, Theft of a Nation: Wall Street Looting and Federal Regulatory Colluding, Lanham: Rowman & Littlefield Publishers, 2012. Justin O'Brien, "The façade of enforcement: Goldman Sachs, negotiated prosecution, And the politics of blame," in Susan Will, Stephen Handelman and David C. Brotherton, eds., How they got away with it: With collar criminals and the financial meltdown, New York: Columbia University Press, 2013, pp. 178 - 202; Henry N. Pontell, "Theoretical, Empirical, and Policy Implications of Alternative Definitions of 'White-Collar Crime'," in Shanna R. Van Slyke, Michael L. Benson and Francis T. Cullen, eds., The Oxford Handbook of White-Collar Crime, Oxford: Oxford University Press, 2016, p. 39; Henry N. Pontell, William K. Black and Gilbert Geis, "Too big to fail, too powerful to jail? On the absence of criminal prosecutions after the 2008 financial meltdown," Crime, Law and Social Change, vol. 61, no. 1 (February 2014), pp. 1 - 13.

违规行为已渗透于更广泛的公司文化之中，改造犯罪行为意味着改变卷入其中的公司文化，这要求惩罚的是公司而不是单个员工或者高管[11]。在财务造假最终导致了安然的破产之后，司法部副总检察长 Larry D. Thompson 在 2002 年阐释了文化背景与起诉公司之间的关系："大型公司形成了自身指导员工思想和行为的经营方针与文化，这种文化如同一张由价值观念和行为准则编织的网，超越了任一管理人员的任期，使公司得以持续运转。这种文化可能灌输遵纪守法，也可能滋生蔑视和违反法律的行为。"谈及改变这一文化时，他补充道："公司本身必须为其文化和其促成的行为负责。[12]"

12 年后的 2014 年，司法部总检察长 Eric Holder 在讨论金融危机以来司法部的工作时也给出了类似解释："当欺诈行为已在公司内部披露时，我们经常力求公司自身担负责任。因为我们意识到如果制度本身已经失灵或者违法失责的文化土壤无处不在时，有必要引入机构问责制，为公司带来根本性的变革。[13]"Holder 进一步指出，仅仅问责于个人并不会对公司违法行为带来丝毫改变："如果没有公司刑事责任，就不能对明示或暗示纵容犯罪行为的公司文化形成有效的遏制。相反，公司可能单独任命一位专职坐牢的副总裁，他不过是为公司集体行为买单的替罪羊而已。[14]"

司法部不问责高管个人的另一原因是路阻且艰。美国司法部总检察长 Eric Holder 在 2014 年纽约大学法学院的一次活动上表示："对高管个人的诉讼并不缺乏尝试。"公司犯罪通常发生在复杂的组织体系中，往往涉及诸多员工和管理人员。Holder 进一步表示："责任如此分散，顶层的高管独善其身，使得任何违规行为更像是制度文化的结果，而非个人有意为之。[15]"Holder 还直接指出了个人诉讼面临的挑战："当一个老练的交易员卷入复杂的交易中，指向个人的刑事诉讼会变得更为困难和复杂。律师可能有诸多理由为其辩护，如书面披露充分与否、能否证明犯罪意图和动机等。在某些情况下根本不可能证明一些远离公司日常运营的顶层高管对某一计划知情。[16]"

Brandon L. Garrett 在其 2014 年出版的《大而不倒》一书中将高管比作"鸵鸟"："大型公司中有许多沙子可供鸵鸟们将头埋进，即便没有任何违法者，如此最为庞大、最为复杂的组织仍会犯下滔天重罪。[17]"

除查明有罪高管外，司法部官员称另一项挑战是公诉人员收集证据。正如司法部总检察长 Holder 在 2014 年演讲中称："证据总是难以获取，许多金融犯罪分子深谙此道，避免使用可能会给调查员留下线索的邮件，犯罪意图有时可能仅来源于口头授意，纵使这能为定罪提供铁证，但这仅仅来源于公司中的证人。[18]"2015 年，司法部在备忘录中进一步指出了证明违法行为与公司个人行为相关性的复杂程度："调查员必须仔细排查公司文件，这些文件可能数量庞大，还有可能由于法律限制无法获取，但仍必须基于排查结果重现作案过程。[19]"

〔11〕　Brandon L Garrett，Too Big to Jail：How Prosecutors Compromise with Corporations，Cambridge：Harvard University Press，2014，p. 47.

〔12〕　美国司法部：《副总检察长 Larry D. Thompson 在密歇根联邦律师协会的讲话》，2002 年 10 月 5 日，http：//www.justice.gov/archive/dag/speeches/2002/100502dagremarks.htm，2016 年 5 月 10 日。

〔13〕〔14〕〔15〕〔16〕　美国司法部：《总检察长 Holder 在纽约大学法学院关于金融欺诈起诉问题的讲话》，2015 年 8 月 18 日，http：//www.justice.gov/opa/speech/attorney-general-holder-remarks-financial-fraud-prosecutions-nyu-school-law，2016 年 5 月 10 日。

〔17〕　Brandon L Garrett，Too Big to Jail：How Prosecutors Compromise with Corporations，Cambridge：Harvard University Press，2014，p.88.

〔18〕〔21〕　美国司法部：《总检察长 Holder 在纽约大学法学院关于金融欺诈起诉问题的讲话》，2015 年 8 月 18 日，http：//www.justice.gov/opa/speech/attorney-general-holder-remarks-financial-fraud-prosecutions-nyu-school-law，2016 年 5 月 10 日。

〔19〕〔20〕〔22〕　美国司法部：《副总检察长 Sally Q. Yates 关于"公司不法行为中的个人责任"（Individual Accountability for Corporate Wrongdoing）的备忘录》，2015 年 9 月 9 日，http：//www.justice.gov/dag/file/769036/download，2016 年 5 月 10 日。

二、公司犯罪中的个人诉讼

LIBOR 操纵案的判决实现了重大突破。就在判决前几个月,司法部已正式宣布优先处理公司犯罪案件中针对高管的个人诉讼。司法部副总检察长 Sally Q. Yates 在 2015 年 9 月中的备忘录中解释了新举措的原因:"追究违法者个人责任是对抗公司违规行为最为有效的手段之一,该责任有重要作用:预防违法行为,激发公司改变其违法行为,确保当事人承担责任以及推动司法公信力。[20]"一年前,司法部总检察长 Holder 对个人诉讼的必要性亦做出了类似解释:"不考虑其他因素,能预防公司犯罪行为——或者激励公司改变行为的事情很少——如决策者个人被追责的可能性。一家公司可能一边进行着有罪答辩,第二天其股价仍在上涨,但构成严重诈骗罪的个人却很有可能因此入狱。[21]"当时,Holder 以正在调查中的 LIBOR 操纵案作为一个重要例证。

备忘录中,司法部宣布从调查伊始[22]即从民事和刑事层面追究高管个人责任。备忘录也强调了个人诉讼应成为美国检察官处理民刑事案件不可或缺的一部分。司法部也会在搜集个人犯罪证据时通过诱使公司合作的方式发挥其在公司诉讼中的影响。事实上,在 LIBOR 操纵案中,检察官之所以能搜集足够的证据在庭审中胜诉,离不开与司法部合作的合作银行内认罪嫌疑人提供的信息。

转向追究高管个人责任显然是立足于威慑效应。因此,它直接指向了我们的惩罚直觉和惯例。显然,倡导加大惩罚力度的司法部以及学者们认为诉诸强有力的公司和个人诉讼会促使公司行为更为规范,亦能避免国际市场的系统性风险。然而,在我们发现了迄今为止的所有科学证据并未显示惩罚以符合人们直觉和惯例的方式影响暴力犯罪行为这一事实之后,我们必须考量惩罚对于制止经济犯罪尤其是如 LIBOR 操纵案此类的金融犯罪是否有效。[23]

三、经济犯罪和暴力犯罪

也许惩罚对于经济犯罪更有威慑作用。这是因为经济犯罪更为理性,是基于成本收益衡量所做出的具体选择,这类似于传统的惩罚模型。经济犯罪通常不涉及惯犯和社会异类,对这些人而言,惩罚及惩罚威胁对塑造其行为具有强大的威慑力。对某些经济犯罪而言,潜在违法者受过高等教育,或许更了解具体规则及其执法甚至了解惩罚的威慑力。然而,惩罚作用于经济犯罪的效果是否优于街头暴力犯罪,这一点仍值得怀疑。违反法律规范的经济犯罪普遍存在,然而作为威慑力最重要部分的侦破率依然很低。这是可能的。因为相比于国家、州及地方警察侦查街头暴力犯罪的能力而言,大部分地区警察部门侦查经济犯罪的能力要弱得多。如果结合受害者举报不同类型经济和非暴力犯罪的较低可能性来看,侦破率及由此产生的威慑作用可能更低。

因某些经济犯罪发生在复杂的公司内,惩罚对经济犯罪的作用更为模糊不清[24]。对此,Holder以及其他司法部官员十分遗憾,过去 10 年间许多大型公司犯罪案件中,很难将责任归咎于单个决策

---

〔23〕 英国严重欺诈办公室(UK Serious Fraud Office)也发布类似的备忘录:他们在备忘录中认为,刑事指控会有威慑作用。

〔24〕 Sally Simpson et al., "Corporate Crime Deterrence: A Systematic Review," *Campbell Systematic Reviews*, vol. 10, no. 4 (May 2014), p. 9; Andrea Schoepfer, Stephanie Carmichael, and Nicole Leeper Piquero, "Do Perceptions of Punishment Vary between White-Collar and Street Crimes?," Journal of Criminal Justice, vol. 35, no. 2 (March/April 2007), pp. 151 – 163.

者,毋宁说顶层高管,这使得惩罚难以改造已发生的犯罪行为;因而不仅应当有合理的威慑,而更重要的是威慑应针对谁。多年以来,人们对刑事诉讼只针对公司整体表示不满,这是因为法律预先拟制公司是法人,并通过惩罚公司以改变其行为。显然,公司行为是公司内高层的决策及其运作并反映于公司下级的结果,从这个角度可以考虑公司中的哪些人会担忧公司作为一个整体被惩罚。随着司法部政策转向个人诉讼,我们至少可以惩罚个人,我们也能知道应针对谁以及预估惩罚如何影响类似职位者。

至今仍无法知晓的是,惩罚个人,无论是职位高或低,是否有助于预防分散在公司中各个层级的违法行为。因此司法部即使获得了对合作银行高管的胜诉判决,是否有助于预防未来其他银行类似操纵利率的行为? 这就要求可能涉及操纵的银行首先学习这份判决,其次需要意识到判决中的案情也可能发生在他们身上并对他们的生活产生巨大影响。此外,这不仅要求个人因为恐惧改变行为,而且这种恐惧也能影响最初触发操纵行为的这一行为过程。

所有这些问题或许可通过科学研究来解决。与对很多街头暴力犯罪所做的研究一样,关于惩罚对公司刑事犯罪影响的研究已有很多,然而已有研究针对的行为比较分散,因此难以比较,且惩罚的效果不甚相同。比如,一方面很多工作是在研究国税局的执法如何影响个人纳税决策,另一方则是在研究监管执法对于大型公司经常发生的环境以及职业健康安全违法行为的影响。关于遏制街头暴力犯罪的研究大多关注违法行为中的某一部分,比如杀人、强奸、抢劫以及盗窃。对于经济犯罪而言,联邦、州以及地方系统中涵盖了大量关于个人及行为环境和组织的不同规定。在经济犯罪领域,往往有众多重叠的执法机构,这些机构有着不同类型的处罚权,因而潜在惩罚的效果也有着很大的变数。

四、一项轰动性研究

2014 年,也即主流媒体报道司法部政策转向个人诉讼的前一年,一篇学术论文面世。这篇论文是由白领犯罪领域的专家 Sally Simpson 和同事们撰写的《公司犯罪的威慑效应:系统性评价》,系统性地评价了现有证据中政府惩罚对公司犯罪的威慑作用。该研究采用了一种精细的科学方法,通过系统搜索前沿的科学数据库,从更为广泛的研究中提取合格的研究,在共计 116 项合格的研究中,囊括了诸多领域内的权威研究。在选择纳入公司犯罪研究的范围时,公司犯罪被定义为"公司或员工代表公司实施的法律禁止或法律惩罚的行为"。[25] 公司犯罪的范围包括环境、职业健康、反垄断和证券违法以及其他违反劳动法和行政法规的行为。

该研究提供了最为翔实和最新的关于已有证据对公司违规行为威慑作用的分析。该篇论文独特之处,在于使得我们整体上从不同法律领域理解,威慑效应如何在公司背景下影响个人和公司层面的守法行为。

Simpson 和同事们得出了一个惊人的结论,他们发现惩罚对于研究范围内的公司犯罪并没有威慑作用。正如该研究总结道:"现有证据并未表明惩罚对个人违法、公司层面违法、地域层面违法及采用其他方法研究的违法行为有任何威慑作用。"该研究还发现:"不仅效果不显著,而且影响规

---

〔25〕 "因此,在本篇评价中,我们采用了 John Braithwaite 给出的定义,公司犯罪是指'公司或员工代表公司实施的法律禁止或法律惩罚的行为。'"Sally Simpson et al. , "Corporate Crime Deterrence: A Systematic Review," Campbell Systematic Reviews, vol. 10, no. 4 (May 2014), p. 5.

模还非常小。"[26] 因而,与刑事犯罪有关的研究类似,对于公司违规行为,从整体上而言,[27] 严厉的惩罚并未达到预期的威慑效果。当然,这并不符合我们的直觉和惯例。对于公司犯罪和违规行为而言,由于目前极其缺乏公司问责,尤其是个人问责,更多人支持加大惩罚力度。然而,文章十分明确地告诉我们,加大惩罚力度,即使在某些条件下必要,也并不必然具有威慑力并且有助于改造公司违法行为。[28]

该研究通过已有科学证据分析违法行为被查出的可能性如何影响公司犯罪,以观察惩罚的确定性。Simpson 和同事们认为已有证据关于查明率对犯罪的影响混乱不清,无法因此得出合理结论。[29] 其中,他们发现了查明率对于个人犯罪的某些威慑力。[30] 然而在分析总体实证数据时,Simpson 和同事们发现惩罚确定性对守法性的影响越发模糊。例如,研究发现在更为纵向的研究中,当长期研究集中于同一样本时,这种确定性的作用非常微弱。[31] 对于公司层面的犯罪,高查明率的威慑效果比较复杂。这取决于研究类型,有些研究认为高查明率会带来更多的犯罪;[32] 有些认为减少犯罪,[33] 从而伴随着或多或少的统计意义。基于此,他们总结道:"在公司层面的犯罪有一个临界点,特定程度的监管激发的是反抗而不是守法。尽管这种解释纯属推测,仍需更多证据支持,但定性研究已发现反抗监管和'创造性'守法并存的例子。"[34] Simpson 和同事们发现整体而言仍无法总结出提高查明率的威慑作用。可见,经济犯罪不同于暴力犯罪,惩罚的确定性和减少经济犯罪的联系并不明确。

这是令人费解的研究结果。参议员 Elizabeth Warren 在《纽约时报》专栏中解释了为什么对于公司违规行为加大惩罚力度是公平而且必要的[35]:"当公司或高管违反法律时,如果不给予合理的惩

---

[26] Sally Simpson et al., "Corporate Crime Deterrence: A Systematic Review," Campbell Systematic Reviews, vol. 10, no. 4 (May 2014), p. 29.

[27] 当然,确实也有一些研究例外地发现在某些部门存在威慑效果,比如:Wesley A. Magat and W. Kip Viscusi, "Effectiveness of the Epa's Regulatory Enforcement: The Case of Industrial Effluent Standards," The Journal of Law & Economics, vol. 33, no. 2 (October 1990), pp. 331 - 360.

[28] 这仍需要与那些表明更重的制裁确有威慑作用的研究进行比较:"越来越多的实证证据表明,更为严厉的威慑措施,比如刑罚和执法行动,也能提升公司的合规性(Gray and Scholz 1991; Aoki and Coiffi 2000; Gray and Shadbegian 2005; Gunningham et al. 2005; Mendelhoff and Gray 2005; Shimshack and Ward 2005)。"Jodi L. Short and Michael W. Toffel, Coerced confessions: Self-policing in the shadow of the regulator. Journal of Law, Economics, and Organization, vol. 24, no. 1 (August 2008), p. 48.

[29] Sally Simpson et al., "Corporate Crime Deterrence: A Systematic Review," Campbell Systematic Reviews, vol. 10, no. 4 (May 2014), p. 29.

[30] 检查的威慑作用可在以下文献中找到:Jodi L. Short and Michael W. Toffel, Coerced confessions: Self-policing in the shadow of the regulator. Journal of Law, Economics, and Organization, vol. 24, no. 1 (August 2008), pp. 45 - 71; Wesley A. Magat and W. Kip Viscusi, "Effectiveness of the Epa's Regulatory Enforcement: The Case of Industrial Effluent Standards," The Journal of Law & Economics, vol.33, no. 2 (October 1990), pp. 331 - 360; Benoit Laplante and Paul Rilstone, "Environmental Inspections and Emissions of the Pulp and Paper Industry in Quebec," Journal of Environmental Economics and Management, vol. 31, no. 1 (July 1996), pp. 19 - 36.

[31] Sally Simpson et al., "Corporate Crime Deterrence: A Systematic Review," Campbell Systematic Reviews, vol. 10, no. 4 (May 2014).

[32] See for instance K. Kuperan and J.G. Sutinen, "Blue Water Crime: Deterrence, Legitimacy, and Compliance in Fisheries," Law & Society Review, vol. 32, no. 2 (January 1998).

[33] See for instance Jodi L. Short and Michael W. Toffel, Coerced confessions: Self-policing in the shadow of the regulator. Journal of Law, Economics, and Organization, vol. 24, no. 1 (August 2008), pp. 45 - 71; Wesley A. Magat and W. Kip Viscusi, "Effectiveness of the Epa's Regulatory Enforcement: The Case of Industrial Effluent Standards," The Journal of Law & Economics, vol. 33, no. 2 (October 1990), pp. 331 - 360; Benoit Laplante and Paul Rilstone, "Environmental Inspections and Emissions of the Pulp and Paper Industry in Quebec," Journal of Environmental Economics and Management, vol. 31, no. 1 (July 1996), pp. 19 - 36.

[34] Sally Simpson et al., "Corporate Crime Deterrence: A Systematic Review," Campbell Systematic Reviews, vol. 10, no. 4 (May 2014).

[35] 纽约时报:《伊丽莎白·沃伦:重建我们制度的一条道路》,2016 年 1 月 29 日,https://www.nytimes.com/2016/01/29/opinion/elizabeth-warren-one-way-to-rebuild-our-institutions.html,2016 年 5 月 10 日。

罚,就会侵蚀整个国家的根基。公平并不是仅仅意味着少年偷车获刑,而且也无非是关注默默策划盗取数十亿美元的 CEO。"[36] 她指出,在她研究的 20 个公司违法的案件中,仅在一个案子中一名高管因在事故中造成 29 人死亡被判刑 3 个月。[37] 因此很显然,当前司法制度不公平,过度惩罚底层公民而未能采取行动打击顶层高管的犯罪。高管若经常违反法律,往往会对区域、对其糟糕的财务及健康生态效应产生深远影响,他们应直接承担责任。这是毫无疑问的。

然而论文中对已有威慑力的研究提出了不同的论点:不是公司犯罪是否应当受到惩罚,而是我们期待从惩罚中实现什么。我们可能期望通过惩罚高管和公司,对被惩罚者建立起某种程度的问责;更多地惩罚精英和权贵犯罪能提高整个刑事司法系统及如美国环保局(EPA)、美国国税局(IRS)和美国证券交易委员会(SEC)等专门监管机构的合法性。强有力的惩罚在这里只是一个公平公正的问题,是一个在刑事司法和监管系统中平等对待以及减少特权和豁免的问题。然而,对我们而言,真正重要的是,惩罚是否会改变其未来行为并有助于预防其他案件中公司中个人或公司的违法犯罪行为。我们能否期待这是正确的,即大力惩罚构成非暴力犯罪的高管和公司,从而威慑公司改变其非法行为?

然而,现有文献并未就此继续深入。总体而言,现有证据是相互矛盾的、微不足道的,甚至是负面的。Simpson 和同事们的论文并非一项单一研究,而是由该领域内最权威的专家所做的研究项目,从已有的最佳研究中分析研究结果。我们应当注意到 Simpson 和同事们也发现审查的研究越严格,他们通过实验设计的惩罚与违法行为之间因果关系的证据越来越多,而发现的威慑作用也越小。[38]此外,越是近期的研究,越是使用了前沿的社会科学方法进行更好的研究设计,越选取更具代表性的现行做法,发现的威慑作用也越小。

因此,即使有诸多理由惩罚公司违规行为,尤其是对高管和公司加大惩罚力度,惩罚对减少未来犯罪和违规行为的威慑作用却并不明确。最糟糕的是,还必须在维护公平正义和制度合法性及寻求有效路径以减少公司未来犯罪和违规行为中做出选择。

在如何应对公司违规行为的激烈争论中,惩罚能否真正改造违法行为似乎依然退居幕后。已有的关于公司刑事犯罪惩罚的威慑效应的科学认知并未成为公众辩论的一部分,也并未直接影响司法部的政策决定。科学仅仅是作为一种"麻烦的真相",在认为终结公司违法行为逍遥法外乃理所当然的人中并不被认可。这种情况在这场争论中表现得甚至要比在当前街头暴力犯罪辩论中更为突出。当然科学并不就是真相,特别是 Simpson 和同事们的研究在很大程度上并未从极其可靠的研究设计中获得明确的统计学意义上的研究结论。

我们可能会认为上述研究结论中威慑效应证据的不足是源于更深层的背景,即惩罚的威慑力非常小,实际惩罚的力度很低。可能当惩罚趋向于确定及严厉时,整体研究结果也会发生变化。然而值得怀疑的事实却是,由于街头暴力犯罪的惩罚确定性及特别是惩罚力度远高于公司犯罪,但多数情况下证明威慑作用的证据确实有限。

关于如何应对公司犯罪和违规行为的讨论至少应当围绕预防问题,并凭借威慑效应和已有事实

---

[36] 上周,我在参议院中提及了政府部门对大型公司及其高管执法不力的问题。摩根士丹利的和解就充分说明了这点。整个国家有两套司法体系:一套适用于知道如何盗取财富的富人和权贵,另一套则适用于余下的所有人。这种情况该适可而止了。

[37] 赫芬顿邮报:《伊丽莎白·沃伦:美国司法被"操纵",偏袒富人》,2016 年 2 月 3 日,http://www.huffingtonpost.com/entry/elizabeth-warren-american-justice-rigged-for-rich_us_56b205a2e4b04f9b57d7e5fe,2016 年 5 月 10 日。

[38] Sally Simpson et al., Corporate Crime Deterrence: A Systematic Review, Campbell Systematic Reviews, vol. 10, no. 4 (May 2014), pp.34, 39.

解决新惩罚政策的合法性。这样对于惩罚如何发挥作用及提醒我们如何依赖惩罚改造公司犯罪行为，我们会有更合理的期待。

五、惩罚确定性的质疑

惩罚对经济犯罪的威慑效果之所以并不显著，或许最重要的原因在于违法行为受到制裁的确定性仍很低。而惩罚的确定性是威慑街头暴力犯罪最为重要的因素。在经济犯罪中，这种确定性的研究结果却并不明朗。Simpson 和同事们研究确定性时，发现愈发确定的惩罚会对个人产生威慑作用，但公司行为却不受影响，而且在更深层次的纵向研究中由于证据不充分，未能更好地继续分析确定性和实际违法行为的因果关系。

惩罚的确定性在某些情况下可以促进守法行为。一些研究发现增加检查甚至是简单的威胁对于减少公司犯罪都非常重要。Laplante 和 Rilstone 以魁北克州环境污染违法行为为例："特别是，检查或是以检查威胁对于污染排放都能产生负面影响，而且检查使得该行业自我报告更为频繁。"[39] Magat 和 Viscusini 在研究美国环境保护局（EPA）减少环境污染的工作时也有高度相似的结论："检查及有关的执法行为对污染程度和守法程度都有很大影响，另外，检查也能减少污染排放的不报告行为。"[40] Short 和 Toffel 在研究美国环保局的检查对美国工业公司违反环境自我报告制度行为的影响时也有类似发现，在检查中是否真正违法并不重要："检查员的出现，或者检查员的到来并通过针对性的合规举措产生的威胁，不论检查员收获如何，明显有利于自我报告。"[41]

然而，确定性并不总能促进守法行为。Gray 和 Mendeloff 在研究美国职业安全健康局（OSHA）的检查对工伤的影响时发现，在 1979—1985 年，施有惩罚的检查使得"损失工作日"（days-away-from-work）工伤（系指伤害严重程度使工人无法继续工作的工伤）降低了 19%，1987—1991 年惩罚只降低了 11% 的"损失工作日"工伤，1992—1998 年该比例再无显著降低。[42] 而且作者发现，检查对"工作受限工伤"（restricted work injuries，系指受伤员工在有限范围内仍可继续工作的工伤）并无威慑作用。作者还预测检查的作用会越来越小，因为雇主有其他激励措施来增强对员工安全的关注，包括增强对工人补偿费用的关注及从保险公司获得更多帮助以减少工作场所的危害。[43、44]

更为确定的惩罚在某些特定情况下是奏效的。对公司违规行为而言，确定性的惩罚不仅仅是对产品做更多的检测、审计和调查，更重要的是如何对这些违法行为进行的侦查活动。Gray 和

〔39〕 Benoit Laplante and Paul Rilstone, "Environmental Inspections and Emissions of the Pulp and Paper Industry in Quebec," Journal of Environmental Economics and Management, vol. 31, no. 1 (July 1996), p. 19.

〔40〕 Wesley A. Magat and W. Kip Viscusi, "Effectiveness of the Epa's Regulatory Enforcement: The Case of Industrial Effluent Standards," The Journal of Law & Economics, vol. 33, no. 2 (October 1990), p. 359.

〔41〕 Jodi L. Short and Michael W. Toffel, Coerced confessions: Self-policing in the shadow of the regulator. Journal of Law, Economics, and Organization, vol. 24, no. 1 (August 2008), p. 64.

〔42〕 Wayne B. Gray and John M. Mendeloff, "The Declining Effects of Osha Inspections on Manufacturing Injuries, 1979 - 1998," Industrial & Labor Relations Review, vol. 58, no. 4 (July 2005), p. 571.

〔43〕 Wayne B. Gray and John M. Mendeloff, "The Declining Effects of Osha Inspections on Manufacturing Injuries, 1979 - 1998," Industrial & Labor Relations Review, vol. 58, no. 4 (July 2005), pp. 571 - 587.

〔44〕 发现 OSHA 的检查没有效果的相关研究，参见 Wayne B. Gray and John M. Mendeloff, "The Declining Effects of Osha Inspections on Manufacturing Injuries, 1979 - 1998," Industrial & Labor Relations Review, vol. 58, no. 4 (July 2005), p. 571; 大部分此类研究——包括 Viscusi (1979) 与 Bartel & Thomas (1985) 所做的行业层面研究以及 Smith (1979)、McCaffrey (1983) 和 Ruser & Smith (1991) 所做的工厂层面的研究——均发现检查对于减少工伤的作用很微弱。

Mendeloff 在研究美国职业安全健康局检查的影响时发现，只有深层次检查才能减少工伤和促进守法行为，而高频次的检查并无益处："仅仅核查公司工伤记录这种表面的检查是无效的，卫生检查看似更为严格，也可以减少工伤，但是每年重复此类检查就达不到效果。"〔45〕

Short 和 Toffel 在研究美国环保局（EPA）的检查对违反环境自我报告制度行为的影响时认为，检查的效果仅在针对性的检查项目中有效，"检查往往通过信函、行业协会直接针对特定公司，并同时提供技术合规协助以及审计激励机制"〔46〕。当不直接针对某公司以及没有协助守法行动时，检查就不发挥作用："另一方面，我们并未发现被美国环保局纳入国家优先发展的行业范围内的公司，会比其他行业更愿意自我披露违法行为。"〔47〕这种情况下，似乎是更多的检查带来的效果，而这种效果实际上可能来自针对性的沟通及监管人员提供的协助守法行动，并非仅仅是威慑作用的结果。因此，检查可能不仅仅通过威慑，还通过教育和劝诫在改进公司的行为，这一点将在后文详细讨论。

对违法经济行为实现足够程度的惩罚确定性非常困难。为产生威慑效应，惩罚必须有特定基准的确定性。街头暴力犯罪中惩罚确定性的基准大约在 25％—40％，〔48〕然而诸多类型的街头暴力犯罪并未达到这种基准。目前研究尚未涉及经济犯罪的惩罚确定性的基准问题，也未有关于侦查、起诉及判决比例的可靠数据。目前从研究中可以发现，公众认为街头犯罪被捕的概率高于白领犯罪。〔49〕美国联邦调查局（FBI）提供了一些关于白领犯罪结案率的数据，提供的案件包括查处的诈骗、侵占、贿赂及伪造等案件，整体结案率高达 32％。〔50〕然而，FBI 最早注意到，多数案件是由监管机构处理，FBI 只接收较为严重的少量案件及属于其管辖权范围的案件，通常不会涉及环境、职业健康安全及食品安全等案件。而且即便有涵盖了不同监管机构结案率的完整报告，这也无法反映真实查明比例的惩罚，因为有大量少报或不报的违法经济行为。

虽然我们缺乏违法经济行为被捕和被惩罚概率的具体信息，但实现和维持高基准的惩罚确定性的确很困难。对于侦查经济犯罪的调查人员而言，首个挑战即是很多案件能报告的违法行为有限。对于逃税、污染、违法和高风险的银行操作及内幕交易这类行为而言，要么是无直接受害者，要么是有关的违法行为过于分散。例如，所有人均因逃税受害，但无直接受害者。当城市中的人们遭受雾霾之害时，他们无法知晓具体是哪些公司引起了雾霾及他们的行为是否违法。当金融机构参与诈骗从而导致重大金融危机时，世界各地的公民均受到影响，却无法将他们的损失和痛苦直接归咎于特定金融机构，即便危机发生后他们可能也做不到。更重要的是，第一次犯罪发生时他们也不可能这么做，因为他们根本不了解也无法直接归咎于这些金融机构，因为这些行为最终导致的损害是全球性的。

在违法经济行为中，加害人与受害者之间存在着极大的权利不平衡，两者之间通常存在着严重的

〔45〕 Wayne B. Gray and John T. Scholz, "Analyzing the Equity and Efficieny of OSHA Enforcement," Law & Policy, vol. 13, no. 3 (July 1991), p. 185.

〔46〕〔47〕 Jodi L. Short and Michael W. Toffel, Coerced confessions: Self-policing in the shadow of the regulator. Journal of Law, Economics, and Organization, vol. 24, no. 1 (August 2008), p. 64.

〔48〕 Don W. Brown, "Arrest Rates and Crime Rates: When Does a Tipping Effect Occur?," Social Forces, vol. 57, no. 2 (December 1978), pp. 671 - 682; Mitchell B. Chamlin, "A Longitudinal Analysis of the Arrest-Crime Relationship: A Further Examination of the Tipping Effect," Justice Quarterly, vol. 8, no. 2 (June 1991), pp. 187 - 199.

〔49〕 Andrea Schoepfera, Stephanie Carmichaelb and Nicole Leeper Piquero, "Do perceptions of punishment vary between white-collar and street crimes?," Journal of Criminal Justice, vol. 35, no. 2 (March/April 2007), pp. 151 - 163.

〔50〕 美国联邦调查局：《基于统一犯罪报告（UCR）数据的白领犯罪度量》，https://www.fbi.gov/stats-services/about-us/cjis/ucr/nibrs/nibrs_wcc.pdf，2016 年 5 月 10 日。

信息不对称。由于未充分了解污染的有害作用,人们很容易形成对自身遭遇的理解。即便他们充分了解,也缺乏相应的法律知识鉴别违法污染。一些复杂的金融交易也是如此,没有人(包括专业投资者以及信用评级机构)完全了解新型高风险的实质及那些彻头彻尾的欺骗手段,最终导致了 2008 年金融危机,也没有人了解具体而错综复杂的法律规定,而这本可以引导他们在危机发生时上报违法行为。[51] 因此,伯纳德·麦道夫得以一如从前地继续其庞氏骗局欺骗客户,其中很多客户还是专业投资者,仅仅是因为他握有绝大部分的信息。[52]

其他案件面临的则是层级制度的挑战。Garry Gray 关于工伤的人类学研究表明,即使工人们知悉工作场所的风险并且有权举报危险,既存的层级观念容易使他们选择沉默,[53]这不仅存在蓝领工人中。Gray 随后研究了医务人员公开谈论同事医疗错误的情况,他发现既存的层级观念及工作场所中的社会规范,使得医生护士在面对医疗事故和可预防的医疗错误时会保持缄默。

由于以上原因,很多工作中的违法行为长时间不报和严重少报,因而侦查违法经济行为的重任落在了监管机构身上。然而监管机构经常缺乏充足的检查资源,尤其是与他们应当监管的公司及其营业场所的数量相比时。人员匮乏造成巨大的工作量,使监管机构几乎不可能发现足够比例的违法行为。Henry Pontell 和同事们发现监管机构在侦查金融诈骗犯罪时面临的巨大压力。[54] 他们采访的某一金融监管人员表示:"世界范围内无足够的执法人员和调查人员去搜寻每一个涉案当事人,即便抓获当事人,也耗不起三年。监管人员和审计人员都很匮乏……案件量摆在那儿,而我们却没有资源……"Pontell 和同事们采访的另一位线人提供了一个很好的比喻:"这就如同阿拉斯加漏油,我拿着一卷卷纸巾在那儿,这样我能近距离接触。庞大的任务量让我必须考虑哪里才能得到更多的纸巾? 我如何能分配到? 我一边用纸巾擦拭,一边看着海洋中的石油逼近我,漏出的石油太多,与此同时岸上的人们还在大声呼喊:'鱼和鸟都死了! 行动起来! 快点啊!'而我已经尽力了。"[55]

监管机构人员的数量相较其工作量而言有很大的差别。Bardach 和 Kagan 早期研究的实例表明,例如美国职业安全健康局(OSHA)中一名检查员平均需要检查 1 515 个工作场所,而美国核管理委员会(NRC)每名检查员平均需要检查的场所是 6 处。[56] 这其中有两个原因,一是需要检查的违法者或违法场所的数量,二是政府优先考虑的特定监管问题数量和配给检查员的资源。政治直接的作用在此显而易见。一些行政机构反对政府监管,并试图通过裁减执法人员废除或削弱其作用。例如,Wood 曾研究执法资源的财政经费如何影响里根政府对环保局的财政支持。他发现里根政府削减了环保局 24% 的预算,由此导致监管活动减少了 41%。[57] 显然,分配资源的当局可通过财政权促

---

[51] Michael Lewis, *The Big Short: Inside the Doomsday Machine*, New York: WW Norton & Company, 2010.

[52] Diana B Henriques, The Wizard of Lies: Bernie Madoff and the Death of Trust, New York: Macmillan, 2011.

[53] Garry C. Gray, "The Regulation of Corporate Violations Punishment, Compliance, and the Blurring of Responsibility," The British Journal of Criminology, vol. 46, no. 5 (September 2006), pp. 875 – 892; Garry C. Gray and Susan S. Silbey, "The Other Side of the Compliance Relationship," in Christine Parker and Vibeke Lehmann Nielsen, eds., Explaining Regulatory Compliance: Business Responses to Regulation, Cheltenham, UK: Edward Elgar, 2011, pp. 123 – 138.

[54] Henry N. Pontell, Kitty Calavita and Robert Tillman, "Corporate Crime and Criminal Justice System Capacity: Government Response to Financial Institution Fraud," Justice Quarterly, vol. 11, no. 3 (August 1994), pp. 383 – 410.

[55] Henry N. Pontell, Kitty Calavita and Robert Tillman, "Corporate Crime and Criminal Justice System Capacity: Government Response to Financial Institution Fraud," Justice Quarterly, vol. 11, no. 3 (August 1994), p. 400.

[56] E. Bardach and R. A. Kagan, Going by the Book, the Problem of Regulatory Unreasonableness, Philadelphia: Temple University Press, 1982, p.161.

[57] B. Dan Wood, "Principals, Bureaucrats, and Responsiveness in Clean Air Enforcement," American Political Science Review, vol. 82, no. 1 (March 1988), pp. 213 – 234.

进或弱化执法活动。

因而,旨在管制经济犯罪的法律可能注定会失败。当然,监管人员也缺乏政治意愿执行已颁布的法律。由此也可理解参议员 Elizabeth Warren 呼吁对白领犯罪态度强硬。然而,前提是任何强硬的态度都应当确保违法行为得到处置,这也意味着要提高检查能力和审计能力。尤其是当犯罪及犯罪报告受限和面临挑战时,需要获取更多违法经济行为的信息,这意味着需要更多的监管人员。

然而,即使有更多的检查人员,查明不报的违法行为也是步履维艰。大多数经济犯罪发生于大型组织内,这样的组织有诸多机会掩饰违法行为,尤其是在受到监管部门盘查的短时间内,他们能建立如 Garry Gray 所称的"波将金村"。俄罗斯故事中格里戈里·波将金为了使叶卡捷琳娜二世在1787 年南巡中对他管理的新领地留下良好印象,使用硬纸板建立了一批村庄。[58]

Gray 解释道,当他进行实地考察时,他曾工作的工厂中有很大的变化:"大多数安全设施已回到正轨:建筑很干净,地板上无石油流出,所有机器安全防护得当,当工人太靠近时锁定程序会确保机器关闭,工人们穿着防护装备。"Gray 总结道:"似乎所有的安全法规都得以很好地遵守。"然而第 2 天呢?一切回到原点,神奇般地看着一个个地恢复到了 Gray 和同事在日常工作中违法和不安全的工作环境中。在需要守法的检查当日,管理人员和工人合作建立起"波将金村",签署新的日志,表明员工已获得从未有过的安全训练。工人们也知道如何应对检查问询。所有都是在制造守法的表象,而非实际上守法。[59] 在 Gray 实地考察的数月间,他习惯观察工厂在面对检查或外访时所发生的变化。他不再认为这些破格行为是匪夷所思和倒行逆施的,而是视其为工厂正常工作的一部分,以在"必要时守法"。[60]

这并非个案。[61] Susan Silbey 描述了预估会有检查的实验室工作人员如何开始主动地整理实验室,然而这类仓促地应付检查的守法行为经常会发生意外。Gray 在另一项研究中发现本应遵守驾驶时间规定的货车司机,经常使用虚假行车时间日志维持守法的表象。很多人这么做不仅仅是为了规避惩罚,而且是雇主一开始就迫使他们超时驾驶。[62] 这也能使人想起麦道夫利用假账长期欺骗美国证券交易委员会(SEC)检查员。[63]

最近值得关注的是,德国汽车制造商大众在其 1 100 万辆的柴油汽车中安装了排放量篡改软件。大众的目的是依赖"清洁"柴油持续其美国市场的策略。美国市场要求大发动机的大型汽车应当有强大的道路性能,而且需要符合奥巴马政府更严格的排放标准。该篡改软件非常复杂,当汽车在接受检测过程中软件会识别并自动减少排放量,而一旦汽车在道路上正常行驶时排放控制则予以关闭,从而

〔58〕 Garry C. Gray, "The Regulation of Corporate Violations Punishment, Compliance, and the Blurring of Responsibility," The British Journal of Criminology, vol. 46, no. 5 (September 2006), pp. 875 - 892; Garry C. Gray and Susan S. Silbey, "The Other Side of the Compliance Relationship," in Christine Parker and Vibeke Lehmann Nielsen, eds., Explaining Regulatory Compliance: Business Responses to Regulation, Cheltenham, UK: Edward Elgar, 2011, pp. 123 - 138; Garry C. Gray and Susan S. Silbey, "Governing inside the Organization: Interpreting Regulation and Compliance," American Journal of Sociology, vol. 120, no. 1 (July 2014), pp. 117 - 119.

〔59〕 Garry C. Gray and Susan S. Silbey, "Governing inside the Organization: Interpreting Regulation and Compliance," American Journal of Sociology, vol. 120, no. 1 (July 2014), pp. 117 - 119.

〔60〕 Garry C. Gray and Susan S. Silbey, "Governing inside the Organization: Interpreting Regulation and Compliance," American Journal of Sociology, vol. 120, no. 1 (July 2014), p.118.

〔61〕 参阅 Kirchler 书中关于审计的部分: Erich Kirchler, The Economic Psychology of Tax Behaviour, New York: Cambridge University Press, 2007, pp.198 - 199.

〔62〕 Garry C. Gray and Susan S. Silbey, "Governing inside the Organization: Interpreting Regulation and Compliance," American Journal of Sociology, vol. 120, no. 1 (July 2014), p.119.

〔63〕 Diana B Henriques, The Wizard of Lies: Bernie Madoff and the Death of Trust, New York: Macmillan, 2011.

获得"更高的"性能。在 Gray 考察的工厂里有大量这样的公司,其中大众已能安装自动化系统以规避检查。

仅为应付检查人员而建立的"波将金村"看似守法,而审计人员还有可能作为公司的一部分,成为惩罚确定性无处不在的障碍。Pontell 和同事们在讨论金融诈骗时,认为那些掩饰犯罪及设计防止监管人员发现复杂交易的人通常使得其自身亦成为诈骗的一部分。[64]

当犯罪行为本身是复杂的、技术性的、员工最为了解而政府检查人员不够了解时,隐匿犯罪变得格外简单。比如,隐藏在复杂工业程序下的污染或者多层级的、高度数理化的金融交易诈骗。Pontell 和同事采访的一位 FBI 工作人员详细阐述:"如果你在贷款诈骗部门工作,你可能看到有 150 万元或 200 万元的银行诈骗、取款诈骗或者这类诈骗,但是当涉及内部合谋的时候,事情往往变得复杂,他们可能伪装,可能隐匿。你需要耗费一年左右的时间,你必须独自专注于这项工作,而且还没有任何保障……特别是在这些案子中……你可能怀疑谁是嫌疑人,问题在于查明罪名,他们做了什么,如何做的,其后是否能向法院证明,能否向高中毕业生或者文化水平更低的人解释?我花费了 5 个半月,每天待在满是箱子和记录的房间中思考。浏览钱款流向,获得线索,传唤其他银行查明银行支票的流向,流向哪儿?……都很难,查明这些事实非常困难。"[65]

最令人崩溃的是,在更复杂和强大的公司中,更多的检查只会引发猫和老鼠的游戏,额外的检查会因更多的隐瞒和欺骗而遭受重挫。[66]

即便检查人员能发现违法行为,也仍需获得法庭的支持,某些案件的复杂程度也使这一步变得尤为困难。正如该 FBI 工作人员阐述:"评审团中会有家庭主妇、服务站的服务人员,而这些案情又非常复杂。你需要关注物证、刑事笔录,必须让这些证据易于理解,否则你会败诉。这也是为什么我们会使用图表以简化案情。抛开无关的案情,留下最精华的部分,你才可能得到有罪判决,否则是不可能的。"[67]

最终结果是,检查人员经常无法查明违法行为,降低了逮捕率。即便他们需要说服公诉人员起诉,即便起诉成功,他们仍需说服陪审团定罪,这个过程也会降低起诉和定罪的概率。这更意味着检查人员专注于易于侦查和易于起诉的案件,[68] 而这会降低案件级别,显然是不会是风险大或引起公愤的案件。由于刑事诉讼要求较高的证明责任,监管人员更青睐民事或行政罚金,因此缺乏确定性也影响了惩罚的预期严厉程度。[69]

即便监管人员能查明违法行为并成功给予经济处罚,他们也经常无法收取罚金。因此,即便跨过了侦查违法行为的所有障碍,必须支付罚金的确定性实际上仍然遭到破坏。Ross 和 Pritikin 一项令人震惊的研究表明,研究中的政府机构罚金收取率低于 50%,司法部在研究样本中表现最差,只收取了 4% 的罚金。露天开垦办公室(OSM)是美国主要的采矿机构之一,也只是强一点,大约有 5% 的收取率;而加利福尼亚公路巡警收取率大约为 6.6%;即使表现最好的机构美国证券交易委员会(SEC)也只收取了未支付罚金的 45%。[70] 而且这些数据较为乐观,因为很有可能数据被夸大,或者

---

〔64〕〔65〕 Henry N. Pontell, Kitty Calavita and Robert Tillman, "Corporate Crime and Criminal Justice System Capacity: Government Response to Financial Institution Fraud," Justice Quarterly, vol. 11, no. 3 (August 1994), pp. 383 - 410.

〔66〕 Erica L Plambeck and Terry A Taylor, "Supplier Evasion of a Buyer's Audit: Implications for Motivating Supplier Social and Environmental Responsibility," Manufacturing & Service Operations Management (2015).

〔67〕〔68〕〔69〕 Henry N. Pontell, Kitty Calavita and Robert Tillman, "Corporate Crime and Criminal Justice System Capacity: Government Response to Financial Institution Fraud," Justice Quarterly, vol. 11, no. 3 (August 1994), pp. 383 - 410.

〔70〕 Ezra Ross and Martin Pritikin, "The Collection Gap: Underenforcement of Corporate and White-Collar Fines and Penalties," *Yale Law & Policy Review*, Vol. 29, No. 2 (Spring 2011), pp. 453 - 526.

并未实际计算未支付罚金，或者未适当考虑已被销账的未付罚金。此外，许多机构的收取率实际上还在下降。所有这一切意味着即便经济犯罪已被查明，实际惩罚也以某种方式做出，仍有过半数案件中的违法者未受到任何惩罚。因此，在侦查终结并且惩罚亦做出的极少案件中，惩罚确定性仍只有一半。

六、惩　罚　观　念

荷兰纳税人曾在很长时间内高估了执法。至少在 20 世纪 90 年代的研究中，当荷兰纳税人申报个人所得税时，他们会认为如若欺骗，则被审计人员发现的可能性很大。此外，他们认为如被捕，对逃税行为的个人惩罚会很严厉。然而事实上荷兰税务机构很少对个人所得税问题进行审计，即使发现违规行为也只是轻微的惩罚。[71] 对于监管机构而言，高估风险和威慑效应当然是理想状态。这意味着即使只有有限的执法，即使很难抓获违法者，这仍然能营造出有威慑力的表象。当然，也有可能出现相反的结果，尽管监管人员不遗余力地侦查违法经济行为，整体而言侦破率仍很低及最终惩罚力度仍很弱。

与街头暴力犯罪一样，经济犯罪的威慑力不仅仅是如何组织执法及是否能在客观上对守法产生足够威胁的问题。威慑具有主观性，我们应当了解惩罚威慑力所试图影响的那些行为人的想法。正如下列简单体系要点所示，执法只会通过被管理者的威慑观念影响其行为，而且该观念应基于被管理者对实际执法实践的认知；如果该观念低估了执法确定性和严厉性，该执法行为的作用也会被削弱。

执法→威慑认知→威慑观念→行为（主观威慑体系）

2005 年，Thornton、Gunningham 及 Kagan 发表于《法律与政策》（*Law & policy*）中的论文系统分析了一般威慑观，研究了环境管理人员如何看待其他公司受到的惩罚及在其他公司惩罚消息公布后，如何在自身公司做出符合环境法律的决策。该研究观察了一般威慑观的两个层面，发现环境管理人员并不完全了解罚金的频度及罚金的严厉程度。论文总结："受访者称听到的罚金远少于实际发生的罚金。比如，受访者可能回忆起对其他公司（美国的任何公司在近一两年内）罚款的数量的中间值也仅仅是 8 家而已，然而仅就路易斯安纳州而言，一年（2001 年 7 月—2002 年 6 月）内，就有 31 家公司因环境违法行为而受到惩罚。"[72] 此外，受访者能回忆起的大多数违法细节并不是实际实施的惩罚。尽管如此，环境管理人员能回忆的案件多为高额罚金或监禁刑罚。然而，当受访者被要求预估模拟案例的惩罚时（模拟案例基于他们应从行业中听到的真实案件），他们整体地低估了惩罚的确定性和严厉性。

因此，从惩罚到惩罚观念的过程绝非易事，其间的信息容易丢失和分散。在 Thornton 和同事们的研究中，特别值得注意的是合规专家诸如环境管理者并非准确了解自身行业中惩罚是如何做出的。在研究中，也许最令人担忧的还是，即便是那些更熟悉已有处罚案件的环境管理人员，在面

---

〔71〕　基于和 Henk Elffers 的交流：他是一位荷兰税务专家，曾在 20 世纪 90 年代对此做过研究。

〔72〕　Dorothy Thornton, Neil Gunningham, and Robert A. Kagan, "General Deterrence and Corporate Environmental Behavior," *Law & Policy*, vol. 27, no. 2（March 2005），p.272.

对以自身行业真实案件为背景的模拟案例时,仍无法准确预估惩罚的确定性和严厉性。这意味着即便了解的知识更为准确(当然目前还达不到),也不能从逻辑上推导出对执法威慑力的更为合理的预测。

如果被管理者像荷兰纳税人一样高估威慑力,这当然不是问题。然而,最大的问题在于那些合规负责人,如前述研究的美国环境管理人员一般,低估了惩罚的风险。这意味着针对上述问题,不论执法做出多大努力,不论付出多大代价提高惩罚确定性和提高侦查能力,都不会转化为足够高的风险感知能力,合规行为也不会达到预期所料;还意味着查明和惩罚违法行为仍不够,同样重要的是执法能否适当地传达至握有公司决策权的被管理者。

监管部门传达其执法行动如同在走钢丝。当传达不充分时,执法行动仍会含糊不清,无法发挥其威慑作用。监管部门因此可能更倾向于公布更多的执法工作。在荷兰,荷兰金融市场管理局(AFM)公布了所有的处罚决定。Judith Van Erp 研究此类执法传达实践的行业观念后认为,公布所有的处罚决定使监管人员违背了他们的初衷,即只处罚最严重的违法行为并予以公布。监管人员通过公布所有案件而不是向违法者发出强烈的负面信号,表明了其执法会涉及诸多被视为"无关罪行"的工作。Van Erp 认为这样过度传达会降低执法能力。此外,当传达表明执法过度时,会削弱整个执法过程的公正性和合法性。正如其中一位 Van Erp 的受访者说道:"当事人会认为,有时候当监管部门公布消息时,行业内会说'天哪,这些真是我们行业内最糟糕的做法吗?我不这样认为……'如果回过头去想,只有最严重的违法行为才会出现在媒体上,而其他违法行为则是由当事人自行解决,那么任何一个公正的制度,不论自身受到惩罚时有多么恼怒,他们都会说,如果再看一次,我肯定不会同意,我认为公平感很重要。"[73]

过多的执法传达会引发不公平之感,而不公正本身足以削弱守法行为。在 Van Erp 研究的案件中,不公平之感产生于轻微犯罪中的过度执法。当然,反过来也是如此,即监管人员公布了其在执法工作中仅轻微惩罚主要违法者的事实。公布本身就显然会破坏执法对于守法的作用。[74]

七、谁应当受到惩罚

2014 年 6 月 7 日,Kevin Roper 驾驶的卡车在新泽西高速公路上碰撞了一辆豪华房车,Roper 在限速 45 英里/小时的道路上超速 20 英里/小时行驶,随后发生的碰撞涉及 6 辆车和 21 名人员。喜剧演员 James McNair 当场死亡,同行的喜剧演员 Tracy Morgan 则受重伤。Roper 受雇于沃尔玛,他已经连续开车 28 小时未休息。联邦安全委员会认定这场事故由疲劳驾驶引起,Kevin Roper 被控驾车袭击和驾车杀人罪。之后,沃尔玛与受害者达成和解,费用高达数百万美元。

我们需要思考的核心问题是何种惩罚能防止此类事件再次发生[75]。这其中有司机个人责任,

---

[73] Judith Van Erp, "Naming without Shaming: The Publication of Sanctions in the Dutch Financial Market," *Regulation & Governance*, vol. 5, no. 3 (September 2011), pp. 287-308.

[74] Judith Van Erp, "Naming without Shaming: The Publication of Sanctions in the Dutch Financial Market," *Regulation & Governance*, vol. 5, no. 3 (September 2011), pp. 287-308. Van Erp 引用了 Engel 和 Irlenbusch 的实验室研究。该研究表明,多了解处罚减少守法行为,尤其是当处罚力度相较于犯罪更低时。Christoph Engel and Bernd Irlenbusch, "Turning the Lab into Jeremy Bentham's Panopticon-the Effect of Punishment on Offenders and Non-Offenders," *MPI Collective Goods Preprint*, no. 2010/06 (2010).

[75] 就此可进一步参阅: Brent Fisse and John Braithwaite, *Corporations, Crime and Accountability*, New York: Cambridge University Press, 1993. 亦可参阅 Gray、Hutter、Winggerden 等人的作品。

司机也必须为之负责。然而,在 Garry Gray 的研究中,卡车司机超出驾驶时间驾驶非常普遍,并通过货运公司或者客户的运作嵌入激励机制中。[76]　因此,仅仅惩罚司机个人不足以改变整个货运公司的作为,毋宁说整个货运行业。即便其他司机从中吸取教训并感受到足够的威胁,但受制于工作要求,遵守规定的驾驶时间仍很困难。[77]　当然,司机也有各种做法,但公司会鼓励他们阳奉阴违。

合理的应对方法是让建立激励机制从而引发了违法行为和损害的大型公司承担责任,一种方法是将公司作为整体追究责任,比如沃尔玛被诉的民事案件中,最终由其支付数百万美元的和解费用,这至少能给予受害者经济上的赔偿,然而这种补偿能在何种程度上有助于改变如此危险的行为是不确定的。沃尔玛员工个人无须支付这笔费用,沃尔玛公司作为一个整体为之负责,这无疑会对股东造成影响,同时可能使得沃尔玛进一步削减价格并转嫁于员工和供应商。而本案中沃尔玛公司无须支付太多,因为可从保险公司获得偿付。[78]

这样看来追究公司中有责高层人员的个人责任可能更有意义。这也正是司法部新政中追究金融诈骗中高管个人责任的逻辑所在。然而核心问题是,应追究何种级别的高管?当然最终负责的应当是最高级别的管理人员。然而他们对于公司内违法行为的实际影响各不相同,而且有时候影响十分有限。某些案件中,罪行的确始于顶层,比如麦道夫案件,而其他诸如大众汽车排放丑闻案件,高层领导是否直接参与,是否知道或应当知道都并不清楚。沃尔玛货车事故中高层很可能并不知道或不应当知道,毋宁说直接参与了。由于他们并不知道违法行为也并未施加影响,这样一来让高层承担责任,尤其是刑事责任,显得不合理也不合法。此外,即便顶层高管受到惩罚,继任者及其他公司的高层仍无法控制发生在中低层的违法行为。这样一来即便惩罚对高层发挥了威慑作用,他们也无法改变公司内的违法行为。虽然这并不能为经济犯罪和违法行为辩解,但公司本身是复杂的,其行为并不是高层直接指挥和监督的简单反应。

因此,司法部政策调整后追究的首个案例关注的并不是合作银行高管,而是中层的交易员。[79]这的确合理,惩罚那些失责和直接引发更大群体行为的中层管理人员。但问题是,监管人员何以确定中层管理人员是最终责任承担者,何以确保责任并非简单地从公司的上级转移至下级管理人员,并非是原本责任较小的下级管理人员为上级提供了合理推诿的机会?

上述所有问题的答案并不明确,这取决于犯罪类型,也取决于最终导致犯罪及使罪行得以持续的组织决策和激励机制,还取决于公司内部正式和非正式的层级制度,这决定了谁知道什么及谁对做出造成公司违法犯罪行为的决定负责。

然而,公诉人员和监管人员难以理解公司内的复杂性。他们的目的是通过惩罚来改造违法行为,以促进守法。高管入狱并不能改变违法行为,如果不改变伊始引发犯罪的激励机制、公司文化及层级制度,追究公司内个人责任易导致推卸责任,公司内高层能建立自身的"波将金村"以避免自身曝光,他们能独善其身并嫁祸于下级。因此,在复杂的公司中惩罚个人才会真正面临不公平和失效的风险。

至关重要的是,增强个人惩罚是否会使得公司中的个人担负起改变违法行为的责任,抑或导致公

---

〔76〕〔77〕　Garry C. Gray and Susan S. Silbey, "Governing inside the Organization: Interpreting Regulation and Compliance," *American Journal of Sociology*, vol. 120, no. 1 (July 2014), pp. 96-145.

〔78〕　新泽西在线:《沃尔玛超市的承保人在 Tracy Morgan 案中被指"言而无信"》,2015 年 10 月 14 日,http://www.nj.com/news/index.ssf/2015/10/wal-mart_insurers_accused_of_bad_faith_in_tracy_mo.html,2016 年 5 月 10 日。

〔79〕　LIBOR 操纵案是司法部政策调整后追究的首个案例。在该案中,荷兰合作银行前交易员 Anthony Allen 和 Anthony Conti 因帮助操纵伦敦银行间同业拆借利率而被美国司法部指控。其中,Anthony Allen 是全球流动性及金融部主管,Anthony Conti 是货币市场高级交易员。纽约时报:《两位前交易员在 LIBOR 操纵案中获罪》,2015 年 11 月 6 日,http://www.nytimes.com/2015/11/06/business/dealbook/two-former-traders-found-guilty-in-libor-manipulation-case.html?_r=0,2016 年 5 月 10 日。

司内通过责任管理和设立机制将责任嫁祸于下级。我们将在下文看到,公司在应对更严厉的惩罚时,更多地应是进行责任管理而非真正的个人责任以及行为改变。

八、威慑与合作

可见,惩罚并不会为经济犯罪带来持续性的变化。将惩罚目标指向那些最有可能在公司内创造持续行为变化的人会非常困难;设立足以产生威慑力的惩罚确定性的基准也是件很难或基本不可能的事情,而且此基准获得得力宣传以确保威慑力的充分感知也并不简单。在这个过程中,即便经济犯罪不如街头暴力犯罪那般复杂,通过惩罚的方式改造经济犯罪的效果也不会如街头暴力犯罪那样明显。不过这一过程也会触犯我们的直觉和惯例。

但这是否意味着我们应当停止惩罚经济犯罪?我们必须意识到惩罚的作用并不仅仅是威慑。因不安全的工作条件而受伤的工人理所应当地要求本应负责的管理人员承担责任,因附近公司排放的污染致病的公民理应获得某种赔偿。世界范围内因金融危机受损的人们有权要求起诉高管,正是因为他们的违法行为导致了 2008 年金融市场崩盘。

本文的目的是了解惩罚对于改造违法经济行为的作用。对于直接受害者而言,这并无多大意义,但如果违法行为并未改变,对可能遭受损害的大量潜在受害者而言意义甚大。基于上述讨论,个人诉讼,即便是针对更高级别的高管的个人诉讼,并不足以改变复杂公司内甚至整个行业内的大量违法行为。就此看来,惩罚并非改造经济犯罪的充分条件。

然而,惩罚通常是改造经济犯罪的必要条件。如果没有惩罚和违法救济,可能会有更多犯罪发生。所以,问题是应如何惩罚而不是我们是否应当惩罚。首先,必须意识到惩罚经济犯罪,尤其发生在复杂公司内的犯罪会面临诸多挑战。必须承认核心挑战是如何形成真正意义上的惩罚确定性的观念,这要求破除各种抵制侦查的方法,推翻阴阳标准,根除鼓励"波将金村"这类行为的激励机制和执行机制。此外,制定良好的传达机制以提高公司内权利人的惩罚意识,这意味着需要在公布案件的多或少、惩罚太过缓和或过于严苛中寻求平衡。

过于关注惩罚,无论多么必要,都会出现问题。当监管人员的角色仅仅是"警察抓小偷"时[80],他们可能会鼓励公司中的个人尽量不要卷入。某些经济犯罪,比如麦道夫的庞氏骗局或大众排放丑闻,自始至终都有明确的犯罪意图,需要警察采取强有力的手段。但在很多其他经济违法案件中,违法行为是由大型公司内的大量人员共同造成的,某些情况是由于缺乏遵守必要的法律和技术知识,尤其是当规则非常复杂或要求做出高度特殊和复杂的行为改变时。由于在当前市场条件下守法成本太高,随着绝大多数竞争者都在违法,从而使得违法日益合法化,犯罪也变得简单。

好的执法行为必须适应公司守法或违法的动机。Kagan 和 Schilz 在 1984 年时就认为,当公司违法是因缺乏知识或行为能力而起,执法人员应扮演老师的角色,教育和帮助他们守法;而如果公司违法是因为规则本身缺乏合法性,例如是因为公司不适应当前市场发展,从而在现有普遍做法的情况下寻求改变,执法人员应当充当政客予以劝诫;只有在违法行为是出于私心,出于利大于弊的算计时,执法人员作为警察应当提高其违法成本。[81]

---

〔80〕 Erich Kirchler, *The Economic Psychology of Tax Behaviour*, New York: Cambridge University Press, 2007.

〔81〕 Robert A. Kagan and John T. Scholz, "The 'Criminology of the Corporation' and Regulatory Enforcement Strategies," in Keith Hawkins and John M. Thomas, eds., *Regulatory Enforcement*, Boston: Kluwer-Nijhoff Publishing, 1984.

　　现实中执法官员通常很难辨别公司违法的原因。他们至少应当明白故意或预谋犯罪在某种程度上是会变化的，犯罪动机也是如此。一旦执法变为纯粹的惩罚，执法人员很难做到教育和劝诫。一旦监管人员被视为一种威慑时，作为盟友协助守法也几乎不可能。Gray 和 Silbey 在对公司掩饰违法行为的研究表明，当监管人员被视为威慑时，逃避、虚假守法的行为很容易发生。为排除公司抵制及更易于侦查公司违法行为，外部监管人员需要努力获取公司的信任，与之成为盟友而不被视为威胁甚至是阻碍。他们不仅要关注高层，也要关注能保存直接违法证据的底层，经常有某类员工不仅参与了违法行为而且也直接成为违法行为的受害者；同时监管人员应当注意不能和公司走得太近，可能被公司利益收买，从而无视大量违规行为。信用评级机构无法发现诸多导致金融危机的违规行为就是一个例证。〔82〕

　　为获取信任，执法官员们应当明白，正如很多官员已经知道或应当知道的那样，惩罚只是他们可以使用的方法之一。他们还应当明白除了没有惩罚之外，还有什么可以引起违法行为。他们应当尝试对违法行为中发挥作用的原因及动机做出回应。耶鲁大学的 Ian Ayres 和 John Braithwaite 使用了"回应型规制"这一术语，学者和监管人员开始考虑面对诸如违反环境法、职业健康法或税法等法规时应当何时惩罚，何时劝诫。〔83〕　监管人员首先应想到的是信任。监管人员应当推定公司无罪，其违法行为是源于缺乏行为能力和规则本身缺乏合法性，并与公司合作协助其守法或劝诫其守法。只有当监管人员发现在这一过程中公司违背该等信任时，才应当给予更正式、更严厉的惩罚。

　　上述一切都离不开惩罚，但需要更好地理解何种惩罚能更好地与违法行为的实际起因和动机相结合；也必须了解如果惩罚按照现有实践和社会规范运行，其作用可能会适得其反。即便这并不符合我们的直觉与惯例，但惩罚不过是回应法律影响我们行为的众多路径之一。

---

〔82〕　Michael Lewis, *The Big Short：Inside the Doomsday Machine*, New York：WW Norton & Company, 2010.

〔83〕　I. Ayres and J. Braithwaite, *Responsive Regulation, Transcending the Deregulation Debate*, New York：Oxford University Press, 1992. See also John Braithwaite, "The essence of responsive regulation," *U.B.C. Law Review*, vol. 44, no. 3 (2011), pp. 475 - 520；Valerie Braithwaite, "Responsive Regulation and Taxation：Introduction," *Law and Policy*, vol. 29, no. 1 (January 2007), pp. 3 - 10；Valerie Braithwaite, Kristina Murphy, and Monika Reinhart, "Taxation Threat, Motivational Postures, and Responsive Regulation," *Law & Policy*, vol. 29, no. 1 (January 2007), pp. 137 - 158；Peter Grabosky, "Beyond Responsive Regulation：The expanding role of non-state actors in the regulatory process," *Regulation & Governance*, vol.7, no. 1 (June 2012), pp. 114 - 123；Peter Mascini and Eelco Van Wijk, "Responsive Regulation at the Dutch Food and Consumer Product Safety Authority：An Empirical Assessment of Assumptions Underlying the Theory," *Regulation & Governance*, vol. 3, no. 1 (March 2009), pp. 27 - 47；Vibeke Lehmann Nielsen and Christine Parker, "Testing Responsive Regulation in Regulatory Enforcement," *Regulation & Governance*, vol. 3, no. 4 (December 2009), pp. 376 - 399；Christine Parker, "The 'Compliance' Trap：The Moral Message in Responsive Regulatory Enforcement," *Law & Society Review*, vol. 40, no. 3 (September 2006), pp. 591 - 622.

论文

《反海外腐败法》对在华跨国公司的影响及合规启示

雷倩文*

摘要

　　近年来,中国经济的迅速崛起及其大规模的招商引资吸引了大量跨国公司在华设立外商独资企业或合资企业,开展直接投资。但这也导致跨国公司面临新的挑战和风险。本文以在华跨国公司为对象,分析《反海外腐败法》对在华跨国公司的影响及从中得出的合规启示。本文首先对《反海外腐败法》的主要条款和全球执法进行简介,然后针对33个与中国相关的《反海外腐败法》行贿执法案件进行分析,结合中国的国情归纳出在华跨国公司应对《反海外腐败法》的主要风险,探讨了在华跨国公司应该如何加强合规治理。

关键词　《反海外腐败法》　在华跨国公司　合规　风险

引　言

　　随着中国经济的迅速发展,得益于国内巨大的市场空间以及完整的产业链,中国吸引外商投资的规模一直保持在较高的水准。根据中国商务部公开的数据,2016年中国实际吸收外资达8 132.2亿元人民币(约为1 260亿美元),同比增长4.1％;仅2016年一年,中国新设立外商投资企业27 900家,同比增长5％,其中新设立投资总额1亿美元以上的大型外商投资企业超过840家。[1] 可见,即使在全球投资不振的大背景下,中国仍然吸引了越来越多的跨国公司在华投资。

　　但是,跨国公司的"遍地开花"也带来了一定的负面影响。为了打开中国市场或扩大市场份额,跨国公司向国家工作人员行贿的现象屡见不鲜,甚至呈现日益增长的趋势。根据美国证券交易委员会(U. S. Securities and Exchange Commission, SEC)和美国司法部(U. S. Department of Justice, DOJ)公布的《反海外腐败法》(U.S. Foreign Corrupt Practices Act, FCPA)执法案件,中国已经成为被

---

　　* 雷倩文　上海元达律师事务所律师。感谢杨力教授及Michelle Gon等提供的各种帮助。
　　[1]　商务部新闻办公室:《商务部外资司负责人谈1—12月我国吸收外资情况》,2017年1月13日,http://www.mofcom.gov.cn/article/ae/ag/201701/20170102501364.shtml,2017年2月21日。

处罚的重灾区。其具体表现为:① 美国证监会 2016 年的《反海外腐败法》执法案件共计 29 件,其中 14 件与中国有关,[2]占 48.27%;② 美国司法部 2016 年的《反海外腐败法》执法案件共计 25 件(含不予起诉决定案件),其中 10 件与中国有关,[3]占 40%;③ 在 2005—2014 年的 10 年间,与中国有关的《反海外腐败法》执法案件共计 62 件,位居全球第 2,仅次于尼日利亚的 70 次涉案次数。[4] 值得注意的是,尼日利亚的 70 起案件绝大多数归因于邦尼岛液化天然气站的建设项目及石油项目两项调查;[5]而中国的,62 起《反海外腐败法》执法案件大部分来自不同的独立调查,即涉及完全不同的项目、企业、领域及受贿官员。

对此,越来越多的在华跨国企业已经意识到在国际反腐败环境下中国的严峻形势,建立有效的企业合规机制成为重中之重。虽然跨国公司通常拥有较完善的全球合规计划,然而鉴于中国特殊的国情及潜规则的盛行,往往导致该合规计划不适用于中国,即无法在中国的商业环境中发挥其应有的作用。故笔者认为,有必要全面研究和深入分析《反海外腐败法》及其涉及中国的执法案例,基于实践中的经验和教训,为企业"量身定制"适用于中国的合规制度,以保证其切实可行。

目前,国内对于《反海外腐败法》的学术研究较为积极,主要集中于对美国《反海外腐败法》条款的分析,并与中国现行的反贿赂法案进行比较,从而得出中国政府需要加强反贿赂相关的立法统一和执法力度。然而,国内外均鲜有法学研究或论文归纳梳理《反海外腐败法》对在华跨国公司的影响并提出相应的制度实施方案。因此,本文以在华跨国公司为对象,主要分析《反海外腐败法》对在华跨国公司的执法情况,并从中得到启示,即如何进行有效的合规建设以达到公司内部的风险控制,从而避免因违反《反海外腐败法》而遭受巨额的罚金。

一、《反海外腐败法》概述

要展开关于《反海外腐败法》对在华跨国公司影响的讨论,最基本的前提是了解《反海外腐败法》的立法宗旨、相关条文和目前的执法情况。这里主要基于美国证券交易委员会和美国司法部共同出台的《反海外腐败法信息指南》(*A Resource Guide to the U.S. Foreign Corrupt Practice Act*)对《反海外腐败法》进行综述。

(一)《反海外腐败法》的立法背景

《反海外腐败法》是美国政府于 1977 年出台的一部法律,旨在制止腐败行为,为企业营造一个诚信公平的竞争环境,并恢复市场上的公众信心。1977 年水门事件之后,美国证券交易委员会在一次调查中发现逾 400 家美国企业为获取海外商业机会向外国官员行贿,且行贿额达到数亿美元。[6] 美国证券交易委员会在报告中称,美国公司在美国普遍使用秘密"小金库"进行非法竞选捐款并在国外

---

〔2〕 See SEC, *SEC Enforcement Actions:FCPA Cases*, available at https://www.sec.gov/spotlight/fcpa/fcpa-cases.shtml accessed 21 February 2017. 这里所指的案件"与中国有关"包括:受贿人是中国政府官员、行贿人是跨国公司的在华公司或者行贿行为发生在中国等。

〔3〕 See DOJ, *Related Enforcement Actions*, available at http://www.justice.gov/criminal-fraud/related-enforcement-actions accessed 21 February 2017.

〔4〕 See Gibson Dunn, *2014 Year-End FCPA Update*, available at http://www.gibsondunn.com/publications/pages/2014-Year-End-FCPA-Update.aspx accessed 21 February 2017.

〔5〕 See FCPA Professor, *Of Note From The Bilfinger Enforcement Action*, available at http://fcpaprofessor.com/of-note-from-the-bilfinger-enforcement-action/ accessed 21 February 2017.

〔6〕 Carl Kotchian, "The Payoff:Lockheed's 70-Day Mission to Tokyo", *Saturday Review*, 9 July 1977, p. 7.

行贿外国官员,同时还伪造公司的财务记录以掩盖贿款。[7] 国会认为该行为已经严重损害了美国企业的形象,降低了公众对于美国公司财务健全的信心,并且阻碍了市场的有效运作。[8] 为了规制美国公司大规模向外国官员行贿,美国总统吉米·卡特于1977年12月19日签署同意颁布《反海外腐败法》。[9] 该法旨在制止当前的腐败行为,为企业营造一个诚信公平的竞争环境。

美国《反海外腐败法》共经历了两次修订。第一次修订发生于1988年,增加了两项积极性抗辩,即当地法律抗辩及合理的促销费用,[10] 并且与经济合作与发展组织(Organization for Economic Cooperation and Development,OECD)就规制美国公司在国际商务交易中的腐败行为缔结了相关国际条约;[11] 第二次修订发生于1998年,为实施经济合作与发展组织制定的《反贿赂公约》,扩大了《反海外腐败法》的管辖范围,即行贿主体延伸至外国人。[12]

(二)《反海外腐败法》的管辖权

《反海外腐败法》旨在禁止对外国公职人员支付贿款。但凡为争取任何不正当利益并以获得或保留业务为目的,违反《反海外腐败法》向外国官员支付任何有价值的物品,以影响官员行为或决策职权的,就会受到美国证券交易委员会及美国司法部严厉的处罚。因此,为实现该条款的立法宗旨,《反海外腐败法》采用属人管辖、属地管辖、长臂管辖理论扩大其管辖范围,具体表现为以下4个方面:

一是设立选择管辖条款,扩大对美国境外违法行为的管辖权。《反海外腐败法》通过该条款规定任何美国人在美国境外采用腐败手段向外国官员提供任何财物均为违法行为,并且不论该美国人是否利用邮件或州际商业的任何工具或腐败手段来继续进行行贿行为。[13] 因此,该选择管辖权系属人管辖权,适用于美国国民及根据美国法律成立的企业,不论该违法行为的发生地是否在美国境内。

二是使用属地管辖权扩大对非美国公民或公司在美国境内违法行为的管辖权。根据《反海外腐败法》,即使非美国公民或者非美国上市公司、注册企业,如果在美国境内利用邮件或州际商业的任何工具或其他手段向外国官员提供任何财物,均为违法行为。[14] 美国证券交易委员会和美国司法部共同出台的《反海外腐败法信息指南》对行贿手段做出了更宽泛的解释,指出"以美国为始发地、目的地或中转地而拨打的电话、发送的电子邮件、短信、传真、电汇或以其他方式使用的美国银行体系,都会使非美国公民或公司面临违反《反海外腐败法》的风险"。[15] 鉴于目前普遍使用美国的金融系统,以及互联网基础设施的复杂性和相互关联性,该解释授予美国证券交易委员会和美国司法部较大的管辖权。在Straub案件中,美国证券交易委员会基于Straub公司的电子邮件通过位

---

[7] U.S. Securities and Exchange Commission, *Report of the Securities and Exchange Commission on Questionable and Illegal Corporate Payments and Practices*, Washington: U.S. Government Printing Office, 1976, pp. 2 - 3.

[8] See H.R. Rep. No. 95 - 640, at 4 - 5; S. Rep. No. 95 - 114, at 3 - 4.

[9] See Jimmy Carter, *Foreign Corrupt Practices and Investment Disclosure Bill Statement on Signing S. 305 Into Law*, December 20, 1977, available at http://www.presidency.ucsb.edu/ws/? pid=7036 accessed 21 February 2017.

[10] See Omnibus Trade and Competitiveness Act of 1988, Pub. L. No. 100 - 418, § 5003, 102 Stat. 1107, 1415 - 1425 (1988); see also H.R. Rep. No.100 - 576, at 916 - 924 (1988).

[11] See Omnibus Trade and Competitiveness Act of 1988, Pub. L. No. 100 - 418, § 5003, 102 Stat. 1107, 1415 - 1425 (1988).

[12] See Michael V. Seitzinger, *Foreign Corrupt Practices Act*, *Congressional Interest and Executive Enforcement*, available at https://www.fas.org/sgp/crs/misc/R41466.pdf accessed 21 February 2017.

[13] 15 U.S.C. § 78dd - 2.

[14] 15 U.S.C. § 78dd - 3.

[15] See SEC & DOJ, *A Resource Guide to the U.S. Foreign Corrupt Practices Act*, at 11, available at http://www.justice.gov/criminal-fraud/fcpa-guidance accessed 21 February 2017.

于美国的服务器从而认定其触及了美国的管辖权，因此对匈牙利电信公司的三位高管提起了《反海外腐败法》的个人诉讼。[16] 可见，世界上任何国家的公司及员工但凡涉及货币流动或电子商务通信的行为，都极有可能受到《反海外腐败法》的管辖。

三是引入替代责任及雇主责任实现对美国境外子公司的管辖权。《反海外腐败法信息指南》明确指出，母公司基于以下两种情况需对子公司的行贿行为承担责任：① 若母公司充分参与该行贿行为，则为子公司的行为承担直接责任。② 若子公司被认定为母公司的代理，则母公司同样需承担相应责任。[17] 在确认是否构成代理时，美国证券交易委员会和美国司法部主要考量母公司的控制权，包括母公司对子公司行为的认知程度和是否做出过相应的指示。如果构成代理，则由母公司为子公司的违法行为负责。另外，根据雇主责任制，母公司需要为子公司员工的违法行为承担责任，该违法行为是指在岗位范围内采取的且在一定程度上使公司受益的行为。

四是引入共同犯罪或帮助犯罪理论扩大对非美国公民或公司违法行为的管辖权。[18] 如果未处于《反海外腐败法》管辖范围内的公司或个人协助、教唆或为他人提供实质性的帮助，则会被视为违反《反海外腐败法》参与行贿的共同犯罪，就此承担相应的刑事或民事责任。

（三）《反海外腐败法》的主要条款

《反海外腐败法》主要由两部分内容组成，即反贿赂条款以及会计条款。

1. 反贿赂条款

该条款禁止个人或企业为获取或维护业务而向外国政府官员提供或承诺给予任何有价值的财物，以期影响该政府或机构的任何行为或决定，从而帮助其取得或保留相关业务。

就适用主体而言，反贿赂条款的适用范围包括：① 证券发行人；② 与美国相关的个人或实体；③ 美国境内及境外的特定外国非证券发行人。[19] 只要个人或企业的行贿行为以获得或保留业务且影响官员行为或决策职权为目的，则可被认定为违反《反海外腐败法》的反贿赂条款。如果触犯《反海外腐败法》并且证据确凿，公司将会被处以 200 万美元以下的罚金，股东、雇员和代理人则会被处以 10 万美元以下的罚金，并且可能面临 5 年或 5 年以下的有期徒刑。[20]

就行贿对象而言，《反海外腐败法》对于外国官员的定义较为宽泛，包含外国政府或其部门机构、公共国际组织的官员或职员、以公务职位代表外国政府或其部门机构行事的任何人及代表任何公共国际组织行事的任何人。[21] 并且，《反海外腐败法信息指南》特别指出，在判断国有或国有控股（参股）企业是否构成外国政府部门或机构时，需要结合不同的案情综合考虑政府对该企业的所有权和控制权。[22] 在大多数情况下，政府需要拥有超过 50％的所有权，但是如果政府对该企业的经营决策及主要费用支出具有否决权，抑或该公司董事或高管由政府任命，[23] 即使政府对该公司的出资低于50％，其仍可被视为外国政府的延伸。

〔16〕 See Aaron Murphy, *Regulatory：The long arm of the FCPA just got longer*, available at http：//www.insidecounsel.com/2013/02/27/regulatory-the-long-arm-of-the-fcpa-just-got-longe accessed 21 February 2017.

〔17〕 See SEC & DOJ, *A Resource Guide to the U. S. Foreign Corrupt Practices Act*, at 27, available at http：//www.justice.gov/criminal-fraud/fcpa-guidance accessed 21 February 2017.

〔18〕 18 U. S. C. § 2.

〔19〕 15 U. S. C. § 78dd.

〔20〕 申恩威：《反商业贿赂理论分析与对策研究》，社会科学文献出版社 2009 年版，第 228 页。

〔21〕 15 U. S. C. § 78dd-1(a)(1)-(3)；15 U. S. C. §§ 78dd-2(a)(1)-(3)，78dd-3(a)(1)-(3).

〔22〕 See SEC & DOJ, *A Resource Guide to the U. S. Foreign Corrupt Practices Act*, at 20, available at http：//www.justice.gov/criminal-fraud/fcpa-guidance accessed 21 February 2017.

〔23〕 See *United States v. Alcatel-Lucent France*, No. 10-cr-20906 (S. D. Fla. Dec. 27, 2010), ECF No. 10, available at http：//www.justice.gov/criminal/fraud/fcpa/cases/alcatel-lucent-sa-etal/12-27-10alcatel-et-al-info.pdf accessed 22 February 2017.

就贿赂形式而言,根据《反海外腐败法》,禁止为保留业务而给予外国政府官员"任何有价值的财物",包括现金、现金等价物、旅游、礼物以及通过第三方进行的行贿行为。[24]

就行贿意图而言,《反海外腐败法》规定实施或授权支付的行贿人在故意行贿时需承担刑事责任,[25] 即当事人知道自己的行贿构成违法行为;但是,即使行贿人未真正支付行贿款项,只要提议进行行贿或承诺行贿就可构成违反《反海外腐败法》。同样,贿赂是否为公司带来业务或其他不恰当的好处也不是行贿行为认定的标准。简言之,《反海外腐败法》并不要求实际支付贿款或实现行贿的目的,一旦具有行贿的意图(包括提供或者承诺行贿)即构成违法行为。

2. 会计条款

公司管理层和投资者依赖于公司财务报表和内部会计控制来确定是否自愿承担投资风险,因此确保公司财务的透明度显得尤为重要。《反海外腐败法》中的会计条款旨在"加强公司账目的准确性及确保审计过程中公司信息披露的可靠性"。[26] 该条款要求公司根据《反海外腐败法》的规定,从"账簿与记录"(books and records)和"内部控制"(internal controls)两方面加强公司财务管理和健全财务制度。[27]

其中,账簿与记录条款要求发行人必须正确设立并保存账簿和账户,并且以合理的详细程度准确而公正地反映发行人的交易和资产处置。内部控制条款则要求发行人必须设立一个有效的内部会计控制机制,以确保:① 交易是按照管理部门的一般或具体授权进行;② 保留必要的交易记录,以便按照普遍接受的会计原则或任何其他适用的标准准备财务报表,并保证资产的可靠性;③ 只有按照管理部门一般或具体的授权才能使用资产;④ 在合理的时间段内核对资产的账目记录与资产现状,并对任何差异采取适当的行动。[28]

(四)《反海外腐败法》的执法现状

美国证券交易委员会和美国司法部共同负责《反海外腐败法》的执法工作,[29] 其中:① 美国证券交易委员会根据其执行部门制定的《执法手册》对其管辖范围内的公司进行执法,并于2010年组建了一个部门专门负责《反海外腐败法》的执法;[30] ② 美国司法部则根据《联邦起诉商业组织原则》《联邦起诉原则》确定是否向违反《反海外腐败法》的公司或个人提起诉讼,即该公司或个人的行为是否构成联邦犯罪,且有可采纳之证据。[31] 美国司法部反欺诈部门(Fraud Section)2016年4月发布的《〈反海外腐败法〉执法计划和指南》特别指出,该部门的《反海外腐败法》执法团队于2016年增加了10位检察官,执法团队因此扩大50%;并且,联邦调查局(FBI)也于2016年建立了3支由联邦调查局特殊侦查员组成的调查组,协助美国司法部负责《反海外腐败法》案件的调查和诉讼。[32]

另外,在实践中存在较多的美国证券交易委员会和美国司法部对同一违法行为共同执法的情况,违法企业可能面临美国证券交易委员会和美国司法部的共同处罚。例如,2008年西门子公司因连续

---

〔24〕 15 U.S.C. § 78dd－1(a); 15 U.S.C. §§ 78dd－2(a), 78dd－3(a).

〔25〕 15 U.S.C. §§ 78dd－2(g)(2)(A), 78dd－3(e)(2)(A), 78ff(c)(2)(A).

〔26〕 S. Rep. No. 95－114, at 7.

〔27〕 15 U.S.C. § 78m(b)(2).

〔28〕 15 U.S.C. § 78m(b)(2)(B).

〔29〕 See Wikipedia, *the Enforcement of Foreign Corrupt Practices Act*, available at https://en.wikipedia.org/wiki/Foreign_Corrupt_Practices_Act accessed 22 February 2017.

〔30〕 See SEC, *SEC Names New Specialized Unit Chiefs and Head of New Office of Market Intelligence*(*Press release*), available at http://www.sec.gov/news/press/2010/2010-5.htm accessed 22 February 2017.

〔31〕 See SEC & DOJ, *A Resource Guide to the U.S. Foreign Corrupt Practices Act*, at 52, available at http://www.justice.gov/criminal-fraud/fcpa-guidance accessed 21 February 2017.

〔32〕 See DOJ, *The Fraud Section's Foreign Corrupt Practices Act Enforcement Plan and Guidance*, available at https://www.justice.gov/opa/file/838386/download accessed 22 February 2017.

6 年违反《反海外腐败法》向外国官员行贿共计 14 亿美元而遭受美国证券交易委员会和美国司法部共同处罚 8 亿美元,其中美国证券交易委员会处罚 3.5 亿美元、美国司法部处罚 4.5 亿美元,创《反海外腐败法》全球执法之最。[33]

笔者在总结了近几年披露的美国证券交易委员会和美国司法部的执法案例后,认为《反海外腐败法》的执法存在以下特点:

1. 反腐败执法案件由平缓趋于激增

笔者根据美国司法部和美国证券交易委员会在官网上公布的案例,结合 Foreign Corrupt Practices Act Clearinghouse(FCPAC)平台的数据,对 2005—2016 年的执法案件进行了统计。[34]

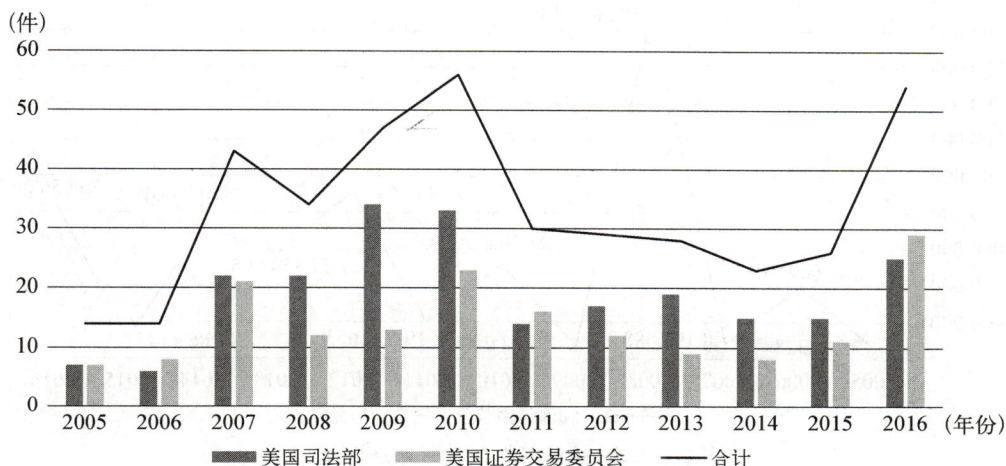

图 1　2005—2016 年《反海外腐败法》执法案件数统计

通过图 1,可以看到 2007—2010 年《反海外腐败法》的执法呈现一个爆发式增长态势。但是自 2011 以来,案件总数明显回落并趋于平缓,仅为 2010 巅峰时期的一半,基本保持在每年 25 起案件的执法量。然而,2016 年《反海外腐败法》的执法又一次出现了激增,达到 54 起,仅次于 2010 年的 56 起。在这 54 起执法案件中,美国证券交易委员会完成了 29 起、美国司法部完成了 25 起,美国证券交易委员会在执法上比美国司法部更为活跃。

关于 2017 年的最新数据,美国司法部截至 2017 年 2 月,共更新了 5 起案件;美国证券交易委员会截至 2017 年 2 月,也已更新 5 起案件。据此,笔者认为 2017 年的《反海外腐败法》案件总数应保持在较高水平。

2. 企业平均和解金金额显著增长

企业因违反《反海外腐败法》而与美国执法部门达成的和解金金额在近 10 年内发生了巨大的变化。截至 2005 年,洛克希德·马丁公司(Lockheed Martin Corporation)于 1995 年支付的 2 480 万美元和解金一直位居《反海外腐败法》的执法行动十大高额和解金之首。[35] 然而,2008 年西门子公司

〔33〕 See Roger M. Witten, *Siemens Agrees to Record-Setting $ 800 Million in FCPA Penalties*, available at https://www.wilmerhale.com/pages/publicationsandnewsdetail.aspx? NewsPubId=95919 accessed 22 February 2017.

〔34〕 See DOJ, *Related Enforcement Actions*, available at http://www.justice.gov/criminal-fraud/related-enforcement-actions accessed 22 February 2017. Also, see SEC, *SEC Enforcement Actions: FCPA Cases*, available at http://www.sec.gov/spotlight/fcpa/fcpa-cases.shtml accessed 22 February 2017. 另外,笔者参考了 Foreign Corrupt Practices Act Clearinghouse (FCPAC) 平台的数据,载于 http://fcpa.stanford.edu/statistics-analytics.html。需要说明的是,笔者统计中的执法案件包括达成不起诉协议(Non-Prosecution Agreement)的情况。并且,若一个案件存在多个被告且案号相同,则以一次执法案件计算,案号不同则视为不同的执法行动。

〔35〕 See James F. Peltz, *Lockheed Agrees to Pay Record Fine*, available at http://articles.latimes.com/1995-01-28/business/fi-25231_1_egyptian-politician accessed 22 February 2017.

8亿美元的和解金迅速刷新了该榜单,并至今一直位居榜首,这也导致2008年的平均和解金金额出现了异常激增。但是自2010—2016年,除2011年和2015年,其他5年的年度平均和解金均高于5 000万美元,并且2012年和2016年的平均和解金均接近1亿美元的界限。

依照目前和解金金额的增长速度并结合前文对执法案件数量的预测,笔者认为,在未来几年内,美国司法部和美国证券交易委员会将继续保持每年30起左右的《反海外腐败法》执法行动,对于违法企业的惩处力度会继续大幅提升。

图2为2005—2016年企业因违反美国《反海外腐败法》而支付的和解金的平均金额。[36]

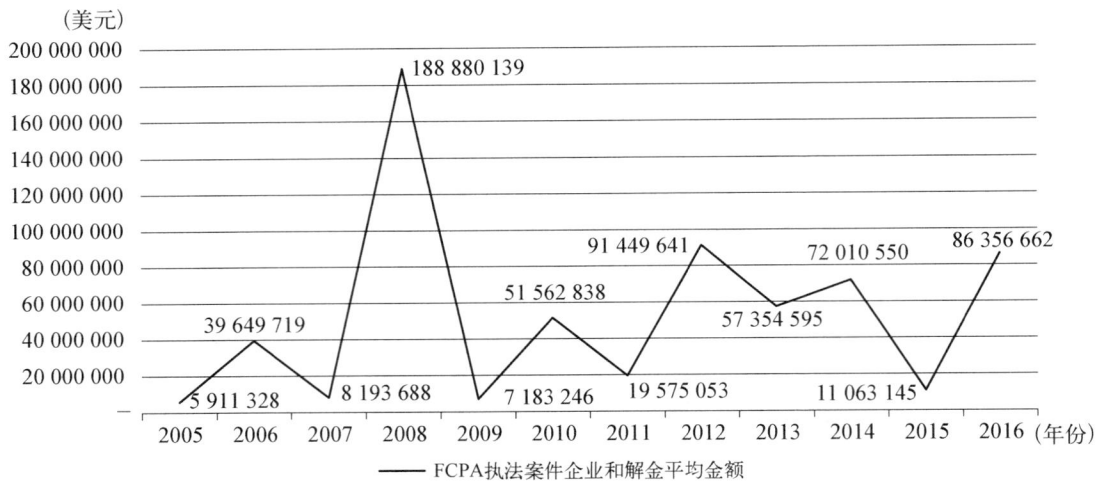

图2 FCPA执法案件企业和解金平均金额

3. 高额罚款集中在非美国企业

笔者统计了目前《反海外腐败法》全球十大执法案件的来源国,[37]可以发现只有3家美国企业位列前十大案件榜单,即排在第3位的哈利伯顿公司及其前子公司KBR、第6位的奥克兹夫基金公司和第10位的美国铝业公司,其余则皆为非美国公司。根据笔者统计,法国公司占两家,德国、以色列、巴西、英国、荷兰公司各占一家。同时需要注意的是,2016年上榜的公司共有4家,创历史之最。

表1 《反海外腐败法》和解金前十大案件

排 名	公 司	国家	和解金(亿美元)	年 份
1	Siemens AG(西门子)	德国	8	2008
2	Alstom S.A.(阿尔斯通)	法国	7.72	2014
3	KBR/Halliburton(哈利伯顿公司及其前子公司KBR)	美国	5.79	2009
4	Teva Pharmaceutical(梯瓦制药)	以色列	5.19	2016

---

[36] See Foreign Corrupt Practices Act Clearinghouse (FCPAC), *Statistics and Analytics*, available at http: //fcpa. stanford.edu/statistics-analytics.html accessed 22 February 2017.

[37] See Richard L. Cassin, *Reconsidered*: *Odebrecht and Braskem are on our FCPA Top Ten list*, available at http: //www. fcpablog.com/blog/2016/12/29/reconsidered-odebrecht-and-braskem-are-on-our-fcpa-top-ten-l.html accessed 22 February 2017.

排　名	公　司	国家	和解金（亿美元）	年　份
5	Odebrecht/Braskem（里切特/布拉斯科）	巴西	4.198	2016
6	Och-Ziff（奥克兹夫基金）	美国	4.12	2016
7	BAE Systems（BAE 系统公司）	英国	4	2010
8	Total S.A.（道达尔）	法国	3.98	2013
9	VimpelCom（维佩尔通讯）	荷兰	3.976	2016
10	Alcoa（美国铝业公司）	美国	3.84	2014

二、在华跨国公司《反海外腐败法》案件的实证分析

涉及中国的《反海外腐败法》执法案件不断增多，这背后反映的问题值得中国政府及其相关部门深思，也为跨国公司在华经商敲响了警钟。笔者在下文中对近年来涉及在华跨国公司的《反海外腐败法》案件进行逐一梳理和总结分析，以发现案件特点及其产生原因。

（一）近年在华跨国公司《反海外腐败法》行贿案件一览

根据美国证券交易委员会和美国司法部公布的案件，笔者对所有案件的起诉书和解协议进行检索，整理出与在华跨国公司相关的 2005—2016 年违反《反海外腐败法》的行贿案件。[38] 如果美国证券交易委员会和美国司法部同时对某一跨国公司的违法行为做出处罚，笔者将在表 2 中合并罗列。

表 2 中笔者收集的数据具有典型的代表意义：① 该 33 起案件发生于近 10 年，最新的案件发生于 2016 年 12 月；② 案件均为美国证券交易委员会或（和）美国司法部对在华跨国公司向中国官员行贿的处罚；③ 所有案件材料直接来源于美国证券交易委员会和美国司法部的官方网站。因此，笔者认为，该 33 起案例可以作为《反海外腐败法》案件中在华跨国公司行贿执法案件的研究样本。

表 2　2005—2016 年在华跨国公司 FCPA 行贿案件

时　间	涉案跨国公司	案　件　事　实	处　罚（美元）
2016 年 12 月	通用电缆公司	其海外子公司连续十几年向外国政府官员支付不恰当款项以获得或保留在安哥拉、孟加拉国、中国、印度尼西亚和泰国的业务	7 500 万
2016 年 11 月	摩根大通	其亚洲子公司为获取业务，为在亚太区有影响力的政府官员的亲属或朋友提供就业和实习机会	2.64 亿
2016 年 9 月	葛兰素史克	其中国子公司为提高产品销量，连续几年向公立医院的医生提供现金、礼品等有价物	2 000 万
2016 年 9 月	如　新	其中国子公司向中国官员指定的慈善机构捐款 100 万元人民币，以免除工商局的处罚	76.5 万

〔38〕 See DOJ, *Related Enforcement Actions*, available at http：//www.justice.gov/criminal-fraud/related-enforcement-actions accessed 22 February 2017; SEC, *SEC Enforcement Actions：FCPA Cases*, available at http：//www.sec.gov/spotlight/fcpa/fcpa-cases.shtml accessed 22 February 2017.

（续表）

时 间	涉案跨国公司	案 件 事 实	处 罚（美元）
2016 年 8 月	阿斯利康	其中国子公司为提高产品销量,向公立医院的医生提供现金等其他物品,并且向中国官员支付现金以免除对子公司的经济处罚	550 万
2016 年 7 月	江森自控	尽管其试图补救被收购的中国子公司的违法行为,但在收购完成后仍利用销售商而非代理商去促成不正当报酬	1 400 万
2016 年 7 月	诺泰克	其中国子公司向中国政府官员提供 29 万美元的不正当款项,从而获取海关、税务等方面的优待或监管上的放松	32 万
2016 年 6 月	阿卡迈技术	其中国子公司向中国政府官员提供礼品卡、餐饮以及娱乐,从而建立商业上的合作关系	67 万
2016 年 4 月	拉斯维加斯金沙	其持有的账本和记录缺少向某亚洲咨询顾问支付超过 6 200 万美元的支持性文件,该顾问充当中间人来掩盖公司在特定业务交易中的角色	900 万
2016 年 3 月	诺 华	其两家中国子公司的员工向医务专业人员给付现金、礼物及其他有价物,从而获得向中国卫生机构销售数百万美元医药产品的商业机会	2 500 万
2016 年 3 月	高 通	其中国子公司试图获得或保留中国业务,向中国官员的家庭成员提供内部特殊雇佣的全职工作或带薪实习	750 万
2016 年 2 月	美国参数技术	2006—2011 年,其两家中国子公司向国有企业客户提供总价接近 150 万美元的不正当旅行、礼物和娱乐活动,从而获得国有企业的销售合同,利润约达 1 180 万美元;其前任中国销售副总裁袁宇凯与 SEC 签订了延期起诉协议	2 816 万
2016 年 2 月	赛生制药	其中国子公司的员工作为公司的代理人,向医疗专业人士给予现金、礼物和其他有价物,使其向国家卫生机构销售数百万美元的医药产品	1 200 万
2015 年 10 月	百时美施贵宝公司	其中国子公司向医疗服务提供者行贿以扩大业务,从而获取 1 100 万美元以上的利润	1 470 万
2015 年 7 月	美赞臣	其中国子公司向中国公立医院的医护人员支付不当款项,以向新产妇或准妈妈推销美赞臣产品	1 200 万
2015 年 5 月	必和必拓	赞助 176 名政府官员和国有企业员工观摩 2008 年北京奥运会,包括机票、宾馆和观光费用,人均 1.2 万—1.6 万美元	2 500 万
2014 年 12 月	雅 芳	其中国子公司为在中国取得第一张直销牌照,向商务部和工商局的官员提供约 800 万美元的现金和礼物	1.35 亿
2014 年 12 月	布鲁克	其中国办事处向中国政府官员支付超过 11.1 万美元,签订 12 份合作协议,并且支付 11.9 万美元供中国政府官员出国旅游	240 万
2013 年 10 月	迪 堡	其中国和印度尼西亚的子公司向政府官员支付约 180 万美元用于旅游、娱乐和礼品;另外,中国子公司每年向中国银行官员提供 100—600 美元的礼金	4 810 万
2012 年 12 月	美国礼来制药	其中国子公司伪造费用报告为公立医院的医生提供水疗、珠宝、礼物和现金	2 900 万
2012 年 8 月	辉 瑞	其子公司的员工及其代理在一些国家(包括中国)向外国官员支付款项,以获得公司药品相关的许可、销售、处方,并企图通过将该等款项记录为合法支出	6 000 万

（续表）

时　间	涉案跨国公司	案　件　事　实	处　罚（美元）
2012 年 3 月	邦美	其中国子公司的代理商向中国公立医院的医生提供现金和旅游,以获取购买邦美产品和设备的同意	2 200 万
2011 年 10 月	沃茨水工业集团	其中国子公司以销售佣金的名义支付给国有设计院员工不当款项,以影响中国基础设施产品设计规范的制定,使其利于该公司的产品	378 万
2011 年 5 月	罗克韦尔自动化	其中国子公司于 2003—2006 年,为获得合同,向设计研究院支付 61.5 万美元;此外,为国有企业员工支付 45 万美元开展非商务目的的旅行	276 万
2011 年 3 月	IBM 公司	其中国子公司为扩大销售额向中国政府官员提供不正当的现金、礼物和旅游及其他娱乐活动	1 000 万
2011 年 1 月	麦斯威尔技术	其中国子公司向中国政府官员行贿,以获取在中国数个省份的电力设备基础设施制造商(国有企业)的销售合同,并且将订单价款提高 20% 以掩盖贿赂	1 430 万
2010 年 12 月	阿尔卡特朗讯公司	阿尔卡特朗讯公司对 4 个国家和地区的政府官员进行行贿以获得产品订单;其中国子公司为聘用两名顾问支付逾 95 万美元,该顾问向在合同缔结上具有影响力的台湾当局"立法委员"支付款项,阿尔卡特从中获利约 434 万美元	1.37 亿
2010 年 12 月	美国华瑞科学仪器公司	通过其两家中国合资企业向中国官员进行不正当支付约 40 万美元,以获得与政府签订的天然气和化工检测产品的销售合同,从中获利 300 万美元	295 万
2010 年 6 月	Veraz 网络	其中国子公司在 2007 年和 2008 年向中国国有电信公司提供价值约 4 万美元的礼品,以获得相关业务	30 万
2008 年 6 月	法如公司	其中国子公司向中国国有企业行贿 44 万美元	190 万
2008 年 12 月	西门子	其中国子公司向国有医院行贿 2 340 万美元;并且通过向中国官员的不正当支付,获取 10 亿美元的地铁工程和 8.38 亿美元的电力高压传输线项目	8 亿
2007 年 12 月	朗讯科技	从 2000—2003 年,朗讯邀请了约 1 000 名中国国有电信公司官员赴美国或其他地方旅行,为此花费超过百万美元	250 万
2005 年 5 月	德普	其中国子公司向国有医院行贿 16.2 万美元,从中获取 200 万美元的利润	478 万

（二）在华跨国公司《反海外腐败法》行贿案件的特点

1. 行贿主体具有较高的全球知名度

根据笔者整理的 33 起在华跨国公司《反海外腐败法》行贿案件,可以发现大部分涉案跨国公司都是所属行业内的领先企业,甚至位列世界 500 强,例如高通、摩根大通、美赞臣、辉瑞、美国礼来制药、西门子等公司。有观点认为,这类大型跨国公司往往拥有雄厚的经济实力、先进的技术、完善的管理体系及较强的品牌号召力,公司为维护其日益累积的社会美誉度,不会轻易违反《反海外腐败法》的规定向外国官员行贿。然而笔者认为恰恰相反,正因为大型跨国公司具有较高的知名度,他们更急于快速抢占中国市场以吸引更多的客户或消费者,从而进一步巩固其行业霸主的地位;同时与政府官员暗中勾结、实行权钱交易则能使他们更快地扩大市场占有率,强有力地打压并遏制竞争对手在中国的发展。

2. 行贿行业分布具有扩张性

根据笔者对 33 起在华跨国公司《反海外腐败法》案件所涉行业进行的分析统计(见图 3),在华跨国公司的《反海外腐败法》案件存在于多个领域,被处罚的企业集中于医药行业(33.33%)、科技行业(21.21%)、制造业(18.18%)、电信业(12.12%)、零售业(6.06%),以及能源、娱乐和金融各占 3%。据此,笔者认为在华跨国公司《反海外腐败法》案件的涉案领域主要包括以下三个方面:

(1)民生行业。民生行业是在华跨国公司《反海外腐败法》案件的高发、易发领域,例如医疗器械、零售业。涉案跨国公司通过向政府官员支付不正当款项等潜规则提升进入中国市场的竞争力,与政府部门建立长期紧密的合作关系能为跨国公司在华经商创造更有利的环境。[39] 典型案例请参见表2 中的葛兰素史克案、诺华案、施贵宝案以及礼来制药案。

(2)垄断行业。垄断行业包括电信、金融等行业。涉案跨国公司通过向政府官员行贿使其在市场准入和合同签订方面降低审核标准,从而减少可能存在的风险,以更方便地进入和占有高壁垒的垄断市场。典型案例请参见表 2 中的高通案、摩根大通案和麦斯威尔案。

(3)能源行业。能源行业包括水利工程、矿产等行业。涉案跨国公司通过行贿地方政府的主要官员,用独资企业、合资企业、控股公司、合伙经营的方式官商勾结,最大限度地控制资源开采权或低价购买全球稀有资源。典型案例请参见表 2 中的必和必拓案。

有学者认为与中国有关的《反海外腐败法》案件主要集中于医疗行业。从笔者的分析结果看,近10 年来医疗行业确实在涉案行业中占有明显高于其他行业的比例;但是,近年来在华跨国公司违反《反海外腐败法》案件已呈现出行业分布的扩张性,可以说涵盖各行各业,甚至是关系国家经济命脉的垄断行业。

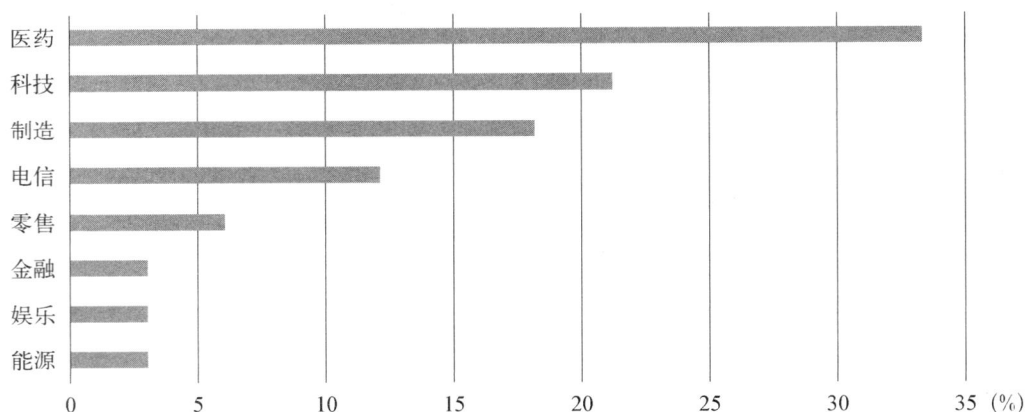

图 3　在华跨国公司 FCPA 行贿案件行业分布统计

3. 行贿对象具有针对性

根据《反海外腐败法》的规定,企业不得向外国官员、外国政党、政党候选人及官方机构行贿。[40] 在实践中,《反海外腐败法》案件往往集中于向外国官员行贿。因此,《反海外腐败法》特别对"外国官员"进行了解释,主要涵盖政府、政府部门、代理或者机构。[41] 并且,《反海外腐败法》对"外国官员"

---

〔39〕 申恩威：《反商业贿赂理论分析与对策研究》,社会科学文献出版社 2009 年版,第 214—215 页。

〔40〕 15 U.S.C. § 78dd-1.

〔41〕 Section 30A(f)(1)(A) of the Exchange Act,15 U.S.C. §78dd-1(f)(1)(A);15 U.S.C. §§ 78dd-2(h)(2)(A),78dd-3(f)(2)(A).

的定义设置了兜底条款，即任何代表政府行使政府职能的职员皆可被认为外国官员。[42] 笔者就此对 33 起在华跨国公司《反海外腐败法》行贿案件中的行贿对象进行了整理分析。在该 33 个样本内，国企员工占 34.55％，公立医院的医护人员占 31.52％，政府官员占 23.03％，国有银行和国有设计研究院的员工各占 5.45％。

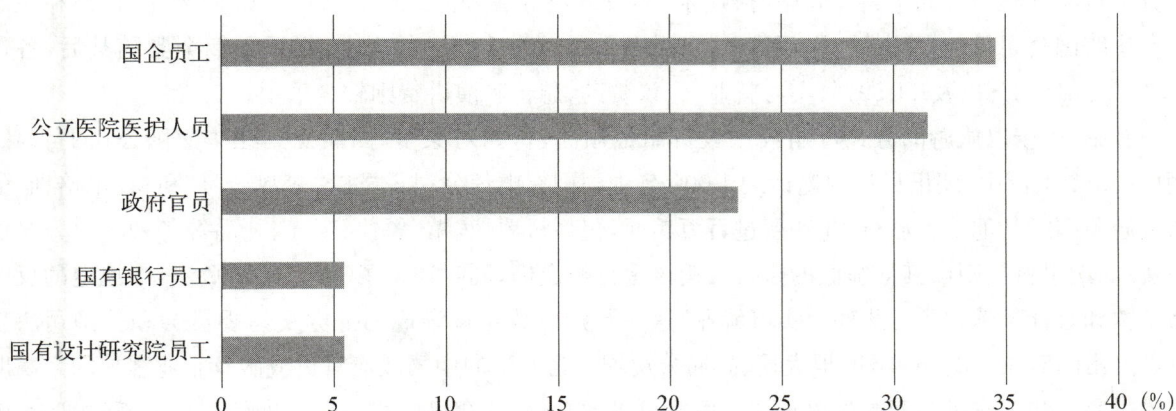

图 4　在华跨国公司 FCPA 案件行贿对象统计

可见，中国政府官员并不是在华跨国公司仅有的行贿对象，国有企业及公立医院也占了相当大的比重，甚至超过了中国政府官员。笔者认为该现象可以反映出以下三个问题：

（1）公立医院的医护人员是跨国医药公司行贿的主要对象。该数据从一定程度上印证了前文的结论，即医药行业是《反海外腐败法》案件涉案行业的高发区。可以说，在药品销售和医疗服务的环节中，都渗透着商业贿赂的印记，从而导致药品和医疗服务价格的大幅度上涨。

（2）国有企业之所以在受贿比重上超过中国政府官员，说明在华跨国公司向国有企业员工行贿能获得更高额的利润。通过观察，笔者发现该 33 起案件中与国有企业员工关联的绝大部分是垄断行业中中方龙头企业的高层管理人员或者是具体办事人员，他们往往对合同的缔结或订单的签订具有决定权或影响力。在华跨国公司通过向他们施以小恩小惠，却能在合同和订单中获取高额的利润。而行贿政府官员主要是为了获得资源开发权、市场准入权等政府行政部门特批的事项。因此，笔者认为政府官员只为外商企业打开一扇门，而跨国企业与国企"合作"才是通往巅峰的康庄大道。鉴于此，笔者预测在外资已逐渐在中国市场安营扎寨的今天，在华跨国公司将会把国有企业员工作为行贿的重中之重。另外，与向政府官员行贿相比，国企员工在行贿的过程中也更具有隐蔽性。

（3）这组数据也从一定程度上显示中国的官员腐败已经渗透到各个组织机构和各个级别。

4. 行贿手段具有多样性和隐秘性

《反海外腐败法》禁止企业或个人为争取任何不正当利益并获得或保留业务向外国官员行贿任何有价值的物品，以影响官员行为或决策职权。除了前文已论述的"外国官员"，《反海外腐败法》还对"行贿"和"任何有价值的物品"做出了详尽的解释。[43] 其中，"行贿"包括提议给付、给付、承诺给付

---

[42]　15 U.S.C. § 78dd-1(a)(1)-(3)；15 U.S.C. §§ 78dd-2(a)(1)-(3)，78dd-3(a)(1)-(3)．

[43]　See SEC & DOJ, *A Resource Guide to the U.S. Foreign Corrupt Practices Act*, at 14-16, available at http://www.justice.gov/criminal-fraud/fcpa-guidance accessed 21 February 2017.

或授权给付,而"任何有价值的物品"则包含现金、佣金、礼品、旅游、娱乐等。需特别注意的是,《反海外腐败法》未对"任何有价值的物品"规定最低价值,因此在实践中跨国公司经常打擦边球,所实施的贿赂会介于合法与非法、违规与合规之间。

(1)多样性。笔者对33起案件的行贿手段进行分析统计发现,在华跨国企业往往会同时采用多种方式行贿,即现金、佣金、礼品、旅游、娱乐、实习就业等各种方式组合行贿。根据统计,礼品和旅游是在华跨国公司最为青睐的行贿手段,分别占27.87%和18.58%,现金、娱乐和佣金紧随其后,各占17.65%、15.32%以及11.59%,实习就业、会议赞助、慈善和演讲费则较少采用。

其中,由于以旅游的方式行贿较一般行贿金额高、行贿对象多,因而受到在华跨国公司的青睐。例如,33个案例中,朗讯科技曾邀请约1 000名中国国有电信公司官员以"参观学习"和"技术培训"的名义赴美国或其他地方旅行,花费超过百万美元,包括机票、宾馆、餐饮、观光、礼品等各种名目繁多的消费,而朗讯科技则以其他虚假的账目报销该笔行贿金额,同时违反了《反海外腐败法》中规定的反贿赂条款和会计条款。[44] 此外,"实习就业"这一行贿方式也逐渐成为证券交易委员会和美国司法部重点打击的对象。2016年,摩根大通、高通公司均因为非法向中国政府官员或国有企业客户的亲属朋友提供实习和工作机会而被处以重罚。由此可见,"有价值的财物"这一概念外延正在不断被扩大,跨国企业需要调整传统的合规机制来应对新型的腐败方式。

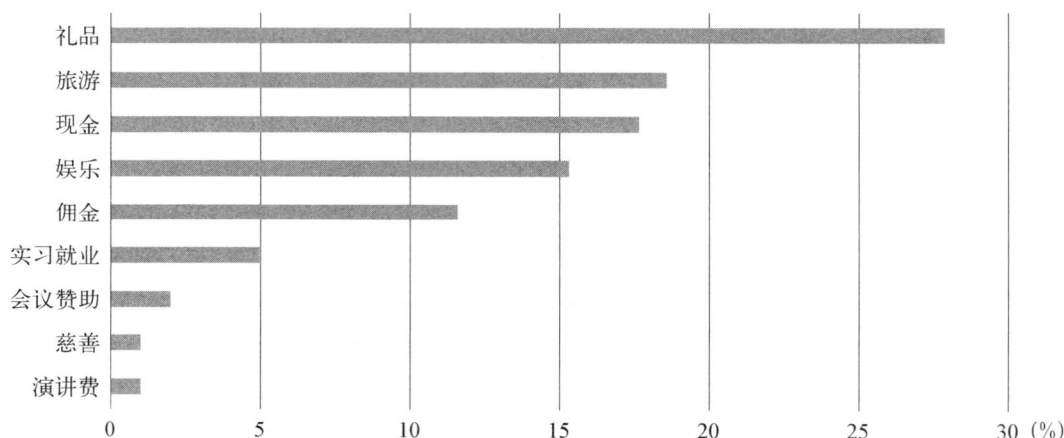

图5 在华跨国公司FCPA案件行贿手段统计

(2)隐秘性。根据《反海外腐败法》的规定,禁止通过第三方向外国官员行贿,第三方包括代理人、经销商或合资合伙人。[45] 利用所谓的第三方行贿使企业尽管从表面上排除了行贿主体的嫌疑,但《反海外腐败法》严格规定,只要企业知道第三方会向外国官员支付不恰当款项,则企业也可构成行贿。[46] 在实践中,第三方的引入在一定程度上确实为执法机关的侦查工作带来了较大的困难。

在33起案件中,多数在华跨国公司采用了第三方行贿的模式来过滤其中的商业风险。例如,雅芳与一家咨询公司签订服务协议,由该咨询公司专门负责管理雅芳与政府、媒体的公众关系,但是在其合同中约定咨询公司的行为不受《反海外腐败法》的管辖,之后被证实其所谓的"维护雅芳与政府、

---

〔44〕 See SEC, *SEC Charges Alcatel-Lucent with FCPA Violations*, available at https://www.sec.gov/news/press/2010/2010-258.htm accessed 23 February 2017.

〔45〕〔46〕 15 U.S.C. § 78dd-1(a);15 U.S.C. §§ 78dd-2(a), and 78dd-3(a).

媒体的公众关系"就是以该咨询公司的名义向中国官员行贿。[46] 表 3 是笔者根据整理的 33 起案例总结的在华跨国公司、中间人与受贿方(中国官员)之间的行贿受贿方式。[47]

表 3　在华跨国公司通过第三方行贿的方式总结

在华跨国公司与中间人	中间人与受贿方(中国官员)
● 以咨询费名义支付 ● 以服务费名义支付 ● 以律师费名义支付 ● 中间人是在华跨国公司建立的离岸公司 ● 直接给付 ● 承诺给付	● 安排旅游 ● 赠送礼物 ● 定向采购 ● 回扣 ● 劳务费 ● 工程发包

5. 追究个人责任

在 2016 年与中国有关的《反海外腐败法》执法案件中,两起对个人的处罚案件值得关注:① 张俊平案。其在任职美国哈里斯公司(Harris)中国子公司的主席和首席执行官期间,授权向中国国有医院的官员送礼,并通过虚假报销为子公司销售人员购买行贿礼品提供便利。美国证券交易委员会以违反《反海外腐败法》反贿赂条款、账簿与记录条款及内部控制条款判处张俊平民事处罚金 46 000 美元。[48] ② 袁宇凯案。1996—2011 年,袁宇凯担任美国参数技术两家中国子公司的销售总监期间,公司为获得国有企业的销售合同,向国有企业客户提供总价接近 150 万美元的不正当旅行、礼物和娱乐活动。鉴于袁宇凯在美国证券交易委员会的调查过程中积极配合,美国证券交易委员会与其签订了延期起诉协议。这也是美国证券交易委员会在《反海外腐败法》案件中首次与个人达成延期起诉协议。[49]

毫无疑问,美国证券交易委员会和美国司法部越来越重视对个人责任的追究。自 2015 年 9 月《公司不法行为中的个人责任》(*Individual Accountability for Corporate Wrongdoing*)即耶茨备忘录(Yates Memo)发布以来,2016 年对个人执法的案件数量逐渐增加。尽管美国总统特朗普已于 2017 年 1 月底解除了耶茨美国代理司法部长的职务,但是有迹象表明特朗普政府仍会继续贯彻执行耶茨备忘录。[50] 耶茨备忘录主要向《反海外腐败法》管辖范围内的企业传达了以下执法信息:① 若要获得任何合作信用(Cooperation Credit),企业必须向司法部提供所有相关个人涉及企业不当行为的事实;② 司法部在解决企业问题时,不会免除个人的民事或刑事责任;③ 美国司法部只有在具有明确途径解决相关个人案件时,才会解决企业问题;④ 美国司法部始终会把重点放在个人上,不会以是否超出个人的支付能力来决定是否提出起诉。[51] 因此,在华跨国公司中担任高管的个人受到《反海外腐败法》案件调查和处罚的风险正在不断加大。

---

〔46〕 See SEC, *Avon Entities to Pay ＄135 Million to Settle SEC and Criminal Cases*, available at https: //www.sec.gov/news/pressrelease/2014-285.html accessed 24 February 2017.

〔47〕 杜舟:《又见潜规则——跨国公司在华商业贿赂调查》,《IT 时代周刊》2009 年第 17 期。

〔48〕 See SEC, *SEC Charges Former Information Technology Executive with FCPA Violations*; *Former Employer Not Charged Due to Cooperation with SEC*, available at https: //www.sec.gov/litigation/admin/2016/34-78825-s.pdf accessed 24 February 2017.

〔49〕 See SEC, *Tech Company Bribed Chinese Officials*, available at https: //www.sec.gov/news/pressrelease/2016-29.html_accessed 24 February 2017.

〔50〕 See James E. Connelly, *United States*: *Trump Administration Likely To Maintain Yates Memo Priorities*, available at http: //www.mondaq.com/unitedstates/x/571946/Public＋Order/Trump＋Administration＋Likely＋To＋Maintain＋Yates＋Memo＋Priorities＋On＋Corporate＋Wrongdoing accessed 28 February 2017.

〔51〕 See Sally Quillian Yates, *Individual Accountability for Corporate Wrongdoing*, available at https: //www.justice.gov/dag/file/769036/download accessed 24 February 2017.

三、在华跨国公司应对《反海外腐败法》的主要风险

蓬生麻中,不扶而直;白沙在涅,与之俱黑。在华跨国公司应对《反海外腐败法》的主要风险,可以概括为以下三个方面。

(一) 中国潜规则盛行

1. 国际评价

根据透明国际组织(Transparency International)2017年1月25日发布的2016年全球清廉指数,中国在世界排名第79位,比2015年的83名上升了4个名次,[52] 说明中国的腐败贿赂有逐渐减少的趋势。此外,《反海外腐败法》的制定者美国,其2016年腐败印象指数(CPI)得分为74分,全球排名第18名。

笔者着重就亚太区国家的清廉指数进行了统计,2016年中国位列亚太地区30个国家和地区的第12名,优于印度尼西亚、菲律宾、泰国、越南等国家。特别需要关注表4中的CPI数值,分数越高代表该国家和地区的官员越清廉;相反,分数越低,则代表该国家和地区的腐败行为越普遍。中国2016年的CPI仅为40分,相较于全球排名第一、亚太排名第一的新西兰足足差了50分;并且,中国的腐败印象指数低于全球平均分43分及亚太平均分44分,因此国际社会对于中国清廉程度的评价仍停留在一个较不乐观的水平。但是,随着以习近平同志为核心的党中央始终坚持反腐倡廉并取得了显著成就,中国的清廉程度已经呈现不断上升的趋势,可见中国打击腐败的决心在一定程度上得到了透明国际组织的认可。

表4 亚太地区清廉指数统计

2016年亚太排名	国家/地区	2016年全球排名	2015年全球排名	CPI 2016年得分
1	新西兰	1	4	90
2	新加坡	7	8	84
3	澳大利亚	13	13	79
4	香港地区	15	18	77
5	日 本	17	18	72
6	不 丹	27	27	65
7	台湾地区	31	30	61
8	文 莱	41	不适用	58
9	韩 国	52	37	53
10	马来西亚	55	54	49
11	所罗门群岛	72	不适用[53]	42

---

〔52〕 See Transparency International, 2016 *CPI Index*, available at https://www.transparency.org/ accessed 25 February 2017.

〔53〕 文莱和所罗门群岛未在2015年清廉指数全球排名的统计范围内。

（续表）

2016 年亚太排名	国家/地区	2016 年全球排名	2015 年全球排名	CPI 2016 年得分
12	中 国	79	83	40
12	印 度	79	76	40
······				
174	朝 鲜	174	167	12

2. 国内情况

商业贿赂，这种成本低、见效快的获利手段，能将整个经销过程纳入潜规则之中，形成一种守法吃亏、违法有利的恶性循环，从而使商业贿赂成为一种常见的营销方式和交易行为，最后甚至被普遍默认、共同参与，没有人再质疑商业贿赂其实是一种违法行为。

橘生淮南则为橘，生于淮北则为枳。在华跨国公司在商业贿赂甚盛行的中国，很难做到洁身自好，在实施本土战略中难免接受中国的潜规则，以便能够进一步地开拓市场。有观点甚至认为，如果是涉及中国的项目，且该政府部门或行业存在明显的贿赂潜规则，建议寻求替代的销售渠道以避开违反《反海外腐败法》而遭受处罚的风险。[54] 根据《中国 2015 年反商业贿赂蓝皮书》的调研结果显示，仅有 51.9％的受访外商投资企业否认本企业在中国为获取业务或其他优待曾向企业的重要客户支付金钱或其他有价物；6％的外商投资企业直接承认曾进行过行贿，41.6％的外商投资企业则选择不愿意向调查者披露。[55] 该数据在一定程度上揭示了外商投资企业在中国经营的整体环境，近一半的企业在商业往来中可能曾经通过贿赂的方式以期实现利润的最大化。该现象的普遍性和广泛性严重破坏了中国的正常经营秩序。

笔者认为，部分在华跨国公司的行贿甚至是一种有准备、有目标、有预期的行为。首先，跨国公司在进入中国之前，必定已经对中国市场开展了深入和细致的研究，特别是对中国盛行的贿赂这一潜规则了如指掌；其次，跨国公司在开拓海外市场时已经积累了相当丰富的经验，包括如何打擦边球进行商业贿赂、掌握潜规则的途径和渠道等。因此，跨国公司在进入中国后，能马上融入潜规则，甚至实施的手段比本土企业更能取得预期的效果。可以说，跨国公司在华行贿不仅是其生存之道，更是一种获利的工具。

（二）中国经济体制存在大量国有成分

根据《反海外腐败法》的规定，对于规制的行贿对象"外国官员"做了较宽泛的解释，认为国有企业在一定程度上行使了政府的职能，因此不论该国企员工的职位高低，均应被视为政府官员。[56] 但是在中国的经济体制中，国有企业占据主导地位，中国目前拥有规模超过 117 万亿元的经营性国有资产，且一直保持着缓慢增长的趋势。[57] 因此，中国特殊的国情使《反海外腐败法》将国有企业员工视为"外国官员"显得执法过于严厉。一些美国跨国公司甚至觉得在中国与其打交道的每个人都是外国官员，只因为他们在国有企业工作。

---

〔54〕 See Statement of Commission Policy, Securities and Exchange Act Release No. 17099, 1980 SEC LEXIS 820, 15.

〔55〕 中国公司法务研究院等：《中国 2015 反商业贿赂蓝皮书》，2015 年 1 月 10 日，http://www.legaldaily.com.cn/index_article/content/2015-01/10/content_5922174_6.htm，2017 年 2 月 26 日。

〔56〕 See SEC & DOJ, *A Resource Guide to the U. S. Foreign Corrupt Practices Act*, at 20, available at http://www.justice.gov/criminal-fraud/fcpa-guidance accessed 21 February 2017.

〔57〕 人民日报：《国有资产总额超 117 万亿 监管存在越位缺位错位》，2015 年 11 月 30 日，http://news.xinhuanet.com/fortune/2015-11/30/c_128481762.htm，2017 年 2 月 26 日。

根据经济合作与发展组织的定义,国有企业是指中央和地方政府建立的受政府官员监管的实体。[58] 在中国,国有企业根据政府的出资比例分为3种,即国有独资企业、国有控股企业和国有参股企业。虽然中国政府在不断推进国有企业的改革,但是这类企业在中国经济的发展中仍然扮演着重要角色。并且,国有企业在中国经济的各个核心领域长期占据主导地位,如石油和天然气、银行和金融、铁路和航空、钢铁和金属生产、供电供水和通信。不仅如此,中国政府的长期国家战略目标旨在保证国有企业成为中国各行业内的龙头企业,能够在全球经济中与最成功的跨国公司相抗衡。党的十八届三中全会更是进一步重申了这一政策,将发展混合所有制经济提至议事日程,推动国有企业完善现代企业制度。[59] 因此,跨国公司在华经商不可避免地与中国的各类国有企业进行接触,这也直接增加了跨国公司违反《反海外腐败法》的风险。

1. 与国有控股企业和国有参股企业进行的商业合作

随着国有企业混合所有制改革的不断深入,虽然国有独资企业逐渐在向国有控股企业或国有参股企业转型,但是政府仍然会继续持有该公司的股份。根据《反海外腐败法信息指南》,美国证券交易委员会和司法部在执法过程中会综合考虑以下因素:① 政府对该实体的控制程度;② 该实体和雇员是否具有政府特征;③ 该实体的经营目的;④ 中国法律下该实体的义务和职责;⑤ 该实体为实现其指定的职能而获得的绝对或相对授权;⑥ 政府对该实体的经济支持;⑦ 是否普遍认为该实体在执行官方或政府职能。因此,不论政府持有多少股份,即使未超过50%,该企业仍可被视为外国政府的辅助机构(instrumentality)。简言之,政府对实体持有的所有权的多少不是判断其是否为国有企业的唯一标准;相反,在实践中更关注政府对该实体的控制权以及该实体履行政府职能的程度。

其中,关于控制权的判断,美国执法部门通常将该实体的高管是否由政府任命纳入考量范畴。然而在中国,大型的国有控股企业和国有参股企业的董事、监事和经理基本上都由政府委派,并且被任命的国有企业高层管理人员大多具有党员干部这一特殊身份。例如,董事会成员同时兼任党委书记,即具有公司和党内的双重职务。鉴于中国采用党委制,在这种管理模式下,企业重大决策通常先由公司党委研究提出意见建议,再由董事会、经理班子做出决定,即公司党组织在领导层架构、参与决策的领域和程序等方面发挥政治核心作用。[60] 这也直接导致中国国有控股企业和国有参股企业在大多数情况下都会被认定为《反海外腐败法》中外国政府的辅助机构,增大了跨国企业在华投资的合规风险。

围绕国有企业一个值得延伸讨论的问题是,跨国公司为了进入中国市场而与中国企业设立中外合资企业,这会对跨国公司与国有控股企业和国有参股企业的商业合作提出更高的要求。根据《外商投资产业指导目录》,部分行业对于外国投资者存在较高的准入壁垒,即规定必须以中外合资企业的形式进行投资,且该中外合资企业必须由中方绝对控股或相对控股。例如,从事汽车整车、专用汽车和摩托车的制造,中方股比不得低于50%。因此,许多跨国企业不得不与中国企业甚至是国有企业建立合作或合资关系,以期进入中国市场。但是,由此引发的跨国公司责任承担问题却未引起足够的重

---

〔58〕 See OECD, *OECD Working Grp. on Privatization & Corporate Governance of State Owned Assets*, *State-Owned Enterprises in China*: *Reviewing the Evidence*, at 3, available at www.oecd.org/daf/ca/corporategovernanceofstate-ownedenterprises/42095493.pdf accessed 25 February 2017.

〔59〕 人民网:《三中全会〈决定〉:推动国有企业完善现代企业制度》,2013年11月15日,http://politics.people.com.cn/n/2013/1115/c1001-23559511.html,2017年2月26日。

〔60〕 新浪网:《重大决策研究"先党委后董事会" 国资委为国企改革党建"划重点"》,2016年6月8日,http://finance.sina.com.cn/roll/2016-06-08/doc-ifxsuypf5209135.shtml,2017年2月27日。

视，跨国公司可能受到《反海外腐败法》基于如下原因的处罚：① 合资前中国企业向中国政府官员行贿的行为；② 合资后该中外合资企业向中国政府官员行贿的行为（即使行贿者仅是中外合资企业中的中方员工）。例如，在美国华瑞科学仪器公司案件中，美国华瑞科学仪器公司（简称华瑞）的在华合资企业（华瑞科力恒科技有限公司和抚顺华瑞煤矿安全设备公司）向政府官员行贿 40 万美元，以获得与政府签订的天然气和化工检测产品的销售合同。虽然华瑞在合资前的尽职调查中发现了中方企业长期存在向国有企业客户行贿的行为，但是其在合资企业成立后未采取积极的措施停止该违法行为，并且知晓合资企业成立后仍然使用该行贿手段拓展公司的业务，因此被美国证券交易委员会调查并处以高额罚款。[61]

2. 传统上受政府监管的行业

在中国，部分行业在很大程度上受到政府的支配和监管，包括但不限于医疗行业、石油行业、电信行业、国防行业等。上述行业的特殊性使其成为美国证券交易委员会和美国司法部重点执法的对象。由于行贿行为发生的较大可能性，美国执法部门即使没有直接的证据证明贿款的支付，仍然会基于跨国公司未施行充分的内控来防止贿赂滋生的理论，对该跨国公司处以罚款或与其达成和解。[62]

以中国的医疗行业为例，根据《反海外腐败法》对"外国官员"的定义，中国的公立医院受到政府的严格控制和监管，因此公立医院的医护人员均可被视为"外国官员"。如果在华跨国公司向中国公立医院的医生因开某种特定处方药而提供回扣，从而抬高供应商的采购价格，则在华跨国公司的行为可能构成向外国官员行贿并违反《反海外腐败法》。结合之前罗列的在华跨国公司《反海外腐败法》行贿案件，诺华、赛生制药、百时美施贵宝、葛兰素史克、邦美均因为向中国公立医院的医务人员提供回扣而受到处罚。但是，根据最高人民法院、最高人民检察院《关于办理商业贿赂刑事案件适用法律若干问题的意见》的规定，中国医疗机构中的医务人员是否构成国家工作人员取决于其采取的受贿方式：① 如果该医务人员在药品、医疗器械、医用卫生材料等医药产品采购活动中，利用职务上的便利索取或者非法收受销售方财物，为销售方谋取利益，此时应被视为国家工作人员；② 如果该医务人员利用开处方的职务便利，以各种名义非法收受药品、医疗器械、医用卫生材料等医药产品销售方财物，为医药产品销售方谋取利益，则被视为非国家工作人员。简言之，相较于《反海外腐败法》将中国公立医院的医务人员统一定义为外国官员，中国法律法规对医疗机构中的医务人员在受贿时是否为国家工作人员则进行了区别对待，即若在履行采购职责中接受贿款以受贿罪定罪处罚，若利用开处方的职务之便接受贿款则以非国家工作人员受贿罪定罪处罚。笔者认为以上分析一定程度上解释了前文中所提到的中国为什么会位居《反海外腐败法》涉案次数最多的国家的第 2 位，同时也揭示了华跨国医疗企业成为主要被处罚对象的原因。

3. 与政府官员有关联的企业合作

尽管我国《公务员法》禁止公务员从事、参与营利性活动或者在企业或者其他营利性组织中兼任职务，但是公务员的亲属并未在执业方面受到任何限制。因此，如果在华跨国公司需要与公务员的亲属或好友设立的公司进行商业合作，可能会引发两种截然不同的观点。一种观点认为，不能仅因为商业伙伴的控制人与政府官员的特殊关系就敬而远之，放弃合适的商业伙伴；另一种观点则认为，该生意合作存在明显的利益冲突，极有可能会发生违反《反海外腐败法》的行为，从而坚持一刀切的原则，

〔61〕 See SEC, *SEC Charges RAE Systems for Illegal Payments Made through Joint Ventures to Win Chinese Government Contracts*, available at https：//www.sec.gov/news/press/2010/2010-242.htm accessed 27 February 2017.

〔62〕 艾伦·墨菲：《给中国企管的反腐合规指引》，周颖译，机械工业出版社 2015 年版，第 61 页。

不与任何与政府官员有关联的人员或公司进行业务往来。毫无疑问,跨国企业的业务与政府官员的关系越近,潜在的合规风险越高。在这种情况下,本质问题是,商业伙伴与政府官员的关系怎样才被认定为越界。笔者认为,此时更应关注在华跨国公司的业务与该政府官员的关联性有多大。如果与商业伙伴相关的政府官员有能力对在华跨国公司的业务施加影响,则带来的风险程度越高;反之,则可按照正常的内部控制和相关程序处理与该商业伙伴的合作事宜。

在涉及与政府官员有关联的企业时,还可能出现由政协委员持有或控制的企业这一特殊情况。相较于人大代表是国家权力机关的组成人员,根据《中国人民政治协商会议章程》的规定,中国人民政治协商会议是中国人民爱国统一战线的组织,是中国共产党领导的多党合作和政治协商的重要机构。因此,政协是爱国统一战线组织,非国家机构,不履行国家职能。[63] 在实践中,企业家担任政协委员不在少数,尽管政协委员不构成外国政府官员,但是鉴于其在政商两界交友甚广,仍可利用其个人社会影响力打通政府高层从而获取政策上的优惠待遇。在这种情况下,美国司法部或证券交易委员会可能也会将其认定为外国政府官员。

基于此,在《反海外腐败法信息指南》中,特别强调美国法院在考量国有企业员工是否构成外国官员时,会综合各方面因素,而不仅仅局限于政府是否出资。

(三) 中国法律体系存在的问题

中国相关法律体系存在的问题给跨国公司在华行贿提供了可乘之机。

1. 中国法律对商业贿赂没有明确的规定

有关商业贿赂的法条分散于多部法律法规中,即便《刑法》《反不正当竞争法》《禁止商业贿赂行为暂行规定》这三部集中规制商业贿赂的法律法规,也是从不同的角度理解和认定商业贿赂犯罪的性质、特点和量刑标准,其部分条款之间在实际执行当中甚至存在一定的矛盾。同一案件,因对法律的理解和解释不同,往往在定罪和量刑上会存在较大差异,实际操作难度较大。

从刑法角度分析,中国有关商业贿赂的认定散见于刑法分则的第三章第三节"妨害对公司、企业的管理秩序罪"、第四节"破坏金融管理秩序罪"以及第八章"贪污贿赂罪"中。根据最高人民法院、最高人民检察院 2008 年 11 月颁布的《关于办理商业贿赂刑事案件适用法律若干问题的意见》,商业贿赂犯罪涉及刑法规定的以下 8 种罪名:① 非国家工作人员受贿罪(刑法第一百六十三条);② 对非国家工作人员行贿罪(刑法第一百六十四条);③ 受贿罪(刑法第三百八十五条);④ 单位受贿罪(刑法第三百八十七条);⑤ 行贿罪(刑法第三百八十九条);⑥ 对单位行贿罪(刑法第三百九十一条);⑦ 介绍贿赂罪(刑法第三百九十二条);⑧ 单位行贿罪(刑法第三百九十三条)。[64] 2015 年 11 月实施的《刑法修正案(九)》更是加强了对行贿者的执法力度,并且增设向国家工作人员近亲属以及其他与其关系密切的人行贿之新罪名,以扩大行贿人的刑事责任范围。并且,最高人民法院、最高人民检察院于 2016 年 4 月颁布《关于办理贪污贿赂刑事案件适用法律若干问题的解释》,进一步解释了《刑法修正案(九)》对贪污贿赂罪新的定罪量刑标准。在该解释中,扩大了贿赂犯罪中的"财物"的定义,将可以折算为货币的物质利益以及需要支付货币的其他利益纳入财物的范畴,最大限度地发挥刑事打击的震慑力。

从行政法角度分析,《反不正当竞争法》第八条禁止经营者采用财物或者其他手段进行贿赂以销

---

〔63〕 中国人民政治协商会议全国委员会:《中国政治协商会议章程》,2004 年 3 月 12 日,http://www.cppcc.gov.cn/2011/09/14/ARTI1315980170869872.shtml,2017 年 2 月 28 日。

〔64〕《刑法修正案(七)》规定了一个新的罪名——利用影响力受贿罪,因此刑法中与商业贿赂犯罪有关的罪名可以增加至 9 个。

售或者购买商品、在账外暗中给予对方单位或者个人回扣。但是，"商业贿赂"这一法律用语并未出现在《反不正当竞争法》中。国家工商总局于 1996 年 11 月颁布并实施《关于禁止商业贿赂行为的暂行规定》，在第 2 条中明确了商业贿赂的定义，即商业贿赂是指经营者为销售或者购买商品而采用财物或者其他手段贿赂对方单位或者个人的行为。同时，《关于禁止商业贿赂行为的暂行规定》进一步界定了回扣、折扣、账外暗送、佣金和附赠行为，增强了法律法规的可操作性。

根据以上分析，尽管中国刑法和行政法均对商业贿赂做出了相关规定，但笔者认为仍存在以下几方面的问题：① 对商业贿赂犯罪缺乏统一立法。目前商业贿赂犯罪涉及的 8 种罪名分散于中国《刑法》的不同章节。从中国商业贿赂犯罪的罪名设置来看，现行刑法也未明确设置商业贿赂犯罪的具体罪名。针对商业贿赂犯罪罪名体系的严重失衡，有学者在 2007 年就建议在公司、企业人员受贿罪和单位受贿罪之外，单独设立商业受贿罪和商业行贿罪。[65] ② 对商业贿赂的定义不够完整。相较于《反海外腐败法》及《联合国反腐败公约》，我国《关于禁止商业贿赂行为的暂行规定》对于商业贿赂的定义显得较为狭隘，具体表现为：一是行贿主体仅限于经营者，而未包括经营者的管理人员、董事、职员、代理人或代表该经营者行事的股东；二是行贿形式单一，目前仅禁止"给予"对方单位或者个人的财物，并未扩大到"提供、支付、支付的允诺"；三是行贿的目的仅限于"为销售或者购买商品"，并未将"取得或保留给任何人的业务"纳入监管范畴。由此可见，中国现行法律法规对于商业贿赂行为的界定涵盖面较窄，使在华跨国公司的行贿行为有了打擦边球的空间。

国务院法制办公室 2016 年 2 月公布的《反不正当竞争法（修订草案送审稿）》对商业贿赂条款进行了较大篇幅的修改，特别是完善了对商业贿赂的定义。例如，员工的商业贿赂行为可以被认定为经营者的行为，行贿形式扩大到给付或者承诺给付经济利益，行贿目的涵盖了为经营者谋取交易机会或者竞争优势，等等。[66] 虽然目前仅为修订草案送审稿，但中国立法确实从一定程度上扩大了商业贿赂的内涵，增强了法律法规的可操作性。

2. 中国法律缺乏对通过第三方行贿的制约

中国商业贿赂法律与《反海外腐败法》的差异最为明显的就是关于第三方行贿的责任问题。《反海外腐败法》明确将采用第三方行贿的商业模式列为非法行为，相关公司只要向第三方支付款项或知道第三方会进行行贿活动，那么相关公司即使未参与行贿活动，仍要对第三方的行贿行为承担责任。但是中国对于第三方行贿责任问题的立法是一片空白。根据法无禁止即自由的原则，中国政府等于默认利用第三方行贿是合法行为，这也直接导致跨国公司在华子公司行贿大行其道，直至其母公司受到《反海外腐败法》的法律制裁。

显然，中国政府已经意识到在华跨国公司通过第三方行贿日益猖獗的情况，因此《反不正当竞争法（修订草案送审稿）》着重强调了经营者不得给付或者承诺给付对交易有影响的第三方以经济利益，损害其他经营者或消费者合法权益。从中可以看出中国打击商业贿赂行为的决心。

3. 中国对于商业贿赂的执法力度较弱

虽然 2014 年中国法院对葛兰素史克的商业贿赂行为处以高达 30 亿元的罚款，[67] 但这只是中国整治商业贿赂的个案。一方面，中国司法机关对于在华跨国公司打击不力。根据目前已公开的司

---

〔65〕 张立：《陈文华委员：建议单独设立商业贿赂罪》，《检察日报》2007 年 3 月 6 日。

〔66〕 国务院法制办公室：《国务院法制办公室关于公布〈中华人民共和国反不正当竞争法（修订草案送审稿）〉公开征求意见的通知》，2016 年 4 月 1 日，http://www.mofcom.gov.cn/article/b/g/201604/20160401288300.shtml，2017 年 2 月 28 日。

〔67〕 新华网：《新华视点：开放的中国不是法外之地——葛兰素史克（中国）投资有限公司商业贿赂犯罪案启示录》，2014 年 9 月 19 日，http://news.xinhuanet.com/fortune/2014-09/19/c_1112554072.htm，2017 年 2 月 28 日。

法案例,《反海外腐败法》对在华跨国公司进行处罚后,国内参与受贿的政府官员以及涉案公司得不到应有的追究,难以遏制在华跨国公司在中国继续进行行贿。并且,国内司法部门很少主动就在华跨国公司的行贿行为展开调查,葛兰素史克是目前唯一一例在中国被定罪早于美国司法部和证券交易委员会处罚的案例。上述现象的产生,在一定程度上源于我国为了招商引资,对于外国公司一直抱持比较宽容的态度。但是,随着中国近期逐渐将司法打击重点由受贿罪转向行贿罪、受贿罪并重,将来可能会出现越来越多的在华跨国公司行贿被处理的案件。另一方面,由于相关法律的分散性,法院、检察院、公安、工商局、税务局、纪检等部门在查处案件时缺少配合和协作,从而不能更好地履行自己的工作职能,易造成执法工作的漏洞,使跨国公司行贿有了可乘之机。在长期得不到有效遏制和治理的情况下,跨国公司在华的商业贿赂呈现愈演愈烈的状态。目前对于在华跨国公司商业贿赂的处理主要集中于行政处罚。例如,上海工商及市场监管部门在2016年下半年查处了一系列汽车轮胎销售行业商业贿赂案件,处罚对象包括米其林(中国)投资有限公司、佳通轮胎(中国)投资有限公司、普利司通(中国)投资有限公司等。[68] 但是根据《反不正当竞争法》,商业贿赂的行政罚款最高为20万元,这对于拥有雄厚经济实力的跨国公司而言,该处罚力度并不能对相关从业者敲响警钟。不过,《反不正当竞争法(修订草案送审稿)》已将行政罚款由原先的"人民币一万元至二十万元"修改为"违法经营额百分之十以上百分之三十以下",随着《反不正当竞争法》的首次修订,我们相信这会对跨国公司在中国司空见惯的"潜规则"起到足够的震慑作用。

四、《反海外腐败法》对在华跨国公司的合规启示

在全球市场中,有效的合规计划是一个公司内部控制的重要组成部分,并且是有效防止违反《反海外腐败法》的必要手段。[69] 笔者结合《反海外腐败法信息指南》以及美国司法部于2017年2月8日发布的《企业合规项目评估》(*Evaluation of Corporate Compliance Programs*),[70] 从企业内部合规、企业对合作方的尽职调查以及企业与外部监管部门的配合三个方面来分析在华跨国公司的合规之道。

(一)提升企业合规内控治理规格

1. 制定企业的反腐败政策

在华跨国公司应考虑采用书面的政策以规范公司在中国的业务,即以具体的条款说明什么行为可为,什么行为不可为。[71] 该公司政策的制定应结合《反海外腐败法》的相关规定,特别是受贿对象和行贿内容的规定,以及在何种情况下将进行内部调查。实践中,已经有越来越多的跨国公司将道德准则或行为准则作为公司政策的重要组成部分。在中国,美国跨国公司可口可乐已经将《反海外腐败法》写入他们的行为准则,并为可口可乐中国公司的合作伙伴和员工提供中文翻译件。[72] 另外,参照西门子的商业行为准则框架,笔者认为,完善的跨国公司的行为准则应涵盖礼品和娱乐的上限控

---

〔68〕 搜狐新闻:《汽车轮胎行业商业贿赂已成潜规则?米其林等被罚!》,2017年1月21日,http://mt.sohu.com/20170121/n479298440.shtml,2017年3月1日。

〔69〕 See U.S. Sentencing Guidelines at § 8B2.1 (a) (2).

〔70〕 See DOJ, *Evaluation of Corporate Compliance Programs*, available at https://www.justice.gov/criminal-fraud/page/file/937501/download accessed 1 March 2017.

〔71〕 See House Comm. on Interstate and Foreign Commerce, Unlawful Corporate Payments Act of 1977, H.R. Rep. No. 640, 95th Cong., 1st Sess. 4 (1977).

〔72〕 See The Foreign Corrupt Practices Act, Bus. Int'l China, available in LEXIS, Asiapc Library, Buchin File.

制、捐赠和赞助的特殊规定、银行账户和现金流的内部风险控制、反洗钱、对遵循合规的员工的激励及对违反公司政策员工的惩戒条例等一系列合规政策。特别是针对销售部门和财务部门，需要罗列具体的合规操作步骤、流程和留存文件的清单等。

除了一般的道德行为准则外，跨国公司的员工在中国进行交易必须同时严格遵守中国的法律法规，在华跨国公司有必要编制相关的《指导手册》，对这方面的内容给予正确的解释和适当的示例。

2. 建立高效的合规管理体制

笔者认为可以从以下几方面建立高效的合规管理体制：

一是建立合规委员会。在公司治理方面，建立合规委员会，直接向董事会报告。对于专业技术性较强的跨国企业，合规委员会可以由两个部门组成，即业务合规部及法务合规部。前者主要从与业务相关的专业技术层面入手降低违规风险；后者则从法律层面进行风险控制，只有同时得到集团业务合规官以及集团法务合规官的批准之后，才可以开展相应的项目或签订相关的合同。并且，该合规委员会需要定期监控和审计合规性制度，以便监测公司是否存在任何违法行为以及公司的反腐败政策是否有效运行。同时，应当定期对公司的反腐败政策进行重新评估，并对薄弱环节进行改进。

二是引入外部审计和外部律师。在已经拥有内部审计及内部合规部门的情况下，笔者仍然建议在华跨国公司应该引入外部审计和外部律师。一方面，外部审计和外部律师可以进一步增加内部审查结果的可信度和真实性，防止内部人员互相串通而使企业高层不能得知真相；另一方面，在华跨国公司的经营必定涉及大量的中国法律法规，中国律师或审计出具的意见或者调查可能会比跨国公司内部的调查更为专业，更有助于跨国公司遵守当地法律。此外，在美国法下，外部律师和外部审计的调查内容受到当事人保密特权的保护。

三是创建匿名举报机制。匿名举报制是跨国公司进行合规建设不可或缺的组成部分，既可以展现跨国公司对于合规审查的态度和投入，同时也为企业提供了第一时间发现问题的渠道，从而使跨国公司能尽快解决内部举报事宜。另外，笔者认为该举报机制的设置必须独立于合规部门，由董事会直接指派的人员负责接收举报邮件或接听举报电话，这样有助于让举报者在诉诸合规部门解决无效后不至于走投无路。如果在华跨国公司条件允许，也可以由外部律师承担举报信息接收者的角色。图6为笔者根据以上思路设计的跨国公司合规管理体制。

3. 加强企业内部合规培训

笔者认为内部合规程序的有效实行最重要的一个环节就是提供合规培训。一是关于合规培训的对象。理想的情况是，该培训应针对所有的管理人员和员工，特别是经营在华业务的市场营销人员和会计人员。二是关于合规培训的内容。除了系统介绍《反海外腐败法》之外，还应重点突出可能会违反《反海外腐败法》的情况，诸如异常高额的佣金、向未提供服务的第三方支付款项、利用第三方向外国官员行贿等。同时，也可向市场营销人员和会计人员单独介绍美国证券交易委员会在发起调查时的考量因素，包括：支付的规模、交易额的大小、合作方或第三方在过去有无腐败行为等。[73] 三是关于合规培训的方式。一般采用讲座方式，但是实践中由于培训内容较为枯燥，不能取得应有的效果，所以推荐以案例的形式并采用小组讨论的方式开展培训，以此激发员工的学习兴趣。每个案例的情

---

〔73〕 See SEC & DOJ, *A Resource Guide to the U. S. Foreign Corrupt Practices Act*, at 52 – 53, available at http：//www. justice. gov/criminal-fraud/fcpa-guidance accessed 21 February 2017.

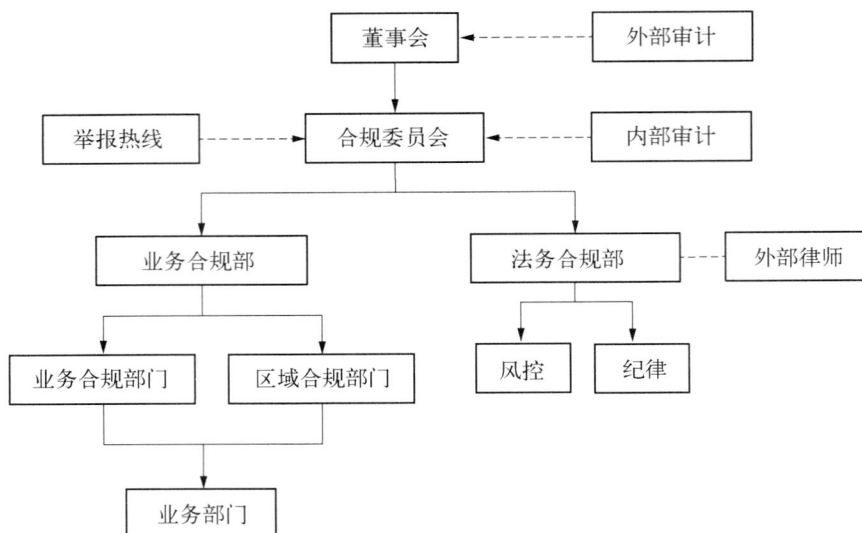

图 6　在华跨国公司合规管理体制构架

境设置不宜十分复杂,毕竟员工不是法务专员。培训的目的旨在增加员工的合规意识,并且清楚哪些典型的行为会构成商业贿赂并违反《反海外腐败法》。四是关于培训内容的保存。企业应该妥善保管内部培训中与《反海外腐败法》相关的材料,以便今后接受调查的时候能够证明企业员工知悉《反海外腐败法》及公司内部的相关规定,做到有据可查。如有可能,应将《反海外腐败法》的中文版本编印成册发放给企业员工,并由员工(特别是会计、审计和市场部的员工)签字表示了解该法案并会严格遵守,即诚信承诺制度。[74]

(二)完善企业对合作方的尽职调查

在选择外国合作伙伴或销售代理时,尽职调查可以为跨国企业及其子公司提供更多的保护。尽职调查应就潜在的中国合作伙伴或代理商的背景和信誉做彻底和详细的调查,判断该合作商或代理商是否存在腐败倾向。

在对代理商进行尽职调查时,笔者倾向于选择问卷的方式,一方面可以作为书面证据予以保留,另一方面问卷中许多问题的回答需要合作商或代理商充分调查和准备材料。关于尽职调查问卷中的问题设置,应该包括但不限于:① 代理商的基本商业信息;② 代理商与政府官员的商业联系;③ 代理商的亲属是否在中国的政府部门或国有企业任职;或者④ 代理商及其亲属是否曾经在中国的政府部门或国有企业任职。[75] 总之,通过该调查问卷,要理清代理商与政府部门的联系,判断代理商是否存在潜在的行贿倾向。

除了调查问卷,跨国公司应同时将下列因素纳入考虑范围:① 面谈结果;② 独立第三方对该代理商的背景调查;③ 代理商过去的代理经历;④ 对潜在第三方受益人的调查;⑤ 代理工作人员的资格。[76] 另外,所有的材料都应由跨国公司的合规法务部和外部律师共同审阅和评估,在同时取得合规法务部和外部律师的批准后,才能最终确定合作商或代理商。

---

〔74〕　See Glenn A. Pitman & James P. Sanford, *The Foreign Corrupt Practices Act Revisited*: *Attempting to Regulate "Ethical Bribes" in Global Business*, 30 Int'l J. Purchasing & Materials Mgmt . 15, available in LEXIS, News Library, Asapii File.

〔75〕　See House Comm. on Interstate and Foreign Commerce, Unlawful Corporate Payments Act of 1977, H.R. Rep. No. 640, 95th Cong., 1st Sess. 4.

〔76〕　See DOJ Review Procedure Release No. 81 – 1, Foreign Practices Rep. (Business Laws, Inc.) 713 – 715, 721.

(三) 加强与外部监管部门的配合

根据《反海外腐败法》的规定,如果企业自己向美国司法部或证监会报告违法行为,可以视情况从轻处罚。在 2015 年 2 月发生的固特异轮胎案件中,该公司就其子公司可能发生在肯尼亚和阿格拉的行贿行为向美国证监会进行了披露,虽然固特异轮胎公司仍然支付了 1 410 万美元的不当利润和210 万美元的判决前利息,但美国证监会免去了固特异轮胎公司的民事罚款。[77] 在实践中,跨国公司在发现违反《反海外腐败法》的情况后,是否主动向美国司法部或证监会报告就成了一个博弈的过程,即:如果报告,可以从轻处罚;如果不报告,该违法行为则可能不会被发现。

美国司法部刑事审判庭特别推出《反海外腐败法》试点方案(FCPA Pilot Program)以激励公司主动自我披露。该试点方案作为一年计划的一部分于 2016 年 4 月 5 日生效,适用于欺诈部门处理的所有《反海外腐败法》案件。为符合试点项目的资格,公司必须满足以下具体要求:① 主动自愿披露违反《反海外腐败法》的事项;② 在《反海外腐败法》方面充分合作,包括但不限于协助司法部获取未知晓的信息并提供披露相关文件;③ 在违反《反海外腐败法》的问题上能及时和适当地采取补救措施。如果公司充分合作,并在涉及《反海外腐败法》违法事项时采取及时和适当的补救措施,并且是自愿的披露,最多可在罚款范围最低额基础上减少 50%;即使是非自愿的披露,也仍可最多减少 25%。[78]对于该试点方案,最大的亮点在于能够降低公司高额的罚款,但是公司也应该考虑到一旦向美国执法机构主动报告自己的违法行为,就将引入美国司法部的调查,可能会使调查更加复杂或暴露公司的其他违规风险。因此,公司应当综合衡量自主披露的代价和益处。笔者认为在这种情况下公司通常会考虑如下问题:一是该跨国公司是否在美国金融业监管局的管辖范围内。如果是,则必须主动报告,因为美国金融业监管局要求企业在发现违规行为后,必须履行向该局报告的义务;二是美国司法部或证监会发现企业违法行为的可能性。一般在该行为不可避免被政府发现时,跨国公司应决定主动报告,例如公司知晓举报人正在或准备诉诸法律;三是权衡比较主动报告的罚金减免以及由此带来的负面影响。但这只是公司高层的主观决定,无论如何,美国司法部或证监会始终鼓励企业主动报告自己的违法行为,并认为这毋庸置疑是企业的最佳选择。

---

[77] See Jeffrey B. Coopersmith, *SEC Continues to Tout Benefits of FCPA Self-Reporting*, available at http://www.dwt.com/SEC-Continues-to-Tout-Benefits-of-FCPA-Self-Reporting-04-28-2015/ accessed 2 March 2017.

[78] See DOJ, *Criminal Division Launches New FCPA Pilot Program*, available at https://www.justice.gov/archives/opa/blog/criminal-division-launches-new-fcpa-pilot-program accessed 2 March 2017.

中国行业组织可持续标准制定实践与可信度研究

梁晓晖* 张 娟**

摘要

　　近年来,我国各行各业出现了可持续标准的大繁荣现象。以行业组织(行业协会、联合会、商会)为主体的可持续标准制定与修订活动,旨在为行业企业提供良好行为准则,致力于促成更好的社会、环境与治理效益。在这种背景和趋势下,观察与分析我国行业组织标准制定实践,深入研究标准的可信度与有效性,是一项紧迫而重要的任务。本文选取了 5 个具有代表性的行业组织(中国纺织工业联合会、中国电子工业标准化技术协会、中国五矿化工进出口商会、中国对外承包工程商会、中国通信企业协会),在文本分析和访谈基础上,观察和分析了上述行业组织制定或修订可持续标准的程序与过程,以及与这些标准的可信度之间的关系,以期为相关组织或机构的可持续标准制定实践提供借鉴。本文认为,中国行业组织在制定或修订其可持续标准方面的实践能够部分地证明并强化标准的可信度,但是为了确保便利标准实施的更全面的可信度,中国行业组织仍然需要继续完善可持续标准制定或修订实践。为此,提出三点建议:第一,行业组织需要避免"厚此薄彼",既应重视标准内容,也要重视标准制定规范的价值。第二,需要避免"曲高和寡",加强多利益相关方的识别与磋商。第三,行业组织需避免"重复建设",有的放矢地设定相对独特的标准绩效水平和绩效空间。

关键词 行业组织 可持续标准 可信度

　　当前,可持续发展已成为全球趋势和世界范围内的共同目标,不同行为体正协调自身行动共同致力于该目标的实现。为此,一些国家政府确立了战略目标与发展规划,商界制定了行为规范与标准,消费者倡导负责任的购买实践。无疑,多方汇聚的力量推动了基于多利益相关方参与和合作的可持续治理,共同致力于建设一个更加美好的世界。

　　可持续标准是协调多方认识与行动的参照与指导文件。中国企业界对可持续标准的认识,始于对国际供应链采购规则和要求的适应。20 世纪 90 年代以来,随着中国经济的迅猛发展,中国企业逐渐嵌入全球供应链之中,特别是中国加入世界贸易组织之后,劳工、环境标准开始以采购商供销链监

* 梁晓晖 法学博士、副研究员,现任中国纺织信息中心副总经济师、中国纺织工业联合会社会责任办公室首席研究员。
** 张 娟 助理研究员,中国纺织工业联合会社会责任办公室研究人员。

管原则(Code of Conduct)的形式,影响我国出口导向型行业。

经过十几年的发展,随着中国业界可持续发展意识与能力的提升,作为行业利益代表者和行业发展引导者的行业组织(行业协会、联合会、商会)开始不满足于仅仅充当全球可持续发展的适应者,更希望实现从适应者到贡献者的角色转变,提升在全球治理中的话语权。因此,近年来,我国出现了结合国家与行业实际制定可持续标准的繁荣景象,许多行业组织以标准所有者的身份制定和修订可持续标准,以期为行业企业提供良好行为准则或管理工具,从而产生更好的社会、环境和治理效益。这也使得中国的行业组织成为在全球推动负责任企业行为和可持续发展领域中的支柱力量之一。当前,特别是在中国启动与加快标准化改革,团体标准将获得更多空间的形势与趋势下,观察与分析行业组织的可持续标准制定实践,凭借此深入研究这些可持续标准的可信度,成为一项紧迫而重要的任务。

一、中国行业组织的可持续标准发展现状

我国国家标准GB/T 20000.1 - 2014《标准化工作指南　第1部分:标准化和相关活动的通用词汇》对"标准"的定义是:"按照规定的程序经协商一致制定,为各种活动或其结果提供规则、指南或特性,供共同使用或重复使用的文件。"该定义等同采用了《ISO/IEC 指南 2》对"标准"的定义;[1] 而且值得特别强调的是,与该国标的旧版 GB/T 20000.1 - 2002 相比,GB/T 20000.1 - 2014 对标准的界定更加突出其功能和作用,取消了"由公认机构批准"的要求并淡化了"规范性文件"的属性。这实际上降低了标准制定的门槛,扩大了参与标准制定的主体范围,并使得标准回归到了工具本质。同样,根据国际可持续标准联盟(下文简称 ISEAL 联盟)的定义,可持续标准是众多标准中的一类,是指"关注特定实体的社会、环境或经济实践,或同时关注这些实践的标准"。[2] 可见,这一定义同样将重点聚焦于标准的功用而非其效力渊源。综上,可持续标准在本质上就是旨在通过提供规则、指南或特性,引导和发挥多利益相关方以及市场的力量,开展负责任和可持续的活动,让企业等组织、行业、国家,乃至全世界实现基于共识和共同利益的"可持续的"最佳发展秩序和发展结果的文件或文件体系。因此,我国行业组织制定的社会责任指南、指引等均属于可持续标准。

可持续标准的作用和意义毋庸置疑,但为了让标准发挥最大的积极影响,可持续标准制定组织,也即负责管理标准制定或修订的组织需要认真考虑和提升标准的可信度,以防止或减少标准可能带来的潜在风险,包括例如标准表达出对市场的"敌意",造成贸易壁垒等情况,确保标准达到预期目标,促成积极的社会和环境影响。

目前,我国大约有 20 个国家级的行业组织制定了可持续标准或发布了行业社会责任报告,本课题初选了 12 个行业(纺织、电子、采掘业与矿业、对外承包工程、汽车、水产品、连锁与零售业、食品、信息通信、轻工、工程机械、有色金属),在可获得性(标准制定信息公开可获得)、成熟度(标准制定实践所处阶段)、全面性(标准内容覆盖程度)三个主要维度上进行初步评估,选取了可持续标准制定实践领先、标准相对成形或成熟的五个行业组织作为主要的研究对象。这五个行业组织是:中国纺织工业

---

〔1〕 世界贸易组织《技术性贸易壁垒协定》(WTO/TBT)对"标准"给出的定义是:"标准是经公认机构批准的、非强制执行的、供通用或重复使用的产品或相关工艺和生产方法的规则、指南或特性的文件。该文件还可以包括或专门关于适用于产品、工艺或生产方法的专门术语、符号、包装、标志或标签要求。"

〔2〕 ISEAL 联盟:《关于社会与环境标准制定的 ISEAL 良好行为规范·第六版(ISEAL Code of Good Practice for Setting Social and Environmental Standards-Version 6.0)》,2015 年 2 月 26 日,https://www.isealalliance.org/online-community/resources/iseal-standard-setting-code,2017 年 2 月 21 日。

联合会、中国电子工业标准化技术协会、中国五矿化工进出口商会、中国对外承包商会、中国通信企业协会。表1和表2提供了五个行业组织及其可持续标准的简介。

表 1 五个行业组织简介[3]

序号	单位/标准制定组织	单 位 简 介
1	中国五矿化工进出口商会(China Chamber of Commerce of Metals Minerals & Chemicals Importers & Exporters, CCCMC)	中国五矿化工进出口商会于1988年9月1日在北京成立,是在国家民政部注册的商务部的直属单位。有会员6 000多家,集中了本行业经营进出口贸易的企业。会员的经营范围涵盖黑色金属、有色金属、非金属矿产及制品、煤炭及制品、建材制品、五金制品、石油及制品、化工原料、塑料及制品、精细化工品、农用化工品和橡胶及制品等五矿化工商品。会员企业每年进出口总额在本行业中占据了近30%的比重,每年约有250多家会员企业进入全国进出口额500强之列,基本代表了我国五矿化工行业的整体实力和水平
2	中国通信企业协会(China Association of Communications Enterprises, CACE)	中国通信企业协会是经民政部核准注册登记,由通信运营企业、信息服务、设备制造、工程建设、网络运维、网络安全等通信产业相关的企业、事业单位和个人自愿组成的全国性、行业性、非营利的社团组织,成立于1990年12月。协会团体会员单位480余家。会员单位中,通信运营企业占17%,通信建设企业占22%,网络运维企业占22%,增值服务企业占12%,设备制造及光电缆企业占11%,网络安全企业占6%,科研院校媒体等占10%。中小企业占会员总数的90%
3	中国电子工业标准化技术协会(Chinese Electronics Standardization Association, CESA)	中国电子工业标准化技术协会是全国电子信息产业标准化组织和标准化工作者自愿组成的社会团体。1993年3月31日经民政部社团登记管理机关批准为国家协会,并颁发社会团体证和社团代码。1997年经整顿后,于1999年10月15日重新获得民政部签发的国家一级协会的社会团体登记证
4	中国对外承包工程商会(China International Contractors Association, CHINCA)	中国对外承包工程商会是中国对外承包工程、劳务合作、工程类投资及相关服务企业组成的全国性行业组织,1988年成立。现有会员企业1 300余家
5	中国纺织工业联合会(China National Textile And Apparel Council, CNTAC)	中国纺织工业联合会是全国性的纺织行业组织,主要成员是有法人资格的纺织行业协会及其他法人实体,为实现会员共同意愿而依照本会章程开展活动的综合性、非营利性的社团法人和自律性的行业中介组织

表 2 五大行业组织可持续标准简介[4]

序号	单位/标准制定组织	核心可持续标准	可持续标准简介
1	中国五矿化工进出口商会(简称五矿商会)	《中国对外矿业投资社会责任指引》(2014)、《中国负责任矿产供应链尽责管理指南》(2015)[5]	《中国对外矿业投资社会责任指引》旨在规范中国对外矿业投资与运营行为,引导企业制定社会责任与可持续发展战略,建立企业社会责任与可持续发展管理体系;《中国负责任矿产供应链尽责管理指南》包括适用范围、指导原则,以及组织治理、公平运营实践、价值链管理、人权、劳工实践、职业健康与安全、环境、社区参与8个社会责任议题

[3] 信息来源于5个行业组织官方网站,依次为:http://www.cccmc.org.cn/(中国五矿化工进出口商会)、http://www.cace.org.cn/(中国通信企业协会)、http://www.cesa.cn/(中国电子工业标准化技术协会)、http://www.chinca.org/(中国对外承包工程商会)、http://xiehui.ctei.cn/(中国纺织工业联合会)。

[4] 相关行业组织可持续标准请依次参见以下网址:http://www.cccmc.org.cn/tzgg/50622.htm(中国五矿化工进出口商会)、http://www.csr-cace.org.cn/index.php/standard/index(中国通信企业协会)、http://www.cesa.cn/CSR2016/index.html(中国电子工业标准化技术协会)、http://www.chinca.org/cms/html/shzr2/col343/2013-07/01/20130701140751015993087_1.html(中国对外承包工程商会)、www.csc9000.org.cn(中国纺织工业联合会)。

[5] 本研究主要观察五矿商会的《中国对外矿业投资社会责任指引》,将《中国负责任矿产供应链尽责管理指南》视为是对《中国对外矿业投资社会责任指引》相关条款的配套文件。

（续表）

序号	单位/标准制定组织	核心可持续标准	可持续标准简介
2	中国通信企业协会（简称通信企协）	《中国信息通信行业企业社会责任管理体系》(2016)	《中国信息通信行业企业社会责任管理体系》是信息通信行业企业履行社会责任，实践可持续发展的指引性标准。标准提倡企业根据自身环境确定责任范围，在公司领导层及各种资源的支持下，通过将社会责任融入企业战略和业务运行之中，在完善和强化管理体系的基础上提高企业防范风险和把握机遇的能力，进而提高经营绩效和社会责任绩效。其有两个部分：第一部分为方法论（借鉴 ISO 管理体系高级架构）；第二部分包括治理、创新、人权、人力资源、客户与消费者服务、环境保护、行业合作与公平运营以及社区关系等议题
3	中国电子工业标准化技术协会（简称中电标协）	《电子信息行业社会责任指南》（SJ/T 16000 - 2016）	《电子信息行业社会责任指南》是规范电子信息行业社会责任"是什么"的基础标准，是电子信息行业在社会责任领域的共同认知和行动框架。标准全文对电子信息行业社会责任基本目标、基本原则、基本实践以及核心主题和议题作了描述。其中，行业社会责任主要包括责任治理、技术创新与应用、员工权益、安全与健康、资源节约与环境保护、诚信运营、供应链合作、消费者关系、虚拟社区管理、社区参与和发展 10 个核心主题及相关 31 个议题
4	中国对外承包工程商会（简称承包商会）	《中国对外承包工程行业社会责任指引》(2010)	《中国对外承包工程行业社会责任指引》包括适用范围、社会责任定义和基本原则、社会责任管理、社会责任核心议题等内容。其中，核心议题涵盖工程质量与安全、员工权益与职业发展、客户（业主）权益、供应链管理、公平竞争、环境保护、社区参与和发展等内容
5	中国纺织工业联合会（简称中纺联）	《中国纺织服装行业社会责任管理体系 9000T(2015)》（简称 CSC9000T）	《中国纺织服装行业社会责任管理体系 9000T（2015）》以引导纺织服装企业转型升级与可持续发展为战略任务，鼓励行业企业从自身产品、服务和业务关系出发，以 CSC9000T 中的要求为基准识别社会责任风险和机遇，并通过尽责管理将风险和机遇的应对纳入管理体系和业务过程。CSC9000T 包括了行为准则和管理体系两大部分

二、中国行业组织的可持续标准制定实践

标准的可信度在很大程度上表现在标准化的全过程，即标准制定、实施、修订和再实施的每个阶段。本文没有观察标准的实施，这与当前我国行业组织可持续标准所处的发展阶段有关，因为多数可持续标准尚未进入大规模实施和应用阶段。

本文首先提出了可持续标准可信度的分析框架，并以此框架为基础来观察和分析我国行业组织可持续标准制定或修订的实践阶段，以及在这些阶段中所反映出的可信度。[6]

本分析框架按照关键时间节点将标准制定或修订的程序与过程划分为 3 个阶段（见图 1），主要研究标准制定组织在标准制定或修订之初（从标准

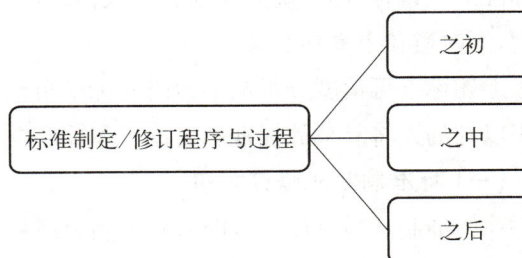

图 1　标准可信度分析框架

〔6〕该可信度分析框架参考了 ISEAL 联盟《关于社会与环境标准制定的 ISEAL 良好行为规范·第六版》、ISO/IEC《标准化良好行为规范（1994 版）》以及 WTO《技术性贸易壁垒协定》等文件。

制定或修订提上日程到确定利益相关方)、之中(从确定相关方到终稿确定)、之后(终稿发布以后)这 3 个阶段中体现可持续标准可信度的各个方面(见表 3)。

表 3　标准制定过程三阶段可信度实践要点

序号	阶段	观察维度	可 信 度 实 践 要 点
1	之初	标准的预期目标与价值主张	标准制定组织是否阐述期望实现的目标和标准存在的必要性(是否有包括适用范围、标准意义证明、标准期望成果的可实现性、标准本身存在的风险评估等内容的参考条款)
		利益相关方识别	● 是否有适用范围(标准应用的行业和地区)基础上的利益相关方名单 ● 是否提供相关方参与机会(过程概要的可获得性) ● 代表性是否平衡(是否识别和区分关键及弱势相关方)
		公众参与的筹备	是否有公众概要及可获得性,以有助于公众决定是否以及如何参与
2	之中	利益相关方参与和磋商	● 利益相关方是否有足够的时间和机会提供意见(如组织了几轮磋商、采用了哪些磋商方式) ● 磋商过程是否充分开放(标准代表的利益是否平衡) ● 是否形成磋商概要并公开发布
		标准可行性保障机制	采取什么措施确保标准的实施,包括是否开展测试和采用审核、影响评估等措施
		标准基于共识的决策程序	采取哪些表示同意和确认共识的方式。共识是指"总体同意,即任何重要利益相关方团体对重大议题没有持续的反对意见"[7]
		决策与共识	决策方组成是否合理均衡、共识程序是否公开、相关方对重大意见有无持续的反对意见
3	之后	公开性	完全公开还是有条件的公开,例如是否需要付费
		全面性	信息是否全面、是否提供草稿与定稿,以及其他语言版本等
		审阅与修订	审阅周期、审阅过程的开放性、修订启动机制、修订后的标准过渡期
		文件与记录	存档、信息是否全面,可否应要求而公开
		申诉响应	是否允许申诉,申诉处理的公正公开性及有无记录。

这里需要说明的是,按照关键时间节点构建分析框架是为了完整地展现 5 个行业组织制定或修订标准的全过程,即从确立标准制定或修订的任务到制定或修订完毕,以确保研究分析相对全面,有条理,同时避免重复和交叉。

上述标准可信度分析框架为研究标准可信度提供了一种"化繁为简"的方法,可以帮助标准制定组织以外的人将复杂的标准制定过程和标准内容简化为清晰的解释和认知结构。

(一)标准制定或修订之初

在标准制定/修订之初,即从标准制定或修订提上日程到确定利益相关方这个阶段,也可理解为标准设计与工作筹备阶段。标准可信度实践要点主要体现在 3 个方面:① 标准的预期目标评估与价

---

〔7〕　根据 ISEAL 联盟《关于社会与环境标准制定的 ISEAL 良好行为规范》的定义:"共识应该是经由寻求考虑存在利害关系的利益相关方的意见,并调和冲突观点的过程而产生的结果,尤其是要考虑那些受到直接影响的利益相关方的意见。共识无须意味着一致同意。"

值主张；② 利益相关方识别与工作组的组建；③ 利益相关方参与的筹备。

1. 5 个行业组织都有标准的预期目标评估与价值主张，但基本上没有形成独立的文件

从 5 个行业组织可持续标准制定实践中可发现，有关标准目标与价值主张、适用范围、程序与步骤等信息，基本上包含在起草或修订工作组邀请信、工作流程中，一般没有独立文件形式的参考条款、过程概要或公众概要[8]。同时，这部分的信息基本上是在起草或修订工作组内部公开或流转，不对外公开。

例如，中纺联 CSC9000T（2015）在修订之初，组建了修订委员会，而在组建委员会的过程中，起草了介绍标准修订背景、适用范围、预期目标等内容的参考条款及修订过程概要信息。这些信息主要包含在面向修订专家的邀请信、邀请邮件及专家工作规程中，同时在拟邀请的修订委员会成员内公开。

中电标协实践与中纺联等机构略有不同，这主要是行业标准程序的要求所致。根据中国行业标准制定的规定，在标准制定之前，标准制定机构或归口单位应向主管政府部门提出申请。中电标协在 2013 年向工信部政策法规司提出了制定行业标准《电子信息行业社会责任指南》的申请，在立项申请书中包含了说明拟制定的标准的适用范围、标准意义证明、成果等内容的参考条款信息，以及介绍制定过程与计划的说明概要。

2. 这一阶段识别的相关方主要是在拟邀请到制定或修订的委员会的成员，即拥有专业知识的技术专家、日后作为标准实施者的（大中型）企业及政府部门的相关人员

一旦标准目标和价值主张确定后，5 个行业组织便开始确定利益相关方的名单。5 个行业组织表示，现实中很难识别全部的利益相关方，这与识别的复杂性和组织能力有关，也与成本有关。但访谈中依然发现了一些行业组织的良好实践。例如，5 矿商会进行分类识别，识别出标准的实施者及受到标准实施直接影响的相关方等关键相关方如企业、周边社区等，以及标准实施的关注者等重要相关方如国际组织、国内外标准体系和认证机构等（见图 2）。

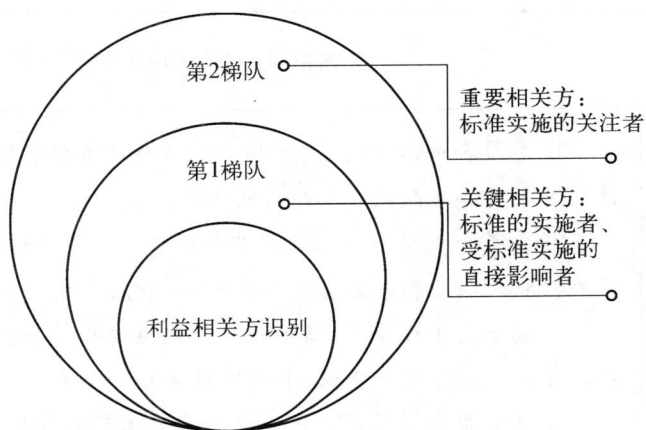

图 2　利益相关方识别矩阵

这里将利益相关方区别为两个梯队，并不意味着第 2 梯队没有第 1 梯队重要，而是在一些情况下确定灵活的识别策略。例如，五矿商会在标准制定初期邀请了有广泛影响的国际非政府组织参与制定，这有利于通过这些非政府组织使更多利益相关方了解并参与到后期的磋商中来。

值得一提的是，5 个行业组织识别的利益相关方中都包括了政府部门，这或许与有中国特色的标准管理机制有关。中国的行业组织通常与政府部门有联系，因此行业协会标准的制定与修订都会受

　　[8]　根据 ISEAL 联盟《关于社会与环境标准制定的 ISEAL 良好行为规范》相关内容，参考条款的是指标准制定组织明确阐述标准期望实现的目标和该标准的意义的文件，包括标准的建议范围和预期地理应用范围、标准正当性与意义的说明、标准预期成果、标准实施中的风险识别与应对措施；过程概要除了参考条款所包含的信息外，还包括了标准制定过程的步骤，包括时间表和明确界定的提供意见的机会，以及决策程序；公众概要是一份简明概述，帮助利益相关方了解是否需要参与以及如何参与（如果参考条款包括了描述的所有信息，并且可公开获取，那么参考条款就可以作为公众概要）。

到政府一定程度的影响。[9]

3. 关于利益相关方参与的筹备，5 个行业组织表现出一致的行为选择，即倾向于有限范围的相关方参与

对 5 个行业组织相关负责人的访谈发现，在标准制定或修订之初，各个行业组织基本上都没有进行大范围利益相关方参与的筹备。这与两个方面的认识有关：一是在标准制定初期，所识别的相关方主要为拟邀请参与到工作组的对象，定向性较强，因此标准参考条款、过程概要、公众概要等文件或包含类似信息的文件为定向发送，无须大范围公开；二是出于提高工作效率的考虑，在初期组建工作组、确定重要议题的阶段，可以在较小范围即工作组范围内提供磋商途径，无须提供大范围参与途径。

文本框 1：《社会责任指南》制定工作专家顾问委员会构成[10]

《社会责任指南》由中国电子工业标准化技术协会社会责任工作委员会和中国电子技术标准化研究院、中国电子科技集团公司牵头制定。标准主要编制单位有：中国电子工业标准化技术协会社会责任工作委员会、中国电子技术标准化研究院、中国电子科技集团公司、三星（中国）投资有限公司、中国纺织工业联合会等机构。参与编制的主要单位有：中国电子信息产业集团有限公司、中国普天信息产业股份有限公司、华为技术有限公司、中兴通讯股份有限公司和机构。

文本框 2：CSC9000T 修订工作专家顾问委员会构成[11]

1. 委员会由不超过 15 名的多利益相关方代表组成，包括政府相关部门、研究机构、行业组织、供应链上下游企业以及非政府组织的代表；

2. 委员会成员由中国纺织工业联合会根据修订工作的需要进行筛选和邀请，成员也可推荐其认为称职的人员参与委员会工作，但一般应是相关单位相关部门负责人职级以上的人员；

3. 委员会不设主席，所有成员的权益均平等一致，所有成员的意见和建议具有同等价值，委员会工作方式为讨论和建议，不采用投票方式决策；

4. 在委员会成员因故不能参加修订工作的会议或活动的情况下，成员可以指定本单位具有相称业务能力的其他人代为出席；

5. 委员会成员可在修订工作过程中书面通知中纺联后不再担任成员，委员会整体在修订工作完成后由中纺联宣布解散。

（二）标准制定或修订之中

在标准制定或修订之中阶段，也即从确定利益相关方到确定标准终稿阶段，标准可信度实践要点主要包括三个方面：利益相关方的参与和磋商；标准可行性的保障机制；基于共识的决策程序。

---

〔9〕 例如，中纺联由原纺织工业部转制而来，现为国务院国有资产监督管理委员会的事业单位，五矿商会为商务部的事业单位，中电标协为工信部的事业单位，商务部和工信部分别为承包商会和通信企协的业务主管单位。

〔10〕 根据《电子信息行业社会责任指南》编制说明以及访谈资料整理而来。

〔11〕 根据《CSC9000T 中国纺织服装企业社会责任管理体系修订工作专家顾问委员会工作规程》整理而来。

1. 就利益相关方的参与和磋商而言,5 个行业组织都表示,利益相关方的参与和磋商对于标准的可信度十分重要,且 5 个行业组织的利益相关方磋商范围随着标准制定过程的推进都逐渐扩大(见图 3)

利益相关方参与的范围及磋商质量直接影响到终版标准能否顺利通过,标准能否体现利益均衡,也会影响到日后标准应用的范围和程度。而利益相关方参与和磋商的质量主要体现在终稿确定之前,标准制定组织是否为利益相关方提供了足够的时间和多样的方式来提出意见,磋商过程与环境是否充分开放,以及磋商的结果是否公开。

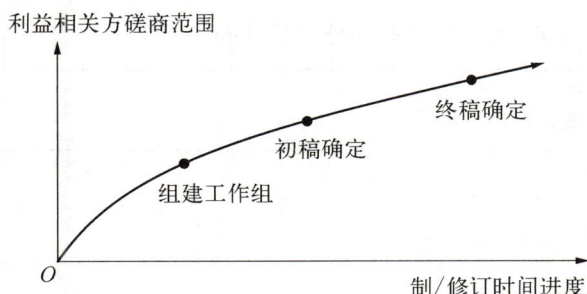

图 3　利益相关方磋商范围逐渐扩大

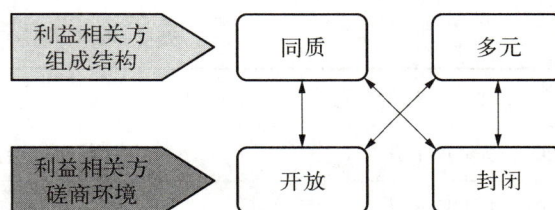

图 4　利益相关方参与和磋商分类模型

按照参与磋商的利益相关方组成的“同质化”或“多元化”结构选择,以及利益相关方开展磋商环境的“开放性”或“封闭性”方式定位,可将标准制定组织的利益相关方参与实践归纳为 4 种类型,即:多元—开放类型、多元—封闭类型、同质—开放类型和同质—封闭类型(图 4)。“同质”与“多元”是指利益相关方的组成结构。按照成员性质及代表利益,可以将利益相关方的组成分为相对同质和相对多元两种结构。例如,以企业为单一多数主体开展起草和磋商是比较典型的同质结构;而如果企业、研究机构、国际组织等主体共同参与起草和磋商,则是相对多元的结构。“开放”和“封闭”也是一个相对的概念,是指利益相关方磋商的环境。低门槛、大范围、多频率的参与和磋商方式属于开放的环境;而高门槛、小范围、低频率的参与和磋商方式则是相对封闭的环境。同时,这 4 种不同类型也反映出标准制定组织不同的磋商策略,体现出不同的磋商特征。多元—开放类型和同质—开放类型磋商过程较为激烈,多元—封闭类型与同质—封闭类型的磋商过程则较为平和。当然,这 4 种类型也体现出不同程度的利益代表性。多元—开放类型代表了更大范围的利益,而同质—封闭类型则代表了最小范围的利益。

根据这一模型,5 个行业组织的利益相关方参与和措施实践分别归结为 3 种类型,也即以五矿商会为代表的多元—开放类型,以通信企协、中电标协为代表的同质—开放类型,以及以中纺联和承包商会为代表的多元—封闭类型。没有行业组织采用了同质—封闭的磋商类型。

(1) 以五矿商会为典型的“多元—开放类型”。五矿商会在编制《中国对外矿业投资社会责任指引》初期,利益相关方的参与和磋商主要围绕着大纲和初稿,以国内外论坛、大会、走访、邮件等形式,逐渐扩大利益相关方范围,与相关方开展了多种方式的磋商。五矿商会识别的利益相关方范围较广,磋商充分且激烈。

(2) 以通信企协、中电标协为代表的“同质—开放类型”。中国通信企业协会在制定《中国信息通信行业企业社会责任管理体系》的过程中,起草主体主要为行业内及产业链上的各类企业(见表 4)。

文本框 3：五矿商会标准制定与磋商过程[12]

五矿商会在国内外组织多次相关方沟通会,其间共组织两次正式的利益相关方论坛以讨论标准框架,分别为 2013 年 9 月和同年 11 月确定了标准大纲(框架),之后开始起草初稿,经过三次修订以后,以邮件、走访企业(中铝集团、中国有色集团、五矿集团等)以及研讨等方式征集意见,同时于 2014 年 3 月将初稿发布到网上并征集评论和意见。草案不仅在五矿商会官方网络上征求意见,同时也放到 GIZ 等国际伙伴的网站上征求意见,事后征集的意见约有 2 000 多条。这些意见没有对公众公开,但对起草工作组内部公开,并进行梳理、归类、开会讨论、吸纳、沟通、反馈(以邮件和会议形式进行反馈,基本上对每一个提出意见的组织、机构和个人都进行了反馈)。

表 4　通信企协标准制定与磋商过程[13]

时　间	磋　商　过　程
2015 年 4 月 1 日	标准起草通知会,起草专家相互认识
2015 年 4 月 6 日	调研碰头会,准备企业调研与访谈
2015 年 6 月 25 日—11 月 3 日	● 调研 20 家企业 ● 其间 5 次会议,汇集调研企业意见 ● 组建企业小组,确定 8 个议题
2016 年 1 月—6 月	组建核心起草小组,组织多次在线会议、邮件讨论和函审,组织 6 次面对面会议,最后在全行业范围内征求意见
2016 年 6 月—9 月	整合意见并修改
2016 年 9 月 21 日	面向全社会发布

中电标协于 2014 年启动《电子信息行业社会责任指南》编制工作,并于 2015 年 12 月下旬形成了标准送审稿(见表 5)。

表 5　中电标协标准制定与磋商过程[14]

时　间	磋　商　过　程
2014 年 9 月	召开了工作组第一次会议。确定标准的框架结构及行业社会责任的主题和议题,明确标准研究编制工作的基本原则和思路、工作方法及计划安排
2014 年 11 月—2015 年 1 月	工作组在北京分别召开了两次专题会议,就标准反映电子信息行业特色的技术创新、互联网公益等议题进行讨论,并对部分社会责任主题进行梳理
2015 年 4—5 月	对工作组成员的修改意见做了集中讨论,不断修改完善,于 2015 年 5 月中旬最终定稿完成了标准草案
2015 年 6—9 月	分别在北京、青岛、上海和东莞组织召开 6 次专场征求意见会,向 99 家企事业单位征求到 289 条修改建议
2015 年 10—11 月	经编制专家两次专题研讨,根据提出的意见和修改建议逐条讨论,对标准进行修改和完善,于 2015 年 12 月下旬形成标准送审稿

---

〔12〕〔13〕〔14〕　根据访谈资料整理。

（续表）

时　间	磋　商　过　程
2015 年 12 月	按照行业标准制定程序,在北京召开标准审查会。审查专家组由来自标准化专业机构、行业组织、企业等不同方面的 13 名专家组成
2016 年 1 月	社责委审议表决,标准报批稿经社责委成员单位(50 家成员单位)函审表决,一致同意标准报批

（3）以中纺联以及承包商会为代表的"多元—封闭类型"。从 2007—2009 年,对外承包工程商会通过在《国际工程与劳务杂志》上组织"企业社会责任征文比赛",举办社会责任研讨会,开展社会责任金银奖企业评选,以及发布商会企业社会责任宣言等方式在行业内宣传推广社会责任理念,引导企业重视企业社会责任工作。从 2010 年起,为更有效地为会员企业履行社会责任提供指导,承包商会决定编制《中国对外承包工程行业社会责任指引》,并于 2010 年 7 月 20 召开指引启动会(见表 6)。

表 6　承包商会标准制定与磋商过程[15]

时间(皆为 2010 年)	磋　商　过　程
7 月 15—19 日	确定参加指引编制的企业专家名单
7 月 16—25 日	● 资料分析,准备企业访谈 ● 召开启动会议 ● 第一次工作会议
7 月 26 日—8 月 15 日	● 对外承包工程企业走访 ● 召开专家研讨会 ● 完成指引框架
8 月 16 日—9 月 7 日	编制指引初稿
9 月 1—17 日	● 征求企业和专家意见 ● 召开第二次工作会议
9 月 18 日—10 月 15 日	● 根据工作会议和征集的意见完成指引修订 ● 完成指南修订稿翻译
10 月 16—30 日	● 在承包商会网站上公布中英文指引,公开征求意见 ● 根据征集的意见完成指南的最终稿 ● 提交承包商会领导

五个行业组织在利益相关方磋商过程中也发展出一些实践技巧。例如,通信企协的"红章督促"让企业提交的建议盖有公司的公章,以确保公司管理层能够知悉,并确保公司代表的参与代表该公司的观点和利益;五矿商会则通过合作伙伴的网络邀请相关方参与磋商,这是扩大磋商范围的良好实践。

2. 在标准应用可行性保障机制方面,5 个行业组织均没有在标准制定或修订过程中开展测试

5 个行业组织均认为,区别于技术(产品)标准,指引、指南或管理体系多为政策性文件或管理性标准,进行提前测试既不必要也不现实。虽然非技术(产品)标准在制定过程中进行提前测试或企业试点,可能有助于在标准正式应用前了解标准目标能否实现,但政策性指南或管理体系通常至少需要 1 年以上的时间才能观察其实际成效,因而提前测试或试点的可行性受到了相当的限制。

---

〔15〕　根据访谈资料整理。

3. 就初稿达成共识的程序而言,5 个行业组织在初稿确定之前的决策表达均集中在起草或修订工作组内部

由于这些成员从一开始就参与了制定或修订的过程,因此对初稿并没有严重的异议或持续的反对意见,除了通信企协在某一特定议题上曾不得不采用投票的方式按照少数服从多数规则做出决定。

标准制定的决策会因为标准制定组织的权力组织是否基于会员制而有所不同。如果标准制定组织建立于会员制基础之上,则需要考虑现存决策机制对于其制定的可持续标准是否合理,主要是现存机制是否具有充分而权威的利益相关方代表性。也就是说,如果这种代表性能够确立,则可以利用现有的决策机构;但是,如果现存决策机制在标准事务上不具有高程度的利益相关方代表性,则应建立新的决策机制,包括成立相应的理事会或委员会。如果标准制定组织不是建立于会员制基础之上,则应建立能够在最大程度上确保利益相关方代表性的决策机构(见图 5)。

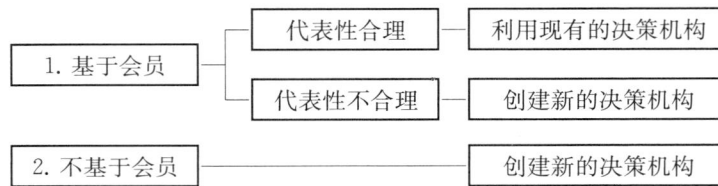

图 5　标准决策机构的两种设定模式

在标准决策机构设置方面,5 个行业组织一致利用现有的决策机构,均未设置新的决策机构。在标准决策方式上,5 个行业组织有的偏重外部程序,即标准公示中无持续反对意见则为通过,例如中纺联和五矿商会;有的更偏重组织内部程序,即经组织的内部决策机构批准即为通过,例如中电标协和承包工程商会;有的则兼而有之,如通信企协。

具体而言,中纺联在标准初稿确定以后即在专家顾问委员会范围内征询意见,整合并采纳相应意见后在 2015 年的社会责任年会上向全行业企业开放磋商。五矿商会在 2014 年 3 月将初稿放到商会网站以及合作机构网站上征求大众意见,通过伙伴关系网络征集到大量意见和建议,整合意见并在网上公示以后正式发布。通信企协的《管理体系》在 2015 年 7 月初确定了标准初稿并上报给工信部,之后在通信企协官网上开放征求意见;同时,通信企协还向 4 家运营商专门发放征求意见稿,最终在 2016 年 9 月向社会正式发布。承包商会在 2010 年 11 月初稿编制完成后提交给行业信用体系建设委员会审议,该委员会通过后再提交给会长办公会议,最终在商会理事会上审议通过并确定可以发布,这意味着商会所有会员企业认可其效力。中电标协则按照行业标准的制定程序于 2015 年 12 月召开了标准审查会,并为此成立了由标准化专业机构、行业组织、企业等不同相关方的专家组成的审查专家组。该专家组在会上建议标准起草组对送审稿进一步完善以形成标准报批稿上报上级主管单位;同时,按照社责委标准化工作程序,2016 年 1 月标准报批稿经社责委成员单位(50 家成员单位)函审表决,一致同意标准报批;最后,经工信部批准公示后正式成为行业标准。

（三）标准制定与修订之后

本阶段主要考察标准终稿确定以后标准的公开性、全面性、审阅与修订、文件与记录及申诉情况,而申诉则可能针对标准的内容和制定程序(见图 6)。

中纺联、承包商会的标准有中英文两种语言版本,电子和通信行业的标准目前仅有中文版本,而《五矿商会的标准则》有中、英、法、西 4 种语言版本。语言版本的多寡不仅是标准公开性的一个指标,同时也与标准的预期适用范围有关。

图 6　标准申诉与回应〔16〕

中纺联、承包商会、五矿商会、通信企协的标准均能在各自网站上免费下载。《电子信息行业社会责任指南》(SJ/T 16000 - 2016)作为行业标准,其版权属于工信部,因此由工信部总体负责标准的许可使用和销售。

关于标准的审阅与修订周期,五矿商会的《中国对外矿业投资社会责任指引》简称《指引》明确表明该标准每 3 年审阅一次;中电标协虽未在文本上说明该标准的审阅制度,但根据国家、行业标准的规范要求,行业标准需在 5 年内进行审阅;其他机构的标准文本则均未说明审阅机制。

5 个行业组织文档记录全面,并可按要求公开。就标准申诉而言,5 个行业组织都没有建立和公布明确的针对标准内容或制定程序的申诉机制,且多数行业组织也没有这个方面的考虑和意识。因此,虽然目前 5 个行业组织都未接收到正式的申诉,但这并无法证明利益相关方对这些标准的内容及其制定过程不存在意见和质疑。

三、中国行业组织可持续标准的可信度

正如前文所述,这 5 个行业组织的可持续标准制定实践在我国各个行业组织中具有较高的领先性,了解这 5 个行业组织可持续标准的可信度及相关实践对于未来指导我国其他行业组织提升其在可持续标准领域的实践具有重要的指导意义和参考价值。标准可信度表现在标准化的全过程中,即标准制定、实施、修订和再实施的每个阶段。本文主要研究标准的制定与修订实践,而没有纳入标准的实施,这与当前我国行业组织可持续标准所处的发展阶段有关,也即,多数可持续标准尚未进入系统性实施和应用阶段。本文在探究了 5 个行业组织可持续标准制定实践的基础上,将从改进性、相关性、严谨性、参与性、透明性与可及性 6 个维度总结行业组织可持续标准的可信度。〔17〕

改进性即标准自身的持续改进和标准影响的持续改进。关于标准的自身改进,两个行业组织有明确的依据:五矿商会在其指引正文中声明 3 年一次审阅以决定是否需要修订;中电标协的指南作为行业标准则会根据 GB/T 1.1 - 2009《标准化工作导则　第 1 部分:标准的结构和编写》5 年进行一次审阅,以决定是否需要修订;中纺联的 CSC9000T 在 2015 年进行了第 2 次修订,是所有行业组织中对标准审阅最多的一个,但审阅和修订启动具有一定情境性,并没有形成确定改进预期的正式程序;而承包商会和通信企协目前还没有审阅与修订的正式程序和计划。

关于标准影响的持续改进,理论上需要一套科学的追踪和评估标准影响的工具体系,包括指标体系与基准研究等,同时也需要将评估结果融入标准修订以确保绩效水平的提升。目前,5 个行业组织

---

〔16〕 对标准内容的申诉,需要在定期举行的审阅与修订过程中加以考虑;对标准制定程序的申诉,则需要在已确定的申诉解决机制中加以解决,并将解决方案提供给申诉方。

〔17〕 这 6 个维度也是国际可持续标准联盟(ISEAL)评价可持续标准可信度的 10 个原则中最重要的 6 个原则。具体见: http://www.isealalliance.org/our-work/defining-credibility/credibility-principles.

普遍缺少追踪和评估工具体系,这或许与标准处于"新生阶段"有关,也与标准在这个阶段的功能定位有关。中电标协的指南和通信企协的管理体系均为 2016 年刚刚完成制定的标准,因此对于标准的影响及其持续改进尚无明确的评估规划。五矿商会在 2016 年制定了指引的操作手册,在 2017 年或许会进入系统性实施和影响评估阶段。中纺联早在 2010 年即委托研究机构对其标准在工厂层面的实际影响进行了专门研究,并完成了一个未公开发表的报告,且 2015 年第二次修订 CSC9000T 时制定的《修订说明》也包含了对标准影响的持续改进进行追踪和评估的思想,但目前仍然没有明确而严谨的影响评估与绩效提升的工作体系。承包商会的标准在标准影响的评估和持续改进方面,同样面临缺乏必要工具和评估实践的问题。

相关性即需要确保标准中所涉及的议题是最重要而实质性的,同时也需确保多利益相关方对标准的一致理解。在标准议题的重要性和实质性方面,5 个行业组织在自身丰富的行业服务经验指导下都达到了要求,但在确保标准理解的一致性方面,可能仍然需要开发更专业、更丰富的解释性文件,以便"非专业"标准应用人员也能够快速、准确地理解标准含义及所要求的绩效水平。例如,承包商会开发的操作指南以及五矿商会正在开发的操作手册,都在标准条文后作出详尽的文本解释,同时列举案例或相关标准,以帮助标准应用者获得一致的理解。关于绩效要求程度,承包商会在标准中将标准的具体要求分为必尽、应尽和愿尽责任 3 个层次,而《五矿商会的操作手册》则按照最低要求、进阶要求和领导力要求区分了 3 个层面的绩效水平,以便标准应用者准确地把握。

严谨性即标准制定组织需要确保标准预期成果可实现,确保标准的可执行性。在标准制定或修订过程中,严谨性主要取决于两个方面:一是标准制定或修订机构有实现标准预期成果的专业知识与经验;二是有与标准相配套的指导文件,能确保标准的应用结果不因个人原因而发生变化。5 个行业组织均邀请了多位具有丰富的行业工作经验、可持续发展或社会责任领域工作经验,或者具有标准认证等经验的成员参与标准制定或修订的工作组中,以确保通过工作组技术专家的多元背景与专长确保标准绩效水平的严谨性。就执行层面的配套文件而言,如前文所述,五矿商会与承包商会开发了配套文件,但目前这两个行业组织的可持续标准尚未进入正式评估阶段,因此其效果尚未体现出来。中纺联在 CSC9000T 发布后开发了相应的实施指南,同时对审核员做了大量的培训和指导工作,以确保在对企业进行评估时减弱审核员自身原因带来的评估结果差异。

参与性即利益相关方在机会上和结果上能够充分参与标准制定或修订的过程中,而标准结构与内容也反映了利益均衡。参与性具体体现在利益相关方可否获取公众概要、过程概要等文件以决定是否以及如何参与,标准制定和修订机构是否提供参与机制,以及利益相关方的观点在磋商和决策过程中是否得到充分考虑和体现。在参与性上,5 个行业组织的表现各有特点,同时在一些方面又有一致性。有的行业组织的参与性表现在更广的利益相关方识别范围和更多轮的磋商,如五矿商会在国内外举办征询会或活动达到 20 余次;而有的行业组织则更注重利益相关方参与的程度,如通信企协的标准起草组由社会责任专家任组长,多家规模大且在供应链上下游有代表性的企业任副组长,多家行业各类型子行业的企业任组员。而在参与机会的提供方面,5 个行业组织都还有很多有待提升的空间。在访谈中,5 个行业组织的相关负责人都认为,标准制定过程中的参与性与标准日后的应用和推广紧密相关;但研究发现,利益相关方参与的高潮基本都出现在标准初稿确定以后。在标准制定或修订之初,5 个行业组织基本都没有开发公众概要、过程概要等文件,相关信息基本上都包含在成立起草小组的邀请信、工作规章或项目立项书中,相关信息也只是在起草小组内部流通,这在很大程度上导致了在标准制定或修订的初期参与机会没有实质性地向外部利益相关方敞开。

　　透明性即标准本身，以及标准制定与修订过程信息的可获得性。具体而言，透明性体现在标准本身的可获取性，以及标准参考条款、公众概要、过程概要及磋商信息等的可获取性。本研究中，5 个行业组织的可持续标准透明性程度不一。在草稿和终稿的获取上，除了中电标协制定的行标终版须由工信部决定获取方式以外，其他几个行业组织制定的标准草稿和终稿都可免费在其网站上下载电子格式；有的行业组织，例如五矿商会，还在其合作伙伴的网站上提供草稿和终稿的免费下载。至于与标准制定或修订过程相关信息的可获取性，5 个行业组织均表示可按申请提供这些信息，但都尚未收到相关申请。

　　可及性是一个相对综合性的原则，指标准可应用，目标可实现。可及性要求将标准的应用纳入分析的范围，要求标准尽可能地"平民化"和"接地气"，并尽可能减少因成本和实施繁琐而阻碍标准的应用。在这方面，五矿商会的"三化"策略代表了一种良好实践，即：为"走出去"的企业提供"国际化"的标准；充分考虑当地国家相关要求的"本土化"；以及适应"走出去"的中国企业在语言应用、管理思维等方面特点的"中国化"。

四、结　　语

　　随着我国各界可持续发展意识的提升以及与全球性可持续发展目标的接轨，可持续标准在中国将会获得更多发展空间，并能够为负责任的企业行为提供可参考和可评估的依据。本文对 5 个行业组织的可持续标准制定或修订实践进行了研究与分析，在此作为结论归纳出三点建议，希望能为其他行业组织或机构在制定可持续标准的程序与过程上提供一些借鉴。

　　第一，避免"厚此薄彼"，重视标准制定和修订程序的透明化与改进性。一般来说，行业组织十分重视可持续标准的结构与内容，但相对忽视了程序的公开化和透明化。国家标准或行业标准会参照 GB/T 1.1 - 2009《标准化工作导则第 1 部分：标准的结构和编写》来设定起草与制定程序，但是在更宽泛意义上的标准，也即非国标、非行标，甚至是非团标的可持续标准在制定与修订实践中尚没有特定的规范来加以引导。良好的制定与修订程序直接决定了标准是否能代表一种均衡的利益，也最终决定了标准的应用程度和生命力。因此，在制定或修订标准之前，相关机构应首先确定制定与修订程序规范，与利益相关方不仅就标准的结构与内容进行磋商，而且也应该就标准的制定程序做出合理的沟通和参与安排，这包括提前公开程序文件，并制定计划持续改进程序。

　　第二，避免"曲高和寡"，加强多利益相关方的识别与磋商。一般来说，技术性标准更依赖技术专家，但政策性标准——往往是自愿性标准——更需要多利益相关方的广泛参与。多利益相关方的广泛参与和深入磋商有助于标准最终反映利益的均衡，但同时也必然会带来如何就复杂的问题通过磋商达成共识的巨大挑战，这无疑考验着标准制定组织的智慧。建议标准制定组织制定合理而灵活的利益相关方识别与磋商策略，并营造相对"安静"的磋商环境。例如，在标准制定或修订之初，一般很难识别出全部相关方，标准制定组织可以策略性地识别出关键相关方，邀请影响力较大的预期实施者或社会组织加入制定过程，就可能利用这些伙伴网络让更多利益相关方知悉，推动日后更多的相关方参与。此外，利益相关方的识别与磋商应持续贯穿整个标准制定或修订过程中，大范围的利益相关方磋商或许会因意见的不一致甚至冲突导致制定或修订过程的缓慢和停滞，但长远看，高程度的参与性可以有效防止标准陷入"曲高和寡"的尴尬境地，从而实质性地拓宽标准的应用范围。

　　第三，避免"重复建设"，设定独特的标准绩效水平和绩效空间。可持续标准是一类关注范围和实现目标都比较宏观的标准,而且不同的标准制定组织很可能关注同一个领域的可持续标准的发展。这就要求各个标准的绩效水平应具有相对的独立性和独特性,以使不同标准在同一领域也能产生互补效应,从而避免不必要的内容交叉或重复。同时,可持续标准还应主要关注法律法规要求之上的绩效空间,即鼓励标准的应用方在合规基础之上提升环境、社会和经济效益,促进可持续发展。当然,这两个方面的叠加就要求标准制定方在充分了解合规要求之外,加强标准间的内容比对研究以及标准间在绩效上的互补与互认,从而将更多标准的目标设定在"无人开拓的处女地",或者"巨人的肩膀上",使可持续标准作为一个整体发挥出应有的积极影响。

综述

白领犯罪·国际研讨会会议综述

林竹静*

摘要

2015 年 11 月 18—20 日,"白领犯罪·国际研讨会"及其预备会"反腐与法治——从制裁举措到制度建设·国际研讨会"在上海举行。本次国际研讨会经中国教育部正式批准,由上海交通大学凯原法学院、美国律师协会刑事司法部主办,邀请100 多位中外法律界专家出席,通过全体会议、圆桌会议、分组会议等多种形式,围绕反腐与法治制度建设、企业社会责任、中美反腐败侦查和执法的趋势等多项近年来全球各国频发的热点法律问题作主旨演讲并进行针对性研讨。本文是对本次国际会议交流成果的综述和总结。

关键词 反腐败 白领犯罪 合规 内部调查 企业社会责任

2015 年 11 月 18—20 日,"白领犯罪·国际研讨会"及其预备会"反腐与法治——从制裁举措到制度建设·国际研讨会"在上海国金中心、上海交通大学举行。本次国际研讨会经中国教育部正式批准,由上海交通大学凯原法学院、美国律师协会刑事司法部主办,邀请美国律师协会刑事司法部主席、美国联邦第六巡回上诉法院法官 Bernice B. DONALD、美国国土安全部前总法律顾问 Joe D. WHITLEY、国际检察官联合会总法律顾问 Elizabeth HOWE、美国助理总检察长 Sung-Hee SUH、日本原检察总长原田明夫、日本亚洲法律协会原会长小杉丈夫等 100 多位中外法律界专家出席,通过全体会议、圆桌会议、分组会议等多种形式,围绕反腐与法治制度建设、企业社会责任、中美反腐败侦查和执法的趋势等多项近年来全球各国频发的热点法律问题作主旨演讲并进行针对性研讨。本文是对本次国际会议交流成果的综述和总结。

一、反腐与法治制度建设

作为"白领犯罪·国际研讨会"的预备会,"反腐与法治——从制裁举措到制度建设·国际研讨会"由上海交通大学凯原法学院院长季卫东、副院长杨力主持,日本原检察总长原田明夫,韩国反腐研

---

* 林竹静 上海交通大学凯原法学院博士后。

究机构主席、首尔大学教授、韩国前大法官金英兰,美国律师协会刑事司法部主席、联邦第六巡回上诉法院法官 Bernice B. Donald,上海市人民检察院纪检组长林立,上海交通大学凯原法学院教授、刑事法研究所所长张绍谦,上海市闵行区人民法院院长黄祥青,日本亚洲法律协会前会长小杉丈夫,盈科(上海)律师事务所高级合伙人,经济犯罪法律事务部执行主任康烨,美国南伊利诺伊大学法学院教授Lucian E. Dervan,上海城建集团有限公司总法律顾问张忠分别做了发言。

日本原检察总长原田明夫结合 20 世纪 70 年代震惊世界的洛克希德贿赂丑闻[1]案件,介绍了日本反腐败立法沿革与司法现状。原田明夫先生指出,对于任何国家与社会,反腐败法制建设都极其重要。腐败犯罪得不到及时、有效惩治,将最终导致人民与政府的对立,从内部摧毁整个社会肌体。因此,在反腐败立法层面,应高度重视立法的针对性和实用性,立法结构和系统应反映社会实际需要。在反腐败司法层面,相关执法机构应通力协作,共同推进,特别是在与刑事司法相关的跨国反腐败执法领域,各国司法机关应彼此尊重、真诚合作,共同打击腐败犯罪。

日本亚洲法律协会原会长小杉丈夫介绍了日本反腐败立法概况。20 世纪 60—90 年代,随着日本经济迅速增长,公职人员道德水平大幅下滑,导致一系列贪腐丑闻的出现。在 20 世纪 70 年代曝光洛克希德丑闻后,日本开始立法规范政治活动,严格限制政治捐款,政治贿赂案件数量大幅下降。继而,日本出台《国家公务员伦理法》(1999 年法律第 129 号)[2],以有效遏制公职人员腐败犯罪的进一步蔓延。日本还通过签署加入《联合国反腐败公约》,在国内修改《反不正当竞争法》(UPCA),推进国际反腐信息交换、跨境合作等,积极开展反腐败国际合作。日本在治理腐败方面的举措包括:一是传承清廉传统,重视社会监督。日本德川时代遗留至今的公职人员甘于清贫、献身奉献的道德感召,以及民众对政府官员的有效社会监督对日本社会预防与治理腐败效果明显。二是健全反腐法制,设立强有力的执法监督机构。在健全反腐败立法的同时,日本设立了强有力的反腐败执法监督机构,并赋予其相当大的职责和权威,此外还成立了许多民间反腐败组织。经过多年协作配合,这些官方执法监督机构及民间反腐败组织之间已经形成了既有分工、又有合作的反腐败监察监督体系。

韩国首尔大学金英兰教授介绍了《禁止接受不正当请托和财物的法律判定案》(又称《金英兰法》)的立法背景与主要内容。[3] 作为一个反腐败法制较为完善的国家,韩国一直以来对公务员财产申报、登记制度、股权信托制度、公职人员财产公开制度、职务犯罪的受案与惩治、贪腐案件举报人的保护制度等都有健全的规定。但与中国类似,韩国是也一个传统的东方式人情社会,送礼请托风气盛行。为有效遏制这一现象,2013 年 3 月,韩国国会通过《金英兰法》,规定公务人员、媒体、私立学校和幼儿园从业人员等特定行业的从业人员,无论其是否非法利用职务,只要具有收受 100 万韩元以上财物的行为即可认定为犯罪。《金英兰法》于 2016 年 9 月生效实施,有助于进一步净化韩国政府执政风气,提升民众对政府的满意度。

---

〔1〕 洛克希德丑闻事件是始于 1976 年 2 月曝光的美国洛克希德公司行贿案。洛克希德公司是当时美国最大的飞机制造公司和军火供应商之一。美国多家飞机制造商向美国参议院外交委员会跨国公司小组进行举报,揭露了洛克希德公司为向国外推销飞机而以各种名义行贿外国政要的不正当竞争事实。洛克希德公司副董事长在听证会上证实曾通过日本的代理公司丸红公司就全日空公司进口该公司生产的三星式客机向包括时任日本首相田中角荣在内多名日本政要行贿。

〔2〕 周仪:《日本公务员伦理规范机制构建及启示》,《人民论坛》2015 年第 14 期。

〔3〕 《关于禁止接受不正当请托和财物的法律制定案》(又称《金英兰法》)是韩国前国民权益委员会委员长金英兰于 2012 年提出的法案,于 2016 年 10 月生效实施。该法以根除公务人员贪污腐败行为为宗旨。根据法案,若公务人员、媒体、私立学校和幼儿园从业人员、私立学校所属财团理事长和理事及其配偶收受 100 万韩元(约合人民币 5 730 元)以上财物,不管该行为是否与其职务有关,都将受到刑事处罚。即便收受财物不及 100 万韩元,但在一年中从同一人物处合计收受超过 300 万韩元的财物,也将受到刑事处罚。若收受财物不满 100 万韩元,会被处以收受金额 2—5 倍的罚金。

美国律师协会刑事司法部主席 Bernice B. Donald 女士对美国律师协会（ABA）、美国反腐败立法及司法实践状况做了介绍。在美国，ABA 是一个拥有 40 万名以上法官、律师、检察官及法学院学生成员组成的团体。ABA 组织下设相当数量的研究委员会，不仅为法官、检察官、律师等不同法律职业群体提供行为指引，也为大学法学院提供录取标准等。在反腐败立法与司法领域，首先，ABA 为避免司法系统内部腐败，确保法官、检察官遵守司法伦理等发挥了积极作用。其次，美国宪法及相关法律对预防与惩治腐败犯罪有明确规定，如美国联邦宪法第 2 条第 4 款关于联邦雇员因叛国、贿赂或其他重罪和轻罪而受弹劾的规定。惩治政府工作人员腐败的常用法律包括 1934 年施行的《反敲诈法》、1872 年施行的邮件与无线电欺诈相关法律、1970 年施行的《犯罪组织的浸透、腐败组织规制法》（RICO）[4]、1977 年施行的《反海外腐败法》（FCPA）[5]、1984 年施行的关于联邦项目贿赂的法律等。再次，在美国，联邦政府的反腐败司法举措大部分针对州及地方官员。在 1970—1981 年的公共腐败指控中，有 520 起针对国家层面的官员，1 757 起针对地方层面的官员；在此期间，369 名国家官员和 1 290 名地方官员被判刑。[6]

美国南伊利诺伊大学法学院教授 Lucian E. Dervan 对美国腐败和白领犯罪惩治的现实状况与存在问题进行了交流。美国于 1977 年通过《反海外腐败法》，在国际社会中为美国司法部塑造了非常强有力的执法形象，有效遏制了贿赂犯罪的进一步蔓延。美国司法部的国际反腐败措施主要包括：一是鼓励跨国公司内部进行自我审查，通过企业内部审查发现外部司法审查无法触及的问题。二是规定企业内部审查并向司法部披露后的刑罚减免制度。由于美国司法部的努力，美国跨国公司在海外的贿赂案件发生率要低于美国国内腐败案件发案率。当前，为进一步有效遏制腐败和白领犯罪，美国司法部正在考虑以下两方面改革：① 通过增强执法力度，提高犯罪成本，遏制犯罪蔓延。② 将犯罪的处罚对象由涉案企业延伸至个人。

上海市人民检察院纪检组长林立总结了当前中国构建反腐败工作机制的关键要点：一是零容忍惩处，致力廉政文化部署。通过构建党内与党外、国内与国际协作推进的反腐败工作机制，最大限度压缩腐败空间。林立指出，反腐败工作机制的核心是合理约束政府公权力。要严格制度执行，增强制度刚性，完善制度建设，让权力在阳光下行使。二是坚持"三抓三不放"反腐败治理策略。坚持抓大不放小、抓多不放少、抓紧不放松，"既打老虎，又拍苍蝇"，在依法严厉打击高官贪腐的同时，查办发生在人民群众身边的村官腐败案件，使人民群众切实感受反腐力度，不搞一阵风式的反腐运动。三是强化对公权力行使的监督制约。通过纪检监察部门上下联动，使监督制约更加务实有效。四是反腐败考核机制要更加合理。对于主动发现、主动查处违法违纪案件的，不仅不能一票否决，反而要肯定，对于有案不查等包庇行为则要坚决追究责任。五是倡导廉洁文化建设，构建不想腐的社会环境，这是反腐的最高境界。要通过信仰引领，提升人的思想境界。

上海市闵行区人民法院院长黄祥青指出，腐败的主要特征是权钱交易。有效遏制权钱交易现象蔓延，一要对公职人员合法获取财产进行必要监控，完善违法财产没收程序。二要形成社会共识，由全社会共同推进反腐败法制建设。反腐败立法所包含的民众信仰和共识是执法与司法收获实效的关

---

〔4〕 RICO 是美国 1970 年国会通过的 Racketeer Influenced and Corrupt Organizations Act 的缩写。日本有人将这一法案译为《1970 年组织犯罪取缔法》或直译为《犯罪组织的浸透、腐败组织规制法》。马明宇：《美国 RICO 初探》，http://www.iolaw.org.cn/showNews.asp? id=6245，2016 年 12 月 1 日。

〔5〕 《反海外腐败法》也叫《反海外贿赂法》，简称 FCPA。该法于 1977 年制定，此后经过 1988、1994、1998 年三次修改。

〔6〕 维基百科：《美国公共腐败的检控依据》，2016 年 12 月 10 日，https://en.wikipedia.org/wiki/Federal_prosecution_of_public_corruption_in_the_United_States#Other_statutes，2017 年 2 月 1 日。

键。反腐败立法既不能落后时代也不能过分超前。三是反腐败案件中的证据适用,尤其是言词证据的合法性问题。对于证据真实性存疑、违法取得的证据,应坚决予以排除。

上海交通大学凯原法学院教授张绍谦介绍了新近出台的《中华人民共和国刑法修正案(九)》主要内容,包括:① 考虑到社会经济发展实际状况,对贪污受贿犯罪各量刑档次对应的犯罪数额做适当调整;② 增设对有影响力的人行贿罪;③ 明确行贿人在追查前主动交代行贿行为的,一般可减轻或免除处罚等。继而,指出当前中国反腐败立法与司法的趋势、特点:一是职务犯罪罪名日趋细化;二是犯罪主体范围扩大,单位纳入刑法规制范围;三是犯罪客观方面的表现日趋复杂,如增设对国际公共组织人员行贿罪等;四是增加对腐败犯罪的刑罚力度。

盈科(上海)律师事务所高级合伙人康烨结合自己新近代理的南昌大学校长周文兵挪用公款、受贿罪案件的庭审情况,谈了职务犯罪案件庭审中辩护律师的权益保障及特别程序中的律师辩护问题:一是在庭前环节保障律师知情权、会见权,对重大事项及时获知的权利等,确保律师辩护权充分实现;二是当前在职务犯罪案件的律师辩护中,仍存在律师发问难、质证难、阅卷难问题尚待破解;三是违法所得没收程序中的律师作用发挥。

上海城建集团有限公司总法律顾问张忠分析了仲裁领域反腐败及其对政府反腐败工作的启示,[7]指出在仲裁领域反腐败,除了严格监督制约使仲裁员在客观上不能贪腐,也包括让仲裁员拥有较高收入与社会地位,使其意识到腐败行为对己得不偿失,主观上不想腐。

二、总法律顾问圆桌会议纪要

会议本单元由美国国土安全部前总法律顾问、Baker Donelson Bearman Caldwell & Berkowitz 现任合伙人 Joe D. WHITLEY 主持,21 世纪福克斯公司副总裁兼副总法律顾问 Brian R. MICHAEL、美国欧文斯科宁公司亚太区总法律顾问 Lyn WU、上海城建集团公司总法律顾问张忠分别进行了主题发言。

21 世纪福克斯公司副总裁 Brian R. MICHAEL 介绍了美国在企业反腐败、合规调查方面的机构设置与经验做法。① 企业合规管理的机构设置与新近立法概况。在美国,21 世纪福克斯公司等相当数量的大型跨国企业一般均将合规咨询、管理相关业务交由公司法务部门负责,由公司法律顾问兼任合规咨询、管理、培训等相关业务。当前,根据美国司法部新近出台的《耶茨备忘录》,合规调查及违反合规的责任承担,不再仅是公司整体的责任义务,同时将成为公司高管乃至普通员工的个人责任。新政出台使合规咨询、合规管理在企业经营与可持续发展中的地位更显举足轻重。② 合规与盈利的冲突处置。在特定情况下,合规经营与企业盈利最大化的目标不免冲突。在此情形下,跨国企业的法律顾问有必要通过与所在国律师、政策及司法实务专家的合作,充分了解当地合规事项,帮助企业找到合规与盈利之间的平衡点,在有效控制企业内部管理和外部运营风险的同时,实现企业盈利目标。③ 企业内部调查后的信息披露。美国司法部制定了关于企业在内部调查后及时主动向政府披露存在问题,接受司法调查的从宽处理规定,但这仅为一般原则规定而非司法免责保证;另一方面,实践中确实也会存在部分情节轻微、介于可报可不报的事项。此时,经验丰富的合规律师或法律顾问的咨询意见对于企业高层作出是否应予内部调查后披露的正确决策显然极为重

---

〔7〕 中国从 1994 年开始实行仲裁。根据国务院法制办统计数据,2014 年全国 235 家仲裁委员会受理案件的总数超过 11 万件。不仅涉及商事、金融,还包括医疗、婚姻财产等。张维:《去年全国仲裁受案量超 11 万件》,《法制日报》2015 年 6 月 13 日。

要。④ 跨国公司的合规要求。美国政府不仅要求跨国企业遵守美国国内的反腐败法令规定,同时要求跨国公司遵守所在国的合规规定。在不同国家、不同行业领域,合规要求与执法尺度是不尽相同的。例如,美国对广播节目内容的控制审查相对宽松,相比之下,中国政府对此的控制十分严格。因此,21世纪福克斯公司在进入中国市场后,要适应新的市场环境并拓展业务,首要的就是必须遵循中国的合规规定。

美国欧文斯科宁公司亚太区总法律顾问 Lyn WU 介绍了欧文斯科宁公司[8]在企业合规计划制定、合规培训、合规调查等相关领域的经验做法。一是跨国企业制定合规计划应在考虑各国文化多样性的基础上因势利导。在欧文斯科宁公司实施的全球合规计划中,合规政策就结合各分(子)公司、关联企业所在国法律做了相应调整。如根据韩国法律规定,允许客户或员工在婚丧嫁娶等特定时间内接收礼品,这些特殊情况便有必要转化为企业合规计划中相应禁止性规定的例外。二是企业合规培训应结合特定国家或地区的热点问题有所侧重。如2015年,欧文斯科宁公司在中国专门就反托拉斯法律对公司员工、代理商进行了培训,对企业高管进行了如何处理与竞争对手的谈判、会见事宜的培训。2016年,欧文斯科宁公司的合规培训重点则转至如何有效应对政府合规调查。三是发挥公司律师在企业合规经验、风险规避中的重要作用。企业高层与公司律师共同出席对外商务谈判是企业合规意识增强的体现。四是正视合规风险评估对于企业运营安全的重要性。在合规经营与盈利目标发生冲突的时候,应在合规风险评估基础上,作出审慎决策。例如,当某跨国企业发现某国存在严重腐败问题,但要实现企业盈利目标又确有必要进入该国市场时,企业高层最终作出是否在该国开展经营业务的决策,就需要参考公司律师或企业法律顾问出具的合规风险评估意见。

上海城建集团公司总法律顾问张忠结合上海城建集团公司在国际商务活动中的亲身经历,重点介绍了建筑行业反腐败及合规经营、合规培训方面的实际情况及相关问题。一是不同国家合规规定的差异。不同国家,如新加坡、印度、安哥拉等,由于社会发展程度各异,导致政府清廉程度及关于企业合规的规定差异很大。跨国企业在不同国家进行经营活动,在合规方面对贿赂与腐败行为的识别防范、应对处理等,需要针对不同国家进行具体的政策调整。例如,同样是收受客户礼物后的上缴登记行为,在新加坡、中国香港就需要比在其他亚洲国家、非洲国家做得更加规范。二是内部调查对企业经营安全的重要性。过早的外部曝光将使企业疲于被动应对,一旦处理失当会给企业商誉带来巨大伤害。因此,有必要通过尽早进行的内部调查,避免事态恶化而使企业形象、品牌商誉受损。三是合规管理机构的设立问题。应专门成立管理委员会,聘请外部法律顾问和政府政策专家进行合规审查。对于要在所在国开展的重大商事活动,应事先咨询当地法律、政策专家的意见,确保经营合规。最后,张忠先生总结了企业进行有效合规管理的三个要点,包括:① 企业高层领导的决心;② 持之以恒的推进力;③ 流程规范与全程审计。

三、执法者圆桌会议纪要

会议本单元由国际检察官联合会总法律顾问 Elizabeth HOWE 主持,美国司法部、负责加州北部地区打击有组织及暴力犯罪的助理检察长 Kathryn R. HAUN、美国北伊利诺伊州地区法院法官 Virginia M. KENDALL、上海市人民检察院金融检察处处长肖凯、上海市第一中级人民法院刑一庭副

[8] 欧文斯科宁公司是一家美国上市公司,在亚洲的主营业务系合成物制造、分箱及建筑材料等业务。在企业中,由法务部门兼管合规。

庭长余剑分别做了主题发言。

美国司法部助理检察长 Kathryn R. HAUN 介绍了国际反腐败执法中涉及网络犯罪的电子数据证据提取、保存与国际司法协作过程中存在的问题。在国际反腐败执法中作为证据使用的电子数据稳定性较差,在一般情况下往往只在计算机服务器中保存数月或数周时间,并不像一般的书证、物证那样能够长久保存。同时,反腐败执法的国际司法协作需要经过烦琐的审批程序,耗时长久,因此很可能造成国际司法协作程序甫一启动,作为证据的电子数据就已灭失的情况。网络时代的反腐败执法,除了要更快速有效地提取并固定涉案电子数据证据外,同时还有必要更新国际反腐败司法协作程序,提升国际合作执法效率。

美国北伊利诺伊州地区法院法官 Virginia M. KENDALL 认为,积极有效地惩治腐败犯罪对于获取民众信任,重铸社会道德,打破政府治理僵局,保障人权和维护社会稳定都非常重要。目前,在白领犯罪、跨国企业腐败案件中存在查处难问题。其原因主要包括:一是犯罪证据取证难。如在司法实践中要成功起诉一名企业高管存在的贪腐行为,执法者必须全面掌握起诉所需的各项必要证据事实,如录制谈话录音、提取电子证据等,但事实上这些证据的秘密获取与有效固定都是极其困难的。二是跨国犯罪引渡难。由于各国之间的法律可能存在对同一行为的不同认定、对相关涉案犯罪嫌疑人适用刑法、刑事程序等的争议,往往导致引渡程序旷日持久。要成功引渡一名白领犯罪嫌疑人,有时需要耗费数年。

上海市人民检察院金融检察处处长肖凯介绍了当前中国金融犯罪的立法、司法状况,上海市人民检察院金融检察处[9]的成立及司法办案情况,证券领域行政执法与刑事侦查衔接问题等。① 当前中国金融证券类犯罪立法概况。本类犯罪如《中华人民共和国刑法》第三章破坏金融管理秩序罪、金融诈骗罪,典型表现为上市公司市场操纵、非法交易类犯罪、贷款诈骗、保险诈骗、洗钱等。当前在中国东南沿海发达地区,集资诈骗等金融犯罪案件高发。以上海为例,从 2009—2014 年,全市金融犯罪数量从每年 974 件上升到近 2 000 件,增加了 2 倍多。② 金融证券类犯罪查处情况。本类犯罪的侦查主体是公安机关,在不涉及国家工作人员职务犯罪的白领犯罪中,中国检察机关与美国司法部相比,职责差异明显。在侦查与审查起诉阶段,检察机关的主要职责是对公安机关采取强制措施的司法审查,以及在公安完成侦查后根据其所收集的证据情况决定是否起诉并出庭支持公诉。对于白领犯罪、证券犯罪的打击力度,基本取决于公安机关、证监会等职能部门的查处力度。这一状况造成的实际结果是,虽然近年来金融证券类犯罪案件线索数量大幅增多,但最终被刑事立案的案件数量却屈指可数。③ 证券领域行政执法与刑事侦查衔接问题。目前,证监会与公安部之间集中化的行政稽查和刑事侦查模式,导致大量事实上构成犯罪的案件无法进入刑事司法程序,其中就有包括证据保存时间较短与案件移送耗时周期过长、行政稽查阶段无法采取有效强制措施导致的涉案人员轻易销毁证据、逃避侦查等一系列问题。

上海市第一中级人民法院刑一庭副庭长余剑介绍了中国白领犯罪的案件特征与审判情况、犯罪认定与刑罚适用、修改后刑事诉讼法与白领犯罪惩防相关的新增要点等。一是白领犯罪高发。例如,近年上海审判的力拓公司胡适泰等人非国家人员受贿、侵犯商业秘密罪案,收受贿赂的涉案金额高达 8 000 余万元,给国家造成损失高达 10 亿元;又如上海市第一中级人民法院审判的范欣集资诈骗案件,数额高达 8 亿元,受害人多达 2 000 余人,给国家金融秩序、人民财产安全、社会稳定带来严重危

---

〔9〕 上海市人民检察院金融检察处成立于 2011 年,是目前中国检察机关内部设立的一个专门从事金融犯罪,并整合审查批捕、审查起诉、犯罪预防职能于一身的检察业务部门。

害。二是如何在白领犯罪审判中准确定罪量刑，落实宽严相济刑事政策的问题。中国是保留死刑的国家。但无论在立法还是司法上，对于白领犯罪适用死刑，一向慎之又慎。对白领犯罪的量刑原则是严而不厉。三是准确区分罪与非罪。白领犯罪与传统的暴力犯罪不同，刑事犯罪与经济纠纷的界限并不清晰，有时一些行政法规或经济法规的调整也会影响到罪与非罪的重新认定。如上海自贸区相关行政法规的修改，就可能涉及特定情况下对非法买卖外汇犯罪、非法经营类犯罪的认定。四是财产刑和资格刑的适用。白领犯罪是典型的贪利型犯罪，对贪利型犯罪有效利用罚金刑的惩罚性可以起到比执行自由刑更好的行刑效果。可进一步加大罚金刑力度、禁止罪犯在一定时间内继续从事特定行业等附加刑。五是修改后《刑事诉讼法》与白领犯罪惩防相关新增要点。2012年生效的修改后的《刑事诉讼法》将电子证据明确为法定的证据种类之一，近年来运用较多。法院在实践中也发展出一套诸如原始介质规则、技术规范规则、鉴定判验规则等，有助于对证据真实性、关联性进行严格审查，确保电子证据发挥真实作用。同时，修改后《刑事诉讼法》增设了没收违法所得程序，可通过法院裁定，对逃逸或者死亡的被告人、犯罪嫌疑人直接没收违法所得财产。

四、企业的社会责任

会议本单元由美国北伊利诺伊州地区法院法官 Virginia M. KENDALL 法官主持，纽约福特汉姆大学法学院 Louis Stein 讲席教授 Bruce A. GREEN、美国前副总检察长、美国佐治亚大学法学院 John A. Sibley 讲席教授 Larry Dean THOMPSON，北京融智企业社会责任研究所所长王晓光，上海交通大学凯原法学院副院长、教授杨力分别进行了主题发言。

纽约福特汉姆大学法学院 Bruce A. GREEN 教授认为，企业社会责任没有固定的定义，每一个企业都有自己对于社会责任的理解。企业社会责任的特点是自愿性，目前有两大主题，即保障人权与环境的可持续发展。GREEN 教授对企业社会责任进行了细致的梳理和分析，并从三个方面展开论述：一是企业社会责任的具体内容与企业生产经营的内容一致；二是在企业内部设立专司企业社会责任管理的专业部门；三是企业社会责任不仅影响着单一企业的合规经营，同时也会在供应链上对第三方合作企业产生相应的企业社会责任要求。

佐治亚大学法学院 Larry Dean THOMPSON 教授指出，企业社会责任与企业责任是有区别的两个概念。企业责任是盈利、创造利润，而企业社会责任则更像是慈善，是企业在盈利后对社会的反哺。THOMPSON 教授从白领犯罪的角度切入述及企业社会责任，认为企业有积极配合政府执法部门进行商业罪案调查的责任义务。

北京融智企业社会责任研究所王晓光所长在 2005—2015 年间参与了国资委关于中央对企业社会责任的一系列政策制定。在参与制定中国企业社会责任标准的相关实践工作中，王晓光所长总结了当前在企业社会责任领域存在的主要问题：一是很多企业把履行法律义务等同于履行社会责任，将企业经营中最基本的合规经营当作企业社会责任的全部内容；二是企业社会责任的内容尚缺乏明确具体的法律规定；三是国有企业被动承担不合理社会责任的现象较为普遍；四是不同企业对承担社会责任与法律责任的认识存在明显差异。因此接下来，一要完善企业社会责任立法；二要推动不同层面社会主体对企业社会责任的内涵和影响达成共识；三要合理区别不同性质企业，包括国有企业、民营企业、外资企业各自所应承担社会责任的具体内容及相互差别。

上海交通大学凯原法学院杨力教授指出，白领犯罪指向的企业责任不是简单的企业社会责任。

当前,中国已经不再停留于伦理道德层面探讨企业社会责任,而是考虑把企业社会责任纳入法律层面来加以规范。在最近的 10 多年间,中国两任中央政府都非常重视企业社会责任立法,同时各地方政府、司法机关对诸如税收偷漏、违法融资、内幕交易、商业贿赂、侵害环境资源、侵占挪用企业财物等白领犯罪现象都给予了高度关注。目前,中国在企业社会责任理论与实践发展上面临的主要问题:一是除少数行业企业外,企业社会责任整体水平相对不高;二是外资企业,甚至部分世界 500 强企业,在中国的企业社会责任承担状况不尽如人意;三是企业盈利目标和企业应当承担的社会责任之间应该建立一种更好的平衡,还需在后续立法中加以充分考量。

五、中美反腐败侦查和执法的趋势

会议本单元由美国洛杉矶 Bird Marella 律所负责人 Gary S. LINCENBERG 主持,《2014—2015 中国反商业贿赂调研报告》主笔尹云霞,美国前代理助理总检察长、华盛顿·哥伦比亚特区 King & Spalding 合伙人 Gary G. GRINDLER,亚特兰大 Kilpatrick Townsend 合伙人 Scott L. MARRAH,上海均瑶(集团)有限公司法务总监裴学龙,华盛顿哥伦比亚特区盛德国际律师事务所(Sidley Austin LLP)合伙人 Karen A. POPP 分别进行了主题发言。

《中国反商业贿赂调研报告》主笔尹云霞就中国反腐败执法的现状与发展趋势、《刑法修正案(九)》的实施问题等进行了介绍与探讨。① 关于中国反商业贿赂的法律法规。在我国,有多部法律涉及商业贿赂行为的规制,较美国《反海外腐败法》(FCPA)规定的范围更加广泛。② 关于中国反腐败执法与司法体系。根据刑事诉讼法规定,我国负责反腐败侦查的司法机关是公安机关与检察机关。其中,国家工作人员实施的职务犯罪案件由检察机关负责侦查,非国家工作人员实施的白领犯罪案件由公安机关负责侦查。对于其中情节轻微,尚未构成犯罪的违法行为,由工商管理部门做行政违法查处。此外,中国共产党纪律检查委员会(简称纪委)是非常强有力的反腐败机构。纪委虽然本身没有刑事执法权,但以公安机关或检察机关的刑事强制手段为后盾,在反腐败斗争中的作用举足轻重。目前,在很多涉及跨国企业的商业贪腐案件中,都有纪委参与调查的身影。③《刑法修正案(九)》加大了对行贿犯罪的打击力度。此前,出于集中打击受贿犯罪的需要,司法机关往往通过对行贿人免于起诉换取证据口供,进而确保对受贿一方的成功起诉。《刑法修正案(九)》增加规定对有影响力的人行贿罪,今后对行贿犯罪的打击力度将越来越大。④ 进一步加大对跨国企业商业贿赂犯罪的打击力度。在此之前,受到跨国执法、检控能力不足等客观限制,相较于国内公司,在中国的跨国公司往往较少面临反腐败调查,今后这一状况将会逐步改变。

上海均瑶(集团)有限公司法务总监裴学龙认为,当前中国的反腐败存在片面重视政府官员及国有企业工作人员职务犯罪惩防,但对发生在民营企业的职务犯罪打击力度不足的问题。例如,在某一民营企业,采购人员收受回扣达 130 万元之多,但公安机关却迟迟不予立案。直到一年后当事企业终于立案成功,犯罪嫌疑人却已逃之夭夭。裴学龙先生认为,民营企业要有效防治腐败,具体可从使员工"不想腐""不能腐"和"不敢腐"三方面入手。一是制定高标准的技术要求和行业监管规定,与企业高管签订履职承诺书,推动企业员工加入相关行业协会,同时提供更好的福利待遇,综合采用道德评价和行为准则强化履职约束,让员工"不想腐";二是建立严格的内部审计和外部独立审计制度,让员工"不能腐";三是企业和司法部门密切合作,不遗余力地打击职务犯罪,让员工"不敢腐"。

亚特兰大 Kilpatrick Townsend 合伙人 Scott L. MARRAH 介绍了美国《反海外腐败法》的两项主要规定，即"完整反贿赂条款"和"人员与记录内部监控条款"。其中"完整反贿赂条款"规定，禁止直接或间接向非美国政府官员提供任何有价之物影响其决定，以图取得或保留某种业务，或取得任何不正当利益。如在中国，有一些跨国银行为了从政府处获得业务，向中国政府高级官员的子女提供工作岗位，就属于提供"有价之物"进行贿赂的一种行为。据美国司法部和证券交易委员会的数据统计，涉及贪腐的举报近年持续上涨，目前已从 2012 财年的 115 件检举报告上升至 2015 财年的 186 件。在 2015 财年的检举报告中，共有 43 件检举报告与中国跨国公司有关。[10] Scott L. MARRAH 指出，《反海外腐败法》适用于美国本土之外，只要与美国存在一定关联，如使用美元，甚至经由美国服务器收发电子邮件等，美国司法部都视为拥有司法管辖权的情形。

华盛顿哥伦比亚特区盛德国际律师事务所（Sidley Austin LLP）合伙人 Karen A. POPP 介绍了美国反腐败执法的执法方式、部门协作与国际合作以及美国司法部如何确保每个成员遵守和理解耶茨备忘录的问题。在美国，司法部和国际商会都有专门的执法机构。先前，美国司法部采取的突击圈套、搜查证、边境拘留嫌疑人等执法方式，由于这些策略具有延后性，一直受到公诉人的诟病。目前，通过美国司法部和国际商会之间的部门协作，执法机构能够比先前更早介入案件调查，使调查取证更加主动有效，取得更好的案件诉讼效果。美国司法部与国际商会针对行业进行追踪调查：① 要求被调查公司向政府有关部门披露与经营相关的事实材料；② 对相关重点涉案人员进行追踪调查；③ 除特定情形外，涉案企业人员的个人责任不能豁免；④ 在豁免法人责任前，涉案公司应明确对相关个人的追责方案；⑤ 涉案企业中个人的刑事责任虽可免除，但民事责任不能免除。目前，被美国司法部和国际商会起诉追究个人刑事或民事责任的案件数量要远远低于追究企业法人责任的案件数量。究其原因，主要是针对个人犯罪的执法与取证难问题。

King & Spalding 合伙人 Gary G. Grindler 认为，对于跨国企业，当前制定合规计划比以往任何时候都更显必需。这一观点也被美国司法部、世界银行、ICC、OECD 等机构广泛认同。例如，美国司法部区分 7 个领域分别评估企业合规计划，并最终参考这一评估结论作出针对被调查公司的处理决定。在英国反腐败法案中规定，已制定完善的合规计划是涉案企业的一项重要自我辩护理由。Grindler 指出，制定合规计划与进行合规培训是企业安全的重要保障，是维护公司价值观与廉洁的重要举措。合规培训不能只通过聘请地方官员、领导做简单讲座的形式敷衍进行。

六、网络犯罪

会议本单元由美国司法部检察官、数字货币犯罪协调员 Kathryn R. HAUN 主持，东京早稻田大学法学院教授、亚太网络法律、网络犯罪和互联网安全研究所 J.D. 项目主管 Pauline C. REICH，中国香港 Ropes & Gray LLP 律师事务所合伙人 Cory A. LABLE，美国华盛顿哥伦比亚特区 Debevoise & Plimpton LLP 律师事务所 Andy Y. Soh 分别进行了主题发言。

东京早稻田大学法学院 Pauline C. REICH 教授认为：① 在亚太地区，从东亚、东南亚到澳大利亚、新西兰，由于各国之间的经济社会发展程度存在较大差异，对于网络犯罪防控的技术与法律规定

---

〔10〕 U. S. Securities and Exchange Commission, *2015 Annual Report To Congress On The Dodd-Frank Whistleblower Program*, available at https://www. sec. gov/whistleblower/reportspubs/annual-reports/owb-annual-report-2015. pdf accessed 21 February 2016.

等均尚未形成有效的国际合作协议。例如,相较于经济发达、网络化程度高的日本、新加坡、澳大利亚等国家,印度、柬埔寨、老挝等国直到目前仍面临经常大面积停电的困扰,泰国、菲律宾、马来西亚等国家的网络犯罪立法一直受到抵制。相比亚洲,国与国之间经济社会发展程度更为均衡的欧洲目前已制订通过世界上唯一一个共同打击网络犯罪的跨国协议。美国、日本等国也在推动国内相关立法,通过国际合作共同打击网络犯罪。② 不同国家对何谓"网络犯罪"的定义侧重点不同。在印度等一些国家,对网络犯罪的定义侧重在文化层面,如在网络上的一些不得体行为;而另一些国家对网络犯罪的定义侧重在经济层面,如对银行系统的黑客攻击行为。此外,不同国家对网络犯罪的定义和查处力度也与各国的网络化程度有关。在一些发展中国家,警察没有受过网络犯罪执法调查的相关技术与法务知识培训,自然也就不可能真正落实网络犯罪的侦查与指控。

中国香港 Ropes & Gray LLP 律师事务所合伙人 Cory A. Lable 认为网络犯罪的特征包括:① 网络犯罪的犯罪人和受害者都具有主体身份构成上的多重性与复杂性。一方面,网络犯罪的犯罪人往往会通过建立多个皮包(影子)公司,隐藏或伪装后实施犯罪;另一方面,在一起网络犯罪中,受害一方往往涉及多家公司、多个领域。如在 2014 年美国证券交易委员会所做的一项关于网络犯罪的调查中,受调查的 57 个经纪交易商和 49 个投资顾问中各有 88% 和 74% 都声称他们受到过某种类型的网络攻击。[11] ② 遭受网络犯罪侵害的风险与受害者一方的规模呈正比。越是规模大的跨国公司,存储电子数据往往价值越大,受到网络犯罪攻击的风险也越大,越需要采取主动态势防范网络犯罪风险。此外,针对有效防范网络黑客攻击的建议:一要加强信息安全工作计划,同时做好相应审计;二要做好公司内部的 IT 及信息安全风险防控,加强并落实内部问责。

美国华盛顿哥伦比亚特区 Debevoise & Plimpton LLP 律师事务所 Andy Y. Soh 指出,当前美国企业所面临的网络犯罪状况,已不是是否遭受过黑客网络攻击,而是是否正视网络黑客行为存在并有效防御。在美国,像 GE 这样的大公司,其核心业务涉及医疗、航空及能源产业,公司内部网络及服务器中存储着大量高端、敏感技术的核心知识产权及许多重要的个人信息数据,一旦受到网络黑客攻击,后果极其严重。像钢铁等重工业企业、供暖系统等民生设施,一旦其控制网络受到黑客攻击而失效,可能导致出现极其重大的员工、公众人身伤亡及财产损失。

七、近期中国和美国白领犯罪起诉的经验教训

会议本单元由美国洛杉矶 Gibson, Dunn & Crutcher 律所合伙人 Debra Wong Yang 主持,Sidley Austin LLP 合伙人 Zhengyu Tang、达夫妮国际控股有限公司总法律顾问武进峰、普华永道合伙人 Brian R. Mcginley、美迈斯律师事务所合伙人 Ronald Cheng、瑞典爱生雅(集团)有限公司亚太区法总监赵宾分别进行了主题发言。

Sidley Austin LLP 合伙人 Zhengyu Tang 对反腐败刑事立法、企业合规经营与盈利目标的协调统一及中美反腐败合作发表了看法。① 关于刑法修改与反腐败立法。中国《刑法修正案(九)》对《刑法》第 253 条之一"侵犯公民个人信息罪"作了修正。[12] 今后,在金融、电信、交通、医疗服务行业跨

---

[11] U.S. Securities and Exchange Commission, Cybersecurity Examination Sweep Summary, available at https://www.sec.gov/about/offices/ocie/cybersecurity-examination-sweep-summary.pdf accessed 21 February 2016.

[12] 按照本条规定,违反国家有关规定,将在履行职责或者提供服务过程中获得的公民个人信息,出售或者提供给他人的,窃取或者以其他方法非法获取个人信息的,情节严重的,构成侵犯公民个人信息罪。

国企业工作的中国员工及中国境内工作的外籍员工，都可能因为非法盗窃个人信息构成本罪。同时，在《刑法》第286条之一增设"拒不履行网络安全管理义务罪"。[13] 这一新增罪名一方面给网络运营商带来了新的工作负担，另一方面也通过刑法的指引功能，给网络运营商以警告，避免因相关行为导致刑事责任的承担。Zhengyu Tang指出，在中国，商业贿赂此前往往会以赞助的名义暗渡陈仓。如某家医疗行业非营利机构，一年内收受的各类赞助竟达8亿人民币。因此，今后还要进一步加强反贿赂立法，规范医疗机构接受捐赠、捐款、赞助等经济资助的程序，同时在技术层面通过企业信用卡等金融监管手段，加强对企业流动资金的管控，防范商业贿赂。② 企业内部合规经营与盈利目标的协调发展。Zhengyu Tang指出，合规经营的要求和企业盈利最大化之间在实践中确实可能出现冲突，但两者必须协调起来。例如，在某跨国医药企业，由于在中国有很高的业务增长压力和销售目标，企业在营销、推广方面的开支预算非常大，这方面资金的滥用同时导致现实中的营销舞弊行为无法根除。因此，要确保企业经营合规，仅靠单一方面的培训并非足够，同时应真正降低和控制营销支出，将合规经营和盈利目标最大限度地协调起来。③ 中美反腐败合作日趋加强。如美国控制组件公司（CCI）行贿案案发后，美国司法部提供给中国政府非常详细的信息，包括由哪些企业，特别是哪些石油公司牵扯到这起案件中，以便中国的反腐败机构继续跟进。

达芙妮国际控股有限公司总法律顾问武进峰认为，随着目前中国反腐败执法力度的日趋增强，企业已意识到自身在合规方面的巨大潜在风险。要加强企业反腐败，光做合规培训是不够的，关键要加强和政府相关反腐败执法部门的沟通与合作。武进峰先生总结了中国在企业反腐败领域的特征：一是对国有企业与民营企业的差异化保护。与外资企业尤其是美国企业重点关注在对外经贸往来中的反商业贿赂、强调合规经营不同，中国企业的反腐败工作聚焦内部，重在打击内部员工的职务侵占、营私舞弊、收受贿赂等行为，保护公司财产。在法律保护的力度上，对国有企业和民营企业差别很大。例如，达芙妮下属某电商公司的一名销售总监利用职权便利将公司盈利业务转包给亲戚经营的皮包公司经营，给公司利益与商誉造成巨大损失。然而，根据中国刑法规定，只有国有企业员工把企业盈利业务交由亲友经营，或者高价收购、低价出售给自己亲友的行为才能构成为亲友谋利罪。由于该公司为民营企业，因此无法进行刑事立案，只能通过民事侵权赔偿解决。而在与本案类似的另一起涉及国有参股公司的案例中，即便类似的案情仍不能认定为亲友谋利罪或者贪污罪，但法院最终还是以职务侵占罪做出了有罪判决。由此可见，目前中国的反腐败对民营企业缺乏充分的司法保护，是相对不公平的。此外，自1996年刑事诉讼法修改将破坏市场经济犯罪的立案权划归公安机关管辖后，由于公安立案不受司法审查，且经济纠纷与经济犯罪之间界限又十分模糊，对于民营企业来说，立案难的问题一直无法妥善解决。建议检察机关加大对公安机关经济犯罪的立案监督力度，保护企业正常经营与合法权益不受侵害。二是对混合所有制企业内部不同人员的法律保护力度存在差异。当前中国的国有企业改革吸引民间投资进入国企，组建混合所有制企业。在此背景下，混合所有制企业内国有和民营背景的员工就可能受到两种不同的法律约束或保护。例如，同样的侵占行为，国有企业委派到参股、合营公司、企业中行使管理职能的人员与其他公司管理人员就可能构成与面临量刑轻重完全不同的罪名与刑罚。

普华永道合伙人Brian R. Mcginley认为：① 当前中国的反腐败对各类行业跨国企业的影响都非

---

[13]《刑法》第286条之一"拒不履行网络安全管理义务罪"规定，网络服务提供者不履行法律、行政法规规定的信息网络安全管理义务，经监管部门责令采取改正措施而拒不改正，致使用户信息泄露，造成严重后果的，处3年以下有期徒刑、拘役或者管制，并处或者单处罚金。

常大,特别是对医疗器械采购行业、会务组织公司、公关公司等商业贿赂与腐败的高发区。相关类型企业今后应通过投入更多的审计人力,加强对相关行业企业的合规调查及第三方供货商的尽职调查,改变过去"出事后才启动调查"的消极工作方式,更加注重反腐败预防,通过更有效的外部审计和内部控制,实时掌握公司资金流向,对营销费用使用进行实时风险控制等。② 在反腐败的企业应对方面,Mcginley 指出不同行业企业的应对重点有很大区别。例如,在医疗设备行业的跨国企业,随着中国反腐败力度的持续加强,企业内原先专司应对国际调查的法务部门今后的工作重点将不得不由外转内,主要应对处理国内司法机关反腐败调查产生的危机事宜,保障公司业务正常运转。在旅游中介、公关公司等行业的跨国企业,其公司律师还需要进一步加大对公司业务行为的合规管控,以规避经营风险。

瑞典爱生雅(集团)有限公司亚太区法总监赵宾认为:① 区别于美国白领犯罪一般为基于公司利益的商业贿赂,中国常见的白领犯罪一般表现为员工贪污、挪用企业财物、私下进行竞业经营等侵害企业利益的犯罪。目前,一般的常规审计和程序化的会计检查已经无法遏制此类犯罪频发的状况。考虑到中国白领犯罪的复杂现状,建议企业加大合规调查的法务工作力度。② 针对当前跨国企业均非常重视的企业合规培训,赵宾指出,目前一些企业高管与普通员工接受相同内容的、应试型的合规培训,实际效果很差。建议企业的合规培训今后应区分受众、分别进行,更加注重培训内容的针对性和可操作性。

八、国际性内部调查策略

会议本单元由普华永道法务服务总经理 Jimmy Pappas 主持,美国德杰律师事务所(Dechert LLP)执行合伙人 Kareena TEH、Debevoise & Plimpton LLP 合伙人 Philip Rohlik、美迈斯律师事务所合伙人 Ronald Cheng、上海邦信阳中建中汇律师事务所合伙人邹林林分别进行了主题发言。

美国德杰律师事务所(Dechert LLP)执行合伙人 Kareena TEH 指出,在不少国家与地区,对涉嫌商业贿赂、洗钱或舞弊的企业均有要求应尽快实施内部调查,并负有调查后内部信息披露义务的规定。Kareena TEH 针对一起上海某美国上市公司副总裁涉嫌向印度客户行贿的案件调查,详细讨论了国际性内部调查策略。一是企业法务部门快速跟进,通过在董事会下设的独立调查委员会确保企业内部调查的独立性。二是正视国与国之间的法律冲突。如在上述案件中,就必须考虑如何聘用并组合好精通美国、中国、印度三国法律的专业人士开展有效的国际性内部调查。三是在调查过程中涉案证据的及时、有效固定。证据保存是国际性内部调查中的重中之重。负责内部调查的企业法务团队应第一时间封存服务器,防止涉案人员销毁证据,避免因调查造成公司经营混乱等。

Debevoise & Plimpton LLP 合伙人 Philip Rohlik 讨论了反商业贿赂国际性内部调查的涉及范围,指出应根据举报所涉证据线索合理确定调查范围。内部调查的涉及范围一般应不小于政府监管机构外部调查的涉及范围,同时也要避免由于调查范围过大、涉及人员过多,造成员工恐慌,影响公司正常经营。在调查范围确定后,还应制定清晰的调查计划,周全考虑各种潜在调查风险。在企业内部调查结束后,负责调查法务部门还应及时向公司高层说明调查情况,向政府执法机关、公众做必要披露。Philip Rohlik 指出,内部调查是提交政府监管机构处理的必要前置程序。一般情况下,关于商业贿赂等腐败的证据线索往往只是一份匿名举报材料。涉案企业不先做必要的调查就直接将匿名举报信件交给政府监管机构处理,既不切实际,也不符合公司利益。有必要先在公司内部进行必要调查,在获得一定证据材料基础上再提交政府监管部门、司法机关查处。这既是一种合作态度的体现，也能够通过内部调查为企业争取与保留最大利益。

美迈斯律师事务所合伙人 Ronald Cheng 指出，举报者针对跨国企业涉嫌贪腐的举报申诉往往是向企业高层与政府监管部门同时提起的。在这种情况下，企业高层必然面临尽快开展高效内部调查、及时回复政府监管部门质询的巨大压力。跨国企业开展国际性内部调查，除了要尊重所在国法律，确保调查行为合法，避免因调查行为违法、失当导致被调查员工或第三人反诉公司的情况；还应最大限度审慎进行，确保内部调查、证据收集、对员工的纪律处分等符合所在国法律规定，避免因调查失当反过来损害公司利益。进行有效的国际内部调查：一是调查询问忌简单直接。对涉案嫌疑人的调查询问不宜过分直接，避免因调查对象的轻易否认使调查陷入僵局。在掌握充分证据前，公司的内部调查可从了解案情的证人、相关第三人处迂回突破。二是调查询问应预设预案。询问证人、调查第三人时应事先设计谈话提纲，充分做好预案，避免出现因调查谈话内容准备不充分导致关键事实未调查清楚、伪证未被及时甄别等情况。三是调查谈话策略应科学合理。以中国境内的美资跨国企业为例，在进行内部调查时如果直接让美方律师或法务直接对中国员工进行调查，即便在翻译人员的协助下谈话能够进行，但客观存在的文化差别、认知差异极易让调查取证因对话双方的抵触戒备而陷入僵局。在这种情况下，让公司中的中方律师或法务主持调查谈话，能更有效地达到弄清事实、查明真相的目的。四是国际内部调查的方式与程序应符合所在国法律规定。如对内部员工的取证调查录音录像是否应经员工本人同意有效，调查录音录像能否为法庭接受，内部调查获取的数据保存、传输、隐私保护，调查涉及国家秘密时如何处理等问题，都需要根据所在国的法律规定分别妥善处置。五是正视国际合作的差异性。不同国家之间的国际合作力度差异很大。如美国和印度之间的国际合作是非常有限的，相比之下，中美之间在缉毒、反腐等方面的国际合作则相对要紧密得多。在公司自身开展内部调查的时候，也应正视不同国家之间合作力度的差异，避免出现因国际合作不力导致的调查踢皮球现象。

上海邦信阳—中建中汇律师事务所合伙人邹林林针对律师在国际调查中的客户隐私保密责任、国际调查中的证人权利等问题阐述了观点。在述及企业内部调查在不同国家所面临的境遇时，邹林林律师指出，在不同国家，政府执法部门出于证据保存等各种原因，对于是否允许企业先行开展内部调查持完全不同的态度，如：美国执法机构支持并鼓励跨国企业进行自我调查，主动披露信息；而英国则认为企业内部调查可能破坏证据，对此并不支持。在司法制度极为相似的美英两国对企业内部调查的态度尚如此迥异，在中国、印度等国，对于是否采取内部调查、采取怎样的具体调查策略，相关规定更是大相径庭。因此，跨国企业要开展国际内部调查，不仅要考虑调查行为在调查所在国的合法性，同时在调查进行时还需与所在国政府监管部门密切合作，取得必要的支持和配合。

九、国际内部调查后的信息披露和结算

会议本单元由纽约 Allen & Overy 律师事务所合伙人 Pamela Chepiga 主持，多伦多 Borden Ladner Gervais LLP 律师事务所合伙人 Graeme Hamilton，东京 LAWASIA 原会长、Matsuo & Kosugi Law Firm 合伙人 Takeo Kosugi（小杉丈夫），香港 Quinn Emmanuel Urquhart Sullivan LLP 合伙人 Samuel G. Williamson，国药控股（集团）有限公司法律事务部部长胡勇作了主题发言。

香港 Quinn Emmanuel Urquhart Sullivan LLP 合伙人 Samuel G. Williamson 针对国际内部调查

后信息披露中的行业差异、内部调查后的信息披露策略、国际内部调查的多重监管主体等问题发表了看法。① 国际调查后的内部信息披露根据企业所处行业、调查事项的不同存在很大差异。如在美国，由于美国司法部对反垄断案件内部调查后的及时披露规定了宽大处理及特殊免罪政策，一般来说，被举报涉嫌垄断的企业会在内部调查后的第一时间向司法部披露、坦白，以争取最优政策，而涉嫌证券欺诈的企业则一般会在内部调查后再行复核，掌握更充分证据后再向政府提交内部调查报告。② 跨国企业在进行国际内部调查后的信息披露时，应有策略地选择优先披露对象。如根据双边协议规定，当一家在中国的美国跨国公司被中国司法机关处罚后，美国司法机关会因此减轻或免除对其的处罚。显然，基于最大限度维护公司利益的考虑，在内部调查后的信息披露环节，跨国公司可以采取选择一国司法机关先行披露并接受处罚的策略性举措。③ 多重监管主体及内部调查后信息披露立法。目前，美国司法部与中国司法机关的反腐败国际合作已日渐成熟，在许多案件上的合作执法已经展开。建议中国政府通过立法强制公司披露内部调查信息，同时制定相关激励机制鼓励企业尽早披露内部调查信息。

东京 LAWASIA 原会长、Matsuo & Kosugi Law Firm 合伙人 Takeo Kosugi（小杉丈夫）介绍了日本国内在反垄断领域企业内部调查后信息披露的相关做法。① 日本企业均具有较强的守法意识，在内部调查后也能在第一时间向监管部门披露调查信息。如在美国司法部介入调查的日本汽车配件出口垄断案件中，相关车企的日方律师与公司法务积极配合美方律师，按照美国司法部的程序要求，妥善履行了信息披露义务。小杉丈夫坦言，在反垄断司法调查领域，大部分从事反垄断调查的美国律师都是从司法部门的检察官岗位上退下来的，具有该领域的丰富工作经验；相比之下，日本本国律师在这一领域的专业分工则较为粗糙，律师和企业之间的委托权限也与美国等其他国家不尽相同。因此，在日本企业内部进行的反垄断调查虽一般由本国律师或法务人员主持，但同样会听取美国等相关国家律师或法律专业人士的咨询意见。② 国际内部调查后向政府监管部门的信息披露有基于现实方面的利益考量。如在上述日本汽车配件出口垄断案件中，这批汽车配件除了出口美国，也出口中国、欧盟、韩国等国家，站在日本企业的角度，由于美国占据最重要的市场份额，可能施加的民事处罚也最为严厉，考虑到美国司法部有内部调查后及时披露的责任减免规定，因此，日本车企首先选择向美国司法部进行内部调查后信息披露显然更符合企业利益。

多伦多 Borden Ladner Gervais LLP 律师事务所合伙人 Graeme Hamilton 指出：① 为了防止事态恶化，避免出现危及公司经营的不可控事件，企业应在最短时间内进行快速有效的内部调查。避免因企业内部调查的拖沓无效导致同样收到举报的政府监管部门、司法机关对企业产生不信任，使用激进调查手段给企业带来商誉与利益上的伤害。② 在反垄断领域，加拿大和美国有类似的企业内部调查后信息披露的司法责任减免规定。因此，企业越早向政府进行信息披露，配合政府司法调查，最终承受的处罚越轻。当一项内部调查信息需向多个国家或一国内部多家监管机构披露、报告时，相关跨国企业应与有关政府机构进行良好沟通，选择最优的内部调查后信息披露方式渠道，最大限度地保护企业利益。

最后，国药控股（集团）有限公司法律事务部部长胡勇介绍了中国医药行业内部调查后信息披露的现状及问题。医疗行业是商业贿赂集中高发的敏感行业，与之相关的企业内部调查后的信息披露不仅事关涉案个人刑事责任承担，同样与公司利益息息相关。胡勇认为，企业法务应针对企业内部调查后信息披露的流程规范、事项范围等方面提供专业意见，服务企业决策。

综述

中国民企的合规与社会责任

——第四届非公经济法治论坛会议综述

郭宪功 *

摘要

　　当前,国际投资贸易规则的倒逼和国内市场规则的转型创制正在深刻影响中国企业的竞争和发展生态。在此新形势下,民营企业如何开展合规和社会责任建设已成为不容回避的重大课题。在 2016 年 7 月 19 日召开的第四届非公经济法治论坛暨中国民企的合规与社会责任专题研讨会上,来自不同职业背景、秉持不同学科视角的专家学者围绕这一主题进行了广泛而深入的跨学科讨论。本文对与会者的核心观点进行了总结梳理,力图重现研讨会所汇集的智识成果,以期对民营企业合规与社会责任建设的理论与实务进展有所裨益。

关键词　　合规　社会责任　大数据　行为认知科学　传播媒介

　　改革开放以来,中国经济深度融入全球化浪潮,尤其是在加入世贸组织之后,国际市场规则前所未有地影响到国内社会主义市场经济体制的发展。国际方面,企业社会责任日益制度化,[1] 使得中国企业在国际投资贸易中受到越来越多的约束。此外,随着一系列商业丑闻的媒体曝光,尤其是在金融危机反思潮的推动下,西方国家普遍加强监管,企业面临空前的合规压力。[2] 国内方面,原有的经济发展模式正面临严峻的不可持续危机。作为应对方案,中国经济进入新常态,稳步推进供给侧改革,力图实现产业升级和经济发展模式的转型。在此变革过程中,制度创新与产业创新同等重要。企业社会责任立法被提上议事日程,公司合规体系的建设也受到了越来越多的关注。[3] 可以说,中国对于商事法律和伦理规则的处理方案已经从被动反应阶段迈入到了一个自觉消化并参与建构的新阶段,这不仅仅是新的国际贸易形势提出的外部要求,更是国内经济升级换代所必需的内在条件。

---

* 郭宪功　上海交通大学凯原法学院 2015 级硕士生。

〔1〕 Emma Avetisyan, Michel Ferrary, "Dynamics of Stakeholders' Implications in the Institutionalization of the CSR Field in France and in the United States," *Journal of Business Ethics*, vol. 15, no. 1 (2013), pp. 115 - 133.

〔2〕 Niamh Moloney, "EU Financial Market Regulation after the Global Financial Crisis: More Europe or More Risks," *Common Market Law Review*, vol. 47, no. 5 (2010), pp. 1317 - 1383.

〔3〕 杨力:《企业社会责任的制度化》,《法学研究》2014 年第 5 期。

在此背景下,2016 年 7 月 19 日 14 点,由上海市法学会非公经济法治研究会主办,上海交通大学凯原法学院、上海交大企业法务研究中心、上海交大法律大数据分析研究中心等共同承办的第四届非公经济法治论坛暨中国民企的合规与社会责任专题研讨会在上海交通大学凯原法学院举行。来自政府、国企、民企、官方媒体、第三方服务机构、学术机构、合规部门高级管理层等不同职业背景的各界嘉宾跨界对话,从政治学、法学、管理学、行为与认知科学、大数据等跨学科视角,针对中国民企这一改革开放的弄潮儿及地位独特的企业类型在经济新常态下如何对待社会责任以及如何建设简洁高效的合规体系这两个议题展开了热烈探讨。本文将以讨论中出现的具体议题为线索,尝试重现与会者的核心观点。

一、中国民企合规与社会责任建设的宏观背景

中国民企合规与社会责任的主题有着深刻的国内外经济形势、市场法制及风险管控等方面的宏观背景。上海交通大学凯原法学院院长季卫东教授指出,党的十八届三中全会明确提出了使市场在资源配置中起决定性作用的重大命题。与此同时,随着中国人口红利的迅速消失以及人口老龄化的加剧,提高全要素生产率以支撑经济持续增长愈发具有紧迫性。[4] 民营企业与企业家精神的重要性正是在这样的背景下得到了高度强调。在经济新常态中,通过制度创新和政策调整释放制度红利,以替代和延续人口红利,已然形成共识。[5] 党的十八届四中全会提出"依宪执政、依法治国"的顶层设计,特别强调要加强重点领域的立法,其中包括企业社会责任立法。党的十八届五中全会第一次提出"创新、协调、绿色、开放、共享"的发展理念,要求企业把履行社会责任融入到深化改革、结构调整等一系列工作当中去。近年来社会责任规范体系的初步形成[6]说明中国已经步入了一个高度重视企业社会责任的新时代。季卫东教授认为,企业社会责任既是国家和社会的强烈要求,同时也是企业在发展进程中的必然选择。社会责任是企业形象和竞争力非常重要的方面。中国民营企业的社会责任战略将是决定其可持续发展能力的关键。一个著名企业的价值不仅仅是创造高额利润,更重要的是能够给社会带来福利,增进公益。此外,季卫东教授还指出,2016 年 1 月份中央政法委提出要做好关键领域的风险预警防控,[7]而进一步挖掘企业社会责任的实质性内容,在更大范围内促进企业合法经营,加强其合规性,正是防患于未然所必备的风险防控举措。在急剧变革的当今中国,从风险防控的视角对民企的合规和社会责任建设展开研究具有重大的学术与实践意义。

此外,人们曾经误以为社会责任只是国有企业才应考虑的事。然而,事实上,民营企业更加具有自发性、弥散性,更加直接地面对社会环境。广大民营企业作为企业社会责任的基础,理应承担社会责任。[8] 上海市法学会专职副会长施基雄认为,民营经济是当前中国创新、创业的重要力量,是实体经济的坚实基础,我们要为民营经济的发展创造良好的法治环境和社会环境,但与此同时,民营企业在发展中也要更多地履行社会责任,推进合规建设,不断提升自身的软实力。结合国

---

〔4〕 蔡昉:《人口红利与中国经济可持续增长》,《甘肃社会科学》2013 年第 1 期。

〔5〕 邱斌、唐保庆、孙少勤等:《要素禀赋、制度红利与新型出口比较优势》,《经济研究》2014 年第 8 期。

〔6〕 比如新环境保护法、新安全生产法和食品安全法、关于经济生态文明建设的意见纷纷出台,2015 年中国国家的社会责任标准、社会责任指南、社会责任报告的编写指南、社会责任分类指导等的发布。

〔7〕 新华网:《中央政法委:做好反恐等五大领域风险预警防控》,2016 年 1 月 23 日,http://news.xinhuanet.com/politics/2016-01/23/c_128660339.htm,2017 年 2 月 15 日。

〔8〕 魏水英:《民营企业社会责任若干问题探析》,《浙江万里学院学报》2009 年第 3 期。

务院国资委 2008 年发布的《关于中央企业履行社会责任的指导意见》〔9〕以及中国社科院经济学部企业社会责任研究中心 2015 年发布的《中国企业社会责任报告白皮书》〔10〕，施基雄认为，中国国有企业社会责任的建设已取得长足进展。相比之下，中国民营企业的社会责任建设氛围还显得比较单薄，要走的路还很长，尤其是中西部地区企业社会责任的建设更有待加强和迎头赶上。解决之道是，民营企业应从合规体系的建设完善入手。对任何企业而言，合规经营应当是社会责任的题中应有之义，也是首要的责任。对此，中国的民营企业家应当做出前瞻性的睿智思考，也需要具有战略性的长远眼光。

二、中国民企合规与社会责任的关系辨析

关于合规与企业社会责任的关系，通常认为，在商事伦理的语境中，法律止步的地方就是道德伦理开始的地方。如果我们认为利益相关者系指既能影响企业运作又会受其影响的主体，则政府将成为一个关键的主体，因为作为民众选出的代表，它能够颁布规制商务实践的法律。〔11〕 如此一来，合规和社会责任实则就是法律与道德伦理的交汇地带。季卫东教授认为，合规是企业社会责任的底线；缺少合规的企业社会责任是无本之木、无源之水。在这个意义上说，加强合规建设是企业社会责任非常重要的方面，也是法治经济非常重要的方面。

上海邦信阳—中建中汇律师事务所高级合伙人杜爱武针对企业社会责任的类型和合规的边界进行了论述。综合国际权威分类方法和国内通行的分类方法，杜爱武认为，可以把企业责任分为四个依次递升的层次，即经济责任、法律责任、伦理责任、慈善责任。对于企业而言，第一位的是经济责任，即企业必须先确保自身在经济上的存续；合规对应的法律责任是在满足经济责任之后必须做到的一项；伦理责任融贯于企业经营过程中；慈善责任则是企业在余力充沛的情况下才会加以考虑的。杜爱武认为，合规的边界应该严守于法律层面，不能盲目扩大化。虽然中国《公司法》第 5 条规定了"公司从事经营活动，必须遵守法律、行政法规，遵守社会公德、商业道德，诚实守信，接受政府和社会公众的监督，承担社会责任"，但该条款适用主体和权利义务对象都比较模糊，属于原则性规定，并无强制执行力。至于伦理和慈善层面的责任，杜爱武认为，它们并非不重要，而是应该有区别地加以引导和转化适用：一方面，可以通过强化其他诸如工会之类的非法律机制增强和促进此类责任的履行；另一方面，在这些责任相对成熟之后，将这些责任形式转化为法律责任，从而将之纳入合规体系建设的监管中。但不管怎样，杜爱武指出，企业的首要责任都在于经济责任，只有在此前提下才能考虑其他形式责任的履行，不能本末倒置。

华东政法大学政治学研究院教授、院长高奇琦以"合规、责任、公益——企业战略发展的三个关键词"为题，结合其所做的对于多家企业社会责任履行状况的实证调查发表了看法。高奇琦首先提出，评价企业行为，不能一概而论，而应该分阶段、分行业、分规模地具体看待。在许多具体指标上，实证调查结果显示，民企社会责任的履行状况并不比国企差。关于合规，高奇琦认为，合规体现的是底线

---

〔9〕 国资委：《关于中央企业履行社会责任指导意见》，2008 年 1 月 4 日，http：//www.gov.cn/gzdt/2008-01/04/content_850580.htm，2017 年 2 月 15 日。

〔10〕 新华网：《〈中国企业社会责任报告白皮书（2015）〉在京发布》，2015 年 12 月 22 日，http：//news.xinhuanet.com/tech/2015-12/22/c_128556629.htm? from＝groupmessage&isappinstalled＝0，2017 年 2 月 15 日。

〔11〕 Samuel O. Idowu, Nicholas Capaldi, Liangrong Zu, Ananda Das Gupta, eds., *Encyclopedia of Corporate Social Responsibility*, London：Springer, 2013, p.429.

思维,其对人性的基本假设是性恶论,这也正是企业合规情况需要监管的原因。在此情况下,主体完全是被动的,因而容易产生消极抵抗情绪,恶化监管效果。高奇琦以择偶标准作比喻,认为在承认人作为复杂主体具有能动性的前提下,可以发现企业对于合规和社会责任的关注分为3个层次,分别为本分、有责任心和有公心。这3个层次所对应的正是企业战略发展的3个关键词,即合规、责任与公益。关于企业社会责任,高奇琦认为,中西方企业社会责任概念兴起的背景其实非常不同。西方企业社会责任的兴起有多重背景,其中管制的私有化(即由大型企业、跨国公司自定规则)最为重要,[12]其与消费者运动、民权运动结合起来形成了20世纪六七十年代美国的第一次企业社会责任运动。此外,在90年代及以后,美国兴起了法经济学运动。该运动提出的关于公司性质的公司契约论,强调公司是由平等主体之间多重契约的纽结(nexus of contracts),否认公司作为责任主体存在的可能性。作为这种理论的对立面,公司法人论则承继了社群主义(communitarianism)的传统,更加强调企业作为社会共同体之一员所应承担的责任。这种关于公司本质理论的回潮构成了西方企业社会责任运动的另一个背景。相较而言,中国企业社会责任兴起的背景是中国企业的全球化。以魏则西事件和万科—宝能事件所引起的巨大社会影响为标志,高奇琦认为,2016年堪称中国企业社会责任元年。中国企业在日益发展壮大和走向世界的过程中,已无法回避轻视企业社会责任所带来的庞大风险。关于企业社会责任要不要立法的问题,高奇琦指出,这事关中国在世界上的制度性话语权,因而中国应当率先做出尝试。至于具体应该怎样立法,高奇琦则主张应当参酌企业规模、发展阶段以及所属行业等细分标准辩证地看待促进法(软法)和强制法(硬法)的关系。[13] 最后,在公益心层面上,高奇琦认为,社会责任是企业必备的人文关怀和战略规划。企业若要跨越经济周期、健康可持续地发展,就必须在营利之外对社会有所贡献。一个伟大的企业之所以被人记住和长久存在,并不是因为其常胜不败的盈利业绩,而是其对社会带来的整体贡献。

三、中国民企合规与社会责任建设的经验

均瑶(集团)有限公司党委书记陈理分享了均瑶旗下中国首批民营银行之一上海华瑞银行的发展经验,着重探讨了合规操作与银行发展的关系。陈理认为,办银行,没有合规就没有发展,甚至就没有生存,它充分体现出作为一个特殊企业的社会责任和一份法治的规范性约束。陈理指出,银行与生俱来地有一种强化风险管控的要求,合规因而也就成为银行的核心管理工作之一。通常情况下,合规建设具有3层重要意义:合规创造价值;合规树立信誉形象;合规维护员工利益。陈理认为,虽然我们的一些企业已经具备了形式上较为完备的基于规则的合规体系,但基于原则的、价值导向的合规体系仍然付之阙如。[14] 他以中国银行业倒闭第一案海南发展银行的案例说明,有效的合规体系光靠形式制度的完善远远不够,更重要的是还要真正形成企业自身的合规文化。[15] 针对如何培育合规文化、

---

〔12〕 Michael Beesley, *Privatization, Regulation and Deregulation*, London: Routledge, 1992, p. 15.

〔13〕 例如,可以根据发展规模将企业分为生存型、发展型和社会型三类,在禁用童工之类强制性普遍事项的负面清单立法上统一对待,而在经费限制、信息公开等要求上则可以有所差异。同时,对于社会责任履行状况的评价也应该是分级展开的,例如可分为自我责任、行业责任、社区责任和国家责任。参见光明网:《〈2016中国企业社会责任指数年度报告〉在沪发布》,2016年12月16日,http://theory.gmw.cn/2016-12/16/content_23279586.htm,2017年2月15日。

〔14〕 Samuel O. Idowu, Nicholas Capaldi, Liangrong Zu, Ananda Das Gupta, eds., *Encyclopedia of Corporate Social Responsibility*, London: Springer, 2013, pp.431 - 432.

〔15〕 新浪财经:《海南发展银行:中国银行业倒闭第一案》,2013年6月26日,http://finance.sina.com.cn/money/bank/20130626/072415917875.shtml,2017年2月15日。

建设合规体系，陈理提出了以下经验看法：第一，更新发展理念，讲求全面协调可持续发展；第二，建立合规文化激励机制；第三，建立内部合规的控制机制，参照全球航空业的海恩法则，[16] 防微杜渐；第四，建立风险管理机制和责任处罚机制，树立全面的、全过程的风险意识，积极构建以资本约束为核心的全面风险管理模式。

复星集团廉政督察部总经理陶丹主要分享了作为民营企业的复星集团探索非公经济腐败防治路径的经验。陶丹指出，其所任职的廉政督察部系参照香港廉政公署设置，该部门的工作是"一个重点、两个导向"："一个重点"是舞弊防治，"两个导向"是风险导向和价值导向。陶丹认为，企业的风险集中在三个方面，即舞弊风险、投资风险和管理风险。廉政督察部的工作主要着力于防范企业生产运营各个环节的舞弊风险、评估和管控投资过程中的风险并为管理层的战略决策、财务运营、人事管理等提供风险提示和建议。陶丹总结提出，复星集团目前探索出的条线管理模式的特征是以垂直化为纲，各企业板块通力协作：在公司治理结构中常见的三道防线即业务部门、财务与法务、审计之外，又增添了一个廉政监察或者说合规调查的防线，从而将前述各个防线统合起来。[17]

世贸房地产（集团）有限公司审计部稽查高级经理冒兰兵分享了自己在企业内部监察工作中遇到的挑战及应对方法。首先，冒兰兵指出，民营企业合规建设中的一个常见问题是，民营企业多为家族型企业，排除裙带关系对于稽查工作的干扰，需要企业所有者具备相当的自觉和强力支持。随后，冒兰兵主要谈了民营企业在对违法违纪员工的认定与问责上所遇到的困难。冒兰兵对企业相关人员的问责分为内部问责和外部问责。其中，内部问责参照企业内部的规章制度进行，而外部问责则参照相关国家法律法规追究法律责任。外部问责的存在能够更好地震慑违法、推动企业内部合规建设。现在遇到的相关问题有：第一，企业内部不同部门如何衔接协调；第二，内部问责机制与外部问责机制如何衔接协调，主要是企业内部调查获得的证据如何获得司法机关认可。以受贿金额的认定而言，由于现实中使用现金的情况大量存在，如何确定资金性质和受贿金额就成了很大的问题。比如，前段时间，腾讯发现高管跳槽阿里后，立即就该高管违背竞业限制协议及其在任期间的受贿行为展开法律追责，但现实是，法院驳回了腾讯诉请的被告违背竞业限制协议所造成的损失，并且受贿金额的认定也面临诸多困难。[18] 相较于国家工作人员可以适用巨额财产来源不明罪相关规定而言，民营企业高管即便被查出坐拥巨额不明资产，也很难予以追责。这是当下民营企业内部反腐所遇到的棘手问题。针对这种情况，世贸房地产（集团）有限公司与美的、阿里巴巴、万科等全国多个行业的标杆企业以及广东省企业内部控制协会、中山大学联合发起成立了中国企业反舞弊联盟。该联盟将帮助企业实施反舞弊行动和制度建设，推进资源共享、信息共享，搭建企业反舞弊经验交流平台，以共同建设廉洁的商业环境。联盟的成立，给所有联盟成员打击职务腐败提供了更多的渠道与方式。因特定违法违规行为被联盟成员公司处置的人员将被列入不诚信职员名单，其信息将在联盟内部共享，从而达到即便无法通过法律手段进行外部追责，也可以让不诚信人员无法在行业立足，受到相应惩罚的效果。[19]

---

〔16〕 "海恩法则"是由飞机涡轮机的发明者德国人帕布斯·海恩提出的飞行安全法则。该法则指出，每一起严重事故的背后，必然有 29 次轻微事故和 300 起未遂先兆以及 1 000 次事故隐患。参见李宜坤：《"海恩法则"与企业案件管理》，《法人》2015 年第 1 期。

〔17〕 新华每日电讯：《民企也抓廉政还抓出了甜头：复星集团创新廉政工作的启示》，2013 年 5 月 4 日，http：//news. xinhuanet.com/mrdx/2013-05/04/c_132358376.htm，2017 年 2 月 15 日。

〔18〕 李亚坤：《高管跳槽阿里 腾讯追讨数千万元被驳回》，《南方都市报》2016 年 1 月 13 日；中国经济网：《腾讯前高管刘春宁涉嫌受贿 200 余万 庭审全程做无罪辩护》，2016 年 7 月 8 日，http：//finance.ce.cn/rolling/201607/08/t20160708_13620954.shtml，2017 年 2 月 15 日。

〔19〕 和讯新闻：《美的等 10 巨头联手开启中国企业反腐 2.0 时代》，2015 年 6 月 26 日，http：//news.hexun.com/2015-06-26/177073060.html，2017 年 2 月 15 日。

当然,冒兰兵也承认,该联盟的这些做法在合法性上难免会受到一些责难,他们也意识到了这些问题,未来会做进一步探索。

四、法务的工作定位与合规建设

国家电网上海市电力公司首席法律顾问唐明毅着重谈了国内企业关于风险防范的四点新趋势,以及合规的基础、内容,并对法律顾问的角色进行了深入阐述。他首先指出了国内企业关于风险防范的4点新趋势:风险防控与合规管理得到空前强调,新事物层出不穷;合规管理逐步从金融企业走向非金融企业;对合规工作的重视逐渐从上市公司向非上市公司蔓延;从注重国际业务合规逐步向国内业务、日常合规并重的全面合规的方向转化。这四个新趋势归根结底指向一个统一主旨,即"依法合规,防范风险"。接着,他提出,合规的基础是法治理念必须深入人心,而要真正达到这一要求,必须处理好三对主体之间的关系:一是监管者与被监管者也就是企业的关系;二是企业领导与员工之间的关系;三是企业内部与外部,也就是关联企业之间的关系。关于合规的内容,唐明毅认为包括法律法规、企业规章制度和合同协议三个方面。最后,关于法律顾问在企业合规建设中如何发挥作用,唐明毅认为可以从以下几个角度着手:一是研究,研究好企业的合规内容;二是协作,协调不同风险防控部门之间的工作;三是审核,确保公司制度、重大决策及合同协议等依法合规;四是建议,适时向决策层提出合规建设方面的建议;五是决策,通过参与企业决策和战略规划将合规理念自始贯彻到企业运作中。

诺亚财富副总裁、首席法务官郭建军结合自身工作经验谈了合规工作中常见的10个认知陷阱及应对方案。

陷阱一:违规无须担责的认知。事实上,合规部门直接承担违规责任,而非不用担责。郭建军认为,合规是否尽到了合规应尽的义务关系到合规管理的边界到底可以抵达哪里,只是提示风险还是做出业务判断。为避免违规风险,法律合规部门应当享有独立的决策否决权并负责任地加以行使。

陷阱二:合规乃律师专属事项的认知。事实上,实务当中优秀的合规业务人员大多并非法学科班出身。真正要做好合规管理和风险化解,不仅要能够在法律上对业务事项有一个基本的判断,还要对企业的业务流程有充分的把握。

陷阱三:合规惧怕监管的认知。事实上,监管与合规是共生关系。合规部门要学会与监管部门沟通学习。

陷阱四:合规就是在灰色地带为企业规避法律风险。事实上,合规部门要认识到自身的局限性,不是每个合规事件都能成功规避法律风险,规避后被发现的后果可能更加严重。[20]

陷阱五:合规要从基层抓起的认知。事实上,合规向来是自上而下的,如果企业高层不重视合规,那么做再多的合规培训也没有用。

陷阱六:关于合规工作核心是预防的认知。事实上,虽然预防工作很重要,但因默默无闻而很少有人关注。合规部门的价值往往体现在对于合规事件的处理上。这是一项悖论。

陷阱七:关于合规是日常工作的认知。事实上,必须将合规提升到公司战略决策的层面上,才能真正发挥合规工作应有的价值。

---

〔20〕 腾讯科技:《美国商务部将对中兴实施出口限制》,2016年3月6日,http://tech.qq.com/a/20160306/021819.htm,2017年2月15日。

陷阱八：关于人人合规的认知。事实上，这很难做到。必须承认，不重视合规是常态，重视是意外。有了这种心态，合规部才会以更加平和的心态去处理合规事件和策划合规计划。

陷阱九：关于合规事件都是突发危机事件的认知。事实上，每一个合规事件都是有先兆的或者说可以预测的。之所以未能成功预测，原因是合规部门风险监管的失职。

陷阱十：重复培训能让合规观念深入人心的认知。事实上，讲一万遍风险不如东家吃一亏，而且吃得亏越大，以后对合规越重视。

五、三维立体高效合规体系的建设

《2014—2016 中国反商业贿赂蓝皮书》主笔人、方达律师事务所合伙人尹云霞主要以阿里巴巴的企业合规建设，以及美国司法部在海外反腐法案上的执法方式为例，详尽阐述了合规对于企业发展的意义、如何建立三维立体的有效合规体系以及政府在推动合规建设时应该如何做的问题。

尹云霞结合自己参与多家企业合规体系建设的经验指出，合规是企业最大的智慧。尹云霞谈到，在阿里巴巴创业之始一个生死攸关的时刻，它的决策层仍能够坚持"所有不以利益为出发点的决策才是庙堂之策"，不为眼前利益所动，冒着可能倒闭的风险，果断地开除了两位存在贿赂行为的王牌业务员。[21] 这种关键时刻的决策为企业未来合规体系的构建打下了坚实的根基。同时，越是这种艰难时刻的决策越能够检验一个企业合规体系的可靠性和有效性。事实证明，可靠有效的合规体系对于企业的长远发展不可或缺。对企业内部而言，它能够增强员工的文化认同感，为创新扫清制度障碍；对企业外部而言，它能够树立企业信誉，降低交易成本。唯有当合规成为企业的整体文化时，企业才能始终保持自身的活力，并在自身发展的基础上承担更多社会责任。同时，尹云霞结合由其主笔、刚刚发布不久的中国年度反商业贿赂蓝皮书《2015—2016 中国反商业贿赂调研报告》中对于 300 多家企业的调查采访和数据分析指出，企业一旦忽视合规，后果也很严重，不仅会受到政府调查，对企业的组织领导机制造成打击，还会严重损害商誉，乃至被列入黑名单，失去市场合作机会。

关于如何建立一个三维立体的有效合规体系，尹云霞认为需要协同推进多个不同因素。尹云霞指出，所谓合规体系包含 4 个层次：合规文化包容、渗透整个合规体系，是合规体系的根基；企业最高的合规精神、原则，以及全面具体的合规政策反映和遵守法律法规、行业规范等外部要求，是合规体系的方向性指引；具体的合规管控机制通过合规管控流程设定防控点，控制风险点，确保符合法律规定，是合规体系的载体；企业员工行为的改善是合规体系管控的终端目标，是企业合规的实质。深入、持续建立合规文化需要从高层做起，要做到主动合规，人人有责，将合规作为公司的道德准则，建立有效的荣誉与纪律奖惩体系，实现多样化、常态化的合规培训和理念灌输。建立合规制度需要遵循五项基本原则：① 自上而下，由高层统筹以确保政策和流程具备较高效力；② 相对独立，构建独立的合规职能和执行体系以避免利益冲突；③ 政策务实，要确保合规政策契合公司业务实际、现有流程和违规风险点；④ 简明实操，要使合规制度具有简洁易懂的指引和很强的可执行性；⑤ 管控平衡，要考虑业务运行效率与合规风险管控的平衡。尹云霞体系化地展示了对人、财、事的三维立体管控在事前、事中与事后应当关注的多个具体管控点，并重点介绍了第三方合规管控和对外投资合规管理两项重点合规制度的运作。

关于政府如何推动合规制度建设，尹云霞重点介绍了美国司法部海外反腐败执法部门（FCPA）的

---

[21] 艾媒网：《听马云说诚信，干了这碗鸡汤！》，2016 年 6 月 28 日，http://www.iimedia.cn/42860.html，2017 年 2 月 15 日。

"辐射执法效应",认为虽然 FCPA 部门规模较小,但其执法方法却有四两拨千斤的效果。这种辐型性执法有两个要点:一是要求企业内部自查并向政府汇报;二是要求企业进行合规建设,对进行了有效合规建设的企业降低处罚力度。[22] 如此一来,是否有有效合规机制成为影响政府决定是否处罚以及处罚多少的一个非常重要的因素,所以企业自身会很愿意在合规建设上投入资金,并附带要求其投资对象以及有合作关系的第三方也要有完善的合规体系。这样就能够通过对于一个企业的处罚把众多的第三方都吸纳进来,起到一个辐射执法的效果。

六、行为认知科学与合规建设

美国加州大学尔湾分校法学院教授刘本(Benjamin van Rooij)主要分享了其在美国开展的以员工行为为基础的跨学科研究经验,并从守法的角度对合规进行深入细致的微观诠释。

刘本教授认为,企业作为一个组织终究是人的集合,监管、执法和守法等环节最终也需要人去落实,因而对于合规的研究应当落脚到个人行为上。至于如何展开此类研究,刘本教授以自己近期在美国参与组建的,由加州大学、哈佛大学、斯坦福大学和麻省理工学院四个院系联合成立的"合规实验室"(Compliance Lab)为例指出,研究人的行为应当采取跨学科的进路,要借助心理学、犯罪学、政治学、人类学、社会学、组织行为学等多种学科的沟通协作才能最大限度地接近和指导实务。刘本教授认为合规实验室的运作不仅是一项研究,还是一项行动(move),是对美国合规生态建设的直接参与。

这项行动的第一步是挑战和改变美国当下监管策略中过于重视惩罚威慑效果的倾向。基于白领犯罪领域专家 Sally Simpson 领衔的一项对惩罚之于企业犯罪威慑作用进行系统性评价的轰动研究,刘本教授指出,惩罚对于公司犯罪并没有威慑作用,不仅效果不显著,而且影响规模还非常小。[23]第二步是尝试通过认知科学、管理学、组织行为学等跨学科的手段将合规内化到个人行为当中。刘本教授指出,企业合规在当今美国已经发展成为一项庞大的产业,但该行业中的法律工作者向企业兜售的合规管理制度大多着眼于逃避责任,而非着力于对违法行为的改变。很多基于法律、形式规则的纷繁复杂的合规培训和管理制度非但没有改善个体行为,相反却增加了企业负担。从对个体行为的管控出发,刘本提出,合规实验室的目标,是把合规作为一个影响个人行为、组织行为和组织文化的一个活动。它不只是惩罚或者责任管理,而是内化于现代商业运作相关主体的一种存在方式。与此同时,刘本指出,基于行为的合规研究有一些不一样的关于合规的认知基础:

第一,合规有不同的深度层次。第 1 层是纯粹基于惩罚厌恶的守法,第 2 层是基于守法义务感的法律知情条件下的守法,第 3 层是基于社会规范的无关法律的守法,第四层是基于个人道德、自主选择的守法,第五层是无意识的、不自觉的守法。违法行为具有多样性。针对不同的规范个案,要结合其适用主体所具备的认知深度安排相应的执法策略。如果特定违法行为的守法认知深度已经比较深,而执法却在较浅的层次上展开,就有可能破坏原有守法认知深度上的社会规范。[24] 人们往往错

---

〔22〕 尹云霞、庄燕君、李晓霞:《企业能动性与反腐败"辐射型执法效应"——美国 FCPA 合作机制的启示》,《交大法学》2016 年第 2 期。

〔23〕 Sally Simpson, Melissa Rorie, Mariel Alper, et al., "Corporate Crime Deterrence: A Systematic Review," *Campbell Systematic Reviews*, vol. 10, no. 4 (May 2014).

〔24〕 一项关于父母到幼儿园接子女回家行为的实证研究显示:迟到的父母往往会因为迫使幼儿园教师久等而产生的道德愧疚感而将迟到频率控制在一定限度内;当引入迟到罚款后,迟到的频率非但没有因为惩罚而降低,相反却出现了显著增长;而当将罚款移除后,迟到频率仍旧维持在较高水平而非回到原初水平。可见,原有的社会规范因为不恰当的执法策略而遭到了不可逆的破坏。See Uri Gneezy and Aldo Rustichini, "A Fine is a Price," *The Journal of Legal Studies*, vol. 29, no. 1 (January 2000), pp. 1 - 17.

误地把执法当作守法的替代性管理机制。然而，守法实则有着各种各样的原因。对于守法状态的维护和增进需要我们进行谨慎、细致且深入的分析。任何旨在替代守法的单一执法策略不仅不能助益守法的提升，甚至有可能不可逆地破坏原有的守法根基。

第二，合规应当关注、理解和影响作为企业基础的基层员工。之所以如此，有三个原因：一是大部分违法行为来自基层员工或者需要他们参与；二是基层员工的选择能直接影响违法行为的实现，其对违法行为的内容性质往往比较理解；三是基层员工相对而言更难被直接监控，因而需要其他更精致的策略来施加影响。

最后，刘本教授提到，合规实验室的学者正在尝试跟多家企业展开一些实验性的合作，通过对企业内部各种违法行为的个案分析，找出与企业相关的法律法规，然后观察一下在作为一套过程的合规体系中，它们如何被转换成企业内部程序，进而观察企业内部的相关人员如何理解这些法律法规，他们所理解的法律法规与这些法律法规的原始含义有何关系。通过发现问题、个案分析，合规实验室会尝试跟企业沟通解决这些问题，在寻找最佳解决方案的实践过程中推动对合规体系建设的研究。

七、大数据技术驱动的民企合规与社会责任建设

上海对外经贸大学工商管理学院院长齐佳音教授以其主持的国家自然科学基金重大研究计划"大数据驱动的管理与决策研究"为例，就大数据技术在市场风险监管领域的应用及其对合规体系建设的影响进行了阐述。

齐佳音教授认为，在当前的宏观经济形势下，经济下行压力增大，稳增长、促改革、调结构、惠民生、防风险是经济发展目标。相应的市场风险问题由来已久，加强政府风险监管能力已成为当务之急。当前中国面临僵尸企业、非法集资和企业不诚信经营三类典型工商市场主体风险。在此背景下，当今中国市场面临三大风险管理问题：第一，风险主体，即谁在产生风险，以及产生风险的企业都有哪些共同特点；第二，风险行为，即如何识别及预判前述三种主要市场风险；第三，风险应对，即如何从风险识别、风险预判及风险预警三个层次高效准确地计算风险。

齐佳音教授认为，在应对前述风险管理问题时，传统市场监管存在数据采集难、数据来源单一、事后监管效率低三个突出的监管难题。而大数据驱动的市场监管在大数据技术带来的大体量用户生产内容（user generated content，UGC）、多类型多来源数据以及快速处理发现价值三项基础上，能够克服前述三项监管难题，实现高频实时采集市场反馈、整合多维数据，完整市场主体画像，以及全程监控、预判风险，降低监管成本。齐佳音教授指出，把前述风险管理问题进行流程分解并分别将之与大数据结合，就可以成功地将管理问题转化为科学问题。其中，风险现状的把握问题经由大数据就转化成了如何高效整合多源数据，实现面向工商行政风险监管的企业画像的问题；风险行为的发现问题经由大数据就转化成了如何快速实时发现企业不诚信行为的问题；风险的识别问题经由大数据就转化成了如何获得较高准确率的僵尸企业识别的问题；风险的预判问题经由大数据就转化成了如何获得较高准确率的非法集资企业预判的问题；风险的算法问题经由大数据就转化成了如何实现项目模型和算法在大数据环境下的高效计算问题。

关于"大数据驱动的管理与决策研究"的实施情况，齐佳音教授提到，其研究团队通过将来自政府监管部门的静态企业数据与网络用户生成的动态企业数据结合起来，可以在不同维度上对企业进行画像，呈现出全面细致的企业行为图谱，大大便利了市场风险监管。在对以 P2P 为代表的互联网金融

中非法集资风险的监控上,通过梳理风险企业共性、建构企业风险行为模型,现有技术已经能够做到对可能跑路的企业进行提前预警,且已实际应用到上海自贸区的市场风险监管中。[25] 与此同时,以旅游市场的风险监管为例,通过大数据技术将互联网上的海量评论挖掘利用起来,企业不诚信行为线索的发现就成了一个自动化的流程,能够大大降低监管的识别和沟通成本,并提升反馈速度,增强监管的民主性。关于该研究计划所遇到的困难,齐佳音教授认为除了技术和数据来源的问题之外,对网络空间个体行为心理学研究的滞后以及相关法律认定尺度的欠缺是主要障碍。

八、传播媒介与企业社会责任建设

上海东方网股份有限公司董事、海外经济文化交流中心主人张庆玲从新媒体的角度谈论了全球化传播时代企业社会责任建设面临的挑战和应对之道,并分享了上海市"绿色发展 共享未来"企业社会责任(CSR)优秀案例评选活动的传播案例。

张庆玲认为,对于全球交流中的媒体与企业社会责任之间的关系我们应当有一个自觉的认识。现时代的媒介传播已经彻底全球化,世界各国的媒体都在同一个全球舞台上进行声音传播和话语竞争。中国媒体也不例外。可以说,一个国家的企业发展状况以及企业社会责任形象离不开传播媒介的呈现。同时,传播媒介的力量不仅可以在国际舞台上增强一国在国际商事领域规则制定过程中的话语权重,还可以对企业的个体行为进行定向的引导甚至打击。站在媒体角度看企业社会责任,张庆玲认为,中国民企的合规建设与中国社会体制、法律体系以及企业治理结构的变迁同步推进,是一项不断革新的动态事业。这项事业需要一个平台来促进企业之间的交流并加强对它们的引导。在上海市新闻办、上海市环保局和上海市商务委的指导下,东方网作为主办单位之一,《解放日报》、《上海观察》以及《上海日报》等联合组织的"绿色发展、共享未来、企业社会责任 CSR 的优秀案例评选活动"在整个上海地区恰恰扮演了这样一个角色。[26] 结合此次案例评选活动的经验,张庆玲指出,在发展壮大和走向海外的过程中,中国民企的企业社会责任建设之路往往会更长。对它们而言,如何掌握国内外的企业形象话语权是一项任重道远的事情。

关于民企在合规和企业社会责任建设当中如何做到会用媒体、善用媒体,让媒体为自己合规体系的建设和企业品牌形象的树立发挥正向作用,张庆玲提出如下建议:首先,企业要有自己的新媒体平台和对外窗口。其次,企业要以前述平台和窗口为基础向自己的利益相关方(消费者、供应商、产业链以及企业所在社区等)进行充分的企业社会责任信息披露传播、沟通交流以及危机公关。第三,企业要通过诚恳务实的行为切实建立起平台窗口的权威信誉;相应地,民企要有自己的传播人才队伍。第四,也最为重要的是,在平台和人才背后要有企业领导团队的顶层设计,真正将企业社会责任置于企业战略的地位。在利用媒体实现合规和社会责任传播时,企业应当也能够在利益最大化的同时实现价值最大化,市场经济也应当建设成一个讲道德的经济。如此一来,合规就不仅仅是一个被动的底线要求,而是应当得到企业自发主动之追求的东西。

---

[25] 林春雨、李崇纲、许方圆、许会泉、石磊、卢祥虎:《基于大数据技术的 P2P 网贷平台风险预警模型》,《大数据》2015 年第 4 期。

[26] 上观新闻:《这些在沪企业缘何成为上海"绿色发展标杆"?》,2016 年 7 月 29 日,http://www.shobserver.com/news/detail? id=25619#top,2017 年 2 月 15 日。

实 务 前 沿

已出让受益权的信托受益人
还能不能向信托公司索赔

——兼论《信托法》第二十二条的信托财产损失赔偿请求权

李晓云*

摘要

受益人所转让的信托受益权是信托中的财产性权利。广义的非财产性权利不能通过受益人的转让行为转让。包括信托财产损失赔偿请求权在内的非财产性权利是受益人的法定权利，受让人基于受让而取得受益人之身份就可以行使保障信托的各项非财产性权利。已经出让信托受益权的原受益人也是受益人，允许其依据《信托法》第二十二条行使损失赔偿请求权并将损失赔偿归入信托财产，符合监督受托人尽职管理和保障信托顺利实施之宗旨。信托受益权的出让人和受让人都可以行使损失赔偿请求权，两者意见分歧时应由法院裁定何者更符合信托目的。受益人行使损失赔偿请求权不需要以行使撤销申请权等其他权利为前提，但损失赔偿请求权和请求恢复信托财产原状不可能同时并行。受益人主张损失赔偿可以有一些计算标准，原则上应包括信托财产的直接损失和间接损失。国外在判例中确定了一系列计算标准规则，我国还有待在司法判例中总结提炼自身的损失赔偿计算标准规则。

关键词　信托受益人　信托受益权转让　信托财产损失赔偿请求权　行权规则

根据中国信托业协会发布的数据，截至 2015 年二季度末，我国信托行业管理的信托资产规模已达 15.87 万亿元，较一季度末的 14.41 万亿元环比增长 10.13%，中国信托业自此跨入"15 万亿元时代"。[1]　庞大的资产规模印证了中国信托业这些年来的高歌猛进。但国际国内经济增速放缓的大环境，以及资本市场"寰球同此凉热"的萧瑟，意味着相当多的信托计划实际上并不可能取得预计的收益，宣传中的美好愿景到最后想必只能大打折扣。所以，早在 2014 年，业内就认为，当年年底，信托产品很可能会集中爆发"偿付潮""违约潮"。[2]　2014 年过去了，所幸预言没有成真，信托业以逼近

---

* 李晓云　法学博士，最高人民法院法官。

〔1〕　中国信托业协会：《2015 年 2 季度中国信托业发展评析》，2015 年 8 月 3 日，http：//www.xtxh.net/xtxh/analyze/29737.htm，2015 年 8 月 3 日。

〔2〕　证券时报：《信托偿付潮延后半年　国家队打造信托受益权转让平台》，2014 年 6 月 20 日，http：//news.xinhuanet.com/fortune/2014-06/20/c_126647395.htm，2015 年 8 月 3 日。

14 万亿元的资产规模跨入了 2015 年。〔3〕 行业性的"偿付潮""违约潮"没有出现。这是为什么？当然不是因为投资人要求"刚性兑付"的观念有了改变，究其原因，主要还是因为信托公司积极应对，综合运用展期、PE 等各种办法，努力规避了兑付不能可能造成的负面曝光。在信托公司的应对方法中，主动为投资人寻找、提供交易机会，安排、引入第三方受让信托受益权，也是他们常用的一种做法。第三方受让信托受益权，就其法律性质而言，属于信托受益人和信托法律关系之外的第三人之间的权利让渡，从尊重当事人意思自治的私法精神出发，只要不违反法律法规的禁止性规定，当事人可得任意设计合同条款。由于投资人（同时也是信托合同受益人、信托受益权转让合同的出让人）在此种情形下出让信托受益权其实只是刚兑需求不能遂愿的退而求其次之举，信托公司虽有积极协助和促成受让，使得投资人可以提前退出信托关系，但投资人对此却未必心存感激，甚至有的投资人还可能会因为不得不出让信托受益权而进一步加深对信托公司的不满。投资人与第三人订立信托受益权转让合同意味着投资人即将退出信托法律关系，因而对信托公司心存怨怼的投资人可能会要求在转让合同中约定条款，申明即便退出信托法律关系，也还要保留追究信托公司法律责任的权利。在实践中，有一家信托公司便遇到了类似的问题：信托公司发行的某款信托计划到期未能正常兑付，信托公司安排第三方受让信托受益权，但是个别投资人不满足于第三方给出的转让价格，提出在出让信托受益权的同时，保留继续向信托公司索要赔偿的权利，问投资人上述主张效力如何？〔4〕 换言之，假如作为信托受益人的投资人与作为受让信托受益权的第三人，在信托受益权转让合同中约定了类似条款，该约定效力如何？此问题不仅涉及信托受益权的转让，还涉及转让后出让人和受让人的权利，更涉及受益人与受托人之间的权利义务关系。受益人出让信托受益权后是不是就不能再向信托公司主张权利呢？倘若信托受益权转让合同中明确约定，受益人出让信托受益权后，保留向受托人索赔的权利，该约定有无效力？笔者认为，需要抽丝剥茧地层层分析。

一、当我们讨论受益人转让信托受益权时，他在转让什么

《信托法》第四十八条规定："受益人的信托受益权可以依法转让和继承，但信托文件有限制性规定的除外。"然而信托受益人转让的信托受益权到底是什么？由于《信托法》并未就"信托受益权"作出专门界定，理论上的认识也不尽一致。最广义的观点认为，顾名思义，信托受益人在信托关系中享有的权利即为信托受益权，即"信托受益权"是《信托法》创设的一个特有的法律概念，专指受益人在信托关系中所享有的享受信托利益的权利以及依据《信托法》与信托文件规定所享有的其他权利。〔5〕 所以也有研究者进一步对"信托受益权"的概念作了广义和狭义之分。狭义的信托受益权指受益人享受由信托财产所产生的经济利益的权利，即受益人享有在信托存续期间取得信托财产收益的权利；广义的信托受益权即信托受益人在信托关系中享有的所有权利的总称，除了包括狭义的受益权外，还包括监督受托人管理处分信托财产的权利以及在信托终止后信托文件没有另外规定信托财产归属人的情

---

〔3〕 金融时报：《2014 年信托公司资产规模达 13.98 万亿元》，2015 年 1 月 31 日，http：//news.cnfol.com/chanyejingji/20150131/20053259.shtml，2015 年 8 月 26 日。

〔4〕 尤杨、蔺楷毅、张俊：《信托受益权的权益内容不可分割转让》，http：//weibo.com/p/100160386O532389098906，2015 年 7 月 15 日。

〔5〕 周小明：《信托制度：法律与实务》，中国法制出版社 2012 年版，第 249 页。

况下获得信托财产本金的权利。[6] 不过也有学者认为，"'信托受益权'与'受益人权利'无论是从理论角度看还是从法律角度看均为在内涵上截然不同的两个概念"，"信托受益权仅仅是指由受益人享有的当然享受信托利益的权利；受益人权利则是指由信托法授予受益人或者确认其享有的各项权利的统称，它既包括信托受益权，也包括信托财产追及权与对受托人不当处分行为的撤销权，还包括信托财产强制执行异议权与监督信托运作有关的各种权利"[7]。从我国信托立法的实践来看，《信托法》第 15 条规定："作为共同受益人的委托人死亡或者依法解散、被依法撤销、被宣告破产时，其信托受益权作为其遗传或者清算财产"；第 47 条规定："受益人不能清偿到期债务的，其信托受益权可以用于清偿到期债务。"中国证监会《证券公司及基金惯例公司子公司资产证券化业务管理规定》第 3 条规定："基础资产可以是企业应收款、租赁债权、信贷资产、信托受益权等财产权利。"显然，立法者在论及"信托受益权"时指向的是财产性权利，因为唯有财产性权利才有可能作为遗产或列入清算财产，以及清偿到期债务，成为基础资产。如果从广义上将受益人在信托关系中所享有的一系列非财产性权利[8]也纳入"信托受益权"的范畴，[9] 虽然在学理上或许也能自洽，但与立法本意相去甚远。《信托法》上所谓"受益人的信托受益权可以依法转让和继承"，应该仅就受益人享受信托财产所产生的财产性收益的权利而言，至于执行异议、监督管理、损害救济等非财产性权利，则并非《信托法》第 48 条所指涉的"信托受益权可以依法转让和继承"。

至于信托受益权的法律性质，则一直是信托法学界的争议所在。众所周知，信托法律制度源于英国衡平法上的用益制度（Use），正所谓"'用益设计'是'信托之源'，而英国衡平法则是'信托之母'"。[10] 在传统的信托架构中，受托人对信托财产享有普通法上的所有权，受益人对信托财产享有衡平法上的所有权。不过因为英美法的一些学者拒绝从传统理论角度出发将受益人对信托财产享有的权利称为"衡平所有权"，所以创设了"信托受益权"的法学概念。[11] 围绕信托受益权的性质究竟是对人权还是对物权，英美法学界曾在 19 世纪末 20 世纪初有过一次大张旗鼓的交锋。对垒双方分别是大名鼎鼎的英国历史学家、法学家梅特兰（Frederic William Maitland，1850—1906）和因编撰《美国信托法重述（第二次）》而被誉为现代信托法之父的美国法学家斯考特（Austin Wakeman Scott，1886—1981）。前者主张信托受益权是对人权，是合同性质的权利；后者则认为信托受益权是对物权，具有所有权的性质。[12] 后来又在针锋相对的两派观点之外出现了带折中性质的第三种认识，即提出信托受益权是一种兼具对人权性质与对物权性质的权利，在现当代英美法学界比较知名的信托法

---

[6] 吴强、逢东：《信托终止后信托受益权仍可依法转让——陕西高院判决成都银行西安分行诉中体产业公司借款合同纠纷案》，《人民法院报》2015 年 1 月 29 日。

[7] 张淳：《信托法哲学初论》，法律出版社 2014 年版，第 283 页。

[8] "非财产性权利是受益人享有的、除享受信托利益之外的其他权利，如知情权、信托财产管理方法调整的要求权、信托财产处分行为撤销的申请权、受托人的解任权、信托财产损害的救济权等，这些权利不以受益人直接取得经济利益为内容，是信托受益权的附属内容，也可以说是信托受益权的工具性权利"。参见周小明：《信托制度：法律与实务》，中国法制出版社 2012 年版，第 249 页。

[9] 按照张淳教授的见解，这些非财产性权利甚至不能被纳入广义信托受益权的范畴，因为"受益人权利"与"信托受益权"是截然不同的，从日本、中国及其台湾地区的信托法来看，"均系以不同的条文将信托受益权与信托财产追及权以及前述属于受益人权利范围内的其他各项权利分别作并列规定，而既未将信托财产追及权也未将其他任何一项权利作为其内容或权能之一规定入信托受益权中；像这样一种立法安排，致使存在于这些信托法中的信托受益权仅仅是作为信托利益取得权即向受托人要求交付信托利益的权利存在"。参见张淳：《信托法哲学初论》，法律出版社 2014 年版，第 283—284 页。

[10] 周小明：《信托制度：法律与实务》，中国法制出版社 2012 年版，第 1 页。

[11] 张淳：《信托法哲学初论》，法律出版社 2014 年版，第 265 页。

[12] John H. Langbein, "The Contractarian Basis of the Law Trusts," *The Yale Law Journal*, Vol. 105, no. 3 (December 1995), pp.627 – 675.

权威 Martin 和 Hayton 均持这种见解。[13] 围绕信托受益权的性质,由于大陆法理论体系中没有"对人权—对物权"的区分,对于财产性权利长期以来奉行"物权—债权"二元结构,所以针对信托受益权究竟是物权还是债权,最早移植引介信托法律制度的日本,一直以来也观点纷呈。择其要者而言:债权说认为信托受益权是债权;大阪谷说也认为信托受益权是债权,但却是能够随着物的性质变化而变化的特殊债权;物权说认为信托受益权是物权,因为这一权利是相对于信托财产的对物性权利;四宫说认为信托受益权是物权,因为这一权利具有对抗效力;物权债权并行说认为信托受益权兼具物权性质与债权性质,田中说也持同样见解,认为这一权利既具有债权性要素又具有物权性要素。[14] 不过,2006 年新修订的《日本信托法》旗帜鲜明地选择了债权说,该法第 2 条第 7 款规定:"本法所称受益权,是指在受托人依照信托行为对受益人承担债务的情形下由受益人享有的关于信托财产的财产转移及其他与信托财产相关的利益分配的债权(以下称受益债权),以及为确保这一债权,而根据本法规定要求受托人以及其他人为一定行为的权利。"[15] 虽然还有部分学者坚持认为 2006 年《日本信托法》的新规定并不足以表明债权说的完全胜利,因为"根据这一定义,信托受益人的地位类似于公司股东的地位,其权利包括自益权和共益权。而且,在受益权中,从信托财产中接受给付的自益权部分具有债权的性质,被称为受益债权。而受益权中共益权的部分具有什么样的性质,或者,包括受益债权的整个受益权的性质是什么,信托法并没有直接触及"。[16] 但法律条文清晰明确的措辞至少说明信托受益权是债权的观点已在相当程度上取得了压倒性优势,仅就受益人享有的财产性权利而言,《日本信托法》是明确称之为"受益债权"的。

信托受益人转让信托受益权转让的是财产性权利。如果按照 2006 年《日本信托法》的观点,可以认为,信托受益人转让的财产性权利实际上是债权。当然,由于我国《信托法》没有界定"信托受益权"的概念,我国信托法学界围绕信托受益权"物权—债权"的争论还会长期持续,但无论信托受益权是物权或是债权,信托受益人依据《信托法》第 48 条所转让的信托受益权一定是某种财产性权利。我们可以认为这种权利属于对人权、对物权,或者是兼具对人权和对物权性质的新类型权利,也可以认为这种权利属于物权、债权,或者是兼具物权和债权性质的新类型权利;[17] 但是,还不能将其等同于股东在公司中享有的社员权,因为社员权(mitgliedsreeht)是"社团法人之社员对于法人所有之权利也",其主要的内容并不是请求分配财产盈余,而是"参与社团之事业",[18] 这与信托受益权作为财产性权利恰以受益人超然享受信托之财产利益为主要内容,有着根本区别。

二、受益人已经出让了信托受益权, 还能否行使损失赔偿请求权

虽则受益人转让的仅是财产性权利,但受让人能够行使的,并不只有享受信托利益的财产性权

---

[13] Jill E. Martin, *Modern Equity*, London: Stevens &. Sons, 1985, pp.17－22; Hayton &. Mitchell, *Commentary and Cases on the Law of Trusts and Equitable Remedies*, London: Sweet &. Maxwell, 2010, p.13.

[14] 张淳:《信托法哲学初论》,法律出版社 2014 年版,第 274—275 页。

[15] 同[14],第 276 页。

[16] 能见善久:《日本新信托法的理论课题》,赵廉慧译,《比较法研究》2008 年第 5 期。

[17] 周小明博士就提出:"大陆法系民法已经在传统的物权、债权和人身权之外,确认了融合财产权和人身权的权利形态——知识产权,那么,为什么不能承认信托这种融合物权和债权的新型权利组合形态呢?"参见周小明:《信托制度:法理与实务》,中国法制出版社 2012 年版,第 70 页。

[18] 史尚宽:《民法总论》,中国政法大学出版社 2000 年版,第 25 页。

利。由于受让人取代出让人成为新的受益人，根据《信托法》第四十九条所规定的"受益人可以行使本法第二十条至第二十三条规定的委托人享有的权利"，受益人也可以行使第二十条至第二十三条赋予委托人的知情权、查询权、要求调整信托财产管理方法、申请法院撤销信托处分行为、损害信托财产的救济、解任受托人等一系列保障信托利益的非财产性权利。换言之，无论信托受益权转让合同有无明确将上述权利转让给受让人，受让人凭借其取得的受益人地位，即可主张《信托法》第二十条至第二十三条规定的各项权利，因为这些权利是旨在监督受托人尽职管理和保障信托顺利实施的法定权利。从信托法赋予委托人来看，是保障委托人行权的工具性权利；[19]从信托法同时赋予受益人来看，也是保障受益人信托受益权的工具性权利，[20]不因出让人是否明确转让给受让人而影响其正常行使受益人法定权利。因此，在信托受益权转让中，即便受益人仅转让财产性权利，受让人的权利也既有财产性权利内容又有非财产性权利内容，其非财产性权利内容的取得并非基于受益人让渡，而源于信托法之规定。

在《信托法》第二十条至第二十三条规定的一系列权利中，第二十二条是受益人向受托人主张行使损失赔偿请求权的法律依据。《信托法》第二十二条规定："受托人违反信托目的处分信托财产或者因违背管理职责、处理信托事务不当致使信托财产受到损失的，委托人有权申请人民法院撤销该处分行为，并有权要求受托人恢复信托财产的原状或者予以赔偿；该信托财产的受让人明知是违反信托目的而接受该财产的，应当予以返还或者予以赔偿。前款规定的申请权，自委托人知道或者应当知道撤销原因之日起一年内不行使的，归于消灭。"此条一是规定了三项权利：撤销信托处分行为申请权、恢复信托财产原状请求权、信托财产损失赔偿请求权（也有研究者将其统称为信托财产损害的救济权[21]）；二是明确了两个权利主体：委托人、受益人。由于《信托法》第四十三条将受益人界定为"在信托中享有信托受益权的人"，故信托受益权转让后，可以依据《信托法》第二十二条行使损失赔偿请求权的只有受让人，出让人让渡信托受益权，故失却受益人身份。但笔者认为，排除出让人行使损失赔偿请求权，在实践中可能会导致理论与现实脱节。理由在于，损失赔偿请求权旨在弥补信托财产所遭受的损失，按照《信托法》第二十二条的规定，须以"受托人违反信托目的处分信托财产或者因违背管理职责、处理信托事务不当致使信托财产受到损失"为前提。受托人是否有违反信托目的处分信托财产的行为、是否违背管理职责处理信托事务不当，新近受让信托受益权的受益人并不知晓，也难于主张，已然出让信托受益权的原受益人相对而言更有可能知悉，也更具行权的便利。如若不承认出让人的损失赔偿请求权，有可能会陷入有权的主体难以行权、方便行权的主体又无权的尴尬境地，特别在委托人缺位（依据信托法，信托不因委托人的死亡、丧失民事行为能力、依法解散、被依法撤销或者被宣告破产而终止）的情况下，明知受托人的行为失范，却事实上无从拘束。关于损失赔偿请求权，需要我们注意的是，由于信托财产的独立性，其既不属于委托人的财产，也与受托人的固有财产相区别；更进一步而言，信托财产虽然是"为了受益人进行管理处分的具有重大的使命的目的财产"，[22]然而受益人除了依据受益权享受信托利益，也不能够直接对信托财产主张权利，即所谓"信托财产不仅仅

---

[19] 英美法国家原则上认为委托人自信托设定后即脱离该信托，所以"除信托文件或者法令有明确规定的，信托设定以后"，"委托人不享有与信托实施有关的任何权利和义务"。日、韩和中国台湾地区等大陆法系信托法中，则在信托设定之后仍然为委托人保留了广泛的权利。我国信托法也是如此。参见中野正俊、张军建：《信托法》，中国方正出版社2004年版，第92—93页。

[20] 周小明：《信托制度：法律与实务》，中国法制出版社2012年版，第249页。

[21] 同[20]，第256—257页。

[22] 青木徹二：《信托法论》，财政经济时报社1926年版，第202页。转引自能见善久：《现代信托法》，赵廉慧译，中国法制出版社2011年版，第45页。

是独立于受托人,而且还独立于委托人和受益人",[23] 所以,无论是出让受益权的原受益人抑或是受让受益权的新受益人,其行使损失赔偿请求权都只能主张义务人对信托财产予以赔偿,而不能越过信托财产要求义务人直接对自己赔偿。既然损失赔偿都是归于信托财产,将行权主体局限于受让信托受益权的新受益人便殊无意义,允许已经出让信托受益权的原受益人行权无不妥,且与信托法创设此类权利以监督受托人尽职管理和保障信托顺利实施的立法目的更为契合。

综上,应当肯认受益人转让信托受益权后仍然可得行使损失赔偿请求权,其权利系于对《信托法》第二十二条"受益人"的扩大解释,即出让信托受益权的原受益人和受让信托受益权的新受益人均为受益人,都可以行使信托财产损失赔偿请求权,从而应合信托法规定信托财产损失赔偿请求权之立法目的。回到开篇提出的问题:个别投资人不满足于第三方给出的转让价格,提出在出让信托受益权的同时,保留继续向信托公司索要赔偿的权利,问投资人上述主张效力如何?对于此"继续向信托公司索要赔偿的权利",笔者以为,如果此项权利指的是信托法上的损失赔偿请求权,如前所述,应当肯认受益人转让信托受益权后仍然可以行使损失赔偿请求权。此保留声明可谓是信托法规定的重申,与法律、法规、监管政策和行业惯例均无相悖,应承认其效力。但投资人申言保留权利的同时不能排除受让人行使损失赔偿请求权,否则就违反了上述权利是受益人法定权利的法律规定,既有悖于信托法理,在实践中也与中国银行业监督管理委员会办公厅《关于华宝信托投资有限责任公司与上海岩鑫实业投资有限公司信托合同纠纷案所涉有关信托法规释义的批复》等监管政策和行业惯例抵触。如果此项权利指的是侵权法上的赔偿请求权,投资人有证据证明信托公司的行为侵害了其民事权益,可依据《侵权责任法》要求信托公司直接对其赔偿。此保留声明不啻为侵权法精神的翻版,当然也应承认其效力。总之,投资人声言保留继续向信托公司索要赔偿的权利,因其并未排斥受让人的合法权益,法律应当确认该主张之效力。

三、受益人应当怎样行使损失赔偿请求权

由于《信托法》第二十二条规定的是"受托人违反信托目的处分信托财产或者因违背管理职责、处理信托事务不当致使信托财产受到损失的,委托人有权申请人民法院撤销该处分行为,并有权要求受托人恢复信托财产的原状或者予以赔偿",在受托人失职而违反信托的时候,受益人的信托财产损害救济权实际上包含了撤销信托处分行为申请权、恢复信托财产原状请求权、信托财产损失赔偿请求权三项权利。受益人行使权利是否需要遵循此三项权利的先后顺序,未行使前一项权利便不得行使后一项权利,又或者受益人可以不遵循权利的顺序而径行行使损失赔偿请求权,便成为一个值得探讨的问题。此问题在日本信托法学界也有过争议。田中实、雨宫孝子的《关于信托违反的性质》(法研第45卷第12号第20页)一文提出信托财产的原状回复原则,即受益人应首先行使撤销权收回信托财产,或者取得代位物充作信托财产,最后才可以请求赔偿损失,这是因为受托人的道义性、人格性责任与债务的不履行或不法行为有制度体系上的差异。四宫和夫博士则予以反对,认为不能将恢复原状作为原则(四宫:《信托法》 法律学全集33-Ⅱ279页),受益人不行使撤销权也可以直接行使损失赔偿请求权。[24] 中野正俊博士和张军建教授则指出,委托人和受益人可以申请人民法院撤销受托人

---

[23] 中野正俊:《信托法判例研究》,张军建译,中国方正出版社2006年版,第220页。
[24] 同[23],第216—217页。

的处分行为，所以该撤销请求权是对人民法院行使的权利，恢复信托财产的原状和予以赔偿是要求受托人，所以信托财产的复原请求权和损失补偿请求权是对受托人行使的权利。当权利发生竞合时，"因为法律条文并没有明确规定行使这些请求权的顺序，所以是否可以这样解释：委托人应当首先请求受托人恢复信托财产的原状，假如受托人确实无法恢复信托财产原状时，再要求其补偿信托财产的损失。因为如果受托人予以恢复信托财产的原状的话，就没有必要再去行使损失补偿请求权和撤销权了。"〔25〕笔者认为，从我国《信托法》第二十二条的语句分析，实际上并没有坚持所谓的原状回复原则，权利人（委托人／受益人）有权向人民法院行使撤销信托处分行为申请权，"并有权要求受托人恢复信托财产的原状或者予以赔偿"。也就是说，受益人在行使撤销申请权的同时，可以在请求受托人恢复信托财产原状和予以赔偿两者之间选择，而且既然撤销申请权是权利人的权利，其"有权申请"而非"有义务申请"，不行使撤销申请权便直接请求受托人恢复原状或予以赔偿，亦并无不可，所以受益人是可以径直行使损失赔偿请求权的，不需要以首先行使其他权利作为前提。只不过受益人不能既要求受托人恢复信托财产原状又主张予以赔偿。因为《信托法》第二十二条表明了恢复原状和予以赔偿之间是"或者"的关系，而且从信托法理来讲，受益人的信托财产损害救济权加诸受托人的责任是补偿性的，而不是惩罚性的，〔26〕受托人要么赔偿损失以补足信托财产，要么直接恢复信托财产原状，既恢复信托财产原状又予以赔偿将使得救济超出信托财产损失，所以两种救济权不能同时并列行使。

《信托法》第四十九条规定："受益人可以行使本法第二十条至第二十三条规定的委托人享有的权利。受益人行使上述权利，与委托人意见不一致时，可以申请人民法院作出裁定。"因此，当受益人行使损失赔偿请求权与委托人意见不一致时，可申请人民法院予以裁定。《信托法》对此的规定是清晰明确的。不过因为信托法于我国本身就是外来移植的法律制度，社会民众包括司法实务界都颇感生疏，在中国裁判文书网上，自2001年《信托法》颁行至今，适用该条的裁判一例都没有，《信托法》第四十九条更多地停留在法律规定层面上。至于出让信托受益权的原受益人和受让信托受益权的新受益人行使损失赔偿请求权意见不一致时如何处理，法律未有涉及，从第四十九条规定受益人与委托人的分歧可由人民法院裁定看，应准用此规定。人民法院在裁定信托受益权的出让人和受让人之分歧时，应立足信托文件围绕保障信托实施、实现信托目的展开，因为根据《信托法》第二十五条"受托人应当遵守信托文件的规定，为受益人的最大利益处理信托事务。受托人管理信托财产，必须恪尽职守，履行诚实、信用、谨慎、有效管理的义务"，出让人和受让人在监督受托人尽职管理和保障信托顺利实施方面并无权利的先后优劣，即便受让人作为新受益人无意积极行权，也不能免除受托人对信托的尽职管理义务。当然，作为新受益人的受让人如果确欲减轻受托人的负担，可以依据《信托法》第四十六条之规定放弃全部或部分信托受益权，或者经委托人、受托人、受益人各方协商一致调整信托文件从而变更信托。

至于受益人可得主张的损失赔偿的计算标准，应为受托人因其失职行为而违反信托给信托财产造成的损失，"包括直接损失和间接损失（比如可能产生的利润）。而且，受益人有义务证明，受托人违反信托的行为与信托财产的损失存在因果关系"。〔27〕但直接损失和间接损失都须以补偿信托财产为限，超出补偿信托财产的惩罚性赔偿并不能依据信托法上的损失赔偿请求权主张。我国信托法律的司法实践尚不丰富，在整个中国裁判文书网公开的全国二十多个省份3 000多家法院的800多万份

〔25〕 中野正俊、张军建：《信托法》，中国方正出版社2004年版，第100页。
〔26〕 何宝玉：《信托法原理与判例》，中国法制出版社2013年版，第497—498页。
〔27〕 同〔26〕，第509页。

生效裁判中,[28] 涉及适用《信托法》第二十二条的仅有 3 例,[29] 而且其中一例的终审判决还认为该案不构成信托关系,故一审判决适用《信托法》第二十二条错误。[30] 另外两例裁判虽然适用了《信托法》第二十二条,但信托财产均为股权,权利人请求"受托人恢复信托财产的原状或者予以赔偿"的结果是撤销了股权转让,所以也不存在损失赔偿的计算。英国信托法在多年的实践中积累了一些规则,可资借鉴:① 受托人进行未获授权的投资的,法院在 Knott v Cottee(1852)案中确定的赔偿额是原始投资额与最终售出外国债券获得的价款之间的差额;② 受托人不当地拖延出售投资的,法院在 Fry v Fry(1859)案中确定的赔偿额是实际出售该投资所获得的价款与在适当时候出售可能获得的价款之间的差额;③ 受托人将信托财产全部转投未获授权的抵押,最终抵押成功实现信托财产没有因此受损,但如果受托人按照信托文件一直持有原来的投资则会取得更大的收益,法院在 Re Massingberd's Settlement(1890)案中确定的赔偿额是抵押收益与一直持有原投资可能获得的收益之间的差额;④ 受托人按照信托文件应当从事某项投资但却没有从事这项投资的,法院在 AG v Alford(1855)案中判令的赔偿额是涉及该项特定投资的利润损失;⑤ 受托人持续地违反信托的,如 Jaffray v Marshall(1994)案中将属于信托财产的房屋出售给了善意第三人,法院确定的赔偿额是违反信托之日与判决之日期间房屋的最高中间价;⑥ 受托人的投资行为都没有获得授权,有的获利、有的亏损,受托人一般不能主张以获利的投资抵消亏损的投资,但法院在 Bartlett v Barclays Bank(1980)案中确认,如果利润和亏损都是同一笔投资造成的,或者是在投资中都始终遵循同一种投资政策带来的结果,则利润和亏损可以互抵。另外,根据 British Transport Commission v Courley(1956)案的判例,信托财产应当承担的税负应从受托人承担的损失赔偿中扣除。而受托人违反信托造成信托财产损失的,赔偿损失通常也应支付相应的利息。20 世纪 80 年代以来的判例普遍认为利息应较银行利率高 1%,有些判例还判决可以考虑法院短期投资账户的利息。[31] 总的来说,由于信托的具体情形比较复杂,虽然受益人有权主张受托人补偿对信托财产造成的损失,且该损失原则上应包括直接损失和间接损失,即信托财产遭受的损失均应计入,但实践的计算方法千差万别,还有待我国的信托法判例进一步充实,总结形成我国的损失赔偿计算标准的规则。

---

〔28〕 截至 2015 年 6 月底。

〔29〕 邵智芳、丛晓丽等与李文举、威海市永祥宾馆工会委员会等再审民事判决书[(2013)威商再终字第 7 号];杨广修与马振华委托合同纠纷案二审民事判决书[(2013)新中民二终字第 410 号];王登杰与李向东、中国水利水电第七工程局成都水电建设工程有限公司、中国水利水电第七工程局有限公司信托纠纷二审民事判决书[(2013)成民终字第 3622 号]。

〔30〕 杨广修与马振华委托合同纠纷案二审民事判决书[(2013)新中民二终字第 410 号]。

〔31〕 何宝玉:《信托法原理与判例》,中国法制出版社 2013 年版,第 509—514 页。

中国投资者境外投资
利益保护的最后一步
——投资争议仲裁裁决的承认和执行

沈 圆[*]

摘要

 本文通过对中国同其他国家签订的双边投资协定中约定的争议解决机制的分析,确定中国投资者面临投资争议时可以采取的主要法律手段。通过《ICSID 公约》中关于仲裁裁决的承认和执行条款的解读,明确 ICSID 仲裁裁决的效力等同于缔约国国内法院的终审判决,以及在承认和执行中不受国内法审查,第三方缔约国有义务执行 ICSID 仲裁裁决中金钱义务等基本原则。通过对 ICSID 仲裁裁决承认和执行案件的分析,遴选出相对有利于投资者的第三方执行国和执行司法机构。同时,本文也讨论非 ICSID 仲裁裁决的承认和执行程序,以及可能存在的法律障碍。本文还就投资争议仲裁裁决可能面临的其他挑战进行了简要分析。

关键词 ICSID 投资争议 承认和执行

一、投资争议仲裁裁决的承认和执行的重要性

 随着中国经济总量的提升和经济全球化的进程,中国资本正成为世界投资领域最重要的一股力量。中国资本在"走出去"战略的引领下,已经开始进入国际领域。据《世界投资报告 2016》的数据,中国在 2015 年的对外投资达到了 1 276 亿美元,排名世界第三,仅次于美国和日本。[1] 据《2014 年度中国对外直接投资统计公报》的数据,中国 2014 年底的存量对外投资净额已经达到了 8 826.4 亿美元,居世界第 8 位。[2] 截至 2014 年底,中国境内投资者在国(境)外共设立对外直接投资企业2.97万家,分布在全球 186 个国家(地区),年末境外企业资产总额 3.1 万亿美元。[3]

 随着中国对外投资规模的日益扩大,中国投资者也不可避免地开始面对国际投资争议,尤其是投

---

 * 沈 圆 上海邦信阳—中建中汇律师事务所律师。
 〔1〕 联合国贸易与发展会议:《世界投资报告 2016(World Investment Report 2016)》,联合国出版物,2016 年,第 6 页。
 〔2〕 中华人民共和国商务部、中华人民共和国国家统计局、国家外汇管理局:《2014 年度中国对外直接投资统计公报》,中国统计出版社 2015 年版,第 4—5 页。
 〔3〕 同〔2〕,第 3 页。

资者同投资东道国之间的争议(investor-State dispute settlement,ISDS)。据统计,截至2015年底,已知的ISDS案件共计696件,其中549件案件已被提交至国际投资争端解决中心(International Centre for Settlement of Investment Disputes,ICSID)。[4]

据统计,中国在ISDS领域并不是一个非常活跃的角色。中国既不是最主要的参与案件的投资母国,也不是主要的参与案件的投资东道国。目前,中国投资者参与的ICSID案件共计5件(包括中国香港投资者),其中2件案件已经审结,3件案件尚在审理过程中。虽然中国于1993年就已正式加入设立ICSID的《关于解决国家和他国国民之间投资争端公约》(以下简称《华盛顿公约》或《ICSID公约》),但是,直到2007年,中国投资者才第一次作为申请方运用ICSID仲裁来维护自己的权益。但是,自2010年起,中国企业开始越来越多地通过ICSID仲裁来维护自身利益。5件案件中有4件均为2010年以后提交ICSID仲裁的。[5] 可以预见,随着中国海外投资的增加和中国投资者对于国际投资争议解决机制的熟悉,会有更多涉及中国投资者的国际投资争议仲裁案件出现。这其中,对于仲裁裁决的承认和执行是对争议胜诉方利益进行保护最实质性的一步。因此,对国际投资争议仲裁裁决承认和执行的研究,具有十分重要的现实意义。

二、中国签署的双边投资协定提供的 主要国际投资争议解决机制

根据ICSID的数据显示,中国已经同128个国家(地区)签订有效的双边投资协定(BIT)。[6] 根据笔者的抽样研究,[7]这些BIT在提交仲裁的前置程序和条件上有繁有简,部分BIT设定包括前置协商、前置调解、用尽当地救济等多种机制来限制投资争议仲裁启动,而部分BIT的前置磋商等程序相对简单,投资者较容易启动仲裁程序。但是,对于ISDS仲裁程序本身,BIT一般提供了以下几种常见的由投资者确定适用的仲裁程序:

(1)依据《ICSID公约》仲裁,条件是BIT双方为《ICSID公约》公约缔约国;

(2)依据《ICSID附加便利规则》仲裁,条件是有一个缔约方为《ICSID公约》缔约国,但不是双方均是该公约缔约国;

(3)依据《UNCITRAL仲裁规则》仲裁。

尽管部分BIT对仲裁规则进行了一定程度的补充和修改,但对于仲裁裁决的效力,BIT均认可其约束力。对于ICSID仲裁,如果争议方未在一定时间内启动修改或废止程序,或修改或废止程序已经终结;对于其他仲裁,如果争端双方均未启动修改、撤销或废止该裁决的程序,或法院已驳回或接受修改、撤销或废止该裁决的申请,并且没有进一步上诉,则仲裁裁决为终局裁决,对争议方具有约束力。一旦裁决生效,承认和执行将成为保护裁决有利方的最重要步骤。

---

〔4〕 联合国贸易与发展会议:《世界投资报告2016(World Investment Report 2016)》,日内瓦:联合国出版物,2016年,第104页。

〔5〕 此处所述数据乃是在国际投资争端解决中心(ICSID)官网的案件数据库中将申诉人国籍限定为中国(China)检索而得,检索时间为2016年8月13日。数据库网址: https://icsid.worldbank.org/en/Pages/cases/AdvancedSearch.aspx#。

〔6〕 国际投资争端解决中心(ICSID):《双边投资协议数据库》(Database of Bilateral Investment Treaties),https://icsid.worldbank.org/en/Pages/resources/Bilateral-Investment-Treaties-Database.aspx,2016年8月13日。

〔7〕 参见《中华人民共和国政府和坦桑尼亚联合共和国政府关于促进和相互保护投资协定》第13条,《中华人民共和国政府和加拿大政府关于促进和相互保护投资的协定》第三部分,《中华人民共和国政府和墨西哥合众国政府关于促进和相互保护投资的协定》第三章。

三、ICSID 仲裁的承认和执行机制

一般的国际商事仲裁主要依据《承认及执行外国仲裁裁决公约》(以下简称《纽约公约》)和各国国内法进行承认和执行;与之不同,《ICSID 公约》制定了一套特殊的制度,以确保仲裁裁决得到有效执行。《ICSID 公约》第 6 部分对于裁决的执行进行了明确的规定。

《ICSID 公约》第五十三条规定,ICSID 仲裁裁决对争议双方当事人都具有约束力,且不受任何上诉或除公约规定的救济措施(包括第 50 条裁决的解释、第 51 条裁决的改正、第 52 条裁决的撤销)以外的任何救济措施的约束,各方当事人均应遵守裁决所规定的义务,除非执行根据公约相关条款应当暂停。[8]

《ICSID 公约》第五十四条由 3 部分组成。第一部分明确规定任何缔约国都应该承认(recognize)根据公约做出的裁决为有拘束力的,并且在其境内如执行其本国法院的终审判决一样执行(enforce)裁决中规定的金钱义务。其中,联邦制国家可以通过联邦法院执行裁决,如此则联邦法院应以处理州法院终审判决的方式加以执行。第二部分规定寻求在某缔约国承认和执行裁决的一方应向该国适格的法院或其他指定的机关提交 ICSID 秘书长认证过的裁决副本。第三部分规定裁决的强制执行(execution)应根据被申请执行国强制执行生效判决的有关法律来进行。[9]

《ICSID 公约》第五十五条规定,第五十四条的任何规定都不能解释为对任何缔约国有关该国或任何外国的执行豁免的现行法律的效力有所减损。[10]

上述 3 个条款,分别从不同方面对 ICSID 仲裁裁决的执行进行了规定。其中第五十三条明确规定了仲裁裁决的效力,并排除了有关国家国内法院对裁决的审查。这种"完整的、排他的、封闭的与成员国国内法绝缘的管辖制度"使得 ICSID 仲裁裁决同一般国际商事仲裁裁决存在明显差异。[11] 由于第五十三条的存在,缔约国对于仲裁裁决仅拥有非常有限的对抗措施,对于一般国际商事仲裁采用的司法审查手段难以使用,其中包括损害公共利益的审查。

第五十四条则为 ICSID 仲裁裁决的第三国执行提供了制度保障。任何缔约国均有义务执行仲裁裁决的金钱义务部分,而且也不能对仲裁裁决加以国内司法审查。目前有关 ICSID 裁决的执行案件,基本都是在第三国提起。

第五十五条则在具体执行上充分尊重了缔约国包括主权豁免等的国内法。同时,第五十五条也体现了 ICSID 将承认(recognition)、执行(enforcement)以及强制执行(execution)分别处理的态度。对于裁决的承认,ICSID 仅仅提供了非常有限的抗辩手段。但是对于裁决的执行以及强制执行,ICSID 并不奢求缔约国的高度统一,而是由缔约国国内法加以规制。[12] 这种务实的态度,也使得《ICSID 公约》得到众多国家的赞成。可以预见,如果《ICSID 公约》对裁决的执行进行详细约定,那么公约中的很多关于执行的规定必然会同很多国家的国内法(甚至宪法)相冲突,对于缔约国的司法主权和公共利益也会造成重大影响,那么这样一个公约,必然难以得到国际上主要国家的认可。

如前文所述,《ICSID 公约》对于承认和执行存在明确的规定,但是这些规定更多地是简单的、原则性的规定,并不是具体的操作规范。尤其是对于败诉方的强制执行制度,公约更多地借助于缔约国

---

〔8〕《ICSID 公约》第 53 条。
〔9〕《ICSID 公约》第 54 条。
〔10〕《ICSID 公约》第 55 条。
〔11〕 肖芳:《国际投资仲裁裁决在中国的承认和执行》,《法学家》2011 年第 6 期,第 97 页。
〔12〕 同〔11〕,第 96 页。

的国内法。考虑到《ICSID 公约》拥有 140 多个缔约国,各自拥有不同的法律系统和司法体制,这样的规定也无可厚非。但是不同的执行制度可能使得 ICSID 裁决在部分国家能够较为顺利地得到执行,而在另一些国家则可能遇到困难。而且,由于非当事方缔约国也有义务执行裁决的金钱部分,因此,胜诉方可供选择的执行地和执行机构范围很广,而不是局限于争议当事双方。选择对胜诉方最为有利的裁决执行地和执行机构对于保护胜诉方权益具有重要意义。

四、ICSID 仲裁裁决在投资东道国承认和执行

一般需要执行的仲裁裁决多为投资者胜诉的案件,往往需要投资东道国履行金钱给付的义务。在东道国执行仲裁裁决是最为直接的执行方式。事实上,绝大多数 ICSID 仲裁案件中的败诉国都主动履行了裁决规定的支付义务。其原因很可能是因为,《ICSID 公约》是由一个世界上大多数国家签署的重大多边协议,违反公约对缔约国的国际声誉有不利影响;更重要的是,《ICSID 公约》的磋商和生效得到了世界银行的支持,而 ICSID 理事会的主席正是世界银行行长。两者如此密切的关系,使得世界银行在向成员国提供财政支持时,会将该国自愿执行 ICSID 裁决的情况纳入考量范围,而且作为重要的参考。[13]

但是,部分缔约国出于多种因素的考虑,也可能会拒绝执行 ICSID 裁决,或者通过多种手段来避免 ICSID 仲裁程序。例如,牵涉 ICSID 案件最多的阿根廷曾经通过多种手段来回避 ICSID 仲裁。阿根廷政府曾通过重新协商公共合同的方式鼓励或迫使外国投资者放弃在 ICSID 的仲裁申请。阿根廷还充分利用《ICSID 公约》第 52 条规定的撤销程序来中止裁决的执行。此外,阿根廷政府还通过国内立法,延长向外国投资者偿付债务的时间,从而使得裁决难以及时兑现。[14] 虽然目前没有国家采用违宪审查程序等手段来阻止 ICSID 裁决的执行,但是未来不排除有国家可能采用这种方式。

总体而言,ICSID 裁决一般会由东道国自愿履行。但是,一旦东道国不愿意履行 ICSID 裁决,那么在东道国寻求强制执行的难度会非常大。因此,当东道国不愿自愿执行 ICSID 裁决时,投资者可以将第三国执行作为重要选择。

五、ICSID 仲裁裁决在第三国的承认和执行

一旦面临执行困难,投资者一般都会选择第三国法院来寻求强制执行。事实上,目前所有关于 ICSID 裁决执行的案件,都是在第三国法院申请执行的案件。目前,《ICSID 公约》有 140 余个缔约国,因此可供投资者选择的第三国并不少。合理选择仲裁执行地就是投资者必须慎重考虑的问题。

目前,绝大多数国家并没有针对 ICSID 裁决执行的明确规定,从而导致投资者难以准确预计执行的难度、成本和时间。但是,部分缔约国已经在国内立法中对 ICSID 仲裁裁决的承认和执行作出了特别规定。这其中,英国的程序规定具有一定的典型性。

英国的制度允许申请人向高等法院申请承认和执行仲裁裁决,而且对于裁决予以承认的判决可以在仲裁裁决另一方缺席的情况下获得,申请时需要提供的文件佐证也较少。根据英国民事诉讼规

---

〔13〕 See Dany Khayat, *Enforcement of Awards in ICSID Arbitration*, available at https://www.mayerbrown.com/pt/publications/detailprint.aspx? publication=4732 accessed 13 August 2016.

〔14〕 卡利娜:《拉美国家应对 ICSID 的挑战及对策研究》,博士学位论文,大连海事大学,2011 年。

则的相关规定，承认仲裁裁决的申请必须包括：① 已经认证裁决（或副本），如果裁决不是英文的，还需要提供经公证的翻译件；② 英国法院相应判决的债权人，以及在该法院管辖区域内的送达地址；③ 法院判决的债务人以及其为人所知的地址或营业地；④ 债权人有权执行仲裁裁决的理由；⑤ 需要执行的金额；和⑥ 关于上述仲裁裁决是否已经暂停或者存在任何其他申请可能导致执行暂停的陈述。虽然法院承认和执行仲裁裁决的判决可以在另一方缺席的情况下获得，但是强制执行还是需要以判决送达债务人为前提。〔15〕

明确的承认和执行程序有助于投资者更好地把控承认和执行的成本和时间。而且，英国作为一个世界上最主要的金融市场和经济体，也比较容易发现投资东道国可供执行的财产。

投资者的另一个选择是向具有承认和执行 ICSID 仲裁裁决实践经验的法院提起承认和执行的申请。目前，美国法院已经受理了多起关于 ICSID 仲裁裁决承认和执行的申请，其中大部分申请都得到了承认，而且美国作为普通法国家，判例对于后续类似案件的处理，具有约束力。此外，美国作为世界最大经济体和金融市场，投资者将较为容易地发现可执行财产。

虽然美国已经通过国内立法明确将 ICSID 仲裁裁决的效力等同于州法院最终判决的效力，并由美国联邦法院受理关于 ICSID 仲裁裁决的执行——法条基本内容为仲裁庭基于公约（ICSID 公约）第四章做出的裁决应产生一项美国条约项下的权利；该裁决的金钱义务应予以执行并应给予拥有一般管辖权的州法院所做的最终裁决同等的充分信任和信用〔16〕——但是，由于缺乏统一的程序规则，在美国不同的法院，对于 ICSID 仲裁裁决的承认和执行也存在着不同的观点。在实践中，关于 ICSID 仲裁裁决承认和执行，美国联邦法院主要发展出了两种有所不同的处理机制——华盛顿模式和纽约南区模式。〔17〕

华盛顿模式对于 ICSID 仲裁裁决的执行采取了一种较为保守的态度。该模式由美国哥伦比亚联邦特区地区法院（以下简称特区法院）率先适用。在 Micula v. Government of Romania（Micula D.D.C.）一案中，申请人要求特区法院在对方缺席的情况下对 ICSID 仲裁裁决予以确认。特区法院的法官拒绝了申请人的要求。〔18〕

特区法院法官通过对执行 ICSID 裁决的法条进行文本解释指出，法条仅仅授予法院执行裁决的权力，而没有授予法院承认裁决的权力，说明国会在立法时并没有授权法院，在主权国家缺席的情况下，确认针对主权国家的实质性仲裁裁决。〔19〕此外，既然法条规定 ICSID 仲裁裁决应给予州法院所做的最终裁决同等的充分信任和信用，那么联邦法院应当适用确认州法院判决程序来确认 ICSID 仲裁裁决。〔20〕但是联邦法院并没有针对州法院判决的承认程序，唯一的执行程序则是通过债的诉讼来达成。〔21〕因此，申请人需要提起一个由各方参与的诉讼来将 ICSID 仲裁裁决转化为国内法院的判决，而且这个诉讼还应该受到《外国主权豁免法案》的审查。〔22〕

华盛顿模式要求 ICSID 仲裁裁决通过诉讼的方式，转化为国内法院判决，进而得到确认和执行。这种模式需要经历美国国内的诉讼流程，可能会消耗比较长的时间和比较大的成本。

另一种模式——纽约南区模式，对于承认和执行 ICSID 仲裁裁决持相对开放的态度。在申请被

---

〔15〕　Civil Procedure Rules, Part 62.21(2), United Kingdom.

〔16〕　22 U.S.C. § 1650a (2012).

〔17〕　Abby Cohen Smutny, Anne D. Smith, Mccoy Pitt, "Enforcement of ICSID Convention Arbitral Awards in U.S. Courts," Pepperdine Law Review, vol. 43, no. 5 (April 2016), pp. 649-680.

〔18〕　*Micula v. Government of Romania*, No. 1：14-cv-00600, 2015 WL 2354310, at 1(D.D.C. signed May 18, 2015).

〔19〕〔20〕〔21〕〔22〕　*Micula v. Government of Romania*, No. 1：14-cv-00600, 2015 WL 2354310, at 6-7(D.D.C. signed May 18, 2015).

特区法院拒绝后，另一些 ICSID 仲裁的胜诉方向联邦纽约州南区地区法院（以下简称南区法院）提出申请，要求承认 ICSID 仲裁裁决。[23] 南区法院做出了和特区法院截然相反的结论。

尽管罗马尼亚以相同的抗辩理由，即 ICSID 仲裁裁决应通过各方参与的诉讼程序转化为国内法院判决方可承认和执行，要求南区法院驳回申请，但是南区法院并不认可罗马尼亚的抗辩。南区法院法官认为：根据《ICSID 公约》的精神、国内诉讼程序的昂贵和费时以及《外国主权豁免法案》中的例外，各方参与的诉讼程序是不必要的。南区法院法官还认为，《ICSID 公约》明确要求缔约国同时承认和执行仲裁裁决。[24] 南区法院之前的判例也均采用单方申请的方式，承认 ICSID 裁决。因此，ICSID 仲裁裁决得到南区法院的承认，从而成为美国国内判决，并可执行。

从华盛顿模式和纽约南区模式的对比中可以看出，南区法院对于 ICSID 公约的承认和执行更为开放。笔者认为南区法院对于国内法和《ICSID 公约》的解读也更符合公约的本意和国会的立法精神。从公约解释的角度来看，南区法院对《ICSID 公约》和相关国内法的解读及适用也更为符合国际法规范。根据《维也纳条约法公约》第三十一条规定："条约应依其用语按其上下文并参照条约之目的及宗旨所具有之通常意义，善意解释之。"根据条约上下文，以及 ICSID 公约各参与方对于公约宗旨的阐述，不对根据 ICSID 公约而做出的仲裁裁决进行国内司法审查显然是 ICSID 公约意欲确立的重要原则。因此，对于公约，以及相应国内法的解释和适用，不应违背这一重要原则。

华盛顿特区法院基于美国国内法，要求投资者通过国内诉讼方式来承认和执行 ICSID 仲裁裁决的判决，也是对《ICSID 公约》的违背。根据《维也纳条约法公约》第二十七条规定："一当事国不得援引其国内法规定为理由而不履行条约。"根据 ICSID 的立约目的，作为缔约国的美国理应直接承认和执行 ICSID 仲裁裁决，以州法院的判决需通过联邦法院的诉讼程序方可执行的国内法规范来拒绝直接承认和执行 ICSID 仲裁裁决，是明显地通过援引国内法为理由，不履行条约义务，是对国际法的直接违背。尽管《ICSID 公约》第五十四条规定联邦制国家可以通过联邦法院执行裁决，如此则联邦法院应以处理州法院终审判决的方式加以执行；但是这个条款的主要目的在于为存在多个司法系统的国家确定裁决的执行机关，即联邦法院。这个条款不应解释为，如果国内法赋予联邦法院审查州法院终审判决的权力，或者州法院终审判决必须通过特殊程序方能在联邦法院得到承认和执行，则该缔约国可以以该国内法来规避或者削弱"不对根据《ICSID 公约》而做出的仲裁裁决进行国内司法审查"的原则；否则，必将造成缔约国之间权利义务的不对等，也会违背条约解释的国际法原则。因此，华盛顿特区法院的观点从国际法角度来分析，是站不住脚的，也会对美国履行其国际法义务造成不利影响。

虽然存在华盛顿特区法院这种保守的观点，但是纽约南区法院的观点对《ICSID 公约》的精神进行了较为准确的解读，也为投资者提供了一个相对高效的救济渠道。在联邦最高法院过问这个问题之前，纽约南区法院可以作为投资者申请承认和执行 ICSID 仲裁裁决的美国司法机构。

六、非 ICSID 仲裁裁决的承认和执行机制

当投资东道国不是 ICSID 公约缔约国时，投资者将无法适用 ICSID 仲裁程序，从而不得不通过其他临时仲裁来寻求争议解决。即使投资东道国是《ICSID 公约》缔约国，双方仍然可以选择其他仲裁规则来解决投资争议。考虑到《ICSID 公约》对于仲裁裁决效力和承认执行的特别规定，投资东道国

---

〔23〕〔24〕 *Micula v. Government of Romania*，No. 15 Misc. 107（Part I），2015 WL 4643180，at ＊4（S. D. N. Y. Aug. 5，2015）.

可能通过协商等方式，要求投资者放弃 ICSID 仲裁程序，转而使用其他可受司法审查的仲裁程序来解决投资纠纷。一般 BIT 会约定，除了 ICSID 仲裁程序之外，投资者还可以采用依据《ICSID 附加便利规则》或《UNCITRAL 仲裁规则》进行仲裁。

非 ICSID 仲裁程序在承认和执行上，相比于 ICSID 仲裁，是较为不利于投资者的。非 ICSID 仲裁裁决的承认和执行主要依据《纽约公约》，而《纽约公约》第五条允许司法机构在特定情况下，对仲裁裁决不予承认和执行。[24] 换句话说，非 ICSID 仲裁裁决在一定范围内，是需要受到司法审查的。而《ICSID 公约》明确规定缔约国的司法机构不得对 ICSID 仲裁裁决进行司法审查，只能予以承认和执行。因此，非 ICSID 仲裁裁决需要比 ICSID 仲裁裁决多过一道司法审查关。

而且《纽约公约》允许一国司法机构以违反该国公共政策为由，拒绝承认和执行非本国仲裁裁决。这一例外，对投资者构成了较大的潜在威胁。首先，投资者取得较为有利的仲裁裁决之后，基本无法在投资东道国得到执行。投资者和投资东道国的争议往往由投资东道国的立法或行政行为导致。因此，投资东道国的司法机构很可能认为上述立法或行政行为是该国公共政策的体现，承认和执行与该立法或行政行为相抵触的仲裁裁决显然违反该国的公共政策。其次，即使投资者向第三国申请承认和执行非该国仲裁裁决，第三国司法机构也有可能以违反该国公共利益为由，拒绝承认和执行该仲裁裁决，特别是在该第三国存在类似立法或行政行为，或意欲实施类似政策的情况下。第三国政府也可能以法庭之友的身份，对仲裁裁决的承认和执行施加影响。因此，非 ICSID 仲裁裁决在承认和执行上可能面临司法机构更大的阻力。

不过，从程序角度来看，非 ICSID 仲裁裁决的承认和执行程序比 ICSID 仲裁裁决的承认和执行程序更加成熟和完善。《纽约公约》已经成为世界上承认和执行非本国仲裁裁决的最重要公约。经过多年的实施，《纽约公约》的主要缔约国已经建立了一套完整的承认和执行非本国仲裁裁决的制度和程序，也有众多案例可提供参考和指导。但是，在很多国家，外国仲裁裁决的承认和执行也不是非常容易的事情，相对方完全可能启动一个拒绝承认和执行的程序，通过程序瑕疵等问题来挑战仲裁裁决的可执行性。

考虑到司法审查，特别是公共政策的不确定性，以及承认和执行程序的成熟度，投资者需要选择一个对投资者相对友好、对国际投资相对开放，且司法机构具有较强执行能力的国家来承认和执行非 ICSID 仲裁裁决。根据针对非 ICSID 仲裁裁决承认和执行案件，如 BG GROUP PLC v. Republic of Argentina 案，以美国为代表的西方发达国家均对承认和执行国际投资争议解决中的仲裁裁决持有比较开放的态度。[25] 对于前置磋商等仲裁的前置程序，西方司法机构很可能采取较有利于投资者一方的立场，倾向于承认和执行对投资者有利的仲裁裁决。此外，西方发达国家司法机构的执行力较强，而且作为主要经济体，也较为容易发现可供执行的财产。从执行便利的角度来看，如果投资东道国在我国境内有可以执行的财产，那么直接向我国法院申请执行更为便利。如果情况并非如此，那么投资者可以考虑美国法院作为申请承认和执行的法院。

七、投资争议仲裁裁决的承认和执行
可能面临的其他挑战和应对

除了 ICSID 承认和执行需要面对的程序不确定性和非 ICSID 面临的司法审查问题外，投资者申

---

〔24〕《纽约公约》第 5 条。
〔25〕 *BG GROUP PLC v. Republic of Argentina*, 134 S.Ct. 1198.

请承认和执行投资争议仲裁裁决还可能面临其他困境。

首先,投资东道国可能通过启动撤销程序来暂停对不利仲裁裁决的执行。[26]《ICSID 公约》的撤销程序需要对仲裁程序进行全面回顾,对仲裁涉及的法律问题,包括管辖权问题等进行审核。撤销程序可能旷日持久,从而使投资者没有办法及时得到补偿。通过启动撤销程序暂停执行,投资东道国也可以获得更多时间同投资者进行协商,从而说服或者迫使投资者放弃对于仲裁裁决的执行,接受投资东道国提供的、相对不利的和解方案。

其次,即使仲裁裁决得到了承认,在执行过程中还可能面临主权豁免问题。目前,世界上尚没有广泛适用的多边主权豁免公约;《联合国豁免公约》尚未生效,且《联合国豁免公约》主要针对管辖豁免,而不是执行豁免,因此在执行过程中,主权豁免可能导致投资者无法真正完成执行进而获得经济上的赔偿。

美国的《外国主权豁免法》及其实践可以视为国家豁免在仲裁裁决执行过程中发生作用的范例。美国《1976 年外国主权豁免法》1988 年修正案规定,如果仲裁约定在美国境内进行或者美国有承认与执行一项仲裁裁决的条约义务时(如《纽约公约》和《华盛顿公约》),那么与该仲裁有关的事项包括仲裁裁决的执行不享有豁免。[27] 这一条规则和美国其他法律中的其他规则相互呼应。首先,美国《1976 年外国主权豁免法》规定的只是针对对事管辖权,法院对人管辖权,例如是否完成送达等,均需独立审查。其次,仲裁裁决约束的主权国家仍要受到行为性质判断,即只有主权国家从事的是"商业行为"时,仲裁裁决才不享有执行豁免;最后,在财产实际执行中,还要考虑被执行财产本身的性质是否享有豁免,主权财产而非商业财产同样不可执行。[28]

在 Liberian Eastern Timber Corporation(LETCO)和 Republic of Liberia 一案中,法院认定被执行财产系具有主权性质,而不是商业性质,从而撤销了对财产的执行。[29] 总体而言,法院对于"商业活动"的解释较为严格,与主权性质相关的财产往往不被视为商业性质,而获得主权豁免。但是,目前很多国家都在更为深入地介入商业活动,大量主权基金和国有企业介入国际市场为投资者提供了更多的可供执行的财产。

八、结　　论

虽然 ICSID 仲裁裁决大多能够获得投资东道国的自愿执行,但是随着 ICSID 仲裁裁决总量的增加,部分受到影响较为严重的国家很可能对执行采取较为抵触的态度。此时,对于 ICSID 仲裁裁决的承认和执行将成为投资者保护其利益所可能采取的重要手段。通过第三国对 ICSID 仲裁裁决的承认和执行,直接从第三国获得经济赔偿将大大增强 ICSID 仲裁裁决的可执行性,极大减轻投资者的时间成本和经济压力。同时,对于 ICSID 仲裁裁决承认和执行程序的了解,也将增强投资者在同投资东道国磋商过程中的议价能力,投资者可以以向第三国申请执行 ICSID 仲裁裁决作为谈判筹码,促使投资东道国尽早同投资者达成较为有利于投资者的和解方案,减少投资者的损失和时间成本。

但是,值得注意的是,《ICSID 公约》本身也为投资东道国提供了一定的程序工具,来拖延整个仲

---

〔26〕 See Dany Khayat, *Enforcement of Awards in ICSID Arbitration*, available at https://www.mayerbrown.com/pt/publications/detailprint.aspx? publication＝4732 accessed 13 August 2016.

〔27〕 28 U.S. Code § 1610.

〔28〕 杨玲:《论条约仲裁裁决执行中的国家豁免——以 ICSID 裁决执行为中心》,《法学评论》2012 年第 6 期,第 76 页。

〔29〕 *Liberian Eastern Timber Corporation（LETCO） v. Republic of Liberia*, 650 F. Supp. 73, 77 (S.D.N.Y. 1986).

裁流程。即使 ICSID 仲裁裁决本身可以不受审查地得到承认和执行，这个争议解决程序也可能旷日持久。而且双边投资协定中对于仲裁的前置程序要求也可能导致仲裁程序的瑕疵，需要投资者在适用仲裁程序时特别加以关注，避免因程序瑕疵而导致仲裁裁决不被承认和执行。

非 ICSID 仲裁裁决虽然在承认和执行程序上更为明朗，但是由于存在司法审查的不确定性，投资者也需要谨慎选择执行地，避免仲裁裁决因公共政策等原因而被拒绝执行，从而影响自身利益的维护。

在强制执行的过程中，主权豁免可能导致仲裁裁决虽然得到了承认，但是却没有办法真正被执行。对此，投资者应事先对执行国的相关国内法进行了解，并准确定位可执行财产。

虽然投资争议仲裁裁决的承认和执行并不是一个需要经常面对的法律问题，但是随着中国资本的"走出去"，对于保护投资者的"最后一步"仍然需要进行深入的分析和研究，以做到有备无患。

中外 BIT 对港、澳特别行政区的适用问题

——以世能公司诉老挝政府投资争端案为例

余盛兴*

摘要

　　近期新加坡上诉法院在世能投资有限公司诉老挝人民民主共和国政府案中推翻原审判决,意味着第三国司法机构用聚光灯照射了一国两制机制下中外 BITs 在中国大陆、香港和澳门特别行政区的适用问题。新加坡法官在该审理案中分析问题的思路和角度为我们更加全面和彻底地审视中外 BITs 在香港和澳门适用的问题具有重要的借鉴意义。中外 BITs 是否适用于香港和澳门特区没有国际法意义上的明示,这可能引发大量争端与风险。简单通过修改 BIT、外交照会等形式排除中外 BIT 对香港和澳门特别行政区的适用的方法过于简单和粗暴。中央政府主管部门应当高度重视这种冲突和缺陷,与香港和澳门主管部门认真调研和协商,全面而系统地分析各种 BIT,彻底解决相关适用问题。

关键词　中外 BIT　适用　世能公司　老挝　投资争端解决

引　言

　　为了促进和保护跨境投资,各国之间往往谈判和签订各种形式的协定,其中最为常见的是双边投资协定(Bilateral Investment Agreement,BIT)。从东道国的角度来说,BIT 可以在一定程度上安抚外国投资者,从而吸引外资;对于投资者母国而言,BIT 可以为本国投资者和资本提供基本的安全保障和救济通道。联合国贸易和发展会议(United Nations Conference on Trade and Development,简称联合国贸发会)数据库显示,全球范围内已有 2 329 个生效的 BIT(不包含 297 个涉及投资条款的生效协定)。[1]　作为全球重要的经济体,中国自改革开放之后先后与 100 多个国家签署了 BIT。[2]

---

　　*　余盛兴　法学博士,海华永泰律师事务所高级合伙人,上海交通大学凯原法学院兼职教授。
　　〔1〕联合国贸易和发展会议:《国际投资协议导引(International Investment Agreements Navigator)》,http://investmentpolicyhub.unctad.org/IIA,2017 年 2 月 12 日。
　　〔2〕商务部 2016 年 12 月更新的数据显示我国仅与 104 个国家签订了 BIT。参见中华人民共和国商务部条约法律司:《我国对外签订双边投资协定一览表》,2016 年 12 月 22 日,http://tfs.mofcom.gov.cn/article/Nocategory/201111/20111107819474.shtml,2017 年 2 月 12 日。不过,该统计表似乎并不完整。联合国贸发会的数据库显示中国已经签订了 145 个 BIT,另有 21 个包含投资条款的协定。参见联合国贸易和发展会议:《国际投资协议导引(International Investment Agreements Navigator)》,http://investmentpolicyhub.unctad.org/IIA/CountryBits/42♯iiaInnerMenu,2017 年 2 月 12 日。

在名目繁多的 BIT 中，争端解决机制是其十分重要的组成部分，有时甚至成为投资者母国和东道国争议的焦点。根据我国学者研究，林林总总的 BIT 所包含的争端解决机制大致包括三大类别，从低到高分别为：底端（通过协商或国内司法解决）、中端（依照特定的程序和规则，通过专设仲裁庭解决）和顶端（通过国际常设仲裁机构解决）。[3]

从 100 多个 BIT 条文可以看出，在争端解决机制方面，我国政府基本采取接受仲裁和有限授权的态度。[4]实践中，涉及我国政府或者我国投资者的案例并不多见。以具有代表性的顶端争端解决机构——根据《解决国家与他国国民之间投资争议公约》（*Convention on the Settlement of Investment Disputes Between States and Nationals of Other States*）设立的解决投资争端国际中心（International Centre for Settlement of Investment Disputes，简称华盛顿中心）为例，截至目前，该机构仅收到 2 起以中国为被告的案件，其中 1 起已经和解结案。[5]

然而，2006 年中国香港居民谢叶深（Tza Yap Shum）将秘鲁政府诉至华盛顿中心的行为似乎打开了 BIT 涉华争端的另一扇窗户。2004 年，秘鲁税务机关对谢叶深投资的主要从事鱼粉加工贸易的 TSG Peru S.A.C.（简称 TSG 公司）进行税务审计，认定 TSG 公司违反了秘鲁相关法规。随后，该国税务机关向 TSG 下达了 95 项追溯性征税决定和罚款的命令，并冻结了 TSG 公司的银行账户。谢叶深认为秘鲁政府的行为严重破坏了 TSG 公司的正常经营，为此曾经试图寻求秘鲁当地法律救济，但无果。2006 年 9 月 29 日，谢叶深根据中国与秘鲁 1994 年签订的 BIT 条款[6]，向华盛顿中心申请仲裁。[7]秘鲁政府则认为，华盛顿中心对该案没有管辖权。经过审理后，华盛顿中心认为，谢叶深虽为香港居民，但其出生在中国大陆（福建），因而满足了中秘 BIT 中所指的"投资者"的定义。2009 年 6 月，华盛顿中心裁定其对该案有管辖权，并最终裁定谢叶深胜诉。[8]

不少学者对华盛顿中心在谢叶深诉秘鲁政府案中的管辖权提出质疑。其中，我国国际经济法学泰斗级人物陈安教授就宣称，华盛顿中心的裁决是"无理的、错误的、违法的，是可以撤销的"。[9]如果说该案受到秘鲁政府抗辩不足、仲裁员不理解中国的一国两制甚至带有某种偏见等因素影响的话，近期新加坡上诉法院在世能投资有限公司（Sanum Investments Limited，简称世能公司）诉老挝人民民主共和国政府案中推翻原审判决，意味着第三国司法机构用聚光灯照射了一国两制机制下中外 BITs 在中国大陆、香港和澳门特别行政区的适用问题，值得我们认真探讨。

一、管辖权之争

世能公司是由美国人 2005 年在澳门特别行政区成立的一家企业。2007 年，世能公司与老挝当地

---

〔3〕〔4〕 田野、韩冬临、陈兆源：《中国需要什么样的国际投资争端解决机制？——基于 1982—2013 年中国签订双边投资协定的定量研究》，《人大国发院系列研究报告》（中国改革系列报告 NPE201506）2015 年总第 50 期，http：//nads. ruc. edu. cn/displaynews.php? id=2762,2017 年 2 月 12 日。

〔5〕 2011 年 5 月，马来西亚 EkranBerhad 公司将中国政府诉至华盛顿中心。不过，EkranBerhad 案没有进入实质性审理，公开资料显示双方已经和解。See *EkranBerhad v. People's Republic of China*，ICSID Case No.ARB/11/15. 2014 年 11 月，韩国房地产开发企业 Ansung Housing 就政府征收赔偿问题将中国政府诉至华盛顿中心。目前，该案还在审理之中。See *Ansung Housing Co.，Ltd. v. People's Republic of China*，ICSID Case No. ARB/14/25.

〔6〕 根据《中华人民共和国政府与秘鲁共和国政府自由贸易协定》第 139 条，一缔约方投资者与另一缔约方之间有关另一缔约方境内的投资的任何争端，应尽可能由争端双方当事人通过协商友好解决。如争端自争端投资者书面提出磋商或协商之日起 6 个月内，未能协商解决，并且争端投资者没有将该争端提交给接受投资的缔约方有管辖权的法院或其他任何有拘束力的争端解决机制解决，投资者可以选择将争端提交华盛顿中心进行调解或仲裁。

〔7〕〔8〕 See *Tza Yap Shum v. The Republic of Peru*，ICSID Case No.ABR/07/6.

〔9〕 陈安：《对香港居民谢业深诉秘鲁政府案 ICSID 管辖权裁定的四项质疑》，《国际经济法学刊》2010 年第 1 期。

企业 ST 集团考虑合资运营度假和赌场项目。在投资前,老挝政府保证将长期保护世能公司的投资和收益,并提供优惠的税收政策。2007 年 5 月 30 日,世能公司及其在老挝设立的多家公司与 ST 集团就合资事宜签订协议,涉及在老挝境内成立两家赌场和从事老虎机俱乐部业务。2007 年 8 月 10 日,世能公司与老挝政府以及其他参与方签订了项目开发协议,就项目的合法性和各方之间的股权比例等达成了协议。在经营过程中,世能公司与老挝政府产生了分歧,老挝政府对世能公司在老挝的投资企业采取了吊销营业执照、取消优惠等措施。2013 年 8 月 14 日,世能公司根据中国和老挝在 1993 年签订的中老 BIT 条款[10],以老挝政府为被告启动了国际仲裁程序。双方选定常设仲裁法庭(the Permanent Court of Arbitration,PCA)为仲裁程序管理机构,确定根据《联合国国际贸易法委员会程序规则》(《UNCITRAL 仲裁规则》)在新加坡仲裁。[11]

与谢叶深诉秘鲁政府案类似,仲裁庭首先需要面对的一道难题是 PCA 仲裁庭是否有管辖权。2013 年 12 月,PCA 仲裁庭裁决作出裁决:中老 BIT 适用于澳门,仲裁庭具有管辖权。[12] 此后,老挝政府根据新加坡《国际仲裁法》,就管辖权问题上诉到新加坡高等法院(High Court of the Republic of Singapore),请求撤销 PCA 仲裁庭裁决。2015 年 1 月,新加坡高等法院作出判决:中老 BIT 不适用于澳门,PCA 仲裁庭对本案争议不具有管辖权。[13] 对此,世能公司不服,上诉至新加坡上诉法院(Court of Appeal of the Republic of Singapore)。2016 年 9 月,上诉法院重新推翻了新加坡高等法院的判决,认定中老 BIT 适用于澳门,进而肯定了 PCA 仲裁庭对系争事项享有管辖权。[14]

在司法审查期间,中国驻老挝大使馆和中国外交部分别于 2014 年和 2015 年信函回复老挝外交部,确认中老两国之间签署的 BIT 不适用于澳门特别行政区。但是,新加坡两级法院的法官对信函的理解并不完全一致,因此作出最终的判决也迥异。无论如何,新加坡法官在该案中分析问题的思路和角度为我们更加全面和彻底地审视中外 BITs 在香港和澳门适用的问题具有重要的借鉴意义。

二、国内法效力与国际法要求

对于中国(不管是大陆还是港澳地区)学者来说,中老 BIT 不适用于包括澳门在内的特别行政区,这似乎是常识。依据《中华人民共和国宪法》第 31 条,国家在必要时得设立特别行政区。在特别行政区内实行的制度按照具体情况由全国人民代表大会以法律规定。《中华人民共和国澳门特别行政区基本法》第 2 条规定,全国人民代表大会授权澳门特别行政区依照本法的规定实行高度自治,享有行

---

[10] 根据 1993 年签署的《中华人民共和国政府和老挝人民民主共和国政府关于鼓励和相互保护投资协定》第 8 条,缔约国一方的投资者与缔约国另一方之间就在缔约国另一方领土内的投资产生的争议应尽量由当事方友好协商解决;如争议在 6 个月内未能协商解决,当事任何一方有权将争议提交接受投资的缔约国一方有管辖权的法院;如涉及征收补偿款额的争议,在诉诸本条第 1 款的程序后 6 个月内仍未能解决,可应任何一方的要求,将争议提交专设仲裁庭。

[11] See Award on Jurisdiction in the Matter of an Arbitration under the Agreement between the Government of the People's Republic of China and the Government of the Lao People's Democratic Republic Concerning the Encouragement and Reciprocal Protection of Investment dated 31 January 1993 and the 2010 UNCITRAL Arbitration Rules, between Sanum Investments Limited and the Government of the Lao People's Democratic Republic, PCA Case No. 2013-13.

[12] See Award on Jurisdiction in the Matter of an Arbitration under the Agreement between the Government of the People's Republic of China and the Government of the Lao People's Democratic Republic Concerning the Encouragement and Reciprocal Protection of Investment dated 31 January 1993 and the 2010 UNCITRAL Arbitration Rules, between Sanum Investments Limited and the Government of the Lao People's Democratic Republic, PCA Case No. 2013-13.

[13] See Judgement in the High Court of the Republic of Singapore in the matter of Section 10 of the International Arbitration Act (Cap 143A, 2002 Rev Ed) and in the matter of Order 69A of the Rules of Court (Cap 322, R 5, 2006 Rev Ed) ([2015] SGHC 15).

[14] See Judgement in the Court of Appeal of the Republic of Singapore between Sanum Investments Limited and the Government of the Lao People's Democratic Republic ([2016] SGCA 57).

政管理权、立法权、独立的司法权和终审权。该法第 138 条进一步明确："中华人民共和国缔结的国际协议，中央人民政府可根据情况和澳门的需要，在征询澳门政府的意见后，决定是否适用于澳门。中华人民共和国尚未参加但已适用于澳门的国际协议仍可继续适用。中央人民政府根据情况和需要授权或协助澳门政府作出适当安排，使其他与其有关的国际协议适用于澳门。"这实际上赋予特区部分国际法主体地位和独自承担条约权利义务的能力。[15]

从有关法律、声明和实践来看，中国政府对哪些法律和条约适用于澳门有着明确的界限。首先，中老 BIT 中没有明确对澳门是否适用的问题，依据我国国内法应当认定它不适用于澳门；其次，根据《澳门基本法》，如果中央政府有意将中老 BIT 适用于澳门，那么应当"征询澳门政府的意见"。既然两者都没有，那么理所当然地中央政府已经默示排除了中外 BITs 对澳门的适用。从"回归"后的实际情况来看，中国并没有就扩大适用中外 BITs 于港澳地区而与后者进行上述协商工作。换言之，在国内法层面上，迄今为止并不存在将特定中外 BITs 适用范围扩大至港澳地区的明示表示。

但是仔细研究发现，《澳门基本法》附件 3 仅列举了在澳门特区实施的 8 部全国性法律，没有涉及任何双边条约。1999 年澳门"回归"后，我国政府向联合国秘书长提交了条约对澳门领土适用保留的通知（简称"1999 年通知"），其中载明："未列入本照会上述附件的，中华人民共和国当事方或将成为当事方的其他条约，如决定将适用于澳门特别行政区，中华人民共和国政府将另行办理有关手续。"[16] 不过，由于"1999 年通知"仅列举了属于联合国秘书长保管的多边投资协定，因此没有提及中老 BIT 也就不足为怪了。

尽管我国法律和相关声明似乎体现了某种意思或者暗示，但这些都是我国单方"国家意志"的体现。根据《维也纳条约法公约》(*Vienna Convention on the Law of Treaty*)第 31 条，除了条约本身和当事国间因缔结条约所订与条约有关之任何协定的内容作为依据外，条约解释应与上下文一并考虑的还包括：当事国关于条约解释或适用的任何嗣后协定；当事国在条约适用方面确定对条约解释的任何惯例；适用于当事国间关系的任何有关国际法规则。由此可见，一国的国内法并不作为国际条约解释的法律基础，能够被用于解释条约内容的必须是当事国之间达成的协定、惯例以及与当事国关系有关的国际法规则。

条约的约束力是由国际法规定的，其在效力上优先于国内法，换句话说，一国在国际法下承担的权利义务的来源应当是国际条约，而不是一国的国内法。一国的国内法不能成为国际关系的权利义务基础，更不能单方面改变一国与他国的权利义务关系。《维也纳条约法公约》第 27 条规定，当事国不得援引其国内法规定为理由而不履行条约。国际法与国内法都是"国家意志"的体现，在逻辑上推论，两者是不会、也不应该发生抵触。但是在千差万别的国际事件中，抵触却很难完全避免。[17]

如前文所述，老挝政府引用中国的一系列法律和实践，认为中国政府无意将中老 BIT 适用于澳门，而且老挝和中国签订 BIT 时也没有将其适用范围扩大到澳门的意思。根据中国和葡萄牙两国政府于 1987 年发表的《中葡联合声明》，对于中国中央政府已经或者将要加入的国际条约，将根据个案情形，由中央政府在征求澳门政府意见后决定是否适用澳门地区。[18] 新加坡上诉法院则认为，一国能否有效通过在先的声明就特定条约使一国或者多国不受或者排除适用，取决于该声明是否构成了

---

　　[15] 漆彤、蒋志诚：《论中外 BIT 在港澳特区的适用——以澳门"世能案"和香港"谢叶深案"为视角》，《福建江夏学院学报》2016 年第 4 期。

　　[16] 中国常驻联合国代表 1999 年 12 月 13 日照会。

　　[17] 梁西主编：《国际法》，武汉大学出版社 2011 年版。

　　[18] 有的学者认为，根据《中国大百科全书·法律卷》的解释，《联合声明》本身就是条约。参见港实：《从国际法看中英关于香港问题的联合声明》，《法学研究》1990 年第 1 期。

特定条约谈判和缔结的合意基础。上诉法院同时认为,即使假设接受中国已经在 1987 年《中葡联合声明》中暗示条约不适用于澳门的大致意图,但其仍然需要明确老挝政府在中老 BIT 谈判中中方告知其该事实,而且明确知晓该意图。[19]

根据《维也纳条约法公约》第 34 条规定,条约非经第三国同意,不为该国创设义务或权利。条约是缔约国之间的协议,原则上,只对缔约国有约束力,对第三国没有约束力。这被称为"条约相对效力原则",可溯源至罗马法中的"约定对第三者既无损,也无益"的原则。[20]《中葡联合声明》是中国和葡萄牙之间就中方恢复对澳门行使主权问题而签订的双边条约或者发表的类条约声明。在国际法规则下,其不能改变中老 BIT 确定的中国和老挝之间的国际关系,也不能成为解释中老 BIT 的国际法依据。

三、"关键日期"的确立

在新加坡高等法院审理期间,老挝政府向法院递交了两封信函。第一封信函是 2014 年 1 月 7 日,老挝外交部致函中国驻万象大使馆的信函,信中表达了老挝认为中老 BIT 不适用于澳门的观点,为此寻求中国政府的意见。两天后,中国驻万象大使馆复函,表示"除非两国政府另行达成协议",中老 BIT 不适用于澳门。[21] 第二封信函是 2015 年中国外交部再次向老方致函,确认了 2014 年由中国驻老大使馆向老方发布的外交信件的效力,并重申中老 BIT 不适用于澳门的立场。[22] 新加坡高等法院审理后认为,上述外交信件为追溯确认两国的在缔约时合意,体现了两国在签署 BIT 时的真实意图。[23] 据此,法院认为中老两国均排除了两国之间的 BIT 适用于澳门的可能性,因此裁定仲裁庭没有管辖权。

新加坡上诉法院的法官则不同意这种观点,而是接受了世能公司方面提出的"关键日期"(critical date)原则,认为老挝政府不能依据争议发生后产生的证据来支持自己的立场,从而弱化和排除 2014 年和 2015 年中老之间外交信件的效力。[24] 上诉法院引用 Robert Pietrowski 观点认为,在所有的案件中存在双方主体的行为或其他事件无法改变案件裁决的事实进程时间点,该时间被称为"关键日期"……"关键日期"排除一方主体为了己方利益在仲裁过程中自行提交争议发生后才产生的证据。[25] 虽然按照《维也纳条约法公约》第 31(3)(a)条规定,双方当事国就条约的解释和条款的适用达成的嗣后合意(subsequent agreement)可以成为条约解释的依据,但在上诉法院看来,这种合意必须发生在"关键日期"之前。

"关键日期"作为国际公法领域的原则,最早源于 1925 年美国与荷兰关于帕尔马斯岛的领土争端

〔19〕 See *Sanum Investments Limited v. The Government of The Lao People's Democratic Republic*, the Court of Appeal of the Republic of Singapore, Civil Appeals No. 139 and 167 of 2015.

〔20〕 梁西主编:《国际法》,武汉大学出版社 2011 年版。

〔21〕 See the 3rd affidavit of Outakeo Keodouangsinh dated 19 February 2014, Judgement in the High Court of the Republic of Singapore in the matter of Section 10 of the International Arbitration Act (Cap 143A, 2002 Rev Ed) and in the matter of Order 69A of the Rules of Court (Cap 322, R 5, 2006 Rev Ed) (〔2015〕 SGHC 15).

〔22〕 See Judgement in the Court of Appeal of the Republic of Singapore between Sanum Investments Limited and the Government of the Lao People's Democratic Republic (〔2016〕 SGCA 57).

〔23〕 See Judgement in the High Court of the Republic of Singapore in the matter of Section 10 of the International Arbitration Act (Cap 143A, 2002 Rev Ed) and in the matter of Order 69A of the Rules of Court (Cap 322, R 5, 2006 Rev Ed) (〔2015〕 SGHC 15).

〔24〕 See *Sanum Investments Limited v. The Government of The Lao People's Democratic Republic*, the Court of Appeal of the Republic of Singapore, Civil Appeals No 139 and 167 of 2015.

〔25〕 See *Sanum Investments Limited v. The Government of The Lao People's Democratic Republic*, the Court of Appeal of the Republic of Singapore, Civil Appeals No 139 and 167 of 2015.

仲裁案，由担任该案的独任仲裁员 Max Huber 提出，并与领土争端有着重要的联系。Max Huber 提出的"关键日期"原则是事实上的关键时间点，以此判断时间点前的领土权利归属于何方，进而判断领土继承是否有效。所谓"关键日期"理论是以时间为标准，在国际诉讼中解决多个相互冲突的请求时起重要作用的概念和理论。[26] "关键日期"原则的主要功能并不在于排除确定的日期之后的所有一方提升自己地位的证据，而在于限制证据的证明效力，使其不能直接被引用证明"关键日期"前发生的事实。但是，也有观点认为，"关键日期"模糊的定义给予了法庭自由裁量权，简化了裁判过程，却忽视了某些国家的时代背景和历史条件，极易造成合乎法律但违反公益的判决。[27] 因此，"关键日期"原则作为国际公法领域的裁断规则，可能不能全然获得合乎事实的结论，而是在争议的当事主体之间得出相对符合程序规则的法律判断。

在新加坡上诉法院的判决观点中，"关键日期"后产生的证据被分为两类：一是与"关键日期"前立场完全相反证据（此类证据应当排除）；另一类是对"关键日期"前已经证明立场的确认（它证明了证据链的连续性，因此具有很强的证明力）。尽管如此，但由于老挝政府没有提供证据证明"关键日期"之前中老双方已经"另行确定"其 BIT 不适用于澳门，因此上诉法院认为 2014 年和 2015 外交信函不构成对已证明立场的确认。因此，在上诉法院看来，2014 年和 2015 年的中老外交信件不具有追溯性的确认效力。因此，上诉法院撤销了高等法院的判决，即肯定仲裁庭对系争案件（显然在"关键日期"之前）具有管辖权。

四、"盖然性"判断标准

对于判断中老 BIT 是否适用于澳门，新加坡上诉法院和高等法院均在判决中表明其采用的是"盖然性"（balance of probabilities）标准，但却作出相反的结论。在英美哲学传统中，"盖然性"这一概念与"确定性"（certainty）相对，意味着认知未获得确定性知识之前的中间状态。[28] 在法律程序中，裁断者无法或很难还原已经发生的事实，其只能依赖程序中的证据来获得内心确信的法律上的"真"，而不尽然吻合事实上的"真"。新加坡上诉法院认定中老 BIT 适用于澳门，既是国际法规则的适用结果，也是法官基于国际法规则获得的内心确信。有观点认为，如何确定中老之间条约的地域适用范围，取决于中老双方自身的意愿，是属于国家行为的事实问题，而不是需要由第三国法院决定的法律问题。[29] 但是，习惯国际法确定的规则各国有义务遵守，在投资争端中，中老 BIT 是否适用于澳门是一个法律问题。笔者认为，新加坡上诉法院得出的最终结论更符合国际法的基本规则，接近法律上的"真"。

首先，老挝政府在 PCA 仲裁程序和新加坡两审法院的审理程序中提交的关键证明文件都无法证明中老存在"另行确定"条约不适用于澳门的事实，国际法规则要求的两国"另行确定"的合意无法得以佐证。

其次，既然争议前的证据无法证明中老两国达成过任何"另行确定"的合意，那争议产生后，中老为了诉讼目的形成的外交信件不应在程序中改变争议前的事实，否则法官判断的事实基础就被扩大

〔26〕 任虎：《领土争端中关键日期问题研究》，《华东理工大学学报（社会科学版）》2011 年第 5 期。
〔27〕 熊沛彪、张逦：《国际法上关键日期适用问题研究》，《云南大学学报（法学版）》2014 年第 2 期。
〔28〕 张斌：《英美刑事证明标准的理性基础——以"盖然性"思想解读为中心》，《清华法学》2010 年第 3 期。
〔29〕 傅铸：《新加坡法院关于中老投资协定适用于澳门特区的判决是一项错误判决》，2016 年 10 月 12 日，http：//mp.weixin.qq.com/s/YaAWVFT0pi1egukB-BYJWg，2017 年 2 月 12 日。

并被置于不确定的状态,对作为程序相对方的私人投资者而言也是不公平的。

最后,中老 BIT 适用于澳门的结论是国际法规则适用的结果。根据《维也纳条约法公约》第 29 条,除条约表示不同意思,或另经确定外,条约对每一当事国之拘束力及于其全部领土。中老 BIT 被新加坡上诉法院认定适用于澳门,根本原因在于中老两国在国际法层面没有就条约不适用于澳门形成明确的国家合意。有学者就谢叶深案表明的观点是,中国政府在香港回归前,过渡期内以及回归后均没有使中外 BITs 适用于香港的法律规定和实践支持……这构成了对中外 BITs 适用于香港的默示排除。〔30〕

但是如前所述,这种默示排除始终存在于我国的国内法层面,无法依赖"国内外普遍承认"这一理由成为国际条约上双方国家合意的解释基础,在争议处理过程中,老挝政府也未能举证证明两国存在这种"默示"合意。

五、困 境 与 出 路

截至目前,我国已经与 100 多个国家签订了 BIT。但是,除了中俄 BIT〔31〕外,这些协定对香港和澳门的适用问题都没有予以明确。以我国与加拿大 2012 年签订的双边投资协定为例〔32〕,条约对我国"领土"适用范围的界定是:领土、领水、领海、领空以及根据国际法和国内法,我国拥有主权和管辖权的任何超出领海的海事区域的水、海床、底土以及其中的自然资源。按照中加 BIT 的字面约定,条约排除对香港和澳门适用的反向解释是,香港和澳门不属于我国的主权管辖范围,但是这种解释的前提是不成立的。显然,中加两国在订约时忽略了将香港和澳门的领土适用予以明文排除,使得在国际法层面,中加 BIT 是否适用于香港和澳门也成为一个不确定的问题。

如何解决这种不确定性,从而减少不符合缔约意图的争端呢?根据我国《缔结条约程序法》的规定,条约和协定的修改比照该条约、协定的缔结的程序办理。这似乎是一条复杂而且漫长的道路。即使通过外交途径与相关缔约国形成的换文,也可能涉及复杂的程序。可以考虑的方法是,类似上述 2014 年和 2015 年中老之间交换外交信函一样,中国政府可以与相关缔约国交换外交信函——信函虽然不能构成对条约的修改,但至少可以认为是两国的嗣后合意,从而为国际法效力提供解释的基础。当然,如何确保这种非国际法依据的外交信函具有较强的国际法效力,这是一个需要研究的问题。〔33〕

中外 BITs 是否适用于香港和澳门特区没有国际法意义上的明示,这可能引发大量与缔约时各方意思相左的争端,而且还存在另一种风险。试想,如果某个缔约国投资者就香港或者澳门特区的行为提出仲裁或者类似强制管辖,中央政府必然将列入被告席。在大陆与特区政府司法、行政和财政各司其职的情况下,如何防范和减少此类非必要的不确定性风险,这显然是一个紧急的课题。此外,随着"一带一路"和"走出去"战略的实施,我国企业和个人对外投资迅速增加,其中不少是以香港或者澳门为"跳板"的,这似乎又对如何有效地保护中资和投资者提出了一个新的课题。根据《UNCTAD:

---

〔30〕 王海浪、程变兰:《中外 BITs 对香港的适用问题初探》,《时代法学》2009 年第 1 期。

〔31〕 根据 2006 年 11 月《俄罗斯联邦政府和中华人民共和国政府关于投资的促进和互惠保护协议的拟定书》,双方约定,"除非合同双方另有协定,本协议不适用于中华人民共和国香港特别行政区和中华人民共和国澳门特别行政区"。

〔32〕 See Agreement Between the Government of Canada and the Government of the People's Republic of China for the Promotion and Reciprocal Protection of Investments, available at http://www.chinatax.gov.cn/n810341/n810770/c1153140/part/1153142.pdf accessed 12 February 2017.

〔33〕 笔者认为,增强国际法上的效力,其核心在于变暗示为明示,尤其是对潜在的争端双方(投资者或者东道国政府)来说,其明确无误地知道或者应当知道相关 BIT 适用(或者不适用)于香港或者澳门地区。

2016 世界投资报告》[34],2015 年中国大陆吸收外资排名居世界第三,居美国和中国香港之后,不考虑中国香港的大量过境投资,中国大陆吸收全球投资的实际排名应当是世界第二。此外,根据该份报告的初步数据显示,中国 2015 年对外投资增长 4%,达到 1 276 亿美元。因此,无论是对外投资和吸引外资,中国都承担重要而不同的角色,而香港和澳门在其中的地位和作用则更为重要和复杂。

从这个意义上说,简单通过修改 BIT、外交照会等形式排除中外 BIT 对香港和澳门特别行政区的适用的方法过于简单和粗暴。笔者认为,中央政府主管部门应当高度重视这种冲突和缺陷(而不是简单指责新加坡司法机关的"错误"),与香港和澳门主管部门认真调研和协商,全面而系统地分析各种 BIT,彻底解决相关适用问题。在此过程中,尤其应特别关注中资企业借道香港或澳门对外投资的情形,确保充分而且合理地保护我国投资人的合法权益。

---

[34] 联合国贸易与发展会议:《世界投资报告 2016(World Investment Report 2016)》,联合国出版物,2016 年。

权威发布·调研报告

2014—2015 中国反商业
贿赂调研报告

摘要

十八大以来,随着国内和国际反腐败形势的深刻变化,中国的反商业贿赂工作开始面临新的挑战,进入了新的发展时期。本报告立足于反腐败的"新常态"和反商业贿赂工作的新纪元,在厘清商业贿赂概念的基础上,通过对调研数据的扎实的研究分析,对不同类型的企业、行业所面临的商业贿赂风险及其防控难度,以及企业反商业贿赂合规建设的阻力情况进行了揭示和分析。在此基础上,本报告探讨了我国企业反商业贿赂的合规路向,并有针对性地提出了不同类型的企业反商业贿赂合规建设的落地政策指引。

关键词 商业贿赂风险 反商业贿赂治理 企业合规建设 落地政策指引

前　　言

新一届领导人上台后,中国政府对于反腐败、反商业贿赂的执法力度正在不断增强。政策方面,2014年党的十八届四中全会强调要"依法治国";国务院国有资产监督委员会(简称国资委)要求国企"依法治企"、建立健全合规制度。立法方面,《刑法(修正案九)(草案)》加强对行贿行为的惩罚、增加处罚力度、强化预防机制,同时建立健全反商业贿赂打击网络,完善对反商业贿赂不良记录的管理。执法方面,各级政府增加了商业贿赂执法人员,进一步明确分工与职能。政府查处的商业贿赂案件数量与涉案金额逐年递增。可以预计,未来几年,中国政府对于反商业贿赂的执法力度会有增无减。

与此相应的是,美国《海外反腐败法》(FCPA)已成为中国商业界、法律界一部不可不知的美国法。FCPA是一部把触角伸向海外的美国法,禁止贿赂美国以外的政府官员(包括中国)。6年前,西门子公司因为FCPA被罚16亿美元——史上单家公司最高的FCPA罚金,开启了FCPA合规新时代。在中国,2014年葛兰素史克(GSK)因为违反中国反商业贿赂法而被罚30亿元人民币,多位公司高管(包

---

* 本报告由方达律师事务所合伙人尹云霞律师主笔撰写,法制日报社中国公司法务研究院、律商联讯集团联合发布。

括中国区 CEO)被判有期徒刑 2—4 年。这是迄今为止中国政府针对公司行贿开出的最大罚单。

GSK 案件是否会开启一个中国反商业贿赂新纪元？中国企业是否已准备好面对反商业贿赂新纪元？国企已有的纪委监察系统是否能满足反商业贿赂要求？外资企业的 FCPA 合规制度是否足够应对中国反商业贿赂？中国民企在重重竞争压力下，是否应该将更多资源投入到反腐败合规中？哪些行业是高危行业？是否政府只关心"大鱼"，小公司可以高枕无忧？反腐败合规制度是否一纸空文？如何建立有效的监督制度？反腐败制度的建立和推行中，会有哪些困难阻力等。

中国此前尚无针对中国反商业贿赂合规的实证调研分析，为填补这一空白，中国法律权威机构《法制日报》社旗下的"中国公司法务研究院"携手全球著名法律服务公司"律商联讯"联合发起了针对中国企业反商业贿赂的调研。此调研从 2014 年 8 月启动，历时 5 个月，通过问卷调查、深度访谈、沙龙讨论等多种形式了解中国企业反商业贿赂合规的现状。其中，调查问卷总计回收 196 份，完成率达到 81%，问卷填写者中 89% 目前在企业担任法律合规监察相关岗位。同时，深入访谈与沙龙所收到的反馈也会在文中对数据进行相关补充。

报告分三部分。第一部分，分析中国反商业贿赂的立法与执法的现状与趋势，并对于加强反商业贿赂治理提出建议；第二部分，根据调研结果，从企业所有制类型、行业、规模三个维度，对各类企业面临的商业贿赂风险、合规制度建立及执行现状以及合规制度建设执行中的阻力进行分析；第三部分，为企业建立有效的反商业贿赂制度提出具体建议。

一、反商业贿赂概念澄清

中国企业逐步意识到反商业贿赂的重要性，高管可能因为企业的商业贿赂而面临牢狱之灾，公司可能因为员工违规而背负罚款和其他损失（比如进出口资质降级、无法参与政府采购、融资受阻、取消行政审批和营业执照等）。而公司要避免商业贿赂，须有有效、严密而系统的合规机制，既要防范员工违反公司规定收受、给予商业贿赂，也要防止公司因为对于商业贿赂错误的理解，而实行貌似合理却违反商业贿赂法的商业行为。

商业贿赂是一个复杂的概念。很多人对于"商业贿赂"涵盖的范围并不清楚。商业贿赂泛指发生在商业领域的收受、给予贿赂的行为，包括《反不正当竞争法》下的贿赂行为，以及刑法下公职贿赂（贿赂政府官员、国有企业及员工等）及非公职贿赂的 10 种罪名。商业贿赂涵盖很广，很多"行业准则"的商业行为，皆可能被认定为商业贿赂。例如，百威啤酒经销商曾给予酒店"专场费"、"进场费"，以求酒店只卖百威啤酒，而被判定为商业贿赂。一方面，哪些是合法的商业行为，哪些是商业贿赂，需要严谨的法律分析；另一方面，由于现实生活中执法部门在商业贿赂的查处中有较大的权限来解释商业贿赂，执法人员对于商业贿赂概念的不当理解在一些情况下易造成看似合情合理的商业行为被判定为商业贿赂。加强执法人员的培训，制定更详细的司法解释，开展有效的行政复议和诉讼等执法监督手段，有助于减少这样的事例发生。

如何加强反商业贿赂治理，报告认为，对于政府部门而言，除了增加执法力度，进一步完善统一明确的立法、提供及时详尽的司法解释外，还需要建立有效的举报制度，保证公开、公正、专业的执法。

二、反商业贿赂合规调研发现

此次反商业贿赂调研分别从企业所有制类型（国企、外企、民企）、企业所属行业以及企业规模（人数多于500人的大中型企业、少于等于500人的中小型企业）三个维度，对企业面临的商业贿赂风险程度、各企业合规制度建立及执行现状，以及合规制度建设与执行中的阻力情况进行分析。调研发现，从企业面临风险大小角度看，民企与国企相对于外企面临着更高的商业贿赂风险；房地产与建筑、快消品与食品等行业是高危行业；企业无论大小都在不同程度上面临着商业贿赂风险的来袭。从风险防控角度看，约一半的受访企业已建立了反商业贿赂制度与相关机制。外企走在合规建设的前端；国企虽有合规制度但并不健全有效；民企是后起之秀，但是缺乏系统且符合自身特点的合规机制。从合规政策建立与执行的阻力角度来说，民企相对于国企和外企面临更多的阻力，但无论是企业所有制类型、企业规模大小，阻力的来源与类型都大致相同。

民企与国企面临更高的商业贿赂风险。调查发现，相对于外企有更高比例的民企与国企通过给予现金的方式影响业务量、经历过商业贿赂调查。国企方面，这与其所处行业有关（有更高比例的国企需要和政府部门打交道），也与国企现行的反商业贿赂制度的缺陷有关。在与企业的深度访谈和国企沙龙中，国企相关负责人指出，大部分国企的合规工作分散在不同的职能部门，且大部分国企没有牵头部门，法务部在反商业贿赂方面处境尴尬，没有足够的人力、财力、权限去执行反商业贿赂合规工作，与审计、企业管理、风险控制等部门之间的合作不够紧密，无法有效查处监控商业贿赂行为。而纪委监察部门作为国企的主要反腐败部门，更专注党员干部及高级领导的个人贪污行为，而非商业贿赂行为。纪委监察部门的人员多半缺乏法律专业背景。另外，国企针对商业贿赂缺乏独立的监督考核体制以及培训机制。在制度执行或者处罚力度上，企业表示出于业务的压力，往往效果也会大打折扣。总之，国企面临更大的商业贿赂风险，现有的反腐败机制从人员到制度上都有很大的局限性。如何建立独立、完备、有效的反商业贿赂合规制度与机制是国企央企"依法治公司"的一大挑战。民企方面，企业对反商业贿赂合规的意识淡薄，对貌似安全但涉及商业贿赂的商业行为认识不足，导致其面临着较大的商业贿赂风险。

商业贿赂风险最大的行业是快速消费品（简称快消品）与食品行业和房地产与建筑行业。房地产与建筑行业是高危行业，比较容易理解。快消品与食品行业是高危行业，源于商业贿赂涵盖的范围。与FCPA不同，商业贿赂包括的范畴不只是公职贿赂，还有非公职贿赂（例如，给民营企业员工的回扣），既包括给予个人的好处也包括给予公司、团体的利益（例如，进场费），既包括行贿也包括受贿。快消品与食品行业在激烈竞争、有多种活络的商业模式的情况下，面临更多反商业贿赂挑战。一些"行业惯例"的商业行为，比如独家经销协议，也可能被认定为不正当竞争、商业贿赂。需要注意的是，很多外企处于快消品与食品行业，由于中国反商业贿赂法涵盖范围远大于FCPA，FCPA合规制度并不能足够应对中国的反商业贿赂，外企应进一步加强反商业贿赂制度，以应对中国的反商业贿赂执法新形势。

民企在合规制度方面落后于外企和国企央企，但面临的商业贿赂风险并不小，需要尽快赶上。小型企业和大中型企业均面临不同程度的商业贿赂风险，不能因为资金压力而放弃合规建设。而且，50%左右的受访企业已经建立起了反商业贿赂合规政策以及相关预警和处理机制。目前尚未建立合规制度的企业已经落后，将面临更大的商业贿赂违法风险。

合规制度的建立、完善和执行，必然会遭到既得利益者的阻碍。但很多外企率先克服阻力，建立了有效的反腐败合规制度，相信国企和民企也可以迎头赶上。国企沙龙中，一些国企表示国企建立有效的反商业贿赂体系，最大的困难在于职能部门如何形成合力。一方面，国企法务合规部门权限、财力、人力有限，现在很难牵头反商业贿赂合规；另一方面，纪委监察部门自有一套机制，难以进行大幅调整,并且有职能范围的局限性。很多国企反映,反商业贿赂制度与机制的改革需要企业最高领导层或者企业所属主管机关领导牵头,几个职能部门密切配合。国资委要求国企"依法治企"、建立建全合规制度是适时的东风,而跟进的落地政策、对国企合规机制的考核、对法务合规部门在财力、人力、权限上的支持,是国企建立有效反商业贿赂机制的关键。

针对调研结果,笔者在第三部分提供了反商业贿赂合规指引,包括如何制定有效的反商业贿赂合规政策与有效执行反商业贿赂政策的机制,并对国企、民企和外企分别提出一些针对性建议。希望本调研报告能够在中国反商业贿赂的新形势下,为企业在中国的商业合规提供借鉴。

本报告覆盖的内容面较广,不可避免地存有疏漏之处,请大家斧正。最后,报告声明本书的内容仅供参考,不构成对任何机构或者个人的法律意见,也不代表报告发布人及报告主笔所在单位的观点。

第一章 反商业贿赂概述

一、反腐败新纪元

(一)国际反腐败"新常态"

2005 年联合国签署的《联合国反腐败公约》生效,成为联合国历史上第一个指导国际反腐败的文件。过去 10 年是国际反腐败里程碑的 10 年,多个国际反腐败组织崛起,区域反腐败联盟建立,国家加强反腐败力度、国与国之间合作大大加强。2014 年更把国际反腐败推到了一个新的高度,也把中国的反商业贿赂推进国际视野。2014 年 G20 国家领导人会议在澳大利亚举行,会议将全球反腐败合作与建立透明制度提到了新的高度。欧盟发布了第一部《反腐败工作报告》,明确了相关法律法规和反腐败工作新议程。OECD 发布《OECD 反贿赂工作小组年度报告》,总结 OECD 的40 多个参与国在过去一年反贿赂工作的情况,并为下一年反贿赂工作提供了指导性建议。亚太经济合作组织(APEC)国家领导人会议发布了《北京反腐败宣言》,启动了国际反腐败执法合作网络(ACT-NET)。

美国政府是国际反腐败的领跑者。西门子"贿赂门"使得美国《海外反腐败法》(FCPA)成为国际商业界、法律界的热门话题。FCPA 禁止与美国相关的企业贿赂美国以外的政府官员。西门子因违反 FCPA 支付了 16 亿美元罚款——单家公司支付的最高反腐败罚金,并花了约 10 亿美元进行内部调查,发现公司内部存在庞大的贿赂体系。美国证券委员会称,西门子至少向政府官员行贿 14 亿美元,西门子董事会对公司上下行贿风气不加控制,采取了纵容甚至鼓励的态度。为此,西门子公司的CEO 引咎辞职,高层几乎全部更换。事后,西门子聘请专业外部律师,花费了几千万美金制定了一套反腐败合规体系,建立了数百人的合规团队,研发出具有自己知识产权的电脑程序来监控腐败行为,打造国际合规黄金标准。外企 FCPA 合规进入了一个新的时代。

(二)中国反商业贿赂新纪元

中国也加大了反商业贿赂力度。2014 年,葛兰素史克(GSK)因为违反中国商业贿赂法而被罚30 亿元人民币,多位公司高管(包括中国区 CEO)被判有期徒刑 2—4 年。这是迄今为止中国政府针对公司行贿开出的最大罚单。GSK 花费巨额资金进行了内部调查。从 2013 年中 GSK 被公安部门调查开始，业务受到很大影响，一年内 GSK 中国的员工离职比例超过 50％，几乎涉及所有的职能部门和事业部门，公司销售跌入谷底。痛定思痛，GSK 放弃了以前单纯追求增长的商业模式，推行了一套新的薪酬体系，降低奖金在薪酬中的比例，奖金计算不再以个人销售指标的完成情况为基础。

风口浪尖上的 GSK，成为外企在中国的商业贿赂合规风向标。据《金融时报》报道，自中国政府大力推行反腐倡廉以来，美国企业对中国法律合规方面的担忧越来越强烈。2013 年爆出的 GSK 腐败丑闻和中国政府大力度的反腐行为，已促使 160 余家在中国运作的美国企业计划增加法律合规费用，近百家企业已经根据中国目前的实际情况对其商业运作、激励机制进行了必要的调整。[1]

GSK 案件把中国反商业贿赂法置于国际公众的视野。有舆论认为 GSK 案件是一个政治性案件，不能代表中国政府打击商业贿赂的决心；有人指责中国政府执行反商业贿赂不公开透明，GSK 案件的处罚没有详尽合理的解释；有人认为很难遵守中国反商业贿赂法，因为法律没有清晰的诠释，而执法也不公正公平，特别是工商部门作为主要的反商业贿赂行政执法部门在全国各地的执法并不统一，有些合理的商业行为也被认定为商业贿赂，中国对于政府执法没有有效的监控。

GSK 案件是一个特例，还是一个新的执法时代的开始？中国政府能否持续、有效地惩戒商业贿赂，需要时间来证明。除了在人力、财力上加大投入，加大执法力度，有效的执法还需要从几个方面提高：清晰、完备、系统的立法，司法解释；公开、公正、专业的执法；以及有效的举报制度，加强公众监督。

（三）中国反商业贿赂政策立法趋势

自 2012 年党的十八大召开后，中国政府相继提出"八项规定"与"六条禁令"，明确"腐败问题解决不好，就会对党造成致命伤害，甚至亡党亡国"的理念。2013 年中共中央发布《建立健全惩治和预防腐败体系 2013—2017 年工作规划》。2014 年党的十八届四中全会提出依法治国，中国反腐倡廉登上新的高度。2012 年以来，新增及新修订了多部涉及商业贿赂法律法规[2]，在不同层面上加大了对商业贿赂的打击力度。

在立法上加大刑法框架下对商业贿赂的惩治，特别是对行贿的惩治。现行《刑法》对行贿犯罪的处罚力度轻于受贿罪，并且司法实践中普遍存在"重受贿、轻行贿"的现象[3]。2014 年 10 月 27 日《刑法修正案（九）（草案）》提请十二届全国人大常委会十一次会议审议。修正案提出以下修改意见[4]：① 加大了对行贿犯罪的处罚力度。一是完善行贿犯罪财产刑规定，使犯罪分子在受到人身处罚的同时，在经济上也得不到好处。[5] 二是进一步严格对行贿罪从宽处罚的条件。拟将"行贿人在被追诉前主动交待行贿行为的，可以减轻处罚或者免除处罚"的规定，修改为"行贿人在被追诉前主动交待行贿行为的，可以从轻或者减轻处罚。其中，犯罪较轻的，检举揭发行为对侦破

---

〔1〕 财经网：《美国商会：中国反腐败法让美企忧心合规问题》，发布时间：2014 年 2 月 26 日。网址：http://economy.caijing.com.cn/2014-02-26/113960884.html.

〔2〕 例如：2012 年 2 月实施的《招标投标法实施条例》，2012 年 9 月发布的卫生部、国家中医药管理局《关于加强公立医疗机构廉洁风险防控的指导意见（卫办发〔2012〕61 号）》，2013 年 4 月发布的《旅游法》，2013 年 6 月发布的商务部、国家发展改革委、公安部、民政部、国家税务总局、国家工商总局《关于做好零售商供应商交易监管工作的通知》，2013 年 12 月修正的《药品管理法》，2014 年 8 月修正的《政府采购法》和《保险法》等。

〔3〕 新华社：《让贪官"不敢收" 还要让行贿人"不敢送"》，2014 年 10 月 27 日，http://news.xinhuanet.com/legal/2014-10/27/c_1112998244.htm.

〔4〕 中国人大网：《关于〈中华人民共和国刑法修正案（九）（草案）〉的说明》，2014 年 11 月 3 日，http://www.npc.gov.cn/npc/lfzt/rlys/2014-11/03/content_1885123.htm.

〔5〕 《刑法修正案（九）（草案）》第 9 条、第 41 条、第 42 条、第 43 条、第 44 条。

重大案件起关键作用,或者有其他重大立功表现的,可以免除处罚"。[6] 三是草案还增加规定为利用国家工作人员的影响力谋取不正当利益,向其近亲属等关系密切人员行贿的犯罪。[7] ② 草案拟删去对贪污受贿犯罪规定的具体数额,原则规定数额较大或者情节较重、数额巨大或者情节严重、数额特别巨大或者情节特别严重 3 种情况,相应规定 3 档刑罚。[8] ③ 完善了预防性措施的规定,对因利用职业便利实施犯罪,或者实施违背职业要求的特定义务的犯罪被判处刑罚的,人民法院可以根据犯罪情况和预防再犯罪的需要,禁止其自刑罚执行完毕之日或者假释之日起 5 年内从事相关职业。[9]

立法进一步建立健全企业商业贿赂的不良记录及档案管理制度。2013 年 2 月,最高人民检察院《关于行贿犯罪档案查询工作的规定》[10]生效。该规定进一步加强了中国的行贿犯罪档案查询制度,使得个人和企业得以在某些情况下在人民检察院的档案系统中查询有关的行贿犯罪记录。对于医药行业,2013 年 12 月,国家卫生计生委为打击医药购销领域的商业贿赂行为,建立了医药购销领域商业贿赂不良记录,被列入商业贿赂黑名单的企业无法参加公立医疗机构的采购。最高人民检察院公布,自 2012 年检察机关行贿犯罪档案查询系统全国联网至 2014 年 11 月,全国检察机关共受理查询434 万次,涉及单位 579 万家,个人 791 万人。2012—2014 年 10 月,有关部门和业主单位对经查询有行贿犯罪记录的 2 090 家单位和 2 426 名个人进行了处置。[11]

二、商业贿赂概念澄清

对于中国商业贿赂的概念,有很多混淆。几个常见的问题:商业贿赂是否与公职贿赂相对应的?商业贿赂为什么有时包括根据行业惯例给予公司的商业利益(而非个人好处),比如给予超市、饭店的进场费? 为什么有时看似合情合理的商业行为会被定性为商业贿赂?

商业贿赂不是与公职贿赂相对应的,两者有交集,涉及商业行为的公职贿赂属于商业贿赂。在中国的法律法规框架下,没有专门的商业贿赂法律。对于商业贿赂的规定,散见于各个法律层级。国家工商总局《关于禁止商业贿赂行为的暂行规定》(以下简称《暂行规定》)定义商业贿赂为:"经营者为销售或者购买商品而采用财物或者其他手段贿赂对方单位或者个人的行为。"[12]2007 年 5 月 28 日,中央治理商业贿赂领导小组《关于在治理商业贿赂专项工作中正确把握政策界限的意见》,指出商业贿赂是在商业活动中违反公平竞争原则,采用给予、收受财物或者其他利益等手段,以提供或者获取交易机会或者其他经济利益的行为。[13] 商业贿赂包括《反不正当竞争法》[14]第八条的不当竞争行为,以及《刑法》[15]下的贪污贿赂罪。《刑法》没有把"商业贿赂"作为一个特定的罪种予以明确规定,而是

---

〔6〕《刑法修正案(九)(草案)》第 41 条。
〔7〕《刑法修正案(九)(草案)》第 40 条。
〔8〕《刑法修正案(九)(草案)》第 39 条。
〔9〕《刑法修正案(九)(草案)》第 1 条。
〔10〕最高人民检察院《关于行贿犯罪档案查询工作的规定》,2013 年 2 月 6 日。
〔11〕最高人民检察院网站:《2012 年至今年 11 月检察机关受理行贿犯罪档案查询 434 万次》,2014 年 12 月 25 日,http://www.spp.gov.cn/tt/201412/t20141225_86225.shtml.
〔12〕国家工商行政管理总局《关于禁止商业贿赂行为的暂行规定》第 2 条,1996 年 11 月 15 日。
〔13〕中央治理商业贿赂领导小组《中央治理商业贿赂领导小组关于在治理商业贿赂专项工作中正确把握政策界限的意见》第二部分第(三)条,2007 年 5 月 28 日。
〔14〕《反不正当竞争法》,实施日期:1993 年 12 月 1 日。
〔15〕《刑法》,截至目前已修订 8 次。

包括10种罪名。最高人民法院、最高人民检察院2008年《〈关于办理商业贿赂刑事案件适用法律若干问题的意见〉的通知》，指出商业贿赂犯罪涉及刑法规定的以下8种罪名[16]：① 非国家工作人员受贿罪；② 对非国家工作人员行贿罪；③ 受贿罪；④ 单位受贿罪；⑤ 行贿罪；⑥ 对单位行贿罪；⑦ 介绍贿赂罪；⑧ 单位行贿罪。同时，2009年实施的《刑法修正（七）》中规定的"利用影响力受贿罪"[17]也在商业贿赂范围内。随着国际反腐合作与对话的深入，中国也制定了"海外反腐败法"，在2011年5月1日施行的《刑法修正案（八）》中首次将"对外国公职人员、国际公共组织官员行贿罪"[18]纳入我国刑法规定的犯罪范畴。

反商业贿赂法管辖的不只是我们通常理解的"腐败性贿赂"（例如，给予个人好处），也可能包括以排挤其他竞争对手为目的而给予商业伙伴的商业利益，我们可以认为这是有别于"腐败性贿赂"的"竞争性贿赂"。例如，某啤酒公司给予饭店的排他性的进场费、专场费。所以，公司在从事一项貌似"行业准则"的商业活动前，也应该研究其是否会被认为是商业贿赂。在市场经营者没有市场支配地位的情况下，这样排他性的竞争归入商业贿赂是否合理，是否应该由《反垄断法》[19]来判断这样的竞争是否不正当，是值得商榷的问题。但就目前而言，这样的商业行为有被认定为商业贿赂的风险。

商业贿赂的形式多种多样。商业贿赂的灵活性造成了反商业贿赂执法的复杂性。现实中，执法部门在商业贿赂的查处中有较大的权限来解释商业贿赂。执法人员对于商业贿赂概念的不当理解在一些情况下造成了合情合理的商业行为被判定为商业贿赂。对于执法人员的培训、更详细的司法解释、有效的行政复议和诉讼会有助于减少这样的事例发生。

三、进一步强化反商业贿赂治理的意见

近些年中国对反商业贿赂治理已经取得了长足的进步，但是立法与执法层面依旧有一定程度的不足。如果能进一步完善立法、司法解释体系，有更加公开、公正、专业的执法，以及更加高效的举报制度，对于巩固反商业贿赂成果、进一步强化反商业贿赂治理会有相当大的帮助。

（一）进一步完善立法、司法解释体系

中国没有专门的商业贿赂法律。对于商业贿赂的规定，散见于各个法律层级、各个部门规定。商业贿赂的定义为循环定义。《暂行规定》定义商业贿赂为："经营者为销售或者购买商品而采用财物或者其他手段贿赂对方单位或者个人的行为。"以贿赂定义商业贿赂。虽然陆续有行政规范性文件出台，对商业贿赂界定做出解释，但仍不够全面，在执法过程中没有发挥预期的作用。商业贿赂的执法机关不明确。《反不正当竞争法》第3条规定："县级以上人民政府工商行政管理部门对不正当竞争行为进行监督检查；法律、行政法规规定由其他部门监督检查的，依照其规定。"这造成了政出多门、多龙治水的局面。另外，工商部门在《反不正当竞争法》下是否对于受贿人有管辖权有争议。这促使工商人员在执法中专注行贿行为，使不够刑事追究而又没有相应的行政法律制裁的受贿人逍遥法外。[20]

如果有一部专门的更详尽的《反商业贿赂法》，会有利于澄清商业贿赂的定义、执法机构、执法范畴。我们可以借鉴FCPA、英国的《反贿赂法》、《联合国反腐败公约》等相关规定，制定单行法律法规，或者相应修订《反不正当竞争法》的有关规定。

---

[16] 最高人民法院、最高人民检察院：《关于办理商业贿赂刑事案件适用法律若干问题的意见》第一条，2008年11月20日。
[17] 《刑法修正案（七）》第十三条，实施日期：2009年2月28日。
[18] 《刑法修正案（八）》第二十九条，实施日期：2011年5月1日。
[19] 《反垄断法》，实施日期：2008年8月1日。
[20] 有些行业对于受贿行为有个别规定，例如，《药品管理法》单独规定了对药品行业相关受贿行为的处罚。

商业贿赂形式多种多样，除了专门的法律外，全面、及时的司法解释，会是统一执法的基石。FCPA 作为一部综合性的反腐败法律，1977 年出台，历经修订在执行中依旧有很多不明却之处，企业对于美国政府的执法合理性提出过很多怀疑。针对这个情况，美国政府在 2011 年颁布了对于 FCPA 的详尽的司法解释（*A Resource Guide to the U.S. Foreign Corrupt Practices Act*），对于 FCPA 的每一个条文在商业运作中的实际应用予以解释。另外，如果有人对 FCPA 在其具体案例中的应用有疑问，可以依照 FCPA 的规定向美国政府提出司法解释请求。[21] 美国政府在规定时间内回复，并把这些解释公布于众，以备其他人参考。这些都是我们在应对商业贿赂方面可以借鉴的。

（二）更加公开、公正、专业的执法

公开透明的执法是避免群众质疑、提高公信力的好方法。一方面，需要执法结果的公开透明；另一方面，需要执法过程的公开透明。自 2014 年 10 月 1 日起，不仅工商部门政务公开，商业贿赂的处罚决定也要公开，这都向建立公开透明的执法体系迈进了重要的一步。[22] 如果有更多信息公开，对于处罚的依据、法律分析有更详细剖析会更有利于保证执法的公开透明，也为其他人提供了法律解读依据。美国政府的起诉公文和法庭判决有详尽的事实及法律分析，经常有几十页。

公平正义是政府执法的核心。要保证公正的执法，除了以上讨论的公开透明的执法外，还应从以下几方面改进。第一，应立法明确给予相对人程序救济的权利。现在反商业贿赂的执法程序对于当事人救济权利保护可以进一步提高。例如，当事人没有维护自己权利的律师代表，没有听证会及时审查强制执行是否合法的程序。第二，建立调查权、审议权分立的制度、回避制度等机制避免利益冲突。第三，完善行政复议、诉讼制度，保证对于政府、司法执法的有效监督。有些地区，在行政复议上做了有益的尝试。例如，上海市在 3 年前建立了行政复议委员会，改变了以往行政复议以书面审查为主的办案方式，确立了当事人参与案件审议制度，让当事人到案件审议现场直接表达诉求，接受委员的当面调查和问询，还将审议决定的复议决定书公布于网上，主动接受社会监督。三年来，复议委员会共审理 25 个案件，纠错 8 件，纠错率达 32%，效果显著。

商业贿赂形式多样灵活，对于商业贿赂的正确判定的专业要求较高。实践中，有执法人员对于《反不正当竞争法》第 8 条规定采取字面理解，片面强调"是否如实入账"，认为不入账的就是商业贿赂，或商业贿赂就是不入账，忽视了商业贿赂行为的本质是一种"不正当竞争行为"。这样造成了一些合法的商业行为被错误地定性为商业贿赂。专业的培训、及时的司法解释、邀请比较中立的社会专业人士加入行政复议程序、建立"专家库"等会对于商业贿赂执法的专业性有莫大帮助。

（三）更加高效的举报制度

贿赂通常比较隐秘，较难查处。更加高效的举报制度，可以很大程度上提高公众参与。美国的 Dodd-Frank 法给予举报人丰厚的奖赏，举报人可以得到 10%—30% 的罚金。[23] 美国政府采取了一系列措施，使得政府可以根据 Dodd-Frank 法有效地得到有价值的举报，同时保护举报人。例如，美国政府有专门的办公室，和检举人交流，保护检举人的利益。Dodd-Frank 法禁止对举报人打击报复。[24]

---

〔21〕 美国司法部（DOJ）：《Foreign Corrupt Practices Act Opinion Procedure》，发布日期：1999 年 7 月 1 日，http：//www.justice.gov/criminal/fraud/fcpa/docs/frgncrpt.pdf.

〔22〕 国家工商行政管理总局：《工商行政管理行政处罚信息公示暂行规定》第二条，实施日期：2014 年 10 月 1 日。

〔23〕 《Dodd-Frank Wall Street Reform and Consumer Protection Act》第 922 部分第 21F.章第（b）（1）（A）&（B）条，发布机构：第 111 届美国国会（the 111th United States Congress），发布日期：2010 年 7 月 21 日。网址：http：//www.sec.gov/about/laws/wallstreetreform-cpa.pdf.

〔24〕 《Dodd-Frank Wall Street Reform and Consumer Protection Act》第 922 部分第 21F.章第（h）（1）条，发布机构：第 111 届美国国会，发布日期：2010 年 7 月 21 日，http：//www.sec.gov/about/laws/wallstreetreform-cpa.pdf.

2014 年 6 月，美国证券交易委员会对一家对冲基金 Paradigm Capital Management 采取行动，调查其对于举报员工的报复行为。[25] Dodd-Frank 法实施后，美国政府接到很多有很高价值的举报。[26] 2014 年 9 月，美国政府给予一个检举人 3 000 万美元，因为其举报提供了很难发现的关键信息，这是迄今最高的检举奖赏。[27] 我国政府也有商业贿赂举报热线及奖励制度，但奖励数目相对较小，通常在几百元到几千元人民币，多的一两万元人民币。加大对商业贿赂的惩罚力度，增加有效举报的奖赏力度，更加有效地保护举报人，会有利于政府收集到有价值的、难以发现的证据，增加公众的参与和监督。

第二章　我国企业反商业贿赂合规现状

　　为了摸清中国企业的反商业贿赂现状，调查问卷中的问题[28]、深入访谈与沙龙等活动主要针对四个方面展开：① 企业的基本信息与产品或服务情况；② 企业面临的商业贿赂风险情况，如在过去 3 年中涉足商业贿赂行为、调查或者处罚的情况；③ 企业目前建立和执行反商业贿赂合规政策与机制的情况；④ 企业在建立和执行反商业贿赂合规政策与机制过程中遇到的阻力情况。这次调研总计回收 196 份问卷，其中完成率达到 81%。问卷填写者中 89% 目前在企业担任法律合规审查相关岗位。根据调研数据，报告从企业所有制类型（国企央企、外企、民企）（见图 1）、企业所属行业（见图 2）以及企业规模（人数多于 500 人的大中型企业、少于 500 人的中小型企业）（见图 3）三个维度，对于各企业面临的商业贿赂风险程度、各企业为防控风险建立与执行合规制度与机制的现状，以及合规制度在建设与执行中的阻力进行分析。

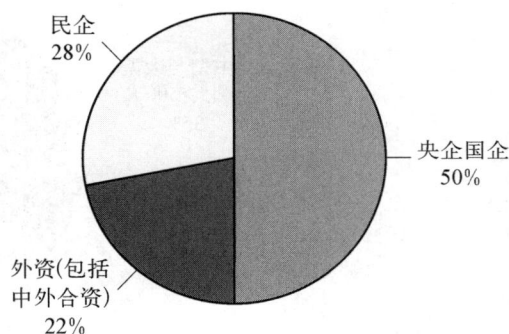

图 1　企业类型

一、调研重点发现

　　总体上，发现民企和国企面临更高的商业贿赂风险；房地产与建筑业、快消品与食品业是高危行业，无论企业大小都面临着商业贿赂风险。从风险防控角度来说，已有超过 50% 的受访企业建立了反商业贿赂的合规政策、培训以及相关预警和处理机制。外企走在合规建设的前端，国企虽有合规制度但并不健全。从合规政策建立、执行的阻力角度来说，无论哪种所有制类型的企业、无论企业的规模大小，都面临着或者经历过类似的阻力。

（一）商业贿赂风险较高的民企与国企
　　相比外企，民企与国企央企目前是商业贿赂风险较高的企业类型。国企方面，很多国企处于垄断

〔25〕　美国证券交易委员会（SEC）：《2014 Report to Congress on the Frank-Dodd Whistleblower Program》，第 18 页，发布日期：2014 年 11 月 17 日，http://www.sec.gov/about/offices/owb/annual-report-2014.pdf.
〔26〕　同〔25〕，第 3 页。
〔27〕　同〔25〕，第 1 页。
〔28〕　本报告中的问卷数据来源于律商联讯的问卷统计。

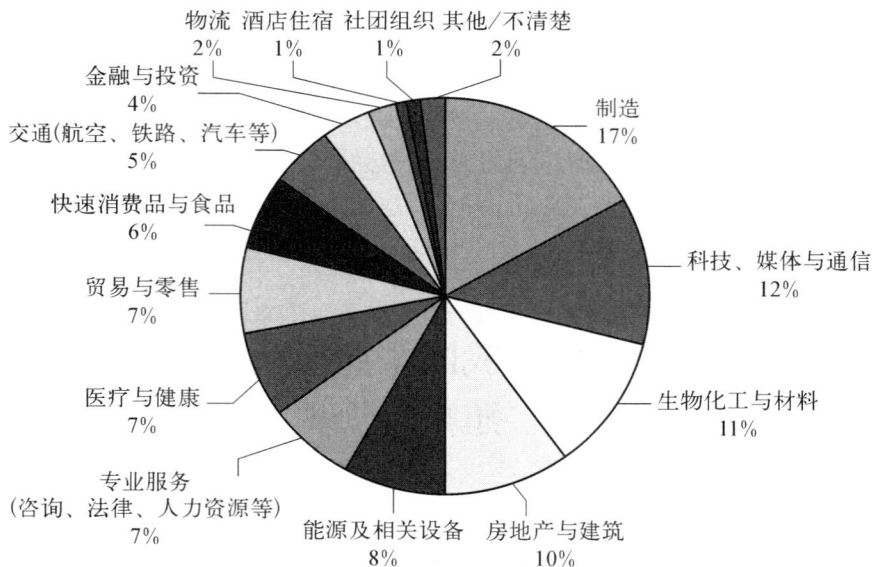

图 2　行业分布

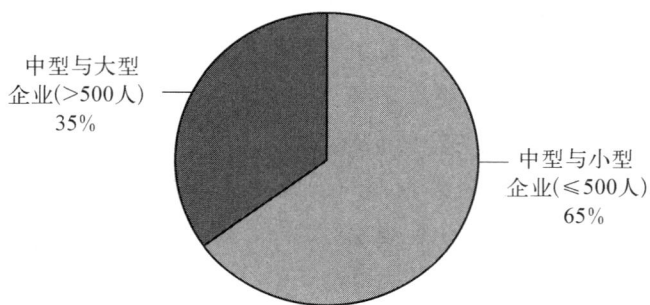

图 3　企业规模

性行业,其上游供应商往往是垄断性的企业或者政府,交易过程中容易产生贿赂风险。在深度访谈和国企沙龙中,有国企的法律总监指出,国企为了承接一些大型的国家或者政府机关的项目,在招投标环节也容易滋生商业贿赂行为。在很多人眼里,国企往往是收受贿赂的对象,其实在商业领域,其作为行贿方的可能性也不可忽视。很多国企透露,为了追赶项目进度,尽快拿到相关的行政审批,企业可能会频繁与政府机关进行接触,在交涉的过程中不免会出现不正当的贿赂行为。同时,国企现有的反商业贿赂的机制存在缺陷。从部门与人员设置上来看,虽然纪委监察部门作为国企进行反商业贿赂工作的主线,已有较为健全的管理机制,但其往往关注的是党员干部及高级领导的个人贪污行为。据调查,大部分国企的法务部或者新建立的合规部门在反商业贿赂方面处于尴尬的地位,作用性很小,并且与审计、企业管理以及风险控制等部门之间的合作不够紧密,无法有效查处与监控商业贿赂行为。

民企方面,大部分企业对反商业贿赂合规的意识较淡薄,对貌似安全的商业行为认识不足,常规性地进行有商业贿赂风险的"行业惯例",导致其面临着较大的商业贿赂风险和行政调查与处罚。

（二）商业贿赂风险最高的快消品与食品行业

虽然近些年对于医药医疗器械行业商业贿赂的报道屡见不鲜,但这次调研数据反映出风险最大的行业是快消品与食品行业,以及房地产与建筑行业。房地产与建筑行业比较容易理解,而对于快消品与食品行业，这一数据源于商业贿赂涵盖的范围。很多反腐败法（例如 FCPA）针对的是对公职人员（包括国企工作人员）进行行贿的行为。商业贿赂包括的范畴不只是公职贿赂，还针对私营经济领域的贿赂行为（例如给民营企业员工的回扣），既包括给予个人的好处也包括给予公司的利益（例如进场费），既包括行贿也包括受贿。快消品与食品行业竞争激烈容易发生商业行贿与受贿行为。而且，一些"行业惯例"商业行为也可能被认定为商业贿赂，属于不正当竞争。例如，2008 年青岛市工商部门针对青岛啤酒买断 30 家酒店酒水的行为进行了调查。青岛啤酒与这些酒店订立协议，支付 2 000—70 000 元不等的"买断费"，并且还为刺激服务员推销的积极性采取返利措施，每个瓶盖返利 1 元。最终，青岛市工商局认定青岛啤酒的上述行为为商业贿赂行为，对青岛啤酒进行了行政处罚。

（三）企业反商业贿赂合规的大趋势

从风险防控角度来说，无论企业的规模、所属行业以及所有制类型，已有超过 50% 的受访企业建立起了反商业贿赂的合规政策、培训以及相关预警和处理机制。因而，那些认为反商业贿赂机制无所谓或者不愿意投入资源在反商业贿赂建设的企业，已经落后于其他企业，并且面临着更高的被调查或者处罚的风险。而外企在商业贿赂方面风险最小。可见健全有效的制度以及配套完善的机制可以帮助企业有效应对商业贿赂问题。

国企的反商业贿赂有先天优势，也有先天缺陷。纪委监察部门作为主要的反贿赂部门，已有反贿赂经验和成型的体系。但纪委监察部门只负责反商业贿赂中与党员、高级领导相关的违纪问题。国企的反贿赂工作具有一定的党纪性和行政化倾向，由纪委与监察部门执行，不单单是在法律规制的范畴内。中国的监察部门与纪委办公室均是独立的部门，有的国企内部有完全独立的纪委监察部，有的则与法律合规联系在一起，但是在具体的工作上还是独立操作。法律部门与纪委监察部门工作上相互独立，但是也有一定的配合。例如，反贪污贿赂这方面因为涉及犯罪性质的法律分析、定性，法律合规部门会与纪委监察机关配合。

目前，国企不愿意投入过多的资源，法律合规部门配置的人员数量相对业务部门相差巨大。法律合规部门没有足够的人力、财力、权限独立引领反商业贿赂合规业务。另外，国企针对商业贿赂缺乏独立的监督考核体制以及培训机制。受访国企指出，出于业务的压力，在制度执行或者处罚力度上，往往效果也会大打折扣，会偏软偏弱。在绩效考核等各个方面，虽然说的比较严格，强调国企的带头作用，但是实际上有的法律合规部门为了公司的利益，加上自己也有受贿行为，这时候很难做到严格合规了。

有些民企虽然也陆续建立起反商业贿赂合规制度，但在执行层面上缺乏独立性，对员工的培训也不到位。另外，还有很大一部分民企，尤其是中小型民企，对反商业贿赂的重要性与必要性认知不足，仍然不愿意在合规制度的建设上投入一定的预算，意味着这些企业在管理方面已经远落后于同行业同类型的其他企业，可能面临着更大的被调查的风险。

虽然外企在合规制度与机制的建立和执行方面的表现较好，但由于受到海外母公司或者控股公司总政策的影响，制度与机制的建立往往是响应海外的反腐败法律法规的合规。例如，重视 FCPA，而忽视了中国反商业贿赂法律的要求，缺乏对企业所属行业上下游交易、渠道营销以及隐蔽的具有潜在风险的"行业惯例"商业行为进行管理的机制。

（四）企业可以克服合规阻力

调查发现，无论哪种所有制类型的企业，无论企业的规模大小，都面临着或者经历过类似的阻力。在制定反商业贿赂政策的过程中企业一般会面临两方面的阻力：内部利益的冲突，导致意见难以统一；部分部门的权力过大，左右政策的导向。在政策执行层面，往往因为涉及公司多个部门而波及面太广,企业会因此面临更为多样而复杂的阻力,如缺乏充足的举报、线索与证据以及调查取证较难等。然而,外企率先克服阻力,在过去短短几年里建立并有效执行了反商业贿赂合规制度,相信国企和民企也可以迎头赶上。

国企沙龙中,一些国企提出要变革或者完善已有的反商业贿赂合规制度阻力较大。反商业贿赂制度的改革需要企业最高领导层或者企业所属主管机关领导进行牵头,几个职能部门密切配合。一方面由于国企中的法务合规部门地位较弱,无法牵头反商业贿赂合规事宜;另一方面纪委监察部门作为主要抓反腐败的部门,已经有自行的一套机制。国企有纪委监察部门和法务合规部门共同进行反商业贿赂合规工作,但各有偏重,需要密切配合。

二、调研结果细分

(一)企业面临商业贿赂的风险情况

要分析各类型企业在反商业贿赂方面的合规状况,首先需要了解企业面临商业贿赂的风险情况。调研主要从 4 个角度进行切入:① 企业和政府的商务往来;② 过去 3 年,企业及其员工是否直接或间接支付金钱给企业的顾客,或最终顾客,或其员工及代表人(不包含终端零售顾客),或政府官员及监理人员(包括国有或受国家控制机构工作的个人),以影响收款人购买企业产品或服务,或取得优惠待遇;③ 过去 3 年企业是否经历过商业贿赂方面的调查;④ 过去 3 年企业是否因为商业贿赂受过处罚。

1. 关于企业和政府的商务往来:65% 国企向政府提供产品或服务

对于企业的产品或者服务,从图 4 不难看出,受访的国企中有 65% 的企业都会向政府部门提供产品或者相关服务,而受访的外企与民企则只有不到一半的企业会有类似的产品提供或者相关服务,因为国企有天然的优势,更容易拿到政府部门的项目。然而,和政府部门的密切接触,也使得国企面临更高的商业贿赂风险(见图 4)。

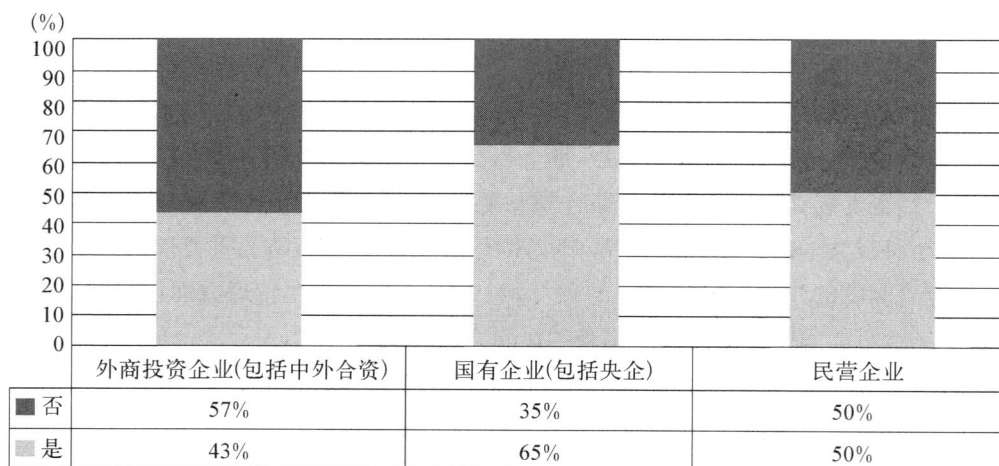

(%)	外商投资企业(包括中外合资)	国有企业(包括央企)	民营企业
否	57%	35%	50%
是	43%	65%	50%

图 4　公司是否向政府机构提供服务或者销售商品

2. 关于企业支付金钱以影响收款人:房地产与建筑企业支付比例达 44%

如调研结果所示,有将近一半的受访者不愿意披露。但是披露的结果显示,民企与国企支付金钱以影响经营业务或者取得优惠待遇的情况比较严重。其中受访民企中有 21% 出现过这样的情况,国企则是 18%,而外企情况相对较轻,只有 6%。调查中还发现,支付的对象集中于企业的重要客户以及长期合作伙伴,其次是政府工作人员以及供应链中垄断资源的控制者。在发生这样的情况后,无论是何种类型的企业,大部分企业会自行进行处理,少数企业会交给公安机关或其他执法机关处理。另外,还有一部分民企会选择不予处理,认为这是社会风气或者是发展业务所必需的手段,并且认为对公司没什么危害而不需要处理(见图5)。

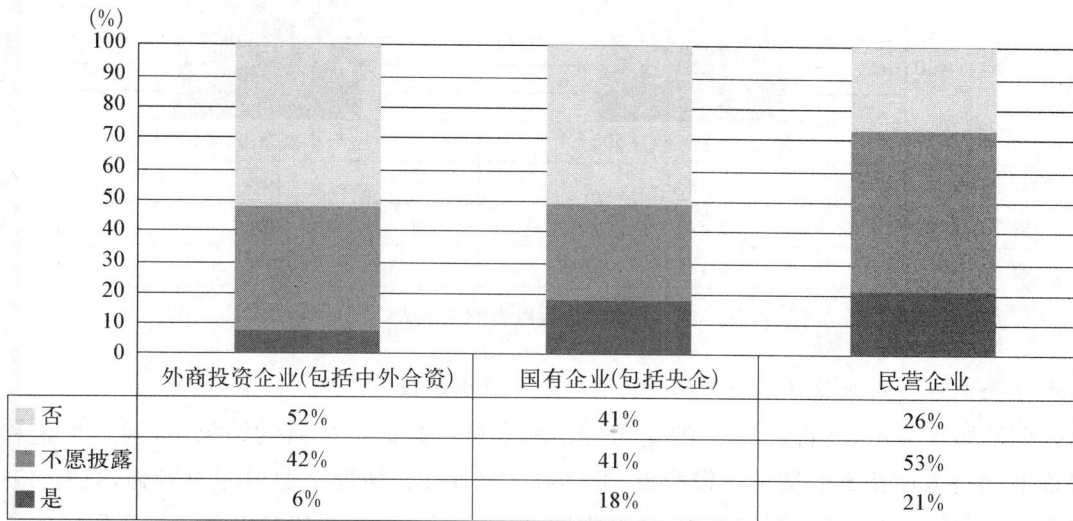

(%)	外商投资企业(包括中外合资)	国有企业(包括央企)	民营企业
否	52%	41%	26%
不愿披露	42%	41%	53%
是	6%	18%	21%

图5 支付金钱以影响受款人

图5中展示了在支付金钱方面情况最好和情况最差的行业。在愿意披露的受访企业中,房地产与建筑行业以及快消品与食品行业的企业均有44%的企业支付金钱,来影响收款人对其产品与服务的购买或取得优惠待遇。而其他大部分行业的受访企业认为属于企业的商业秘密,并不愿意进行这方面事宜的披露(见图6)。

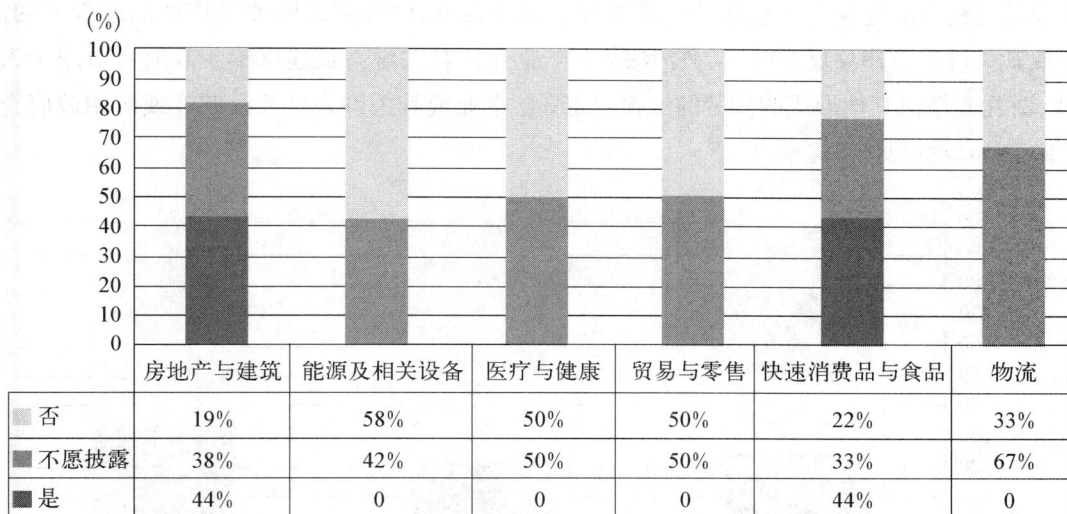

(%)	房地产与建筑	能源及相关设备	医疗与健康	贸易与零售	快速消费品与食品	物流
否	19%	58%	50%	50%	22%	33%
不愿披露	38%	42%	50%	50%	33%	67%
是	44%	0	0	0	44%	0

图6 支付金钱以影响受款人

从企业规模角度来看,无论是大中型企业还是中小型企业在这个问题上将近有一半的受访者不愿意进行披露,而披露的结果可以看出两者情况类似,境遇无有较大差异,并不是大中型企业的情况就比中小型企业的情况好很多(见图7)。

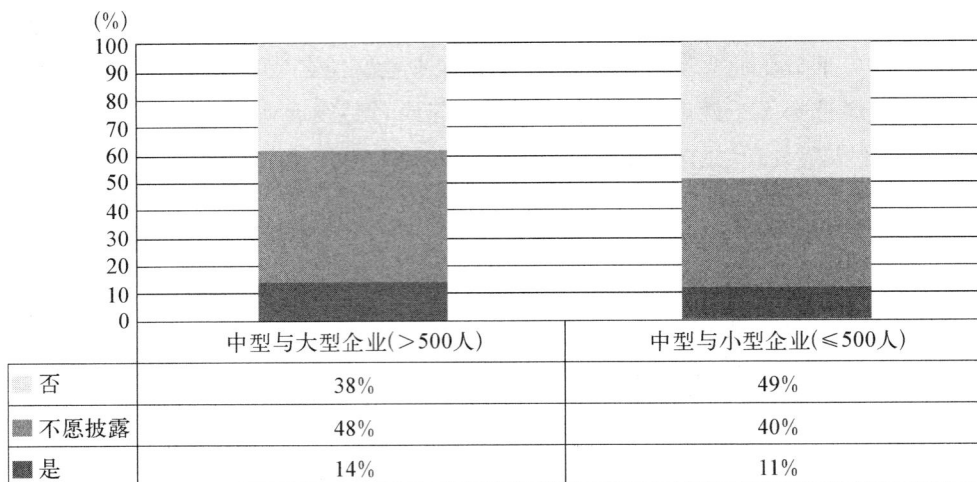

	中型与大型企业(>500人)	中型与小型企业(≤500人)
否	38%	49%
不愿披露	48%	40%
是	14%	11%

图7　支付金钱以影响受款人

3. 关于企业经历商业贿赂方面的调查：案发主要源于举报

根据调研结果显示，有将近 20% 的受访者不愿意进行披露。披露的结果中，国企央企和民企经历过商业贿赂方面调查的情况比较严重，分别有 12%；外企情况类似但相对较轻，只有 6%。调查还发现，调查的起因主要是源于举报，包括在职员工、离职员工、竞争对手和业务合作伙伴 4 个方面的举报。另外，也有部分受访企业是因为监管机构主动调查、媒体报道或者海外总公司被调查才被卷入相关商业贿赂事件中。也有少数企业是通过内部自查方式发现问题而开始商业贿赂调查的。

披露经历过商业贿赂调查的受访企业指出，调查机关主要为工商局、检察院、公安局、商务部、国资委、纪检委等。国企往往是纪检委联合企业自己的主管机关，调查或访谈的内容集中在 4 个方面：① 企业或其关键人员违反有关政府采购或销售产品或服务、向政府采购或销售产品或服务的法规；② 企业或其关键人员违反反腐败/反贪污法规；③ 企业或其关键人员违反给予政府官员或个人的捐献、捐赠、谢礼或任何其他形式的酬劳的法律规定；④ 企业或其关键人员涉及欺诈或滥用政府合约或与私人签订的合约(见图8)。

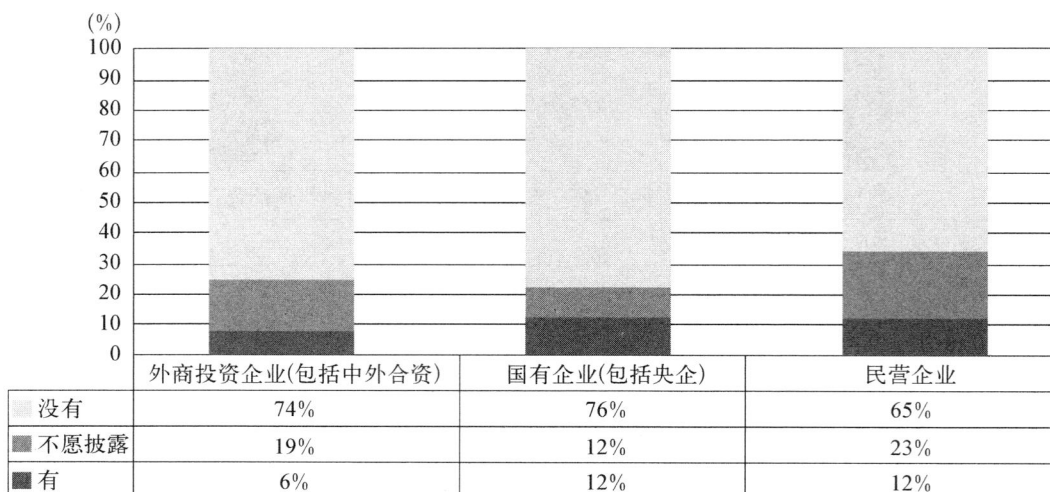

	外商投资企业(包括中外合资)	国有企业(包括央企)	民营企业
没有	74%	76%	65%
不愿披露	19%	12%	23%
有	6%	12%	12%

图8　经历过商业贿赂方面的调查

图9中展示了经历商业贿赂调查最多的行业。在愿意披露的受访企业中，快消品与食品行业及制造行业的企业经历过商业贿赂调查或者事件的情况最为严重，分别有22％和19％的企业经历过这样的调查；其次是房地产与建筑行业，有13％的企业经历过这样的调查。其他大部分行业的受访企业认为其并没有或者极少经历过商业贿赂调查。

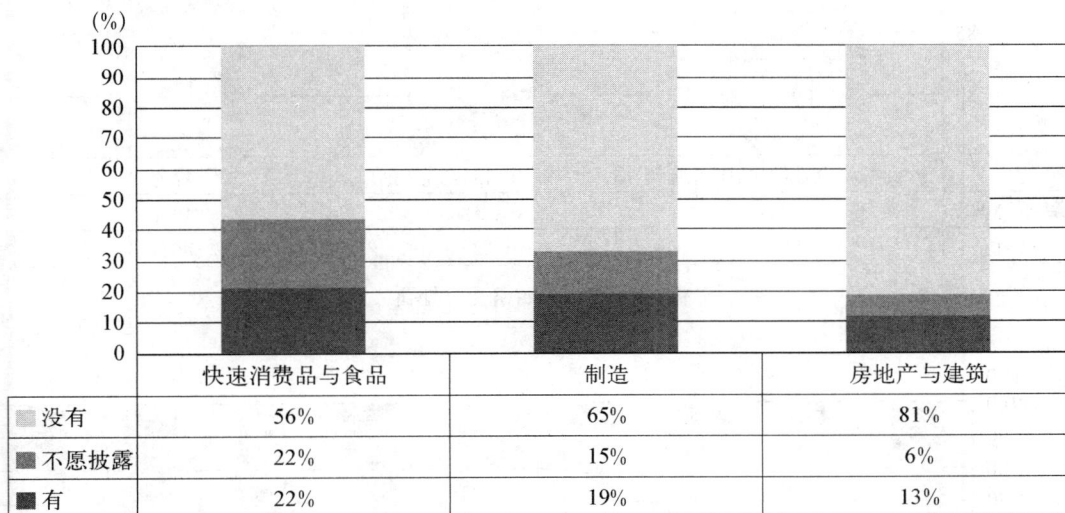

	快速消费品与食品	制造	房地产与建筑
没有	56%	65%	81%
不愿披露	22%	15%	6%
有	22%	19%	13%

图9　经历过商业贿赂方面的调查

从企业规模角度来看，虽然无论是大中型企业还是中小型企业在这个问题上大部分的受访者认为其所在的企业并没有经历过商业贿赂方面的调查，但受访的中小型企业的情况（2％披露接受过调查）比大中型企业情况（13％披露接受过调查）更加良好（见图10）。

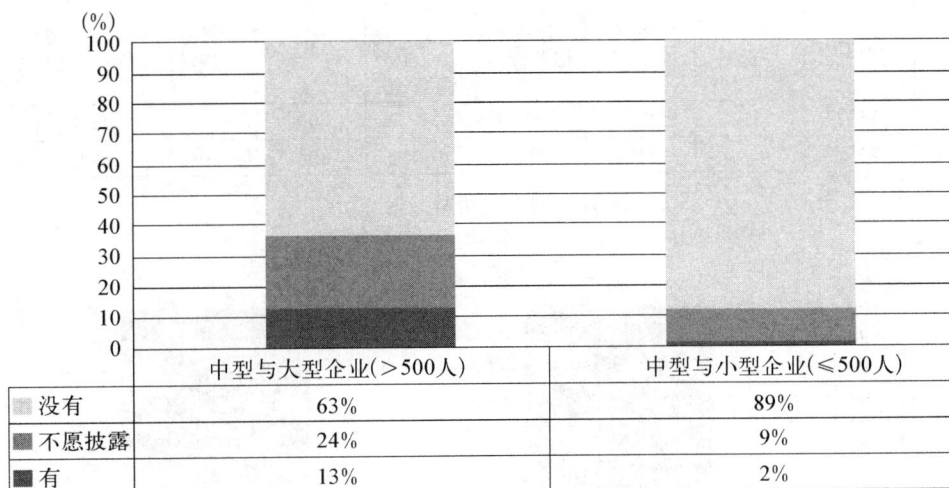

	中型与大型企业（>500人）	中型与小型企业（≤500人）
没有	63%	89%
不愿披露	24%	9%
有	13%	2%

图10　经历过商业贿赂方面的调查

4. 关于企业因商业贿赂受过处罚：88％企业表示未受过处罚

由于问题比较敏感，约12％的受访者不愿意透露相关信息，约88％的受访者表示其所在企业没有因商业贿赂受过处罚。据了解，很多企业在和工商部门针对商业贿赂调查谈到罚款措施时，会达成协议选用非商业贿赂的名义进行罚款，以避免因商业贿赂罚款而引起的连锁反应，如引起其他外国执法机构的反腐败调查、被列入黑名单等。所以，此调查数据不一定全面反映实际情况（见图11、图12、图13）。

(%)

	外商投资企业(包括中外合资)	国有企业(包括央企)	民营企业
■ 不愿披露	12%	9%	14%
没有	88%	91%	86%

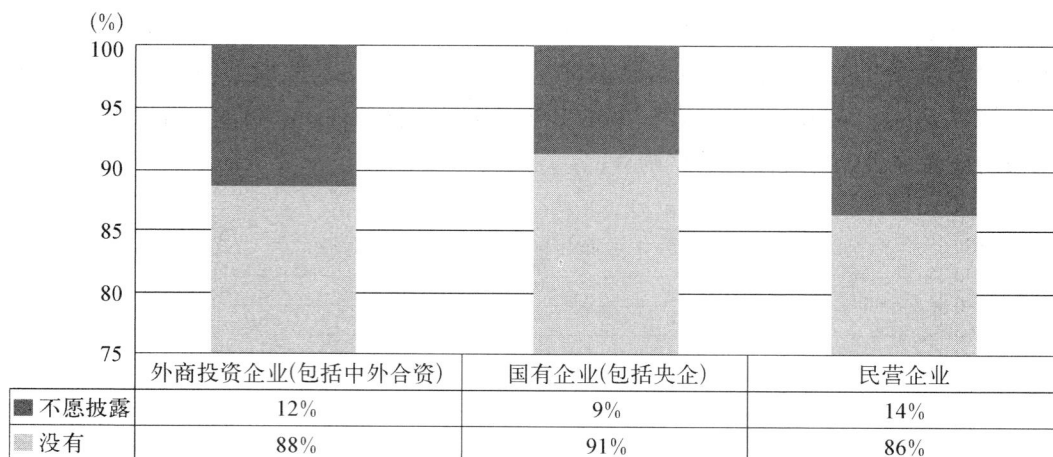

图 11　因商业贿赂受过处罚

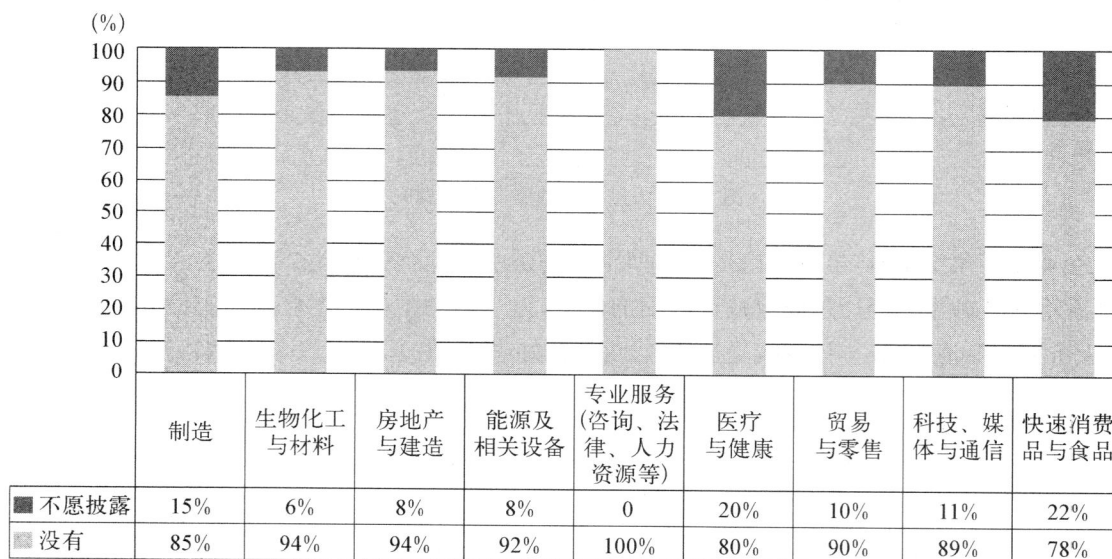

(%)

	制造	生物化工与材料	房地产与建造	能源及相关设备	专业服务(咨询、法律、人力资源等)	医疗与健康	贸易与零售	科技、媒体与通信	快速消费品与食品
■ 不愿披露	15%	6%	8%	8%	0	20%	10%	11%	22%
没有	85%	94%	94%	92%	100%	80%	90%	89%	78%

图 12　因商业贿赂受过处罚

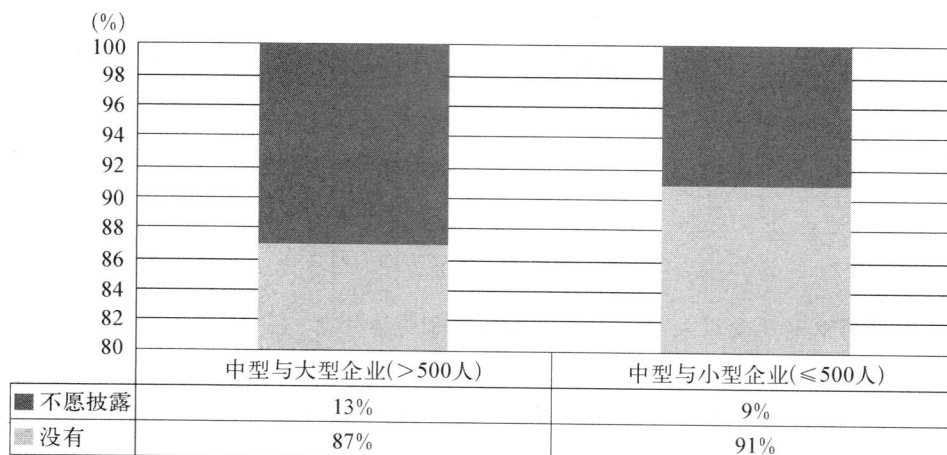

(%)

	中型与大型企业(＞500人)	中型与小型企业(≤500人)
■ 不愿披露	13%	9%
没有	87%	91%

图 13　因商业贿赂受过处罚

发现问题后,大部分企业选择自己内部予以处理,情节严重的也会移交公安等执法部门进行处置。

（二）企业应对商业贿赂风险的防控情况

针对各类企业应对商业贿赂风险防控的情况,调研主要从以下几个角度进行:① 企业是否已建立起系统的书面的内部控制政策;② 企业是否有商业贿赂预警警报/措施;③ 企业是否有指定高管分管反商业贿赂事宜;④ 企业是否有专门的部门管理反商业贿赂事宜;⑤ 是否在公司内部区分商业贿赂高风险部门/业务条线;⑥ 企业是否需要向所有在职员工告知公司的反商业贿赂制度;⑦ 企业是否会进行常规性和主动性的反商业贿赂自查;⑧ 如果调查确认存在商业贿赂,企业会采取的应对措施;⑨ 企业是否有预算花费在反商业贿赂建设上;⑩ 企业是否会在反商业贿赂方面聘请外部律师。

1. 关于企业建立系统的书面内部控制政策:民企建立比例不足24％

有效的合规机制需要先建立起系统完善的书面内部控制政策,尤其是企业反商业贿赂方面的总体政策、指南方针等。根据调研结果显示(图14),受访的外企中68％的企业都已建立起系统的书面的内部控制政策;受访的国企中61％的企业都有自己的内部控制政策;但是民企的情况并不乐观,只有24％的企业反映有相关的制度。对于已经建立起内部控制政策尤其是反商业贿赂政策的受访企业,其政策集中在4个方面:商务宴请政策;礼品招待政策;赞助和捐赠政策;员工管理政策。其中员工管理政策包括:员工关于知晓公司内部反商业贿赂制度的确认书;员工举报政策;员工培训政策;员工纪律制度。除此以外,为了更好地预防风险,一些受访企业的内部控制政策还包括自查清单、商业贿赂风险评估表、独立检举制度以及疑似商业贿赂行为的内部调查政策。同时,为了更好地对第三方进行管理,有不少企业也建立了聘用代理、经纪人及顾问的政策。

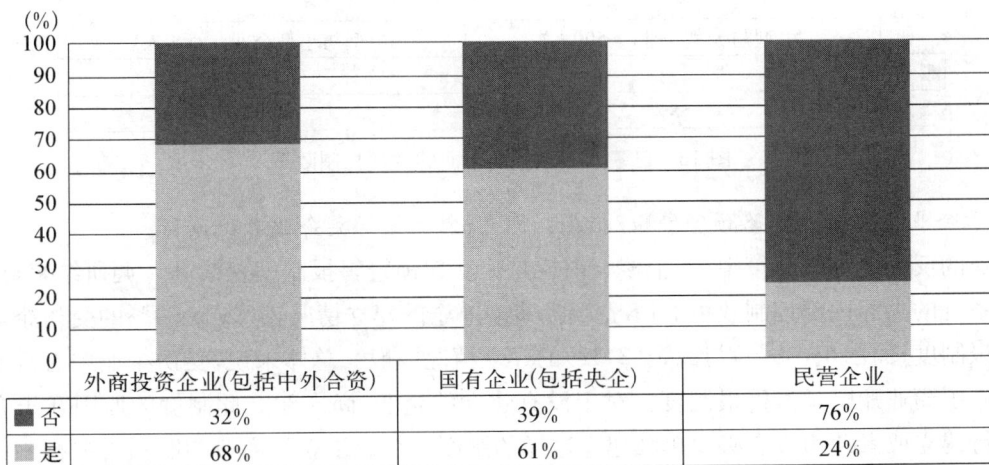

(%)	外商投资企业(包括中外合资)	国有企业(包括央企)	民营企业
■ 否	32%	39%	76%
▨ 是	68%	61%	24%

图 14　已建立起系统的书面的内部控制政策

图 15 展示的是在建立系统的内控政策方面表现最好的 3 个行业及表现最差的 3 个行业。在受访企业所属行业中,快消品与食品行业的企业在建立系统的书面内部控制政策方面情况最好,有 67％的企业已经建立起了相关政策;其次是专业服务行业(64％)和科技、媒体与通信行业(63％);而物流行业和交通行业(航空、铁路、汽车等)企业则显滞后,均只有 33％的受访企业建立起相关内控政策。

从企业规模角度来看,无论是大中型企业还是中小型企业在这个问题上大概一半的受访者披露其所在企业已建立起系统的书面内部控制政策(见图16)。

(%)

	专业服务(咨询、法律、人力资源等)	科技、媒体与通信	快速消费品与食品	交通(航空、铁路、汽车等)	金融与投资	物流
■ 否	36%	31%	33%	62%	67%	67%
是	64%	63%	67%	38%	33%	33%

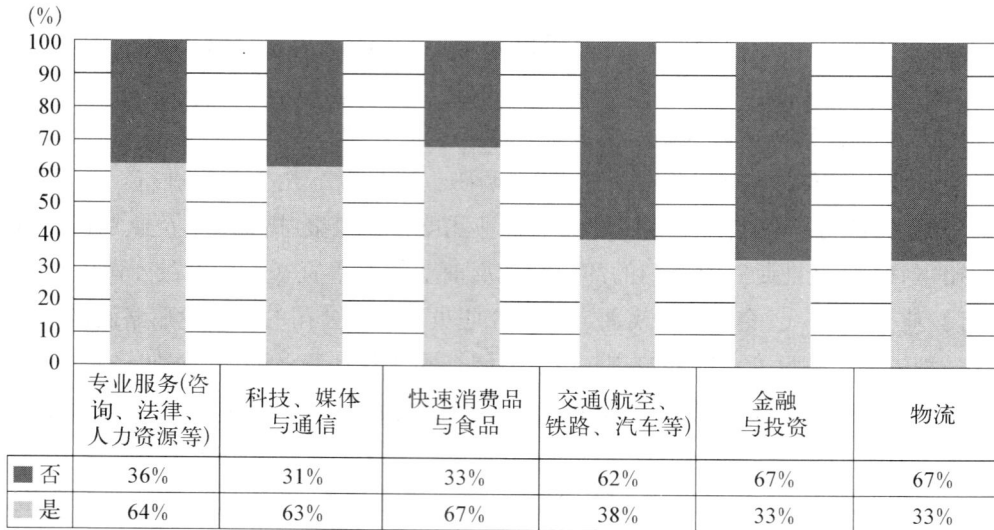

图 15　已建立起系统的书面的内部控制政策

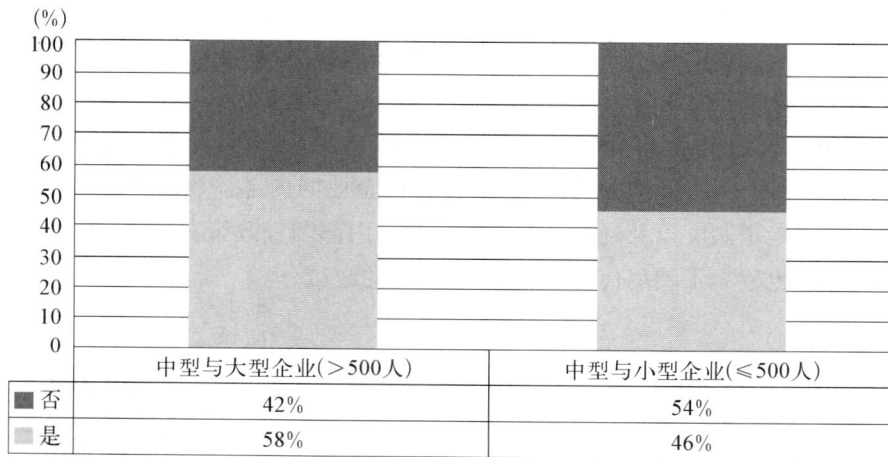

(%)

	中型与大型企业(>500人)	中型与小型企业(≤500人)
■ 否	42%	54%
是	58%	46%

图 16　已建立起系统的书面的内部控制政策

2. 关于企业建立商业贿赂预警警报/措施:物流、金融投资类企业表现最好

在企业的反商业贿赂政策中,一个核心内控是建立起预警警报制度及措施。调研结果显示,与上述建立起系统的书面内部控制政策的情况类似,即:外企的建立情况较好,有 59% 的受访企业有相关的预警警报制度;而国企(38%)与民企(24%)的建立情况一般。总体来说,受访企业中有近半数的企业已经建立了商业贿赂预警警报制度。对于没有建立的企业,尚未建立此制度的原因在于企业不知道如何进行建立或者认为没有必要单独建立这样的制度。企业建立的商业贿赂预警警报制度如调查结果所示,集中在 4 个方面:举报投诉;交易记录审查;财务报表审查;员工报销审查。有些企业还会查看员工出勤记录是否异常,或者通过追踪媒体报道来进行警报(见图 17)。

图 18 展示的是在预警警报制度方面表现最好和最差的 3 个行业。在受访企业所属行业中,物流行业和金融与投资行业的企业在建立商业贿赂预警警报制度方面情况良好,均有 67% 的受访企业建立了预警警报制度与措施;而专业服务行业(咨询、法律、人力资源等)及贸易与零售行业的企业则稍显滞后,分别只有 27% 和 22% 的受访企业建立起预警警报制度与措施。

从企业规模角度来看,大中型企业中有 48% 的企业建立起了商业贿赂预警警报制度,而中小型企业只有 36%,主动性较差(见图 19)。

(%)	外商投资企业(包括中外合资)	国有企业(包括央企)	民营企业
■ 没有	41%	63%	76%
▨ 有	59%	38%	24%

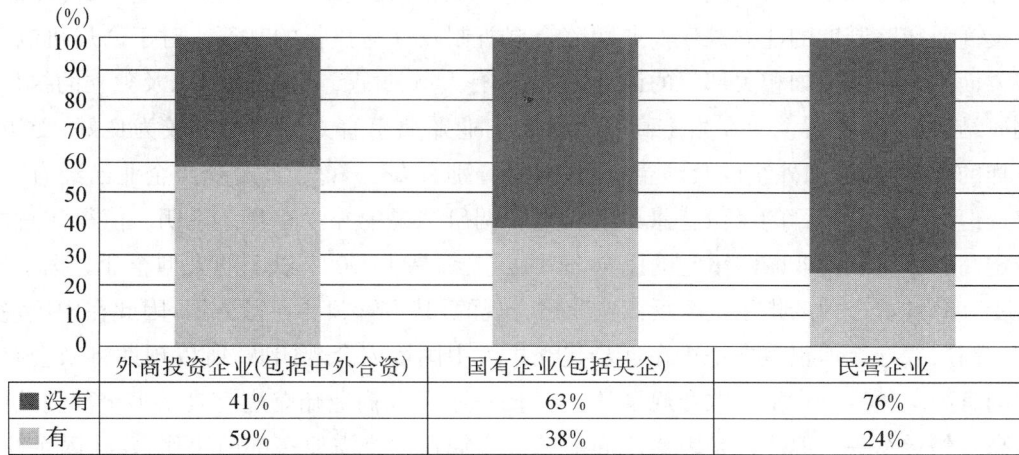

图 17　商业贿赂预警警报/措施

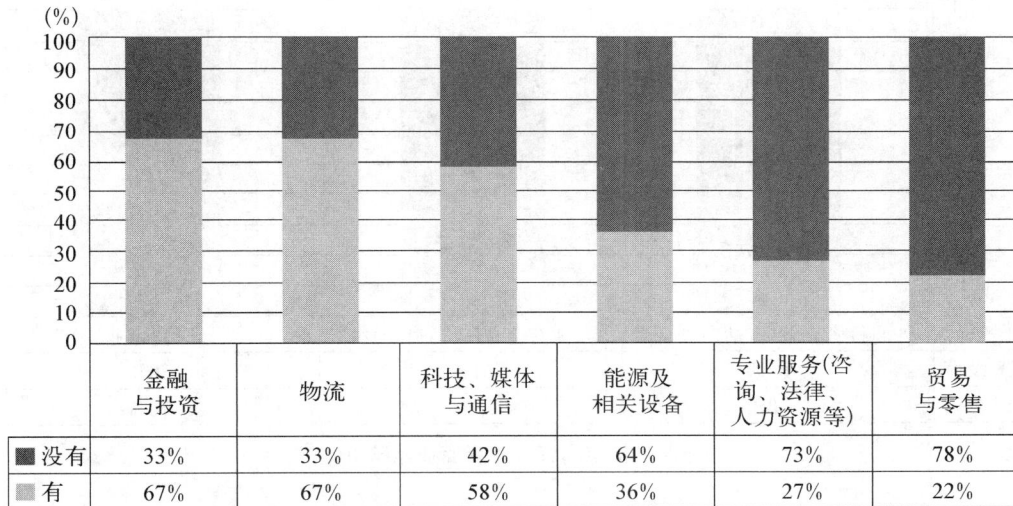

(%)	金融与投资	物流	科技、媒体与通信	能源及相关设备	专业服务(咨询、法律、人力资源等)	贸易与零售
■ 没有	33%	33%	42%	64%	73%	78%
▨ 有	67%	67%	58%	36%	27%	22%

图 18　商业贿赂预警警报/措施

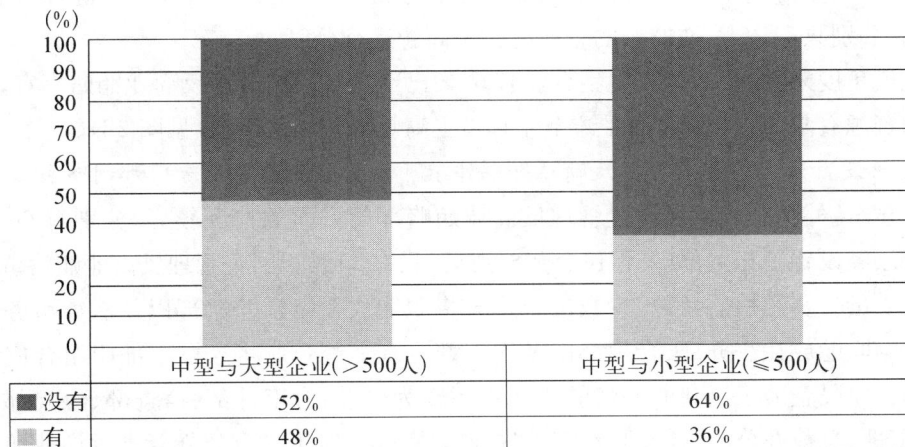

(%)	中型与大型企业(>500人)	中型与小型企业(≤500人)
■ 没有	52%	64%
▨ 有	48%	36%

图 19　商业贿赂预警警报/措施

3. 关于企业指定高管分管反商业贿赂事宜：70％民企指定高管分管，比例高于外企、国企

企业反商业贿赂制度的建立是反商业贿赂合规机制建立与执行的基石。对于合规机制来讲，需要有宏观方面的组织框架如相关部门的设立，还需要有人员的配置，包括高管以及独立的执行或监督人员。调研结果显示，民营企业在指定高管分管反商业贿赂事宜方面的情况较为良好，受访企业中70％有这样的分管高管；而外企以及国企相对落后，分别有38％和39％的受访企业已经有高管分管相关事宜。但对于分管高管的身份背景以及特点在调研结果中并没有具体说明。值得注意的是，这些已经指定高管分管反商业贿赂事宜的民企，90％以上都是1 000人以上的大型企业。据了解，很多外企都是受其海外母公司的指示进行反商业贿赂合规的，其主管领导在母公司，因此在中国境内不一定有分管的高层领导。但很多外企正在逐步建立扩大中国境内合规团队，所以预期将来会有更多的外企在中国有高层领导负责反腐败合规事务。对于国企，其反商业贿赂事宜是由多个部门共同配合，不一定有高层领导牵头。但恰恰是因为反商业贿赂合规在国企需要多部门协作，要在国企建立完备的反商业贿赂体系，尤其需要高层的参与来实现部门之间的高效合作（见图20）。

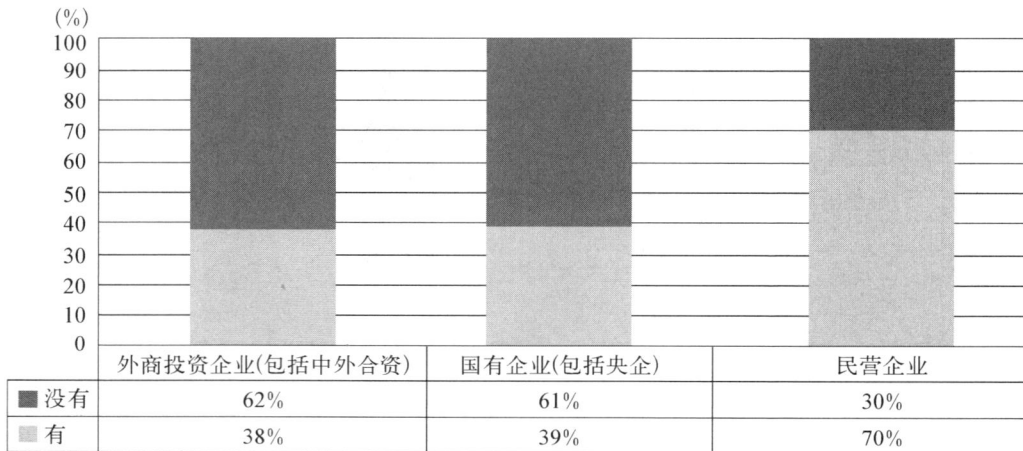

	外商投资企业(包括中外合资)	国有企业(包括央企)	民营企业
■ 没有	62%	61%	30%
▨ 有	38%	39%	70%

图20　指定高管分管反商业贿赂事宜

图21展示了在指定高管分管反商业贿赂事宜方面表现最好和最差的三个行业。在受访企业所属行业中，快消品与食品行业和制造行业的企业在指定高管分管反商业贿赂事宜方面的情况良好，分别有67％和65％的受访企业有这样的制度；而专业服务行业（咨询、法律、人力资源等）及物流行业的企业则显滞后，分别只有36％和33％的企业有指定高管进行分管。

从企业规模角度来看，受访的大中型企业有64％已经指定高管分管反商业贿赂事宜，而中小型企业由于人员和资源有限，只有32％的受访企业有指定高管分管相关事宜（见图22）。

4. 关于企业设置专门的部门管理反商业贿赂事宜：各类企业设置的专门部门多种多样

调研结果显示，外企和国企在设置管理反商业贿赂部门方面的情况较好，分别有66％和64％的受访企业反映已经设置了相关部门，但民企相对滞后，只有31％。国企管理反商业贿赂事宜的部门主要是纪律检查委员会及纪检监察部，少数国企也会将职能放在审计监察部以及法律事务部。外企则将反商业贿赂的职能放在法务部、合规部以及内审部。有一些企业将这三个部门组合成统一的内部控制与合规部。而民企关于反商业贿赂的职能部门较为分散，有审计部、稽查部、合规部、法务部、内控部、独立监察部、总裁办公室、廉政监察室、纪检监察室等。对于没有建立管理反商业贿赂事宜的企业，一小部分企业表示会分配个别财务审计人员或者内控人员兼职来管理反商业贿赂事宜（见图23）。

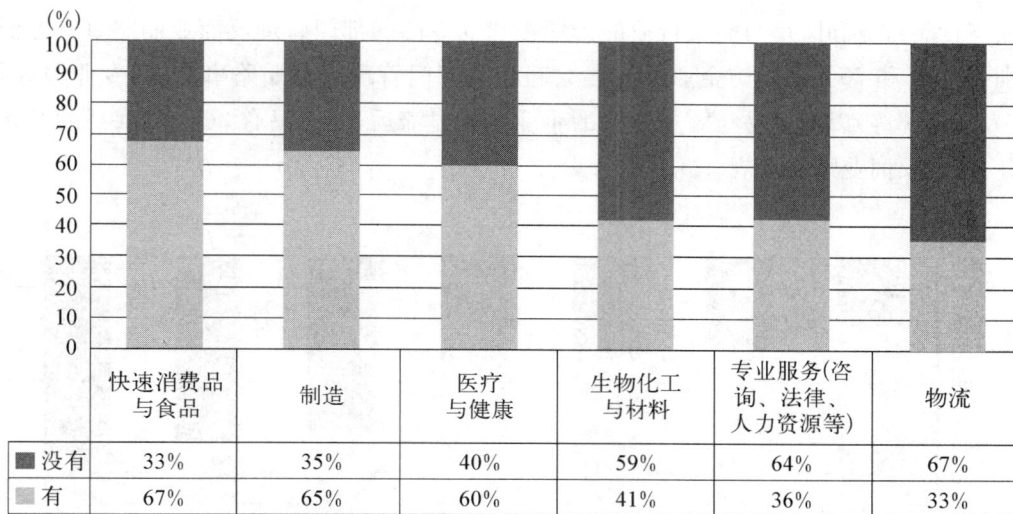

(%)	快速消费品与食品	制造	医疗与健康	生物化工与材料	专业服务(咨询、法律、人力资源等)	物流
■没有	33%	35%	40%	59%	64%	67%
▨有	67%	65%	60%	41%	36%	33%

图21　指定高管分管反商业贿赂事宜

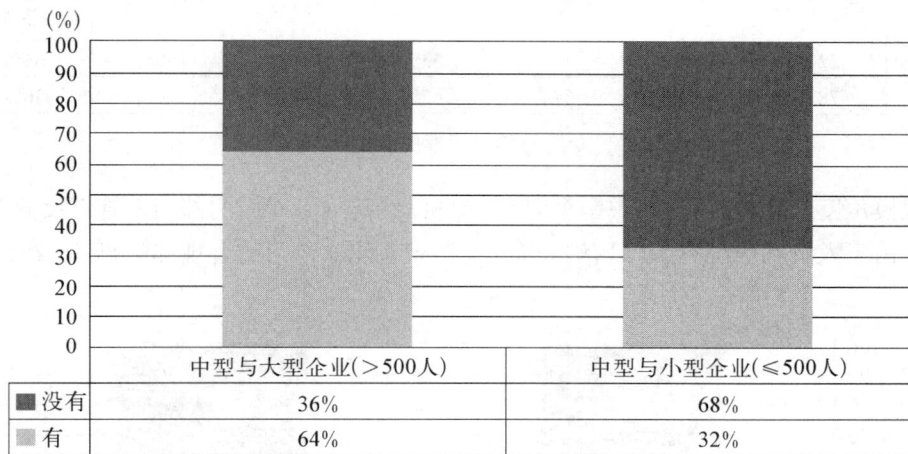

(%)	中型与大型企业(>500人)	中型与小型企业(≤500人)
■没有	36%	68%
▨有	64%	32%

图22　指定高管分管反商业贿赂事宜

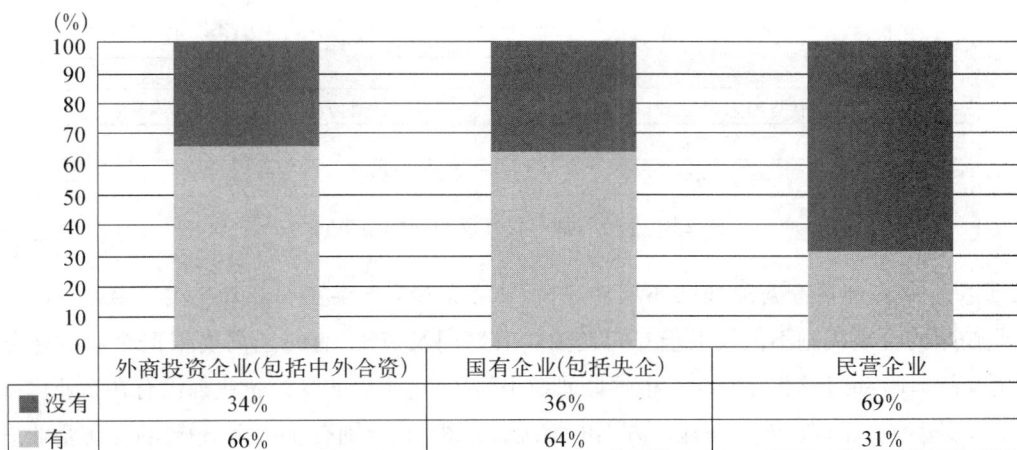

(%)	外商投资企业(包括中外合资)	国有企业(包括央企)	民营企业
■没有	34%	36%	69%
▨有	66%	64%	31%

图23　专门的部门管理反商业贿赂事宜

图 24 展示的是在部门设置方面表现最好的 4 个行业和最差的 3 个行业。在受访企业所属行业中,快消品与食品行业和医疗与健康行业的企业在建立专门的部门管理反商业贿赂事宜方面的情况较好,分别有 78% 和 70% 的受访企业已经建立起相关部门管理商业贿赂事宜;而专业服务行业(咨询、法律、人力资源等)以及贸易与零售行业的企业则稍显滞后,分别只有 36% 和 40% 的受访企业有专门的部门进行反商业贿赂合规。

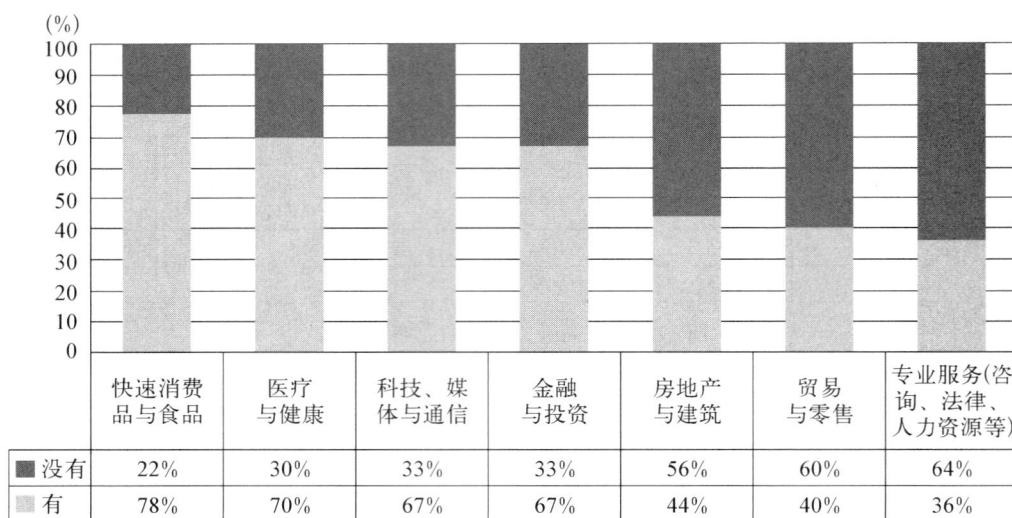

(%)	快速消费品与食品	医疗与健康	科技、媒体与通信	金融与投资	房地产与建筑	贸易与零售	专业服务(咨询、法律、人力资源等)
■ 没有	22%	30%	33%	33%	56%	60%	64%
有	78%	70%	67%	67%	44%	40%	36%

图 24　专门的部门管理反商业贿赂事宜

从企业规模角度来看,受访的大中型企业有 66% 已经建立了专门的部门来管理反商业贿赂事宜,而中小型企业由于人员和资源有限,只有 38% 的受访企业建立专门的合规部门(见图 25)。

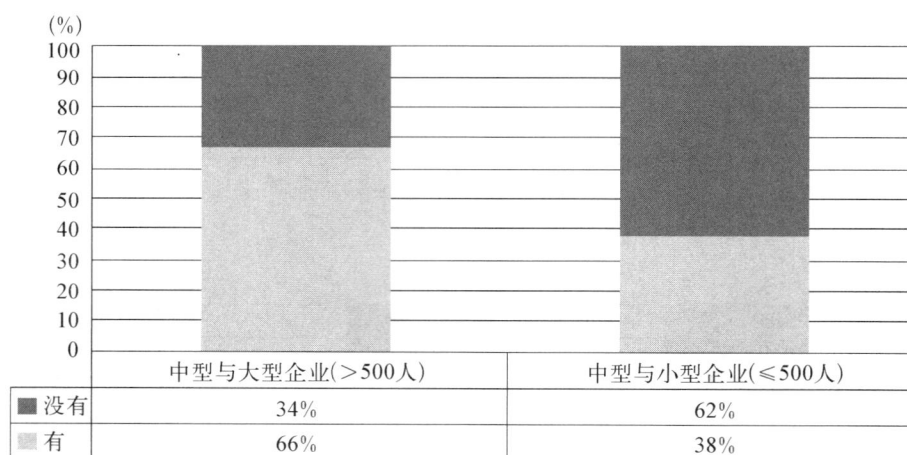

(%)	中型与大型企业(>500人)	中型与小型企业(≤500人)
■ 没有	34%	62%
有	66%	38%

图 25　专门的部门管理反商业贿赂事宜

5. 关于在企业内部区分商业贿赂高风险部门/业务条线:三类型企业均未过半数

反商业贿赂的合规机制不仅仅限于专门且独立的部门及员工,有时还需要根据企业的业务特点在企业内部定义高风险部门或业务条线。根据调研结果显示,过半数的受访企业都没有在企业内部区分高风险部门或业务条线。国企、外企在这一方面的情况大致相当,分别有 41% 和 39% 的受访企业进行了内部区分,而民企只有 28%。过半的受访企业没有进行区分的原因在于不清楚如何区分或者认为没有必要区分。调研结果还显示,已经区分的企业一般将以下部门或者条线作为商业贿赂高风险地带：销售、市场、采购、核心业务以及高管。也有一些企业还将财务部门以及人事部门作为商业贿赂高风险部门。这些企业区分的标准主要是根据行业惯例以及法律法规,具体如何区分则由企业进行内部定义。值得注意的是,对于外企,定义区分的标准有时候需要遵照母公司的要求,而国企则需要依照监管部门或者主管部门的要求。在内部区分商业贿赂高风险部门或业务条线后,这些企业往往会对这些部门采取额外的措施,包括加强培训频率、定期轮岗、加强审计或内部检查力度并增加检查频率,加强处罚措施的力度并制定更多具有针对性的反商业贿赂的政策。受访企业反馈这些额外措施部分达到预期效果。而没有采取额外措施的企业主要是因为不清楚如何设置或者认为没有必要投入更多的资源进行额外的设置(见图 26)。

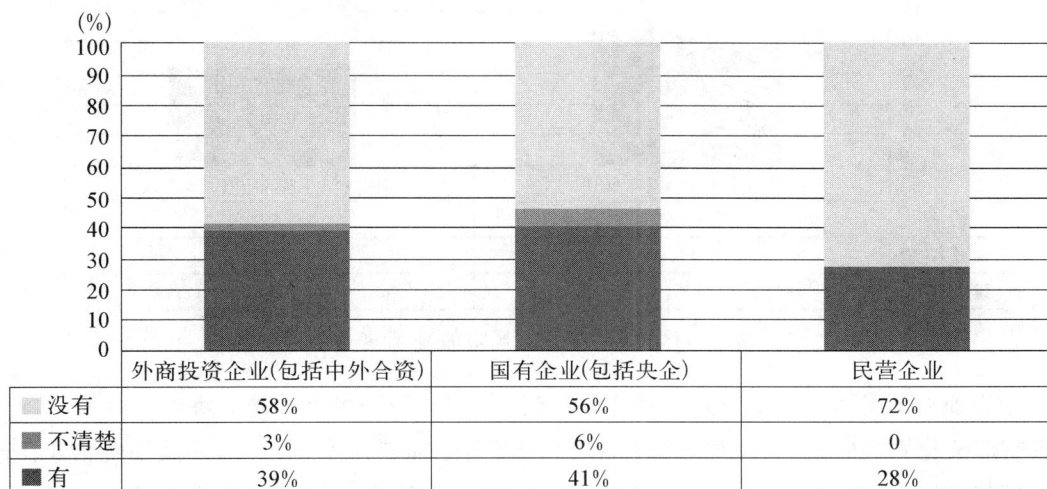

(%)	外商投资企业(包括中外合资)	国有企业(包括央企)	民营企业
没有	58%	56%	72%
不清楚	3%	6%	0
有	39%	41%	28%

图 26　区分商业贿赂高风险部门/业务条线

图 27 展示了在区分高危部门和业务条线方面表现最好的 3 个行业和最差的四个行业。在受访企业所属行业中,快消品与食品行业和金融与投资行业的企业在区分商业贿赂高风险部门或业务条线方面的情况较好也较为积极,分别有 67% 和 50% 的受访企业进行了区分。而专业服务行业(咨询、

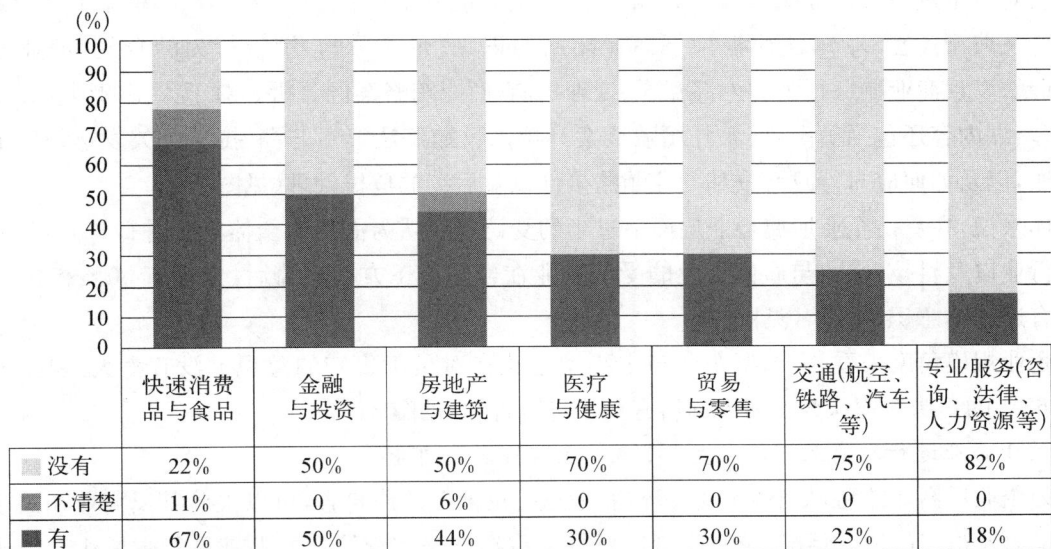

(%)	快速消费品与食品	金融与投资	房地产与建筑	医疗与健康	贸易与零售	交通(航空、铁路、汽车等)	专业服务(咨询、法律、人力资源等)
没有	22%	50%	50%	70%	70%	75%	82%
不清楚	11%	0	6%	0	0	0	0
有	67%	50%	44%	30%	30%	25%	18%

图 27　区分商业贿赂高风险部门/业务条线

法律、人力资源等)以及交通行业(航空、铁路、汽车等)的企业则显滞后,分别只有18%和25%的受访企业进行了区分。

从企业规模角度来看,大中型企业在企业内部区分商业贿赂高风险地带并采取额外措施方面与中小型企业没有明显的差别,分别有39%和32%的受访企业进行了区分(见图28)。

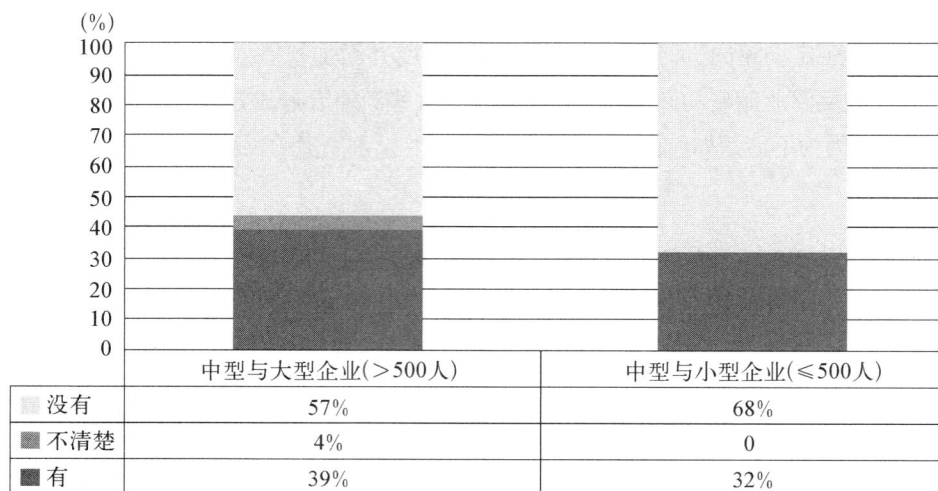

(%)	中型与大型企业(>500人)	中型与小型企业(≤500人)
没有	57%	68%
不清楚	4%	0
有	39%	32%

图28 区分商业贿赂高风险部门/业务条线

6. 关于企业对其员工的反商业贿赂教育与培训:90%企业会对员工进行培训

在机制框架建立之后,企业应对员工进行反商业贿赂方面的教育与培训,使其知晓企业在这方面的政策与机制,以及不遵守的后果及应承担的责任。调研结果显示,受访人所在企业中超过2/3的企业认为需要向所有在职员工告知企业的反商业贿赂制度,其中:外企的认知度与自觉度最高,有81%的受访企业认为有必要告知所有员工;国企次之(58%);而受访的民企中只有43%认为需要向所有在职员工告知。调研结果还显示,过半数的受访企业已经完全履行其告知员工的义务,告知的方式主要有:员工确认书、员工手册、电子邮件通知、职业操守准则、企业网站以及培训。受访企业中超过90%的企业会对员工进行反商业贿赂的培训,培训内容主要集中在五个方面:中国法律框架下商业贿赂行为的概念及典型类型;中国法律框架下商业贿赂的识别;企业采购、销售行为的合规(商业贿赂领域)性判断;发现商业贿赂行为的内部互通、处理机制;商业贿赂案例分析。对于大型的国企以及大部分外企,培训内容还包括美国《反海外腐败法案》《英国反贿赂法案》,非洲、拉美等欠发达地区的相关反腐败法,以及如何应对行政调查和商业贿赂事件以及后续的危机处理(见图29)。

总体来说,在受访企业所属行业层面上过半的受访企业认为需要向全体员工进行告知,只有医疗与健康行业以及科技、媒体与通信行业的受访企业在告知员工方面显滞后,分别有50%和59%的受访企业有这样的意识和政策(见图30)。

从企业规模角度来看,大中型企业与中小型企业在对员工告知的意识上没有太大差异,分别有68%和62%的受访企业认为有需要向所有员工进行告知(见图31)。

7. 关于企业进行反商业贿赂自查:七成外企与国企会自查

作为企业反商业贿赂机制的重要一环,企业进行反商业贿赂自查,可以检验其反商业贿赂政策的执行效果以及员工的遵守情况,及时发现问题并采取措施来避免第三方尤其是行政执法部门或者主管机关干预的调查。调研数据显示,国企与外企在进行反商业贿赂自查方面较为积极主动,分别有

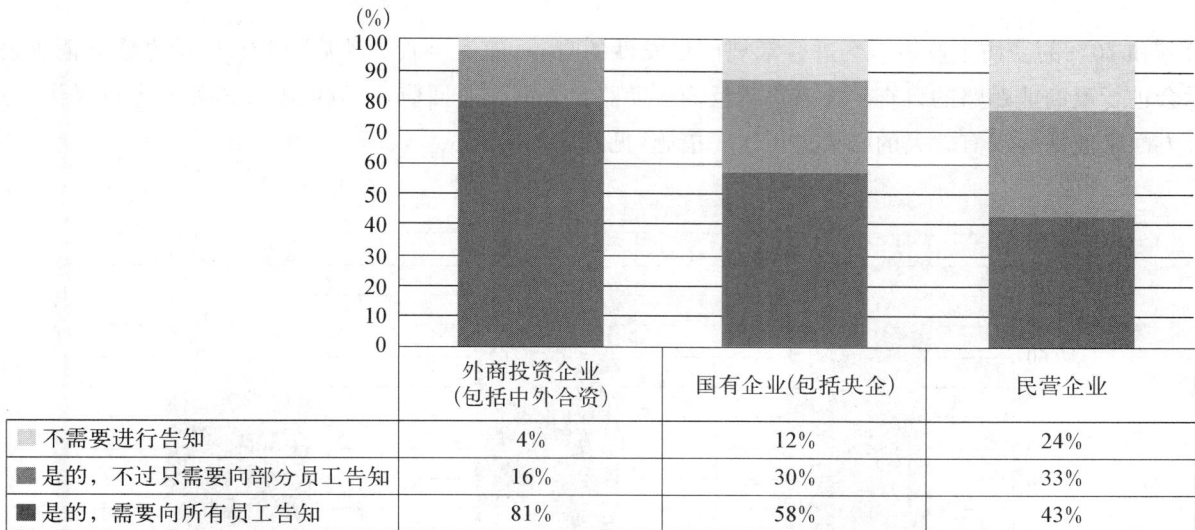

	外商投资企业（包括中外合资）	国有企业(包括央企)	民营企业
不需要进行告知	4%	12%	24%
是的，不过只需要向部分员工告知	16%	30%	33%
是的，需要向所有员工告知	81%	58%	43%

图 29　向所有在职员工告知企业的反商业贿赂制度

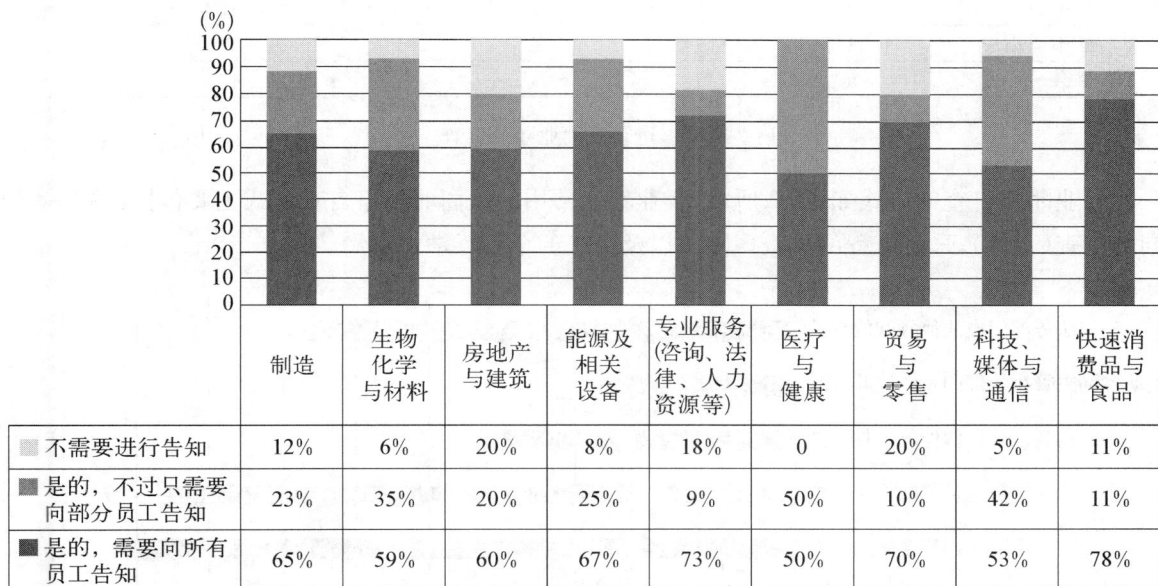

	制造	生物化学与材料	房地产与建筑	能源及相关设备	专业服务(咨询、法律、人力资源等)	医疗与健康	贸易与零售	科技、媒体与通信	快速消费品与食品
不需要进行告知	12%	6%	20%	8%	18%	0	20%	5%	11%
是的，不过只需要向部分员工告知	23%	35%	20%	25%	9%	50%	10%	42%	11%
是的，需要向所有员工告知	65%	59%	60%	67%	73%	50%	70%	53%	78%

图 30　向所有在职员工告知企业的反商业贿赂制度

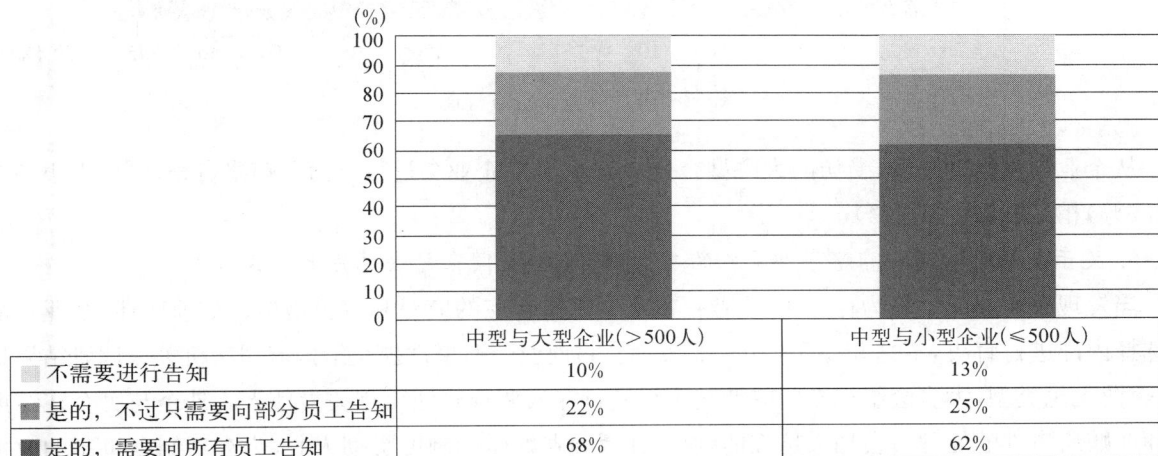

	中型与大型企业（>500人）	中型与小型企业（≤500人）
不需要进行告知	10%	13%
是的，不过只需要向部分员工告知	22%	25%
是的，需要向所有员工告知	68%	62%

图 31　向所有在职员工告知企业的反商业贿赂制度

71％和70％的受访企业表示会进行常规性自发性的自查；而民企较为滞后，只有47％的受访企业表示会进行反商业贿赂的自查。没有进行反商业贿赂自查的企业回应，一方面不知道如何进行操作，另一方面企业认为没有太大的必要进行这一措施（见图32）。

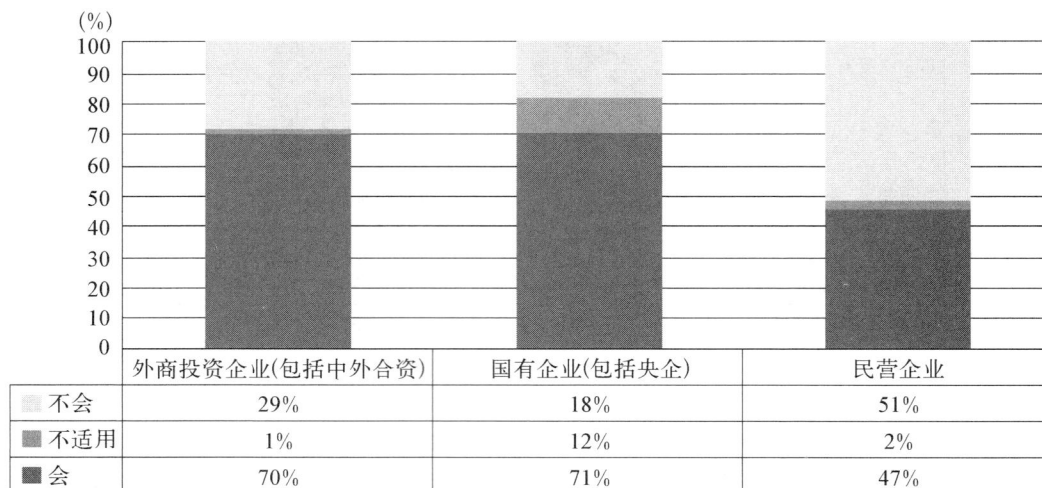

(%)	外商投资企业(包括中外合资)	国有企业(包括央企)	民营企业
不会	29%	18%	51%
不适用	1%	12%	2%
会	70%	71%	47%

图32　进行反商业贿赂自查

反商业贿赂自查的方式如图33所示，企业较为常用的反商业贿赂自查方式主要包括：采购、销售合同的审查（47％）；采购流程的审查（46％）以及员工的个别反馈（43％）。

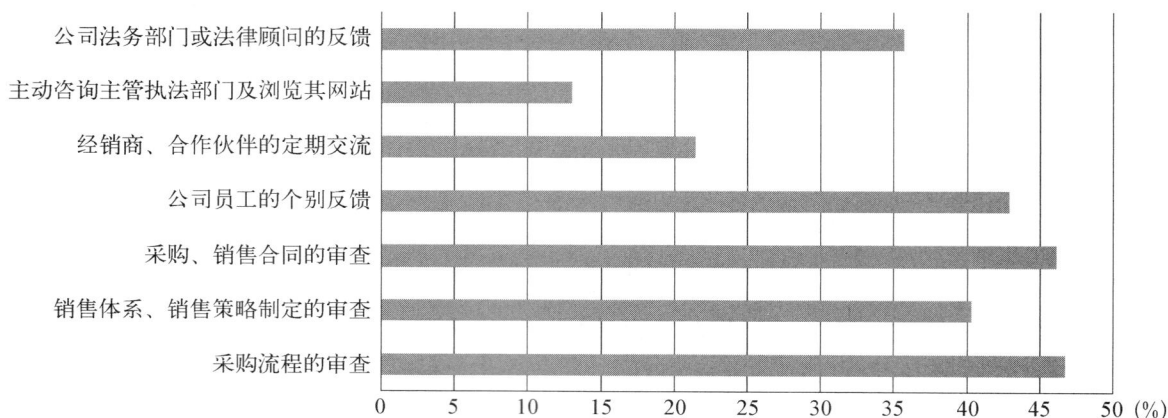

图33　进行反商业贿赂自查

从企业规模角度来看，受访的大中型企业中有68％的企业会进行反商业贿赂自查，要比中小型企业（55％）稍显积极（见图34）。

8. 关于企业针对商业贿赂事件采取的应对措施：提交国家司法机关比例不到3％

当发现有商业贿赂行为存在时，企业一般都会采取相应的应对和解决措施。如前所述，企业一般会选择内部进行解决，不到3％的受访企业表示会将商业贿赂事件提交给国家司法机关。调研结果显示，企业无论类型，大多会组织专门的调查小组进行深入调查并处罚相关责任人。外企与民企在结束对商业贿赂事件的处理后会加大培训的频率，让反商业贿赂的制度贯彻人心，为今后制度机制的改良做好铺垫（见图35）。

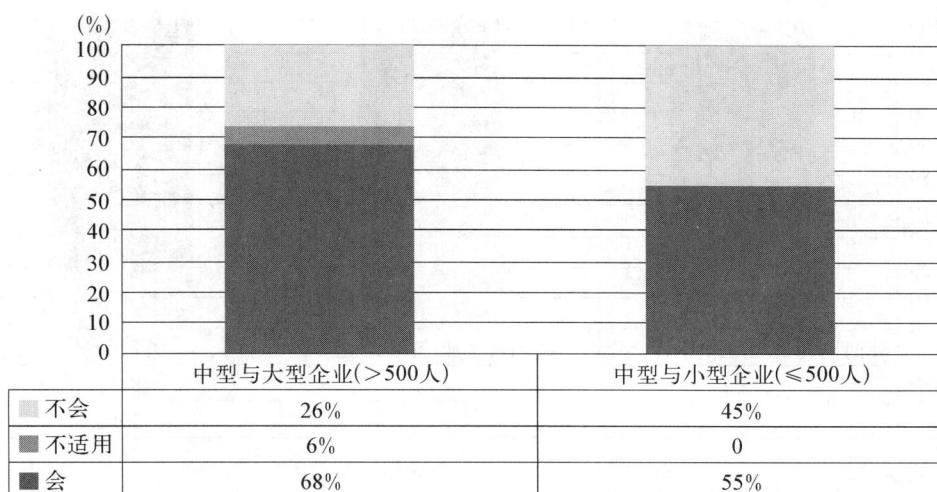

图 34　进行反商业贿赂自查

	中型与大型企业（>500人）	中型与小型企业（≤500人）
不会	26%	45%
不适用	6%	0
会	68%	55%

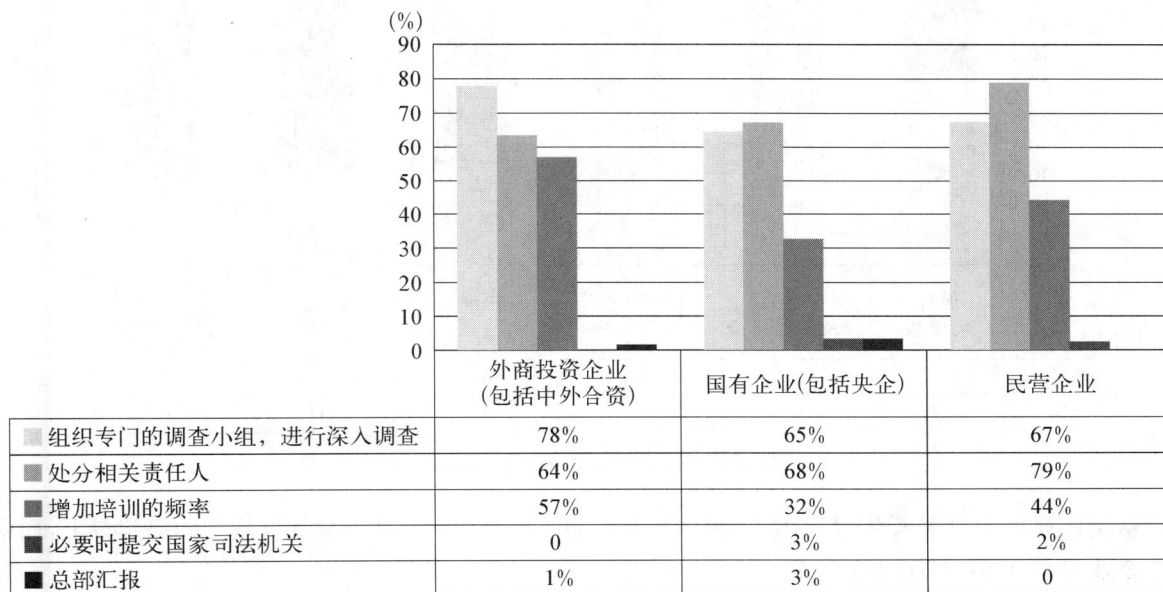

图 35　如果调查确认存在商业贿赂，企业会采取的应对措施

	外商投资企业（包括中外合资）	国有企业（包括央企）	民营企业
组织专门的调查小组，进行深入调查	78%	65%	67%
处分相关责任人	64%	68%	79%
增加培训的频率	57%	32%	44%
必要时提交国家司法机关	0	3%	2%
总部汇报	1%	3%	0

9. 关于企业在反商业贿赂建设上的预算：医疗与健康行业投入意愿最高

不同类型企业在反商业贿赂合规方面的差异主要源于企业是否分配足够的资源在反商业贿赂的建设上。调研结果显示，受访的外企与国企中分别有55%和52%的企业表示都有一定的预算花费在反商业贿赂建设上，而受访的民企只有19%的企业表示会投入一定的预算；预算的实际支出集中在对人员的培训以及外部律师顾问费上。针对特殊情况，少部分企业还会在反商业贿赂建设的预算中预留公关费以及诉讼费（见图36）。

图37展示的是在反商业贿赂建设上花费预算较为积极的前三个和最后三个行业。在受访企业所属行业中，医疗与健康行业、生物化工与材料行业、能源及相关设备行业的受访企业中分别有60%、50%和48%的企业愿意在反商业贿赂建设上花费一定的预算，其他行业的企业情况较为一般，较为消极的有快消品与食品（33%）、房地产与建筑（31%）及专业服务（27%）行业的企业。

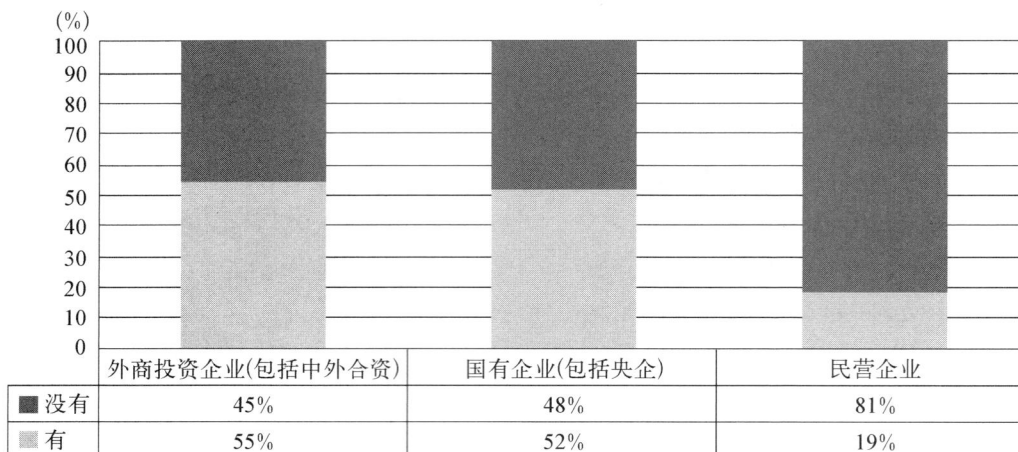

	外商投资企业(包括中外合资)	国有企业(包括央企)	民营企业
■ 没有	45%	48%	81%
▨ 有	55%	52%	19%

图 36　预算花费在反商业贿赂建设上

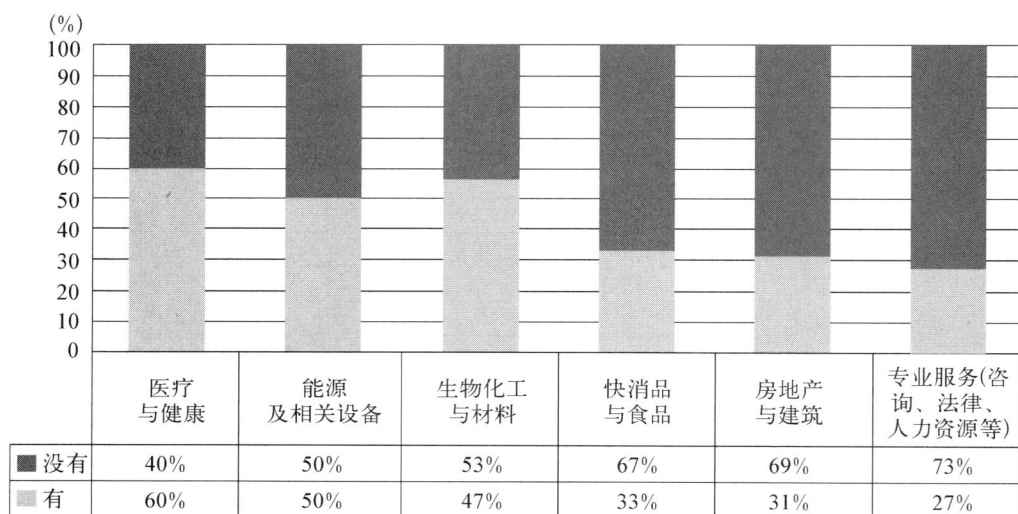

	医疗与健康	能源及相关设备	生物化工与材料	快消品与食品	房地产与建筑	专业服务(咨询、法律、人力资源等)
■ 没有	40%	50%	53%	67%	69%	73%
▨ 有	60%	50%	47%	33%	31%	27%

图 37　预算花费在反商业贿赂建设上

从企业规模的角度来看,大中型企业中有 51% 的受访企业会花费预算在反商业贿赂建设上,而中小型企业只有 32%(见图 38)。

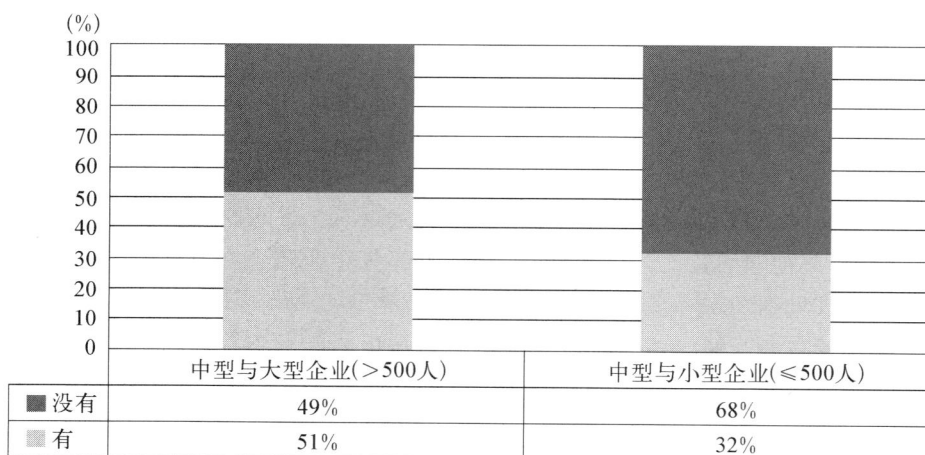

	中型与大型企业(>500人)	中型与小型企业(≤500人)
■ 没有	49%	68%
▨ 有	51%	32%

图 38　预算花费在反商业贿赂建设上

10. 关于企业在反商业贿赂方面聘请外部律师：国企聘请意愿最低

外部律师具有丰富的经验，通过提供专业的意见，帮助企业建立及执行反商业贿赂合规工作制度，是反商业贿赂合规中的重要一环。律师参与的环节主要有：反商业贿赂政策及制度的建立；员工的培训；商业贿赂事件的内部调查；商业贿赂事件的应对处理；等等。根据调研结果显示，受访的外企中有51%的企业会在反商业贿赂方面聘请外部律师，民企为30%，而受访国企则只有26%表示会聘请外部律师。外企在合规方面整体走在了国企、民企前面。现在随着国资委对国企"依法治企"的政策、建立合规制度的要求，国企应该也会在预算和聘请外部律师方面赶上外企（见图39）。

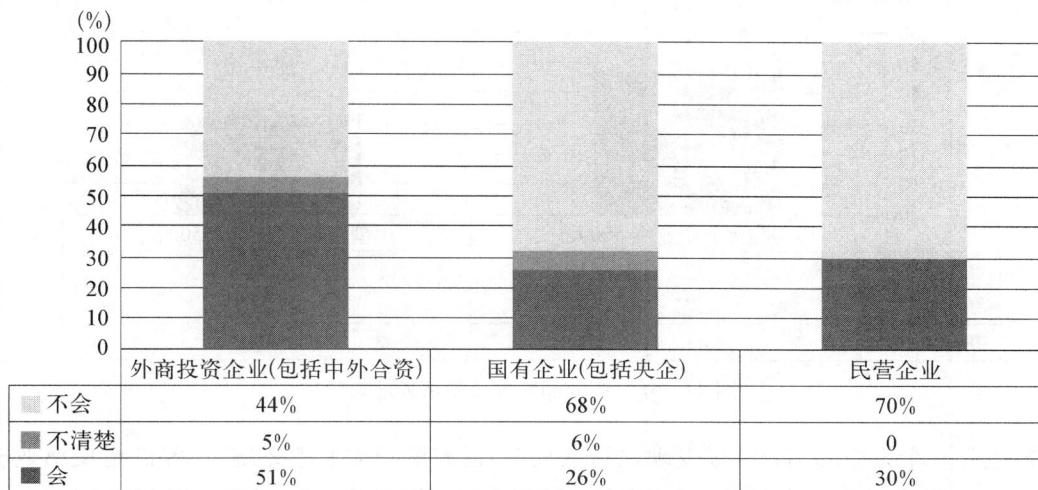

	外商投资企业（包括中外合资）	国有企业（包括央企）	民营企业
不会	44%	68%	70%
不清楚	5%	6%	0
会	51%	26%	30%

图39 在反商业贿赂方面聘请外部律师

图40展示的是在反商业贿赂方面聘请外部律师最为积极的三个行业和最为消极的三个行业。在受访企业中，不难看出快消品与食品行业有89%的受访企业会聘请外部律师，远超于其他行业，紧随其后的科技、媒体与通信行业为53%，制造业为46%；而生物化工与材料行业，由于大部分是国企且面临的商业贿赂风险较小，只有12%的受访企业表示会聘请外部律师协助反商业贿赂合规事宜。

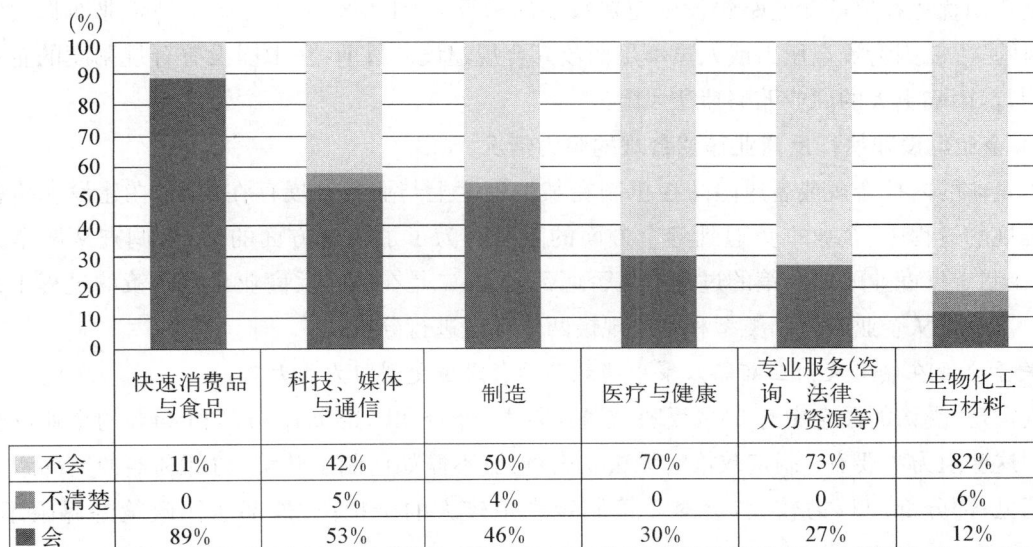

	快速消费品与食品	科技、媒体与通信	制造	医疗与健康	专业服务（咨询、法律、人力资源等）	生物化工与材料
不会	11%	42%	50%	70%	73%	82%
不清楚	0	5%	4%	0	0	6%
会	89%	53%	46%	30%	27%	12%

图40 在反商业贿赂方面聘请外部律师

从企业规模的角度来看,显而易见,大中型企业因资源优势以及业务的庞大会在反商业贿赂建设上投入更多的资源来聘请外部律师,受访企业中有43%的企业表示会这样做,而对于中小型企业,由于没有或者不愿意投入过多的预算在反商业贿赂建设方面,只有32%的企业表示会聘请外部律师(见图41)。

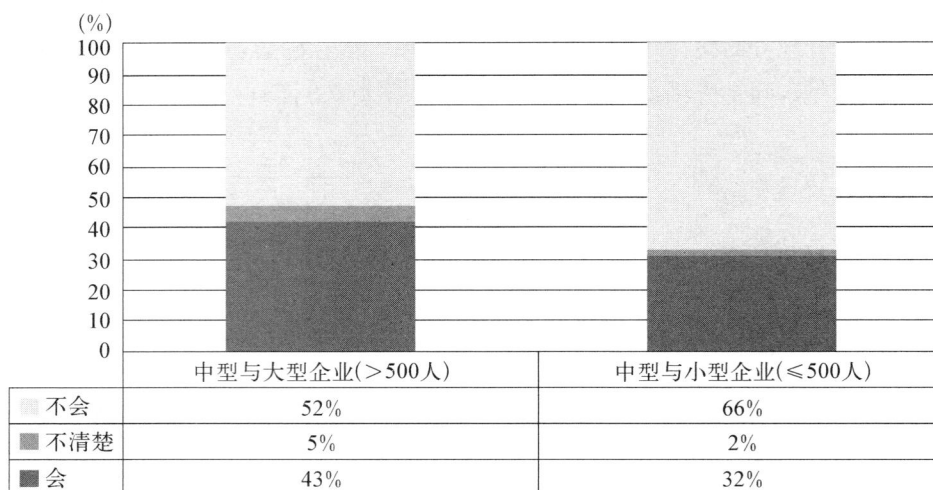

	中型与大型企业(>500人)	中型与小型企业(≤500人)
不会	52%	66%
不清楚	5%	2%
会	43%	32%

图41 在反商业贿赂方面聘请外部律师

综合上述10个方面的调查结果发现,国企(央企)已有的纪委监察系统,不能满足反腐败合规要求。国企面临更大的商业贿赂风险,而现有的反腐败监察系统从人员到制度上都有很大局限性,其有效性需要深度评估。如何建立独立、完备、有效的反商业贿赂系统是国企"依法治企"的一大挑战。由于中国的商业贿赂法涵盖范围远大于FCPA,FCPA合规制度并不能足够应对中国的反商业贿赂,外企应进一步加强反腐败制度建设,以应对中国的反商业贿赂执法新形势。中国民企在合规制度建设方面落后于外企和国企,但商业贿赂风险相当,需要尽快赶上。快消品及食品行业、房地产与建筑行业的企业尤其需要注意加强合规制度建设。由于业务的庞大、主管机关或者母公司的要求,大中型企业利用其资源优势在反商业贿赂建设中花费较多的预算,但中小型企业与大中型企业面临同样的商业贿赂风险,不能因为资金压力或人员不足而放弃合规建设。目前,在中国没有合规制度的企业已经落后于同行,面临更大的商业贿赂违法风险。

(三)企业建设和执行反商业贿赂合规的阻力情况

由于企业的内控合规或者风险防控机制在某种程度上与业务开展存在矛盾,在建设和执行反商业贿赂合规的过程中,企业难免遇到各个方面的阻力。为了了解这方面的情况,调查从两个方面进行,一是在制定反商业贿赂政策的过程中是否遇到阻力,二是在执行反商业贿赂政策的过程中是否遇到阻力。下面将从企业所有制类型和企业规模两个维度进行分析。

1. 关于企业在制定反商业贿赂政策中遇到阻力:民企受到阻力最大

调查发现,受访的民企中有65%反映会遇到阻力,外企和国企也有51%和44%的企业反映会遇到阻力。这些阻力主要有:制定政策时无法发表意见;不懂如何制定政策;内部利益冲突导致无法达成一致意见;部分部门权力较大,会对政策制定产生较大的干扰;对外部法律政策的界限不清(见图42)。

从企业规模角度来说,无论是大中型企业还是中小型企业都有过半的受访企业表示会受到阻力。

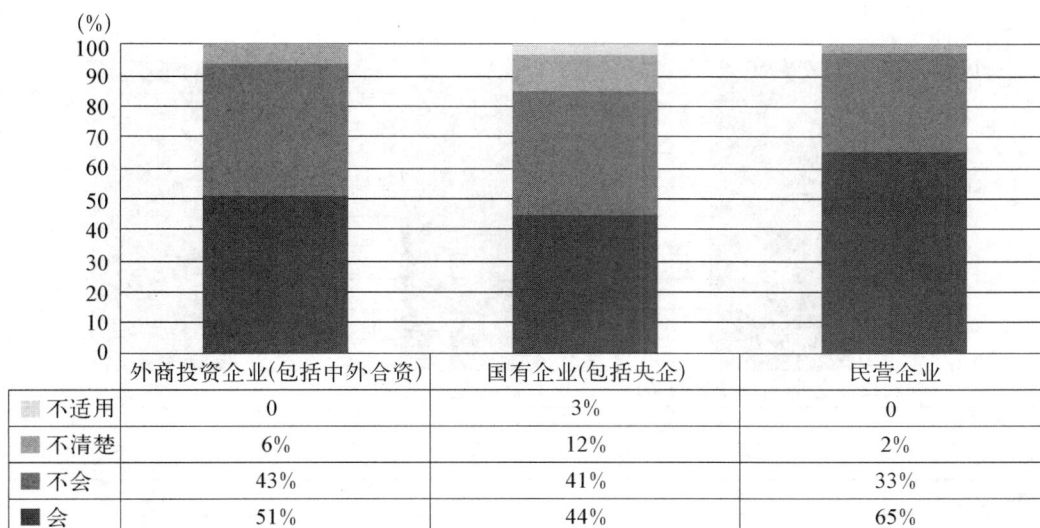

(%)	外商投资企业(包括中外合资)	国有企业(包括央企)	民营企业
不适用	0	3%	0
不清楚	6%	12%	2%
不会	43%	41%	33%
会	51%	44%	65%

图 42　在制定反商业贿赂政策的过程中遇到的阻力

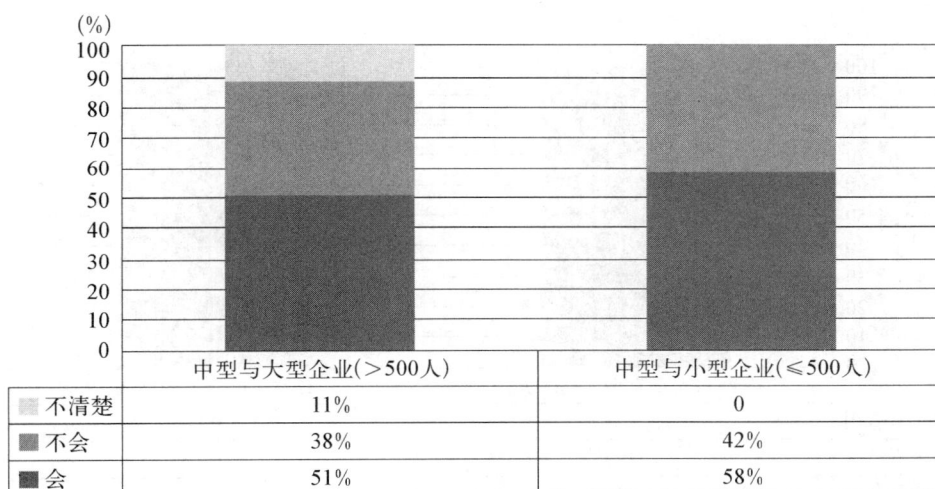

(%)	中型与大型企业(>500人)	中型与小型企业(≤500人)
不清楚	11%	0
不会	38%	42%
会	51%	58%

图 43　在制定反商业贿赂政策的过程中遇到的阻力

2. 企业在执行反商业贿赂政策中遇到的阻力：中小企业阻力大于大中型企业

调查发现,受访的民企中有 65% 反映会遇到阻力,这与其制度建立的实际情况相符,而受访的外企和国企也分别有 57% 和 47% 的企业反映会遇到阻力。这些阻力主要有：贿赂形式多样,手段隐蔽;管理层的干预;涉及公司多个部门,波及面太广;缺乏充足的举报、线索和证据;调查取证较难(见图 44)。

从企业规模角度来说,各种规模的企业都有过半的企业遇到阻力。中小型企业中有 64% 的受访企业表示会受到阻力,大中型企业有 54%(见图 45)。

综合上述两个方面,不难发现,无论哪一种所有制的企业,无论企业规模大小,都会在不同程度上遇到阻力,而且阻力相似。结合之前的分析,可以推论断：正因为外企率先克服了很多阻力与困难,制定并执行了反商业贿赂政策,因此风险才得以在一定程度上进行控制。国企以及民企应当借鉴与学习,不断改进和完善反商业贿赂的合规政策与执行机制。

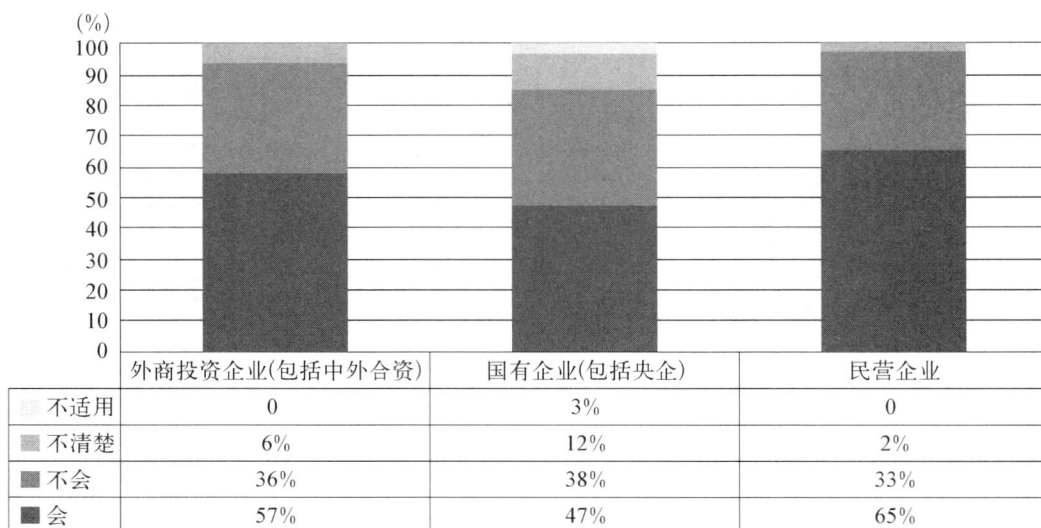

(%)	外商投资企业(包括中外合资)	国有企业(包括央企)	民营企业
不适用	0	3%	0
不清楚	6%	12%	2%
不会	36%	38%	33%
会	57%	47%	65%

图 44　执行反商业贿赂政策的过程中遇到的阻力

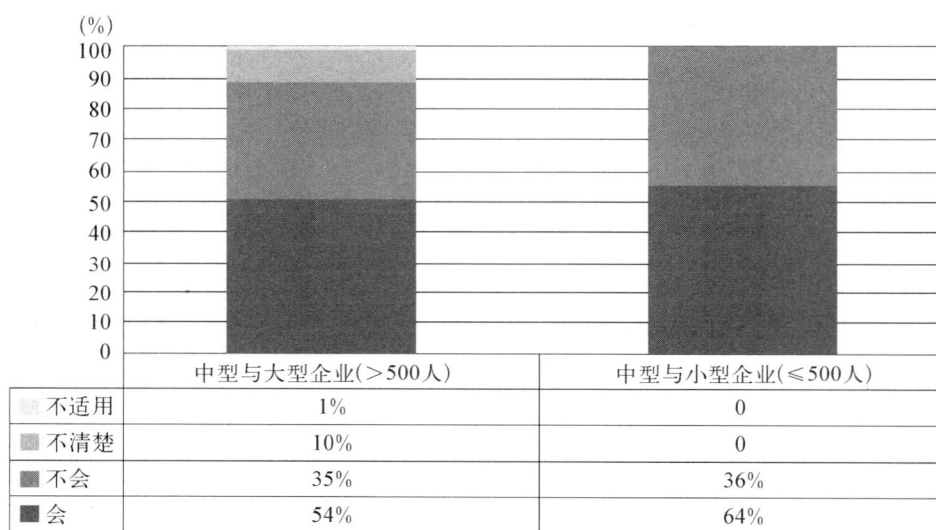

(%)	中型与大型企业(>500人)	中型与小型企业(≤500人)
不适用	1%	0
不清楚	10%	0
不会	35%	36%
会	54%	64%

图 45　在执行反商业贿赂政策的过程中遇到的阻力

第三章　探索中国企业反商业
贿赂的合规之路

　　根据调研结果,不管是国企、外企还是民企在反商业贿赂合规制度上都需要提高。国企的反商业贿赂有先天优势,也有先天缺陷。已有的纪委监察制度从涵盖范围到执行效果上,都不能满足及时有效的反商业贿赂制度要求。外企合规制度往往是针对海外反腐败法(例如 FCPA)的合规制度,忽视了中国反商业贿赂法更为广泛的要求。整体而言,民企的合规制度建立落后,政策层面上不够系统,执行层面上缺乏独立性。总之,不管是国企、外企还是民企,在反商业贿赂合规制度上都需要建立起有效的预防与监查制度。

企业所有制不同，企业内部管理体制会有所差别；行业不同，面对行业规则与习惯会有所不同；企业大小不同，企业结构、可以投入的资源会有所不同；但总体而言，各类企业面临的"风险点"大同小异，很多合规机制是普遍适用的。本章讨论有效的反商业贿赂合规制度构成，包括反商业贿赂政策以及有效执行反商业贿赂政策的机制，同时对国企、外企、民企如何克服阻力建立有效合规制度提出具体而有针对性的建议。

一、有效的反商业贿赂合规制度指引

（一）反商业贿赂政策

行之有效的反商业贿赂政策是有效的反商业贿赂制度的基石，能系统性地保证企业日常经营符合相关的法律法规，预防、监控、惩戒不合规的行为。有些企业只在员工手册中有一些禁止员工收受贿赂的要求，没有"防控点"的有效设置，没有对于"风险点"的系统防御制度，这样的反商业贿赂政策是"口号式"合规政策。

一套系统的反商业贿赂政策，一般包括综述部分与分述部分。综述部分包括合规整体政策，以及"防控点"的设置（如审批、监督、调查部门等）。分述部分对于各个"风险点"的具体预防、监控机制进行具体规定（如礼物、娱乐、第三方聘任与管理、录用政府官员子女政策等），阐述各个"风险点"下常见的"风险信号"（如第三方为政府官员亲属控制等），并制定企业通用的审批流程、审批表格、合规保证书及合同模板等。

1. 政策综述

综述部分一般包括政策的概要、法规、责任、监督、举报、调查以及培训和政策颁布制度。

"概要"部分表达企业自上而下的反商业贿赂的决心态度（tone from the top）以及合规政策的核心框架。例如，由公司 CEO 发出的合规声明书，禁止任何员工、高管为谋取不正当利益直接或间接与政府官员以及商业伙伴发生腐败行为，公司对于违规行为"零容忍"。说明本政策旨在为企业员工及代表在"风险点"上提供行为指导。

"法规"部分简明扼要说明需要遵守的法律法规，主要包括《反不正当竞争法》及其实施条例、《刑法》及其司法解释，以及其他与中国反腐败以及反商业贿赂相关的法规及政策规定，如行业规定、招标法规等。作为在美上市企业或者外资企业，还需要简述适用本企业的海外反腐败法律，例如美国《海外反腐败法》、英国《反贿赂法》等。学习这些法规，使员工意识到不遵守反商业贿赂合规政策给员工个人及企业带来的危害，除了企业对于个人的处罚外，个人和企业还面临违法责任（包括罚款、刑罚等）及其连锁反应（如企业不能参与政府采购、企业进出口级别降级等）。

"责任"部分确立"防控点"，确定在执行合规政策过程中的各个部门、人员的责任，以及相关政策确保责任的有效执行。例如，公司管理者（如公司 CEO）有责任保证各相关合规部门可以有效执行合规政策（如有相应的人力、资源等）。合规委员会和审计委员会有责任监督反商业贿赂政策的有效执行。风险防控委员会有责任定期、及时发现公司合规风险。法律合规部门有责任确保合规政策及时更新，员工得到有效的合规培训，及时解答合规问询，对合规执行进行有效监督等。人力资源或人事部门有责任确保所有员工入职时并定期得到合规培训，聘任前政府官员、政府官员、商业伙伴子女或其他亲属政策的有效执行，违规人员及时处理等。业务部门的管理人员有责任确保其下属得到足够的培训并监督其遵守合规政策,对其知晓或者应当知晓的下属的违规行为负责等。

"监督"部分明确负责政策监督的人员及团队,并制定合理有效的政策进行监督。例如,财务制度保证企业的所有财务支出不会用于行贿、受贿。对于高风险点的支出在分述部分有具体政策规定。合规部门或内审部门对于市场活动、赞助活动等进行抽查,确保支出的真实性、合规性。企业定期进行反商业贿赂合规内审及自查。对于第三方进行常规性的反商业贿赂的审核、抽查、培训及监督。

"举报"部分明确举报与投诉制度,以及"反报复"政策。举报政策鼓励在职员工、离职员工、外部人员、商业伙伴针对企业员工、商业伙伴的违规行为进行举报与投诉。确保举报与投诉是匿名且保密的(例如,设立单独的举报热线与信箱等)。管理举报与投诉的人员需要独立于业务部门,如法务部门或者统筹反商业贿赂事宜的团队。"反报复"政策确立企业不允许对于举报者有任何打击报复的行为;如果有任何打击报复行为,企业会保护举报者,对于打击报复者进行严惩。

"调查"部分确立调查的原则和基本机制。例如,什么部门负责处理合规举报、政府调查,以及通过其他方式发现的合规问题等。企业员工需要配合企业进行调查。相关部门应及时进行调查,与举报人保持联系,通知举报人最终处理结果等。企业可能采取的惩戒措施。员工同意企业可以因为员工违反反商业贿赂政策而开除员工等。

"培训和政策发布"部分规定关于反商业贿赂政策的培训、政策发布以及员工确认函。例如,规定新员工在入职时接受培训,并每年接受相关培训;"防控点"的相关负责人员接受相关的技术培训;员工签署确认函,保证其遵守本政策;人事或合规部门保留相关培训签到记录、培训材料、培训考核、确认函等资料。

2."风险点"政策

分述部分根据企业自身的情况而定,一般来说会涵盖以下几个"风险点"防控制度:礼物制度;娱乐招待与差旅赞助制度;市场、业务推广活动制度;慈善捐赠制度;赞助活动制度;第三方聘任与管理制度;聘任前政府官员、政府官员、商业伙伴子女及其他亲属制度;费用申请与报销制度;投资并购的反腐败合规尽职调查及并购后的监督制度;产品免费配送、给予制度;等等。

"风险点"政策通常包括:对于防范、监督"风险点"的基本原则,审批流程和权限,"风险信号",标准表格、合规保证书或合同条款等。以第三方聘任与管理制度为例,第三方一般包括三类:下游的供应商、客户终端的分销商或代理商、特殊服务提供商(如律师事务所、咨询公司、旅行社等)。对第三方的管理分为前期、中期、后期 3 个阶段。

前期阶段,即在雇佣第三方之前需要进行一系列的审核程序。例如,内部明确第三方筛选标准及审批流程,这一环节需要与业务部门进行配合;对第三方进行反腐败及反商业贿赂的尽职调查,举例常见的"风险信号"(例如第三方要求以现金进行支付或者在第三国进行支付、第三方与政府官员有关联或者由其推荐等);第三方需签订反商业贿赂确认书,在合同中有相关的反商业贿赂条款;对第三方进行反商业贿赂的培训等。

中期阶段,即在签订协议后到业务关系终止前,对第三方的监督、检查制度。例如,建立长期监督制度,可以是定期监督也可以是随机抽查;建立评级制度,在第三方提供产品与服务的过程中,对其表现尤其是在反商业贿赂方面进行评级,最后的评级结果会影响其是否可以继续作为第三方提供服务或产品;在收到举报或者发现嫌疑后,启动对第三方的调查,这一步骤需要与第三方进行协商,最好在签订的协议中有相关条款。

后期阶段,即在确认第三方有问题后,对第三方的惩戒及处理制度。例如,结束与第三方的合作;

或与第三方进行协商,处理相关人员;给予第三方警告以及索取赔偿等。这些步骤也需要与第三方进行协商,最好在签订的协议中有相关条款。

（二）有效执行反商业贿赂政策的机制

制定完善的反商业贿赂政策是好的开始。如果没有有效的执行,合规制度只是"纸老虎"。有效地贯彻反商业贿赂政策需要多方面配合,特别是抓好以下四个方面：

1. 部门建设与人员配置

制度的执行离不开人力、资源的投入,需要有独立的部门、有权威的人员参与。首先,指定一至两名高管管理商业贿赂事宜,确保反商业贿赂在企业中的重要地位,同时保证指定的高管与业务部门相对独立。其次,建立独立的部门、团队来统筹企业整个反商业贿赂的工作,可以设立合规部门或在法务部门增加合规团队等。同时,根据企业业务的特点与规模区分高风险的部门和业务条线（例如销售部、市场营销部、产品部、业务拓展部等）,企业需要对这些部门设置额外的"防控点",在每个部门的最高风险环节进行独立监督。一般可以由反商业贿赂统筹部门委派其团队人员常驻高风险部门来定期审核相关交易记录与材料,或者相关业务部门聘用独立监督人员、定期提供反商业贿赂自查清单与报告,确保这些高风险的环节收到长期有效的监控。反商业贿赂合规人员要有合规专业技能,并保持独立。工作评定、薪酬奖金应不受业务部门的干涉。

2. 员工教育

对员工进行反商业贿赂合规教育是企业建立反商业贿赂机制的重要环节。对员工的教育分为两个层面：员工知晓与员工培训。员工知晓是指员工在入职时以及在职期间知晓并遵守反商业贿赂相关规定与要求。让员工知晓的方式有很多种,如高管签署的公开信、入职指南、员工手册、内部控制政策、企业网站等涉及反商业贿赂的内容,对反商业贿赂对个人及企业的危害、商业贿赂"风险信号"等进行长期不断的宣传教育。关于员工的培训,企业可以按照部门、职位与地域的不同进行定期的有针对性的培训。培训的方式可以是当面的讲座论坛或者是远程遥控培训,培训的人员应当是有专业知识的合规团队人员或者外部律师,培训的内容需要根据业务模式、法律法规以及行业规定来制定。

3. 预警机制执行

企业可以通过不同的途径发现商业贿赂的违规行为,如内部举报、企业自查、新闻报道、政府调查等。保持内部举报机制的生命力需要做到以下几点：允许举报是匿名的;对举报内容,特别是举报人身份,严格保密;对举报人的打击报复行为进行及时调查,严厉惩处相关责任人;及时回复举报人的举报,并采取相应的措施进行跟进调查等。同时,企业需要建立定期自查制度,自查的范围包括但不限于报销记录、合同付款与执行情况、第三方聘任选择、对第三方的抽查、市场活动、慈善捐款赞助等。自查的人员要专业且独立,必要时可以请外部律师介入。另外,企业应当关注媒体报道。媒体有时候会在企业高管知晓前报道相关不合规的新闻,媒体跟踪制度的执行部门应当是企业统筹反商业贿赂事宜的团队。再有,就是当政府进行调查时,企业应该进行内部调查,了解实际合规情况。对于政府调查,企业应当预先准备好应急的方案。方案的目的是配合调查、控制范围以及保护声誉。方案中应包含安排应急小组、配合政府调查、防止员工销毁材料、要求员工对于调查保密、媒体公共等方面。

4. 独立、保密、全面的内部调查

商业贿赂警报拉响后,企业应当启动内部调查程序。内部调查需要独立、保密、全面。调查分3个步骤,即调查前的准备工作,进行调查取证,调查后的处理。在调查开始前,需要决定由谁来进行调查,整合内部资源以及外部资源的配置。为保证调查的独立性,与被调查人利益相关的人员都应排除在调查团队之外,调查过程也要对这些人员保密。为保证调查的独立性,很多公司会聘请外部律师进行调查。对于外资企业,聘请外部律师有利于保证调查受到律师特权保护(privileged investigation)。调查可能还会需要会计师、数据专家、公证人员等参与,需要进行合理配置。

进行调查取证的第一步是制定一个合理的调查计划。调查需要资源投入,也会对于业务进行产生一定影响,要在合理的范围内进行高效全面的调查。调查需要有企业合规调查人员或外部律师做统筹安排。调查计划可能随着调查进行而改变。调查过程需要严格保密。调查中要注意涉及国家秘密、个人隐私、商业秘密、取证等相关法律法规对于调查过程的要求。出于保护个人隐私的考虑,企业可在员工手册里规定企业员工需要配合企业调查的具体要求。在文件审阅过程中,对于可能涉及国家秘密、个人隐私、商业秘密的文件需要进行特别处理。在对电脑等文件载体进行"镜像"处理时,需要公证人员的公证。在取证中应该考虑后期对于员工处理可能引起的劳工纠纷、商业伙伴可能的诉讼等问题,做好证据收集与保存工作。

调查结束后需要妥善处理相关事宜,包括对于当事人的处理,以及对于公司内控的改善。对于当事人的处理可能包括惩戒违规员工(开除、警告等)和商业伙伴(解除合同、要求赔偿等),考虑是否要对于员工或商业伙伴采取进一步的法律行动(提起诉讼、移交司法机关等)等。中国劳动法倾向于对员工的保护,所以企业对员工的处理需慎重,与法务部门进行协商,必要时需要咨询外部的劳动法律师。如果企业里有违规行为,特别是系统性的违规,说明反腐败管理有漏洞可钻,企业需要考虑改善内控机制,必要情况下要调整经营模式如销售与市场营销模式,以及企业内部的组织结构框架。GSK就是一个很好的例子。

二、企业反商业贿赂合规建设的落地政策指引

对于外企、国企以及民企来说,企业结构有所不同,反商业贿赂的合规政策与机制有不一样的特征,制度的制定和执行中面临类似但不尽相同的挑战,企业需要根据自身特点量体裁衣,制定适合企业文化、组织结构、行之有效的合规制度。

(一)外企反商业贿赂合规建设的落地政策指引

调研结果显示,外企在反商业贿赂合规建设方面表现较好,但应当进一步结合中国的文化特点、中国的反商业贿赂法要求,制定全面有效的反商业贿赂合规体系。很多外企的反腐败政策侧重于针对FCPA的合规。FCPA的范畴和中国反商业贿赂法有很大的不同:FCPA只禁止公职贿赂(贿赂政府官员包括国有企业员工),而中国反商业贿赂法既禁止公职贿赂也禁止非公职贿赂(如贿赂私营业主);FCPA只禁止给予贿赂,而中国反商业贿赂法既禁止给予个人贿赂也禁止收受贿赂;FCPA只禁止给予个人贿赂,而中国反商业贿赂法既禁止给予个人贿赂也禁止给予企业、团体或其他性质机构的贿赂;FCPA只禁止通常意义上理解的"腐败性贿赂",而中国反商业贿赂法既禁止"腐败性贿赂"也禁止"竞争性贿赂"(例如,前文中的百威啤酒案)。

外企需要修改其针对FCPA的合规政策,增加中国反商业贿赂的要求,制定充分全面的反腐败政策。加强高管和员工对于中国反商业贿赂的理解和重视,尤其是在"防控点"方面。合规团队中一定要有内部或外部的中国律师的参与,辨别哪些商业行为是合法合规的,哪些按照所谓的行业惯例实施的商业行为是违反中国反商业贿赂规则要求的。

（二）国企反商业贿赂合规建设的落地政策指引

国企的情况特殊，反腐败的机制由纪检监察部门进行统筹。但国企已有的反腐败机制不能满足反商业贿赂的合规要求，国企需要做出一些改进。首先，建立一套全面的独立的反商业贿赂合规政策，可以结合相关部门现行的合规政策。其次，建议国企的主管部门（国资委等）的高层领导牵头，在除业务部门以外的部门中挑选人员组成反商业贿赂团队（例如，反商业贿赂工作委员会，由法务合规部门和纪检监察部门共同参与），这样就有了统筹企业关于反商业贿赂的整体事宜的团队。再次，国企的反商业贿赂合规制度应当增加国企及其员工作为行贿方的规定，例如，向其商业伙伴或客户提供服务以及产品时应当遵守的原则与行为准则；企业进行业务拓展或者市场拓展时应当满足的要求；以及企业在申请取得相关行政审批以及参与集中采购或者招投标过程中应当遵循的反商业贿赂机制等。同时，建议国企在高风险部门及业务条线设置额外的独立人员作为"防控点"进行反商业贿赂的监控，该人员隶属于反商业贿赂团队，直接向法务合规部门以及纪检监察部门定期汇报。另外，国企需要加强反商业贿赂培训，这类培训区别于党委的党员廉洁培训，其主要针对关键业务环节以及高风险部门及业务条线的实务操作时应当遵循的原则与行为准则。

（三）民企反商业贿赂合规建设的落地政策指引

民企的高层首先应当认识到反商业贿赂合规建设在中国的重要性与必要性。由于大部分民企的反商业贿赂制度比较零散，建议企业根据上述的"有效的反商业贿赂合规制度指引"建立起适合自身业务特点以及规模特点的合规体系。同时，需要预留一定的资金预算在商业贿赂建设上。对于中小型的民企，由于资源有限，建议可以直接在其法务或内审部门下建立合规团队。另外，对员工的培训要加强，尤其是对于跨国的或者已经上市的民企，还需要符合上市地以及业务经营地关于反商业贿赂或者反腐败的要求，可以增加这方面内容的培训。民企应当尤其注意"风险点"的防控制度（如财务制度、第三方聘任与管理制度等）的建立。不能只局限于眼前的利益，而不顾企业的可持续健康的发展。

2015—2016 中国反商业贿赂调研报告

尹云霞*

摘要

本调研以调查问卷、深入访谈、大数据分析等方式进行,从企业所有制类型、企业所属行业以及企业规模三个维度,对企业或其员工遭遇的反商业贿赂执法情况、企业反商业贿赂合规现状和执法变化趋势与漏洞等进行了分析。在此基础上,报告就企业应如何进一步完善合规制度提出了意见和建议,认为企业应加强在进入市场时的合规风险评估和管控,建立并完善第三方监督与管理体制,建立并完善危机应对方案和体系,并着力进行有效合法的内部反腐败调查。

关键词 反商业贿赂执法 合规建设 风险评估 危机应对 内部调查

综　　述

中国从以纪律检查机关为主的"权力反腐"向以司法机关为主的"制度反腐"转变是根治腐败的方向和希望。高效迅猛的"权力反腐"为反腐治标为主向治本为主转变争取了时间,同时在"依法治国"方针下快速发展的"制度反腐"是反腐败走向常态化的重要布局。"把权力关到制度的牢笼中"是人心所向,但改变从来都来之不易。而"把反腐倡廉作为关系到国计民生及党的生死存亡的重要任务来抓",更需要有刮骨疗伤、壮士断腕的勇气。在党的十八届中央纪委第二次全会上,习近平总书记明确指出:"要善于用法治思维和法治方式反对腐败,加强反腐败国家立法,加强反腐倡廉党内法规制度建设,让法律制度刚性运行。"过去几年,中国政府简政放权、减少腐败源头,同时不断加大立法和执法力度:刑法、反不正当竞争法、刑事和行政诉讼法先后开始修订,推动机制反腐;全面推广黑名单制度,建设社会信用体系;增加举报奖励和反报复保护,发动社会力量反腐等一系列的行动,反腐败逐渐显露出向"制度反腐"过渡的趋势。

* 本报告由方达律师事务所合伙人尹云霞律师主笔撰写,《法制日报》社中国公司法务研究院、方达律师事务所联合发布。

今年，大刀阔斧的反腐进入第四个年头，社会舆论中就有人质疑反腐是否要歇一歇了？继续反腐是否会影响中国经济发展？2016 年年初，习近平总书记在党的十八届中央纪委六次全会上明确指出："党中央坚定不移反对腐败的决心没有变，坚决遏制腐败现象蔓延势头的目标没有变。"

风起云涌的反腐败大趋势，给中国的企业和企业家带来了一系列的挑战，也带来期许和盼望。随着大量贪腐官员的落马，牵涉其中的企业家与企业也受到巨大影响，企业家沦为阶下囚，企业一蹶不振，代价巨大。反腐大趋势也在瓦解旧的政商关系，以贿赂官员来取得竞争优势的情形"风光不再"，守不住底线的企业家随时可能身败名裂。企业要想长期取胜，需要凭借核心竞争力在市场大潮中立于不败之地。

中国持续的反腐败浪潮，是否真的能创造公平公正的商业竞争环境？政府的执法是否会跟上不断修订的反腐败立法？刑法修订对行贿犯罪的处罚力度加大，是否会波及企业和高管，令他们因商业贿赂而面临重罚，甚至是牢狱之灾？反不正当竞争法修订如果通过，是否会带来新的执法高潮？新的立法和执法趋势，对不同行业的影响如何？企业现有的合规制度能否适应新的反商业贿赂执法要求？

围绕这些问题，中国法律权威机构《法制日报》社旗下的"中国公司法务研究院"再次携手中国知名律所方达律师事务所，发起 2016 年度针对中国企业的反商业贿赂调研。本次调研主要以调查问卷、深入访谈、大数据分析等方式进行，共回收有效问卷 277 份。从企业所有制类型（国企、外企、民企）、企业所属行业以及企业规模（人数多于 500 人的大中型企业、少于等于 500 人的中小型企业）三个维度，对企业或其员工遭遇的反商业贿赂执法情况、企业反商业贿赂合规现状和执法变化趋势及存在问题进行分析。

本报告共分为三个部分。第一部分介绍中国反商业贿赂立法新动态，探讨立法变化对企业产生的影响；第二部分探讨中国反商业贿赂执法趋势和企业相应的合规举措；第三部分就企业应如何进一步完善合规制度提出意见、建议。

一、立法迈向制度反腐

2015 年以来，中国相继出台了《刑法修正案（九）》《反不正当竞争法（修订草案送审稿）》最高人民法院、最高人民检察院《关于办理贪污贿赂刑事案件适用法律若干问题的解释》等法律和司法解释。当前的立法趋势体现出，随着向制度性反腐的转变，除了继续对腐败官员的高压打击之外，政府开始着手铲除腐败产生的根源，其中重要的措施之一就是加大反商业贿赂的处罚，改变以往"重受贿、轻行贿"的观念，通过对行贿、商业贿赂的打击，创造更加清廉公正的商业竞争环境。

《刑法修正案（九）》中，对有关贿赂犯罪的条文进行了多处修改。其中，突出的地方是改变了以往"重受贿、轻行贿"处罚的法治理念，加大了对行贿罪的处罚力度；提高了对行贿人免除处罚的条件，对可以从宽处罚的条件进行了严格限制；增加了对行贿人并处财产刑的处罚；同时增加了"对有影响力的人行贿罪"的新罪名，扩大了对行贿的打击范围，解决了以往大量存在的对领导身边人行贿的问题，以期从源头上遏制和预防贿赂犯罪。最高检察院进一步加强行贿犯罪查询工作，尤其在招投标和工程建设领域，对行贿犯罪记录人作出多种限制，一方面加强社会监督，另一方面提高行贿犯罪违法成本。最高检察院、公安部、财政部联合下发《关于保护、奖励职务犯罪举报人的若干规定》，从保密措施、反报复、奖励金额三个方面加强对举报人的保护和鼓励，发动社会力量参与反腐败行动。

对于《刑法修正案（九）》，64％的企业认为其有积极影响。不同类型、规模、行业的企业普遍认为《刑法修正案（九）》有利于促进企业重视合规、促进公平竞争环境、降低海外投资风险；都非常重视对于反商业贿赂的修订,70%的受访企业表示据此做出了合规调整,其中最普遍的措施包括完善内控与合规政策、进行相关培训和合规调查。一些已经走出国门的国有企业,还对海外子公司进行了反腐败调查,这是可喜的进步。

在行政立法领域,《反不正当竞争法(修订草案送审稿)》(以下简称《送审稿》)中,明确了商业贿赂的概念;赋予执法机关更加明确的执法管辖权和监督检查手段;强化了执法机关的执法权力;加大了对商业贿赂行为的处罚幅度;将第三方协助违法的行为纳入打击范围等。同时,行政执法领域的反商业贿赂档案制度,包括失信企业黑名单、医药购销领域黑名单等制度不断完善和加强。目前,部分地区的工商部门与食药部门、质量监督等部门的监督执法职能进行合并,组成市场监督管理局,未来对于商业贿赂的行政执法力度必将进一步加强。

对于《送审稿》,约74%的受访企业认为需要相应建立或者完善合规制度,以适应《送审稿》的要求。其中,约64%的外企表示需要建立或者完善合规制度,而表示需要建立或者完善合规制度的国企及民企高达约85%。可见,《送审稿》,有利于促使企业加强合规建设。

二、执法倒逼企业合规

从最新执法与司法审结数据看,司法机关针对行贿的刑事执法不断加强,行政处罚案件数量虽有下降但行政执法力度蓄势待发。从最高检察院公布的2013年、2014年、2015年查处贪污贿赂等犯罪案件数据看,被查处行贿人人数逐年有明显上升,这与国家加大对行贿人打击力度的方向一致。近年来,体制调整和机构改革对工商机关执法造成了一定影响,工商机关2015年商业贿赂案件查处数量下降明显,但个案平均案值及平均罚没款数均呈上升趋势。在机构改革结束后,特别是《送审稿》通过后,随着立法上对商业贿赂的处罚力度加大,预计将迎来新的一波执法高潮。

从执法变化趋势与存在问题看,企业欢迎《行政诉讼法》的修订,越来越多的企业反映行政执法情况有了一定的改进,但也有约半数受访企业反映反商业贿赂执法仍存在自由裁量权过于宽泛、执法不透明和缺乏实际有效的救济途径等问题,反商业贿赂执法有待进一步改善。

从企业或其员工在2015—2016年遇到反商业贿赂执法情况看,医疗与健康、快消品与食品、房地产与建筑、制造业、金融与投资行业仍然是遇到反商业贿赂执法最多的高风险行业。国企、民企、外企均有相关人员因商业贿赂承担个人刑事责任。其中,医疗与健康、房地产与建筑、金融与投资行业中的相关个人受到刑事处罚的比例最高。关于企业遭受调查或处罚的原因,第三方违规、不当折扣及现金返利、未准确入账位居榜首。另外,突击检查已成为中国政府执法的重要方式,医疗与健康企业经历的调查中有近一半为突击检查,外企经历过的调查中有近四成为突击检查。从调研情况看,仅有约30%的企业有适应中国的危机处理机制。中国的商业贿赂执法有其独特性,建立适用于中国的危机管理政策和制度流程,是企业亟待完成的要务。

从企业反商业贿赂合规现状看,约80%的企业认为领导层是重视合规的。国企和民企在合规方面的固定资源和预算投入上明显少于外企,制度建设上也相对落后。国企、民企在合规建设上的投入亟需加强。同时,与其他行业相比,金融与投资行业对反商业贿赂合规工作的重视程度有待进一步加强。

三、防控风险完善合规

我国的反商业贿赂立法,既处罚传统的腐败性贿赂(比如给予政府官员好处,换取利益),也打击竞争性贿赂（比如通过不当的排他安排，得到竞争优势）。实务中，竞争性贿赂认定较为复杂，一些行业惯例，比如陈列费、搭送设备等，也可能被认定为商业贿赂。缺乏适当的合规管控，会使企业暴露在商业贿赂的风险之下，甚至出现"走钢丝"的高危经营。

因此，企业应通过"进入市场的风险评估和管控"，形成"事前防范、事中控制、事后处理"的全流程管控机制，管控营销中的商业贿赂风险。实践中常常存在一种误解，认为以深度定制的方式建立合规管控是一项耗时耗力的巨大工程。但事实并非如此。许多企业已经具备了比较系统的管理流程，在此基础上植入合规管控机制不是从无到有，而是一个高效的"加码"过程。

合规管控的一个难点是第三方管控。因第三方的违规行为而遭受查处的案例越来越多，遭受中国最高商业贿赂处罚的葛兰素史克案件中，就涉及大量第三方实施的行贿受贿行为。通过第三方进行的行贿、舞弊，比企业内部舞弊更加难以监督查处。所以对第三方的管控，防范于未然，就尤其重要。事实上，第三方管理体系的建立并不复杂，有成熟科学的途径。这些机制落实到位，能显著降低第三方违规的风险。

另外，突击检查已成为中国政府执法的重要方式，但仅有30％的受访企业有适应中国的危机处理机制。面对执法机构的突击检查，许多企业往往惊慌失措，甚至出现与执法人员发生冲突、藏匿损毁文件、提供虚假信息等阻碍执法的做法，导致严重的法律后果。不懂得如何有礼有节地配合政府执法，往往是由于企业缺乏完善的危机处理机制。合理合法的危机处理机制可以有效降低企业在政府执法中的违法风险，缩短调查时间，促成高效执法。

内部调查是企业了解违规事件、打击违规行为最为核心的途径，也是合规管理的有力抓手，越来越多的企业开始开展反腐败的内部调查。开展内部调查一定要做到合法、有效，要充分考虑调查结果和证据收集在仲裁诉讼中的效力和效果。避免出现证据污染、调查结果遭到质疑，甚至因调查而侵犯合法权益的情况。笔者结合多年经验，在本报告第三章论述了如何在内部调查中合法地收集证据，希望对企业开展内部调查有所裨益。

本报告覆盖的内容面较广，不可避免地存有疏漏之处，请大家斧正。最后，报告声明本报告的内容仅供参考，不构成对任何机构或者个人的法律意见，也不代表报告发布人及主笔所在单位的观点。

第一章　中国反商业贿赂立法新动态

商业贿赂在腐蚀政府领导体制的同时破坏了社会商业诚信体系，它无疑比一般的暴力型犯罪对社会的危害程度更大。党的十八大，十八届三中、四中全会提出要建设统一开放、竞争有序的市场体系，建立公平开放透明的市场规则，反对垄断和不正当竞争。商业贿赂不正当地排挤竞争对手，损害竞争秩序，破坏了市场在资源配置中的决定作用，妨碍了市场机制的健康运行。2016年"两会"[1]也将反腐和打击商业贿赂议程提到了新的高度。

中国主要是通过公安、检察院、法院为主的刑事司法以及工商局为主的行政执法打击商业贿赂行为。

---

〔1〕 "两会"是指："中华人民共和国全国人民代表大会"和"中国人民政治协商会议"，2016年3月2日—3月16日第十二届全国人民代表大会第四次会议和中国人民政治协商会议第十二届全国委员会第四次会议在北京召开。

2015 年，全国人大常委会通过了《刑法修正案（九）》[2]，对于贪污行贿等职务犯罪作了细致分类，加大了打击力度。2016 年 4 月 18 日，最高人民法院（"最高法院"）和最高人民检察院（简称"两高"）颁布《关于办理贪污贿赂刑事案件适用法律若干问题的解释》[3]（简称《刑九司法解释》），明确了行受贿等职务犯罪的入罪量刑具体标准，并对执法实践中长期存在的一些争议问题予以统一，如正常履职后收受"感谢费"等问题的认定等。与此同时，中央办公厅、国务院进一步落实治理商业贿赂的专项工作，要求每一年各级执法机关进行及时的总结与汇报。

最高检察院在 2015 年进一步完善了行贿犯罪档案查询制度，针对高危的工程建设领域以及招标投标活动进行了特别通知。

最高法院在过去一年也在积极推动中国司法体制改革，全面实施立案登记制改革，推进最高法院巡回法庭建设，推进跨行政区划法院建设，推进知识产权法院建设，加大知识产权司法保护力度，推进司法责任制改革，深化执行体制机制改革，完善法律统一适用机制，提高司法公信力，推进人员分类管理改革，进一步提升法院队伍专业水平，推进人民陪审员制度改革，深化司法公开等。

2014 年，国家工商总局组织高校专家、从事法律实务的律师和部分地方工商局组成 8 个课题组，对《反不正当竞争法》[4]修订中的重要问题进行了深入研究。2015 年，工商总局召开多次修订工作研讨会和座谈会听取专家学者、地方工商和市场监管部门等各方意见，书面征求了发展改革委、商务部等 38 个国务院部委意见。在深入调研和广泛征求意见的基础上，形成了目前的《反不正当竞争法（修订草案送审稿）》（以下简称《送审稿》），并向社会征求意见。《送审稿》修改内容涉及现行法 33 条中的 30 条，其中删除 7 条，新增 9 条，共 35 条[5]。修改了"经营者"的范围，第一次明确了"商业贿赂行为"，并且将罚款与没收违法所得处罚方式变更为以违法经营额作为计量标准的罚款方式。

同时，国家工商总局对《关于在我国传统产业领域开展商业贿赂专项治理的提案》进行了答复。2015 年工商总局部署开展了为期三年的集中整治不正当竞争突出问题的专项执法行动，以互联网领域、汽车及配件销售维修、家具建材装修装饰、公用企业等行业和领域为重点，集中整治社会关注度高、反映强烈的不正当竞争突出问题。对传统领域行业商业贿赂行为的查处是这次专项执法行动的一个重点。[6]

另外，国家卫生和计划生育委员会（简称卫计委）督促各级的卫生系统整治医药购销领域的不正之风，进一步落实建立各级的医药购销领域的商业贿赂不良记录（黑名单），在 2015 年 5 月印发了《2015 纠正医药购销和医疗服务中不正之风专项治理工作》[7]，对行受贿双方不偏不倚，地毯式审查各级医疗机构以及医药企业等。

一、反商业贿赂立法进一步完善

（一）《刑法修正案（九）》：加强行贿处罚，量刑标准改变

《刑法修正案（九）》对有关商业贿赂的犯罪做了诸多修改，直接涉及商业贿赂犯罪的修改多达

---

〔2〕《刑法》第九次修订时间为 2015 年 8 月 29 日，由全国人大常委会发布。
〔3〕最高人民法院、最高人民检察院：《关于办理贪污贿赂刑事案件适用法律若干问题的解释》，实施时间：2016 年 4 月 18 日。
〔4〕《反不正当竞争法》，实施日期：1993 年 12 月 1 日。
〔5〕详情请参见：《中华人民共和国反不正当竞争法（修订草案送审稿）》，发布日期：2016 年 2 月 25 日。
〔6〕工商总局办公厅：《工商总局对政协十二届全国委员会第三次会议关于在我国传统产业领域开展商业贿赂专项治理的提案的答复》，发布日期：2016 年 3 月 8 日。
〔7〕卫计委：《关于印发 2015 纠正医药购销和医疗服务中不正之风专项治理工作要点的通知》，2015 年 5 月 22 日。

7条,延续了从严惩处贿赂犯罪的大趋势,同时在完善惩处贿赂犯罪体系、打破"重受贿、轻行贿"打击模式方面,体现出立法精神的重大变化,未来无论对商业贿赂犯罪执法还是犯罪预防都将产生深远的影响。

1. 行贿篇

(1) 减少行贿者免于刑法处罚的可能。行贿罪中对主动交待犯罪行为从宽处罚的(尤其免除处罚)条件作了更为严格的限定。新修正案将原规定"行贿人在被追诉之前主动交待行贿行为的,可以减轻或免除处罚"改为"可以从轻或减轻处罚。其中,犯罪较轻的,对侦破重大案件起关键作用的,或者有重大立功表现的,可以减轻或者免除处罚"。该条款的修改,是为改变以往"重受贿、轻行贿"执法理念,防止再出现为了达到追究受贿人刑事责任的目的,而与行贿人进行"辩诉交易",导致对于行贿几百万元甚至几千万元的行贿人不追诉的不正常情况,防止对行贿人从宽处理的政策被滥用。

(2) 增加对于行贿罪及其他各类行贿罪的处罚。为各类行贿犯罪普遍增设了罚金刑,体现经济性制裁。对非国家工作人员行贿罪、行贿罪、单位行贿罪、介绍贿赂罪均增加规定了并处罚金,即在对行贿犯罪处以自由刑的基础上,增加了经济处罚,加大了对行贿犯罪的惩罚力度。需注意的是,刑法规定的是"并处罚金"而非"可以并处"或者"单处罚金",不存在以罚代刑的情况,即判处主刑的同时,必须依法判处罚金。

在行贿罪"情节严重"及"情节特别严重的"两级量刑档后增加了符合的条件,体现从严打击行贿犯罪的立法精神。在行贿罪"情节严重"和"情节特别严重的"增加"或者使国家利益遭受特别重大损失的",使这一档行贿犯罪的规定增加了量刑标准,衡量依据也进一步明确。

(3) 增加"对有影响力的人行贿罪"。增加了"对有影响力的人行贿罪",切断一切腐败犯罪的源头。2009年《刑法修正案(七)》增加了利用影响力受贿罪,但是考虑到利用影响力受贿是一种新的犯罪,对于是否需要追究对应的行贿行为还有争议,故没有对利用影响力的行贿行为作出规定。近年来,通过向国家工作人员的身边人行贿,谋取不正当利益的现象愈发普遍,已经形成了行受贿犯罪的常用手段,放任利用影响力行贿一方不予处罚,显然不利于打击贿赂犯罪。

《刑法修正案(九)》增加一条"对有影响力的人行贿罪",作为《刑法》第390条之一[8]：禁止"为谋取不正当利益,向国家工作人员的近亲属或者其他与该国家工作人员关系密切的人,或者向离职的国家工作人员或者其近亲属以及其他与其关系密切的人行贿"。

从法条来看,该罪的打击面十分宽,刑法还具体列举了五种人属于与国家工作人员"关系密切的人"：① 国家工作人员的近亲属;② 其他与该国家工作人员关系密切的人,如同学、战友、老乡、同事,或者有着某种共同利益关系的人,或者与其关系非常密切、交往不同于一般关系、对其具有足够的影响力的人,③ 离职的国家工作人员,④ 离职的国家工作人员的近亲属,⑤ 其他与离职国家工作人员关系密切的人。

增加对"有影响力的人行贿罪"也体现了与《联合国反腐败公约》进一步衔接的精神。我国作为《联合国反腐败公约》的缔约国,增加"对有影响力的人行贿罪",符合《联合国反腐败公约》第18条将

---

[8] 《刑法》第390条之一对有影响力的人行贿罪："为谋取不正当利益,向国家工作人员的近亲属或者其他与该国家工作人员关系密切的人,或者向离职的国家工作人员或者其近亲属以及其他与其关系密切的人行贿的,处三年以下有期徒刑或者拘役,并处罚金;情节严重的,或者使国家利益遭受重大损失的,处三年以上七年以下有期徒刑,并处罚金;情节特别严重的,或者使国家利益遭受特别重大损失的,处七年以上十年以下有期徒刑,并处罚金。"

"影响力交易"行为入罪的要求，也有利于进一步提高国际联合执法打击腐败犯罪的能力。

（4）提高了行贿罪的入罪量刑标准。在严密行贿罪处罚体系的同时，提高了行贿罪的入罪量刑标准，以保证刑法适用的合理性。由于社会进步以及货币贬值等原因，原行贿 1 万元的入罪标准与当前的经济发展不相匹配，实践中对于行贿 1 万元的行为也极少定罪处罚。故在《刑法修正案（九）》对受贿罪的量刑标准进行修改后，"两高"根据立法精神在《刑九司法解释》中提高受贿罪的入罪量刑标准的同时，也相应提高了行贿罪的入罪量刑标准，规定行贿罪的一般标准为 3 万元，但是如果同时具有其他严重情节，最低可以适用 1 万元的标准。

2. 受贿篇

受贿犯罪的定罪量刑引入创设性的新标准，将原来刚性数额标准，调整为概括性数额加情节的弹性定罪量刑标准，并通过司法解释明确了统一的入罪量刑标准。原受贿罪的具体数额标准由全国人大常委会在 1997 年根据当时惩治贪污贿赂犯罪的实际需要而做出的[9]，入罪的一般标准为人民币 5 000 元，而 5 万元、10 万元分别为 5 年以上、10 年以上有期徒刑的量刑档起算点。随着近十几年来改革开放的深入和我国经济社会的快速发展，受贿 10 万元以上被判 10 年以上有期徒刑，受贿 5 万元以上被判 5 年以上有期徒刑，显然与经济社会发展不相适应，尤其是在盗窃罪、抢夺罪、敲诈勒索罪等立案标准及法定刑升格数额标准都已大幅度提高的形势下。受贿上千万元与受贿 10 万元，犯罪数额相差悬殊，在原确定的量刑上无法拉开档次，无法体现量刑公正。

《刑法修正案（九）》第 44 条规定将原《刑法》第 383 条修改为数额加情节定罪量刑标准[10]，分为贪污数额较大、数额巨大、数额特别巨大三类。而后，《刑九司法解释》对受贿罪的具体数额及情节认定标准予以了明确，规定受贿罪中数额较大、数额巨大、数额特别巨大的一般标准分别为 3 万元、20 万元、300 万元，但对于同时具有其他严重情节的，相应的标准降低为 1 万元、10 万元、150 万元。

对受贿罪犯罪既遂后悔改表现予以肯定，将酌定从轻升格为法定从轻，对从宽处罚做出了更为明确、严格的规定，体现出对严重贪污受贿犯罪的从宽幅度严格控制。对重特大受贿犯罪被判处死刑缓期执行的犯罪分子，增加可以终身监禁的规定。终身监禁是一种非常严厉的刑罚，仅次于死刑，体现出在慎用死刑的原则下加强对严重受贿犯罪的打击力度。

（二）《反不正当竞争法（修订草案送审稿）》：加大对商业贿赂行为的处罚

商业贿赂是典型的不正当竞争行为。《反不正当竞争法》是我国规范商业贿赂的重要法律之一。随着社会经济的飞速发展，不正当竞争的方式也变得复杂多样，于 1993 年制定实施的《反不正当竞争法》难免有过时和落后的地方。2016 年 2 月 25 日，国务院法制办公布了《反不正当竞争法（修订送审稿）》。《送审稿》共 35 条，对现行法 30 条进行了修改，解决了现行法与《反垄断法》《商标法》《广告法》的衔接问题，完善了对 6 种不正当竞争行为的认定，新增了两类不正当竞争行为，加重了对不正当竞争行为的处罚力度，引起广泛关注。

本次修订与反商业贿赂息息相关的重点是：① 明确执法主体；② 明确商业贿赂概念及典型行

---

〔9〕《中华人民共和国刑法》第 383 条。

〔10〕《刑法修正案（九）》第 44 条："对犯贪污罪的，根据情节轻重，分别依照下列规定处罚（受贿罪的处罚是比照贪污罪处理的）：贪污数额较大或者有其他较重情节的，处三年以下有期徒刑或者拘役，并处罚金；贪污数额巨大或者有其他严重情节的，处三年以上十年以下有期徒刑，并处罚金或者没收财产；贪污数额特别巨大或者有其他特别严重情节的，处十年以上有期徒刑或者无期徒刑，并处罚金或者没收财产；数额特别巨大，并使国家和人民利益遭受特别重大损失的，处无期徒刑或者死刑，并处没收财产。"

为；③ 修改对商业贿赂行为的处罚方式；④ 强化关于监督检查的手段；⑤ 明确了协助违法行为的责任。

1. 赋予工商行政管理部门一般管辖权

根据现行《反不正当竞争法》第3条："县级以上工商行政管理机关对不正当竞争行为有监督执法权；但法律法规有其他规定的，从其规定。"这条规定导致现实生活中商业贿赂的执法主体不明确，长期存在着多头执法或者无人执法的问题：或者不同行政部门均对商业贿赂行为有管辖权，造成管辖冲突；或者一旦工商机关不管，其他行政部门也不会进行管理和干预，出现管辖空缺。商业贿赂执法主体不明的现状使不同行业对于不正当竞争行为的认定标准和处罚尺度存在差异，影响了法律的权威性和公平性，广为诟病。

《送审稿》解决了以上问题，规定"县级以上人民政府工商行政管理部门对不正当竞争行为进行监督检查；其他法律、行政法规另有规定的，相关部门也可以依照其规定进行监督检查"。[11] 送审稿赋予了工商行政管理部门对不正当竞争行为的一般管辖权，明确了法律适用主体和监管责任，这在一定程度上有利于统一执法尺度和执法标准。

2. 明确商业贿赂概念及典型行为

笔者在《2014—2015中国反商业贿赂调研报告》中详细澄清了商业贿赂的概念，其中重要的一点就是在中国的法律法规框架下，没有专门的商业贿赂法律，现行的《反不正当竞争法》虽对商业贿赂行为进行了定义，[12]但陷入了循环定义之中。此定义既没有明确商业贿赂的实质，也没有明确区分商业贿赂与正常经营行为的界限，导致现实生活中一些正当的商业行为也被当作商业贿赂定性处罚，使得一些情况下经营者无所适从。

《送审稿》第7条对商业贿赂行为进行了专门规定，[13]明确了商业贿赂的概念："商业贿赂是指经营者向交易对方或者可能影响交易的第三方，给付或者承诺给付经济利益，诱使其为经营者谋取交易机会或者竞争优势。"与现行法下的概念相比有所改进。

首先，从法律层面上正式纳入了"第三方"的概念。工商机关查处的案例中，不乏通过向可能影响交易的第三方给付经济利益、诱使其为经营者谋取交易机会的情况。"可能影响交易的第三方"意味着向交易决策者关系密切的第三方，如决策者的配偶、子女、可以影响决策者的中介、经销商等第三方，给付或者承诺给付经济利益，损害其他经营者或者消费者的合法权益的，也属商业贿赂。

其次，《送审稿》借鉴了美国《海外反腐败法案》的类似认定原则，将"承诺"这一行为也认定为商业贿赂，扩大了商业贿赂行为的范围。但何种行为构成"承诺"有待进一步明确。

再次，将原商业贿赂的"财物和其他手段"，修改为"经济利益"，明确了商业贿赂是给付或者承诺给付"经济利益"的行为。根据国家工商总局《关于禁止商业贿赂行为的暂行规定》（简称

---

〔11〕《送审稿》第3条。
〔12〕《反不正当竞争法》第8条。
〔13〕《送审稿》第7条："经营者不得实施下列商业贿赂行为：
（一）在公共服务中或者依靠公共服务谋取本单位、部门或个人经济利益；
（二）经营者之间未在合同及会计凭证中如实记载而给付经济利益；
（三）给付或者承诺给付对交易有影响的第三方以经济利益，损害其他经营者或消费者合法权益。
商业贿赂是指经营者向交易对方或者可能影响交易的第三方，给付或者承诺给付经济利益，诱使其为经营者谋取交易机会或者竞争优势。给付或者承诺给付经济利益的，是商业行贿；收受或者同意收受经济利益的，是商业受贿。
员工利用商业贿赂为经营者争取交易机会或竞争优势的，应当认定为经营者的行为。有证据证明员工违背经营者利益收受贿赂的，不视为经营者的行为。"

《暂行规定》），经营者为销售或者购买商品，假借促销费、宣传费、赞助费、科研费、劳务费、咨询费、佣金等名义，或者以报销各种费用等方式，给付对方单位或者个人以财物，或者以其他手段提供给对方单位或个人国内外各种名义的旅游、考察等，都属商业贿赂。"经济利益"点明了财物与其他手段的经济属性。但实践中为相关人员获取继续教育学分、帮助出版学术论文获得学术成就、帮助受贿对象子女安排出国留学或提供工作机会等，会严重影响决策者，但是否为经济利益仍存疑问。

最后，明确商业贿赂不仅仅局限于销售或者购买商品，只要行为人主观上为了在经营活动中争取交易机会或竞争优势，排斥竞争，客观上向对方单位或个人给付或承诺给付经济利益，就应被认为是商业贿赂。

此外，《送审稿》还列举了典型的商业贿赂行为：① 在公共服务中或者依靠公共服务谋取本单位、部门或个人经济利益；② 经营者之间未在合同及会计凭证中如实记载而给付经济利益；③ 给付或者承诺给付对交易有影响的第三方以经济利益，损害其他经营者或消费者合法权益。这一修改是对工商行政管理机关执法经验的总结，值得企业特别注意。不管《送审稿》最后是否得以通过，对于企业的合规工作都有重要的指导意义。以经营者之间未在合同及会计凭证中如实记载而给付经济利益的行为为例，实践中常存在合同和会计凭证不一致、会计凭证与事实不一致的情况。《送审稿》突破了现行法仅对折扣和佣金如实入账的明确要求，要求所有经济利益的给付都应如实入账，否则有被认定为商业贿赂的风险。

总体而言，《送审稿》此条的规定与现行《反不正当竞争法》第8条相比有很大的进步，但也存在一些问题。例如，《送审稿》明确员工利用商业贿赂为经营者争取交易机会或竞争优势的，应当认定为经营者的行为。但《暂行规定》里早有员工行为经营者负责的规定。〔14〕《暂行规定》这个规定在实践中带来了一些问题，如有些员工为了自己的业绩与奖金进行行贿，客观上是给企业带来了竞争优势或者好处，但是企业并没有命令或者纵容其进行该行为，认定员工行为由企业负责似有所不公，尤其是在企业已经或者正在建立完善的合规制度与机制，并且对员工进行培训与定期监督，但是员工仍然暗箱操作的情况下。《送审稿》对此进一步规定："但有证据证明员工违背经营者利益收受贿赂的，不视为经营者的行为"。该款仅规定了员工违背经营者利益收受贿赂的行为可以免责，对于员工违背经营者利益行贿的行为是否可以免责，规定不清。

3. 修改对商业贿赂行为处罚的计算方式

现行《反不正当竞争法》第22条规定："经营者采用财物或者其他手段进行贿赂以销售或者购买商品，构成犯罪的，依法追究刑事责任；不构成犯罪的，监督检查部门可以根据情节处以一万元以上二十万元以下的罚款，有违法所得的，予以没收。"根据国家工商总局《工商行政管理机关行政处罚案件违法所得认定办法》第9条："以当事人违法生产、销售商品或者提供服务所获得的全部收入扣除当事人直接用于经营活动的适当的合理支出，为违法所得。"在认定违法所得时，对于已支付的税费，应予扣除。

《送审稿》第20条对商业贿赂行为的处罚方式进行了修改，规定对于经营者构成商业贿赂行为的，"监督检查部门应当责令停止违法行为，根据情节处以违法经营额百分之十以上百分之三十以下的罚款；构成犯罪的，依法追究刑事责任"。此处删去了"没收违法所得"，而直接规定以违法经营额为

---

〔14〕《关于禁止商业贿赂行为的暂行规定》第3条："经营者的职工采用商业贿赂手段为经营者销售或者购买商品的行为，应当认定为经营者的行为。"

基础进行处罚。这种修改是对工商机关执法实践中遇到类似问题的一种回应。执法实践中对"违法所得"的认定和取证存在很多困难，如有些案件行贿方账面没有记录或记录不全，无法确认其全部收入；有些案件成本和费用无法确定，导致合理支出无法计算；有些案件行贿方的合同或货款尚未履行结算完毕，违法所得如何计算存在疑问；等等。

规定以违法经营额为处罚基础，从一定程度上可以解决以上问题。对于违法经营额的计算，可以参照国家工商总局《工商行政管理机关行政处罚案件违法所得认定办法》第二条的规定，"违法经营额"即为当事人违法生产、销售商品或者提供服务所获得的全部收入。但具体还需有权机关做出进一步的解释。

对违法经营额具体如何认定也有待进一步明确。例如，如何认定违法经营额与商业贿赂行为之间的因果关系问题。实践中，与商业贿赂行为直接关联的经营额的认定会相对容易，如因为一个商业贿赂行为达成了一笔交易，经营额的认定只需围绕这笔交易进行判定即可。但对于长期实施商业贿赂，与对方发生常态化交易并产生所得额，无法具体判断某笔交易与某一笔商业贿赂存在具体关联的情况下，如何认定违法经营额就比较困难。比如，某公司长期向交易对方提供旅游、礼品卡等财物和利益，以获得交易对方常年的不定期订单。此时，给予的财物和利益并不能与具体的某一笔订单相关联，是否该公司全年所有交易收入均会被认定为违法经营额？

违法经营额的计算不需要扣除合理支出，可以预计，一旦《送审稿》得以通过，商业贿赂案件处罚金额将大幅提高。

4. 强化了关于监督检查的手段

现行《反不正当竞争法》监督检查手段不足、力度较弱。[15] 由于执法机关不能直接采取查封、扣押等强制措施，执法中常常出现当事人转移、销毁证据等情况。虽然部分省市通过颁布地方性法规等赋予工商机关查封、扣押的职权，但法理上总是不顺。《送审稿》完善了执法机关的监督检查权限和职责，规定监督检查部门在调查不正当竞争行为时，有权对涉嫌不正当竞争行为的财物实施查封、扣押。《送审稿》第 30 条还增加了当事人配合调查的义务以及对拒不配合、拒绝接受调查的当事人的责任追究。规定监督检查部门在调查不正当竞争行为时，被调查的经营者、利害关系人或者其他有关单位、个人应当如实提供有关资料或者情况，配合监督检查部门依法履行职责，不得拒绝、阻碍监督检查；如对监督检查部门依法实施的调查，非因法定事由拒绝提供有关资料、情况，提供虚假资料、情况，隐匿、销毁、转移证据，或者有其他拒绝、阻碍调查行为的，监督检查部门可以责令其改正，并处以 2 万元以上 20 万元以下的罚款。强化了行政执法机关监督检查的手段。

5. 明确了协助违法行为的责任

还需要注意的是，《送审稿》第 28 条对为不正当竞争行为提供便利条件的情况进行了规定："明知或者应知有违反本法规定的不正当竞争行为，仍为其提供生产、销售、仓储、运输、网络服务、技术支持、广告推广、支付结算等便利条件的，根据情节处以十万元以上一百万元以下的罚款。"实践中，多有企业通过第三方实施商业贿赂。该条规定将协助实施商业贿赂的第三方纳入了法律规制的范畴。"应知"使得提供生产、销售、仓储等条件的企业不能把头埋在沙子里，对于可能的问题故意回避不去了解。企业要想做到合法合规，避免被牵涉商业贿赂行为，需要了解自己的合作方。

---

[15]《反不正当竞争法》第 17 条。

（三）反商业贿赂档案制度

中国政府近几年来一直致力于社会信用体系建设。随着对商业贿赂加大打击力度，司法部门和行政部门分别在司法和行政领域推出了黑名单制度。随着统一社会信用代码制度和相关实名登记制度的建立和完善，流通领域、医疗购销领域、招投标工程领域、检察系统、法院系统等黑名单有望实现信息共享，黑名单制度对企业的威慑作用将越来越大。

1. 失信企业黑名单制度

中国正在逐步建立以信用监管为核心的新型市场监管制度，力图达到企业"一处违法、处处受限"的威慑力。2016 年 4 月，国家工商总局颁布的"失信企业黑名单制度"落地实施。[16] 因不正当竞争行为（包括商业贿赂行为）两年内受到三次以上行政处罚的，将被列入黑名单。工商机关将通过企业信用信息公示系统将失信黑名单上的企业对外公示。在 5 年的公示期限内，企业将被列为工商重点监督管理对象。被列入严重违法失信企业名单的企业的法定代表人、负责人，三年内不得担任其他企业的法定代表人、负责人。

据了解，2016 年底前，国家企业信用信息公示系统将基本建成使用。截至目前，全国 31 个省级工商、市场监管部门已经建立了区域性企业信用信息公示系统，有 17 个省份依托工商部门建立了企业信用信息共享平台，收集的企业信息总量已超过 2 亿条。[17]

2. 进一步开展行贿犯罪查询工作

最高检察院于 2006 年颁布《关于受理行贿犯罪档案查询的暂行规定》，并开始实施行贿犯罪档案查询，于 2013 年部署检察机关将个人和单位构成行贿犯罪的信息整合集中起来，建立信息查询系统并对外提供查询。在行贿多发的工程建设领域和招投标环节中，查询行贿档案系统成了必要条件。在招投标领域，依法必须招标的工程建设项目应当在中标通知书发出前对投标人进行行贿犯罪档案查询，对有行贿犯罪记录的单位或个人做出一定时期内限制进入市场、取消投标资格、降低资质等级、不予聘用或者注册等处置[18]。

在工程建设领域，在工程项目招投标、设备物资采购、建筑企业资质许可、个人执业资格认定、企业信用等级评定与管理等事项中，要求对行贿犯罪记录进行查询。对经查询有行贿犯罪记录的单位或者个人，根据不同情况做出限制其在一定时期内进入本地区本行业建设市场、取消投标资格、从供应商目录中删除、扣减信誉分、不予（暂缓）许可、责令停业整顿、降低资质等级、吊销资质证书等处置。[19]

3. 医药购销领域黑名单制度

医疗购销领域是商业贿赂的重灾区。2007 年，原卫生部开始建立医药购销领域商业贿赂不良记录，[20] 即俗称的医疗卫生系统黑名单制度。2013 年，部门合并后的国家卫计委完善了该制度，根据医药生产经营企业及其代理人被列入黑名单的频率，限制该企业在一定的时间和区域内参与公立医疗机构或接受财政资金的医疗卫生机构的采购。[21] 2015 年，国家卫计委等 9 部门开展纠正医药购

---

〔16〕 国家工商行政管理总局：《严重违法失信企业名单管理暂行办法》，2015 年 12 月 30 日。

〔17〕 人民网：《"全国一张网"是紧箍咒？ 企业主：有助于遏制违法失信》。

〔18〕 最高人民检察院、国家发展和改革委员会：《关于在招标投标活动中全面开展行贿犯罪档案查询的通知》，2015 年 5 月 8 日。

〔19〕 最高人民检察院，住房和城乡建设部，交通运输部，水利部：《关于在工程建设领域开展行贿犯罪档案查询工作的通知》，2015 年 5 月 22 日。

〔20〕 卫生部：《关于建立医药购销领域商业贿赂不良记录的规定》（卫政法发〔2007〕28 号），2007 年 1 月 19 日。

〔21〕 国家卫生和计划生育委员会：《关于建立医药购销领域商业贿赂不良记录的规定》（国卫法制发〔2013〕50 号），2013 年 12 月 25 日。

销和医疗服务中不正之风专项治理工作,要求开展行业信用评价、信用建设和信用培训工作,完善医药购销不良信息记录采集平台,加强企业信用信息公开和公示。[22]

目前来看,各个省份已经建立起了商业贿赂不良记录"黑名单",但是公布在黑名单上的企业仍很有限,这与商业运行的现状不符。制度的有效性取决于其执行力度,"黑名单"的威慑力取决于是否有违反商业贿赂法律的企业受到了应有的处罚,受到了处罚的企业是否按照规定被列入了黑名单。

(四) 鼓励和保护职务犯罪举报的规定

2016年4月9日,最高检察院、公安部、财政部联合下发了《关于保护、奖励职务犯罪举报人的若干规定》(简称《若干规定》),完善了对职务犯罪实名举报人的保护与奖励制度。此前,虽然有最高检察院发布的《人民检察院举报工作规定》《关于保护公民举报权利的规定》等,但内容过于原则,对举报人的保护工作如何分工、具体的保护措施如何实施等不够明确,对于举报人受到的隐性报复难以认定,以及奖励金额偏低等均影响了举报人的积极性。为了更好地调动和保护人民群众的举报积极性,《若干规定》对以往存在的问题进行了明确,增强了可操作性。

1. 严格保密措施

对保护、奖励举报人的各个环节都规定了严格的保密措施,将泄密的可能降到最低。《若干规定》针对受理、录入、存放、报送举报线索和调查核实、答复举报人等环节制定了8项保密措施,强调严禁泄露举报内容以及举报人姓名、住址、电话等个人信息,严禁将举报材料转给被举报人或者被举报单位;对于举报人确有必要在诉讼中作证的,可以在文书及资料中使用化名。

2. 加强保护措施

一是确定保护机关的分工,规定对举报人的保护主要由检察院负责,但是情况紧急的,公安机关应当先采取措施并及时通知检察院;二是开展事前保护,规定接到举报后应当根据确定的风险等级制定举报人保护预案;三是列举了10项打击报复的情形,明确了哪些针对举报人及其近亲属的行为属于打击报复范围;四是细化对举报人及其近亲属的保护措施,规定了预防性保护、受到报复的纠正、受损害后的救助三类不同的保护措施。

3. 提高奖励金额

《若干规定》提高了举报奖励金额的上限,规定每案奖金数额一般不超过20万元;举报人有重大贡献的,经批准可以在20万元以上给予奖励,最高不超过50万元;有特别重大贡献的,经最高检察院批准,不受上述数额的限制。[23]

二、反商业贿赂立法影响:调研
立法变化对企业的影响

针对《刑法修正案(九)》及《送审稿》对企业的影响,中国公司法务研究院和方达联合进行了调研问卷研究。本次调研共回收316份问卷,其中有效问卷为277份。约82%的受访者为企业中的合规部门、财务部门、内审部门以及法务部门的从业人员(见图1)。根据调研数据,报告从受访者所在企业

---

[22]《2015年纠正医药购销和医疗服务中不正之风专项治理工作要点》。
[23] 上述奖金额度与最高检察院2014年修订的《人民检察院举报工作规定》中的奖金额一致,相对于2009年规定的一般奖励不超过10万元,最高奖励不超过20万元的标准有较大提高。需注意的是,本次规定是与财政部联合颁发的,对于实践中保证奖励款的及时拨付具有重要意义。

的所有制[国企、民企和外企(含中外合资)](见图 2)、企业规模(人数多于 500 人的大中型企业、少于等于 500 人的中小型企业)(见图 3)、企业所属行业[包含医疗与健康、能源与环保、金融与投资、快消品与食品、房地产与建筑、TMT(通信、传媒与技术)等 15 个行业](见图 4)三个维度进行综合分析。

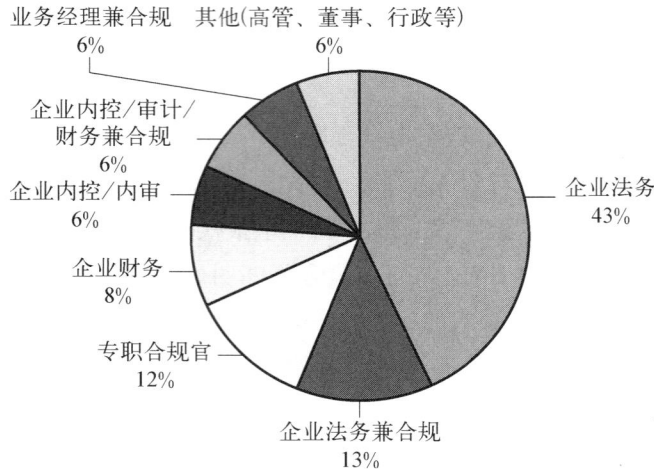

图 1　受访人员职位

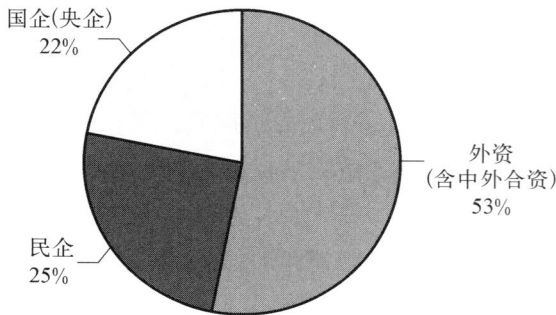

图 2　受访企业类型

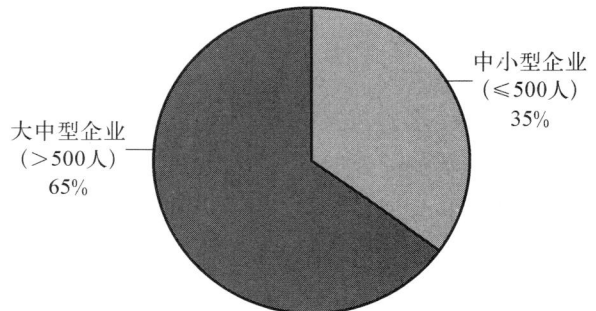

图 3　受访企业规模

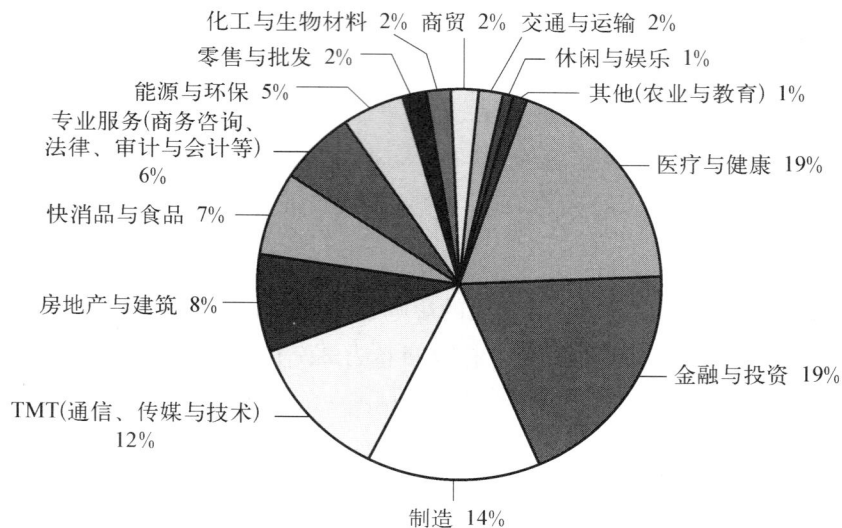

图 4　受访企业所属行业

（一）《刑法修正案（九）》

1.《刑法修正案（九）》出台后，约 70％的企业做出合规调整

《刑法修正案（九）》出台后，70.1％的受访企业做出了反商业贿赂合规方面的调整，其中最普遍的措施包括完善内控与合规政策、进行相关培训和合规调查（见图 5）。特别需要指出，一些国企已经走出国门，部分国企还增加了对海外子公司的反腐败调查。这是可喜的进步。有部分走出海外的中国企业在过去几年中已经遇到了海外商业贿赂的问题，特别是在经济欠发达地区，被索要贿赂并非少见。如何处理海外商业贿赂风险，应对索贿，保护公司的合法权益，是一个重要话题。

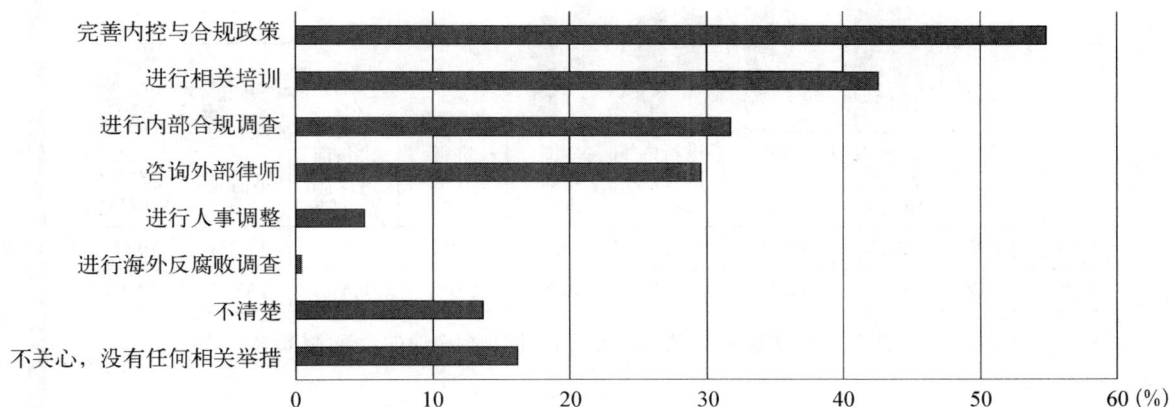

图 5　《刑法修正案（九）》出台后，企业的合规举措

各行业不同规模的企业都较重视《刑法修正案（九）》（见图 6、图 7）。针对《刑法修正案（九）》的修订，外企反应最为强烈，77.5％的外企进行了合规举措的调整；63.4％的国企和 60％的民企也做出了反应（见图 8）。外企在完善内控与合规政策、进行相关培训和进行合规调查方面，都较国企和民企更为积极。其中，外企在《刑法修正案（九）》出台后，加强培训的比例远高于国企和民企。公司是否合规

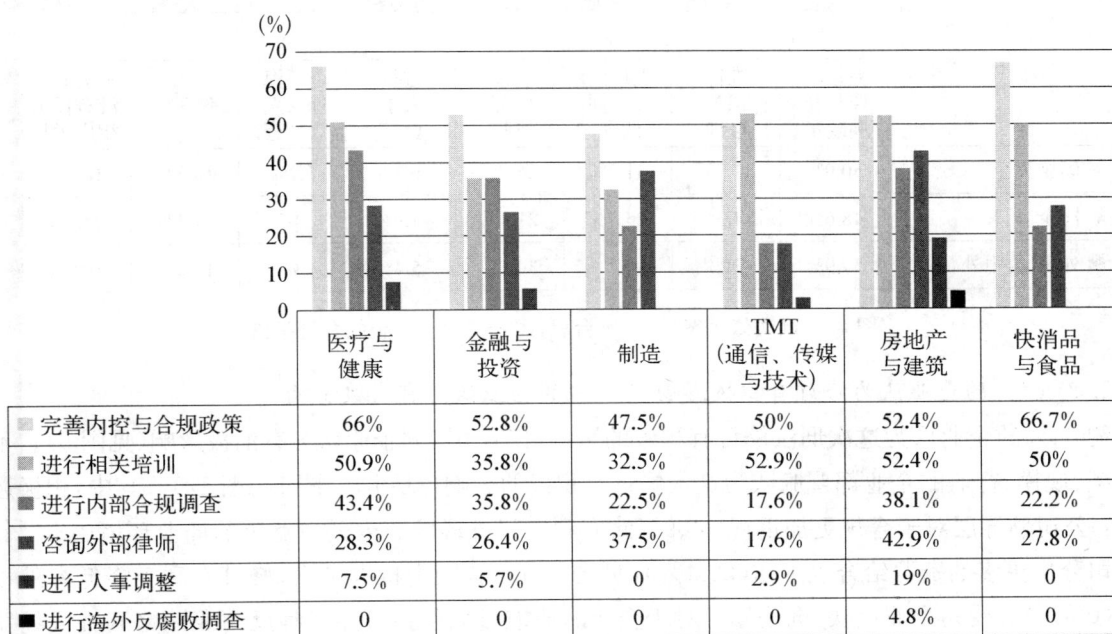

	医疗与健康	金融与投资	制造	TMT（通信、传媒与技术）	房地产与建筑	快消品与食品
完善内控与合规政策	66%	52.8%	47.5%	50%	52.4%	66.7%
进行相关培训	50.9%	35.8%	32.5%	52.9%	52.4%	50%
进行内部合规调查	43.4%	35.8%	22.5%	17.6%	38.1%	22.2%
咨询外部律师	28.3%	26.4%	37.5%	17.6%	42.9%	27.8%
进行人事调整	7.5%	5.7%	0	2.9%	19%	0
进行海外反腐败调查	0	0	0	0	4.8%	0

图 6　《刑法修正案（九）》出台后，不同行业的企业的合规举措

取决于公司中的每一个人的行为是否合规,合规培训是公司合规政策上传下达的重要途径,是让公司中的每一个员工充分理解、深刻认识合规重要性和商业贿赂对于公司及其个人危害的必要方式。国企和民企在进行有益的合规政策改善的同时,可以考虑增加相应的合规培训。

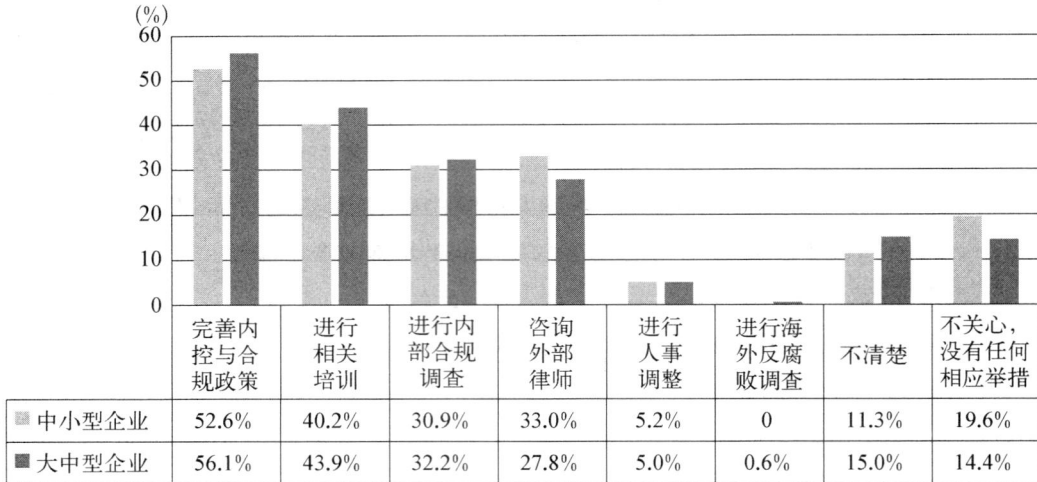

	完善内控与合规政策	进行相关培训	进行内部合规调查	咨询外部律师	进行人事调整	进行海外反腐败调查	不清楚	不关心,没有任何相应举措
中小型企业	52.6%	40.2%	30.9%	33.0%	5.2%	0	11.3%	19.6%
大中型企业	56.1%	43.9%	32.2%	27.8%	5.0%	0.6%	15.0%	14.4%

图 7 《刑法修正案(九)》出台后,不同规模企业的合规举措

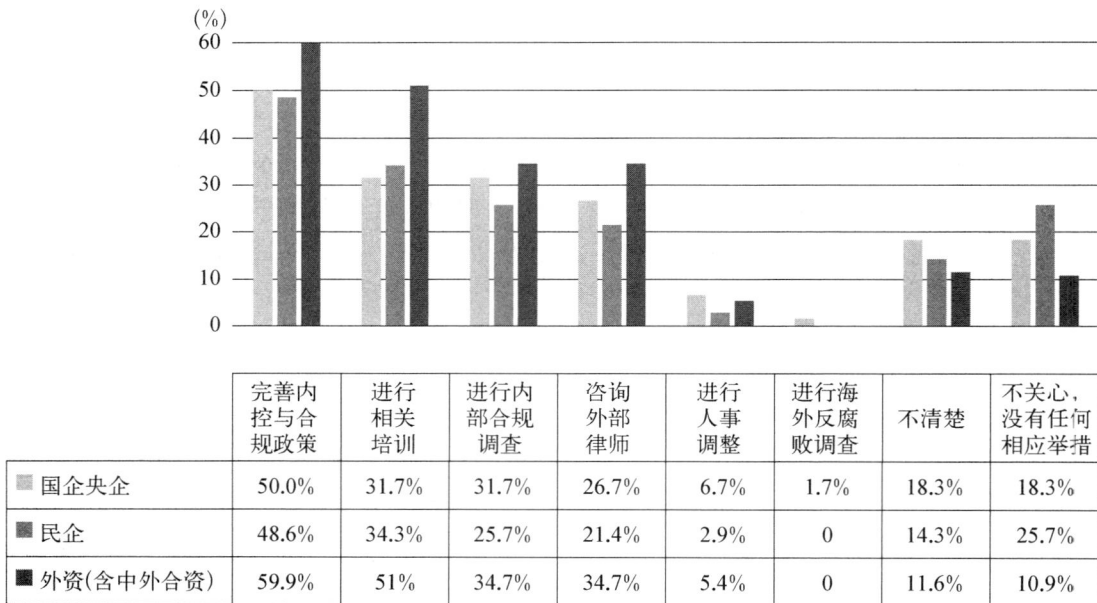

	完善内控与合规政策	进行相关培训	进行内部合规调查	咨询外部律师	进行人事调整	进行海外反腐败调查	不清楚	不关心,没有任何相应举措
国企央企	50.0%	31.7%	31.7%	26.7%	6.7%	1.7%	18.3%	18.3%
民企	48.6%	34.3%	25.7%	21.4%	2.9%	0	14.3%	25.7%
外资(含中外合资)	59.9%	51%	34.7%	34.7%	5.4%	0	11.6%	10.9%

图 8 《刑法修正案(九)》出台后,国企、民企、外企的合规举措

2. 约 64% 的企业认为修订有积极影响,约 6% 的企业认为有消极影响

约 64% 的企业认为这次刑法修订有积极的影响,仅有 6% 的企业认为有消极影响(见图 9)。不同的类型、规模、行业的企业都普遍认为这次修订有积极的影响(见图 10、图 11、图 12)。其中,积极影响包括:公司领导层对于合规更加重视(63.9%)、有利于促进形成业内公平竞争的商业环境(43.3%)以及公司分配更多的资源给合规工作(22.4%)(见图 13)。有国企特别指出,修订有利于降低海外投资风险(0.3%)。受访企业反映,刑法修订对于企业的消极影响包括可能面临反商业贿赂调查或处罚的风险(3.6%)、商业机会缩水(2.9%)以及业绩目标难以达成(1.8%)。

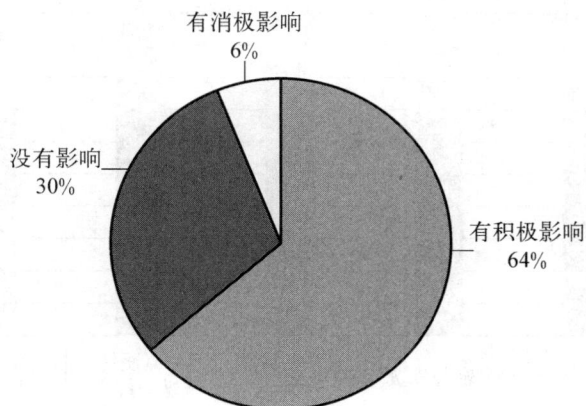

图 9　与商业贿赂相关的修订对企业的业务和发展的影响

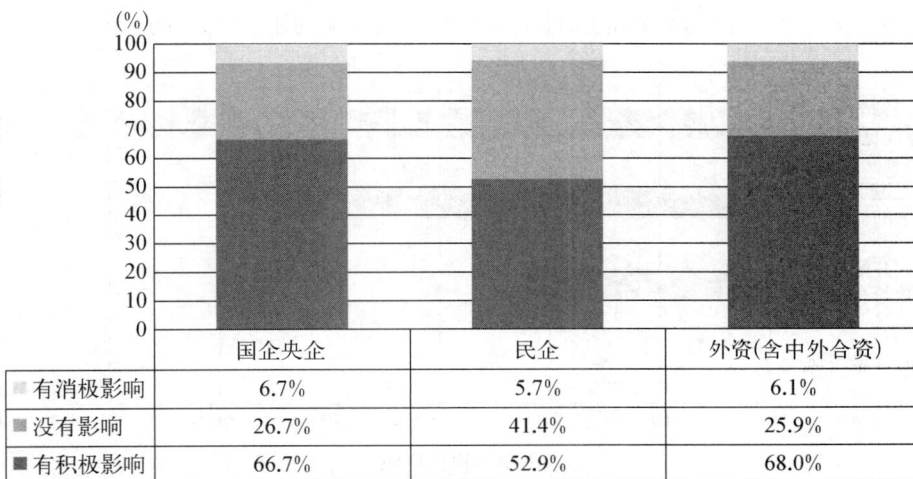

	国企央企	民企	外资(含中外合资)
有消极影响	6.7%	5.7%	6.1%
没有影响	26.7%	41.4%	25.9%
有积极影响	66.7%	52.9%	68.0%

图 10　与商业贿赂相关的修订对国企、民企、外企的业务和发展的影响

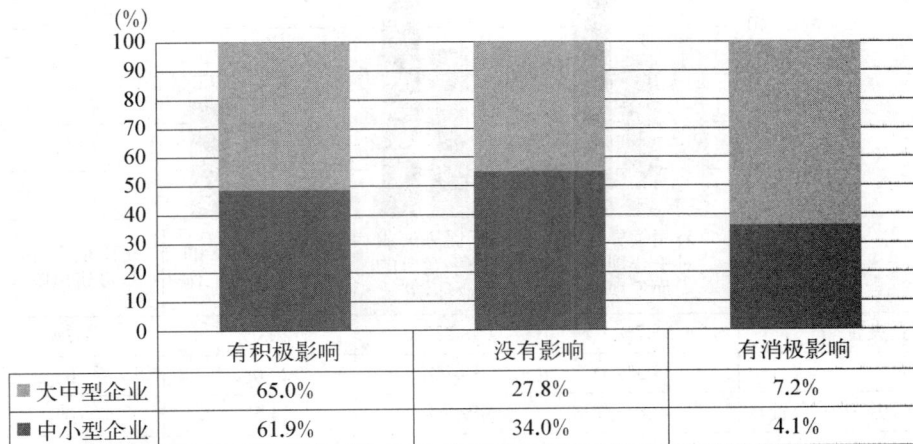

	有积极影响	没有影响	有消极影响
大中型企业	65.0%	27.8%	7.2%
中小型企业	61.9%	34.0%	4.1%

图 11　与商业贿赂相关的修订对不同规模的企业的业务和发展的影响

(%)	医疗与健康	金融与投资	制造	TMT(通信、传媒与技术)	房地产与建筑	快消品与食品
有消极影响	15.1%	7.5%	0	0	4.8%	11.1%
没有影响	13.2%	32.1%	35.0%	32.4%	28.6%	38.9%
有积极影响	71.7%	60.4%	65.0%	67.6%	66.7%	50.0%

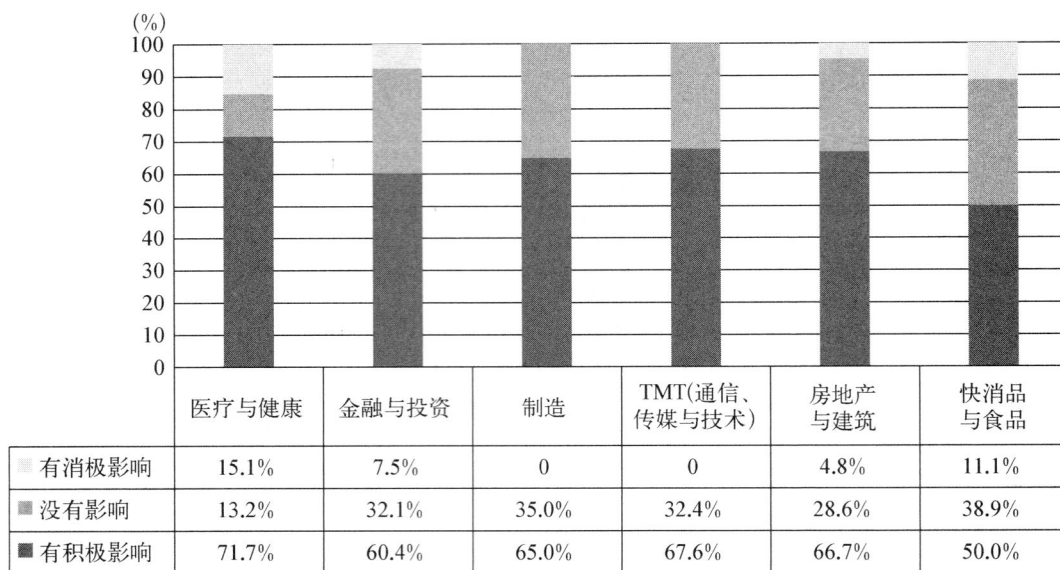

图 12　与商业贿赂相关的修订对不同行业的企业的业务和发展的影响

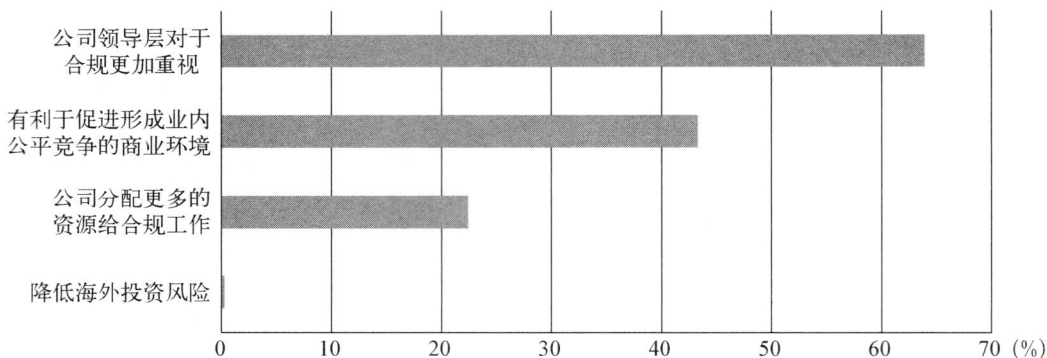

图 13　积极影响

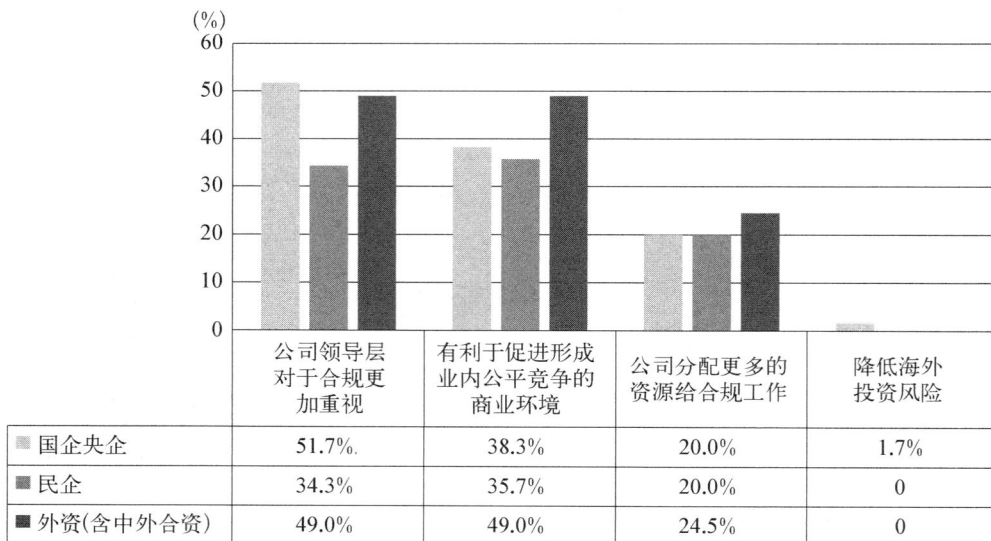

(%)	公司领导层对于合规更加重视	有利于促进形成业内公平竞争的商业环境	公司分配更多的资源给合规工作	降低海外投资风险
国企央企	51.7%.	38.3%	20.0%	1.7%
民企	34.3%	35.7%	20.0%	0
外资(含中外合资)	49.0%	49.0%	24.5%	0

图 14　对国企、民企、外企的业务和发展的积极影响

从企业类型上看，约一半的国企和外企均认为，该修订使得企业领导更加重视合规，外企对于该修订可以创造更公平的竞争环境抱有更高的希望（见图 14）。同时，仅有极少数外企认为修订有消极影响，其中仅 0.7％的外企认为修订可能会增加业务达成的难度（见图 18）。

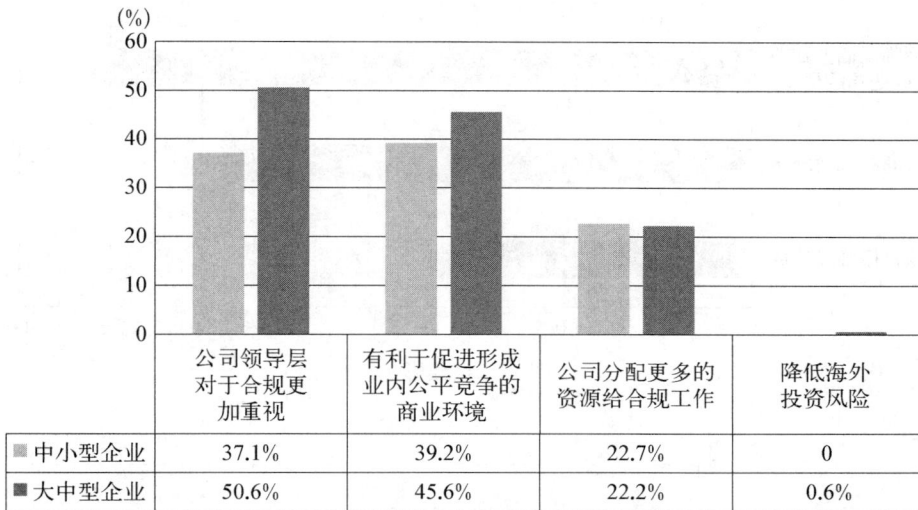

	公司领导层对于合规更加重视	有利于促进形成业内公平竞争的商业环境	公司分配更多的资源给合规工作	降低海外投资风险
中小型企业	37.1%	39.2%	22.7%	0
大中型企业	50.6%	45.6%	22.2%	0.6%

图 15　对不同规模的企业的积极影响

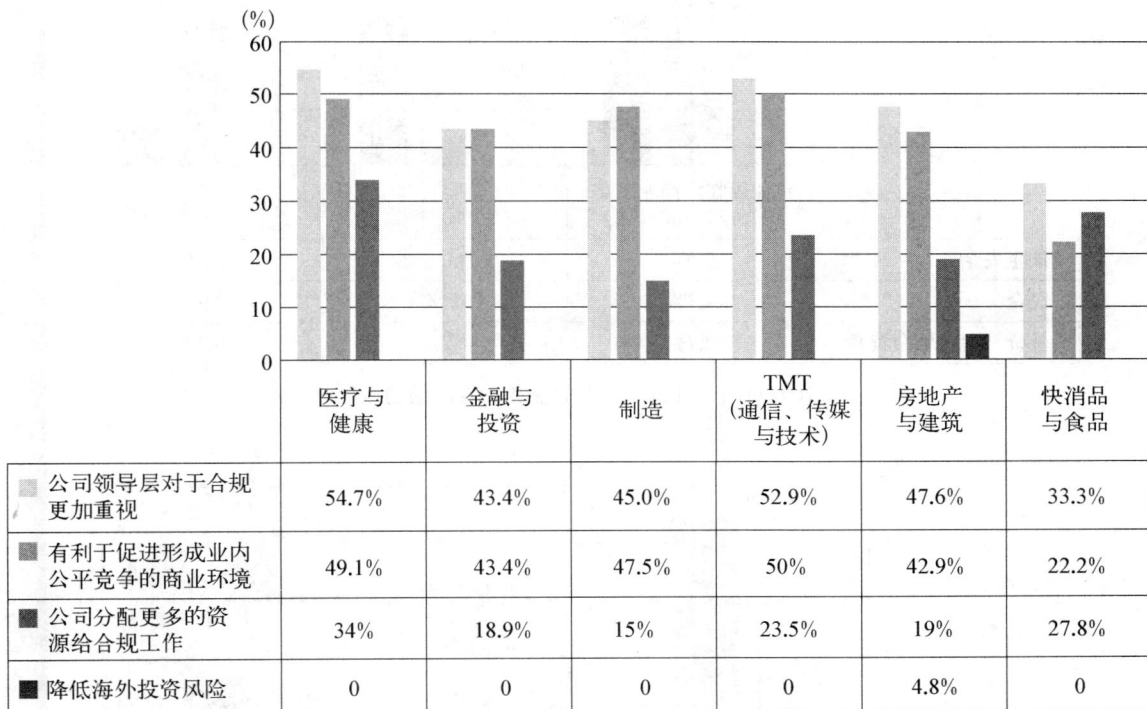

	医疗与健康	金融与投资	制造	TMT（通信、传媒与技术）	房地产与建筑	快消品与食品
公司领导层对于合规更加重视	54.7%	43.4%	45.0%	52.9%	47.6%	33.3%
有利于促进形成业内公平竞争的商业环境	49.1%	43.4%	47.5%	50%	42.9%	22.2%
公司分配更多的资源给合规工作	34%	18.9%	15%	23.5%	19%	27.8%
降低海外投资风险	0	0	0	0	4.8%	0

图 16　对不同行业的企业的积极影响

从行业角度来说，受访企业中较多的医疗与健康、金融与投资、快消品与食品、房地产与建筑行业的企业认为可能有消极的影响（见图 20）。

（二）《反不正当竞争法（修订草案送审稿）》：约 74％的企业需要建立或者完善合规制度，以适应该修订

《送审稿》对于反商业贿赂的新规定，约有 26％的企业认为自身可适应，其余的企业表示需要建立或者完善合规制度(见图21)。其中,约64%的外企表示需要建立或者完善合规制度,而表示需要建立或者完善合规制度的国企及民企高达约85%,其中约23%的民企仍然完全没有反商业贿赂的合规体系与机制(见图22)。

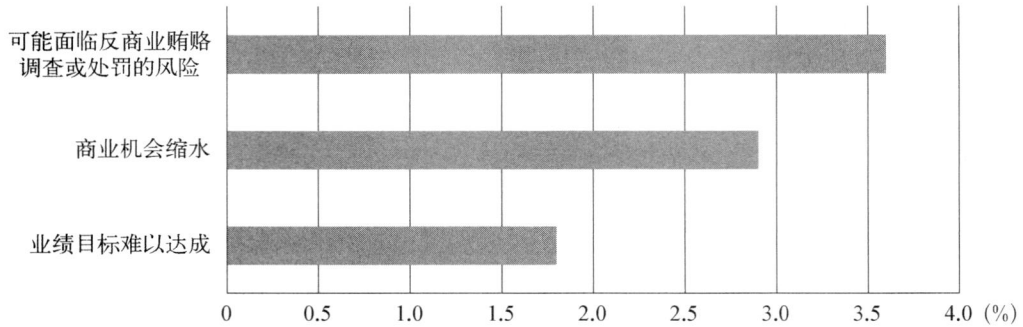

图 17 消极影响

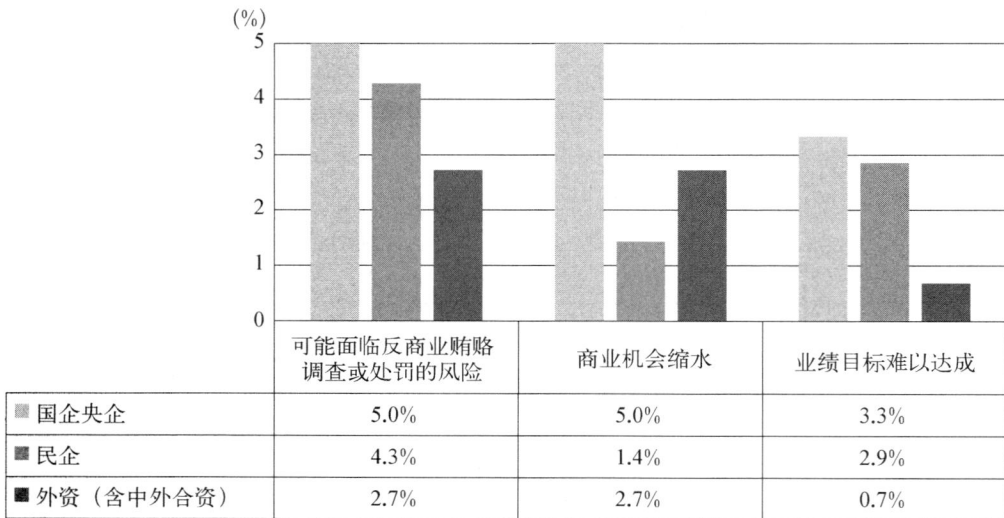

	可能面临反商业贿赂调查或处罚的风险	商业机会缩水	业绩目标难以达成
国企央企	5.0%	5.0%	3.3%
民企	4.3%	1.4%	2.9%
外资（含中外合资）	2.7%	2.7%	0.7%

图 18 对国企、民企、外企的业务和发展的消极影响

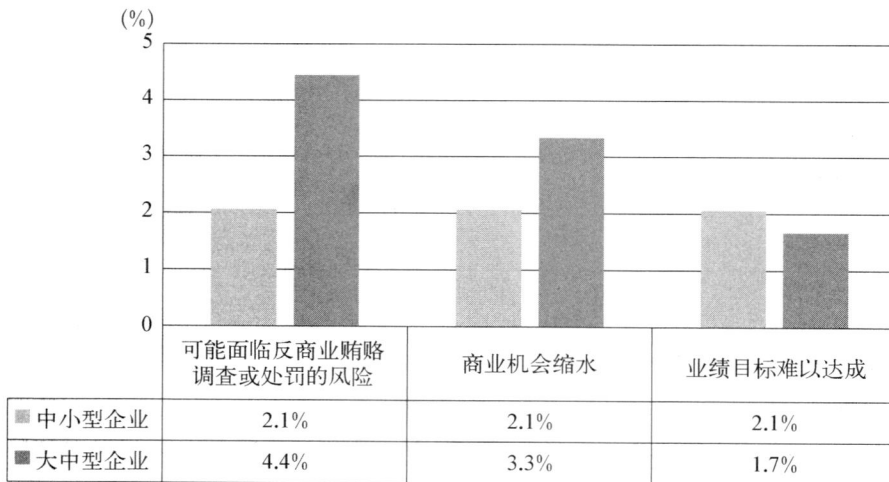

	可能面临反商业贿赂调查或处罚的风险	商业机会缩水	业绩目标难以达成
中小型企业	2.1%	2.1%	2.1%
大中型企业	4.4%	3.3%	1.7%

图 19 对不同规模的企业的消极影响

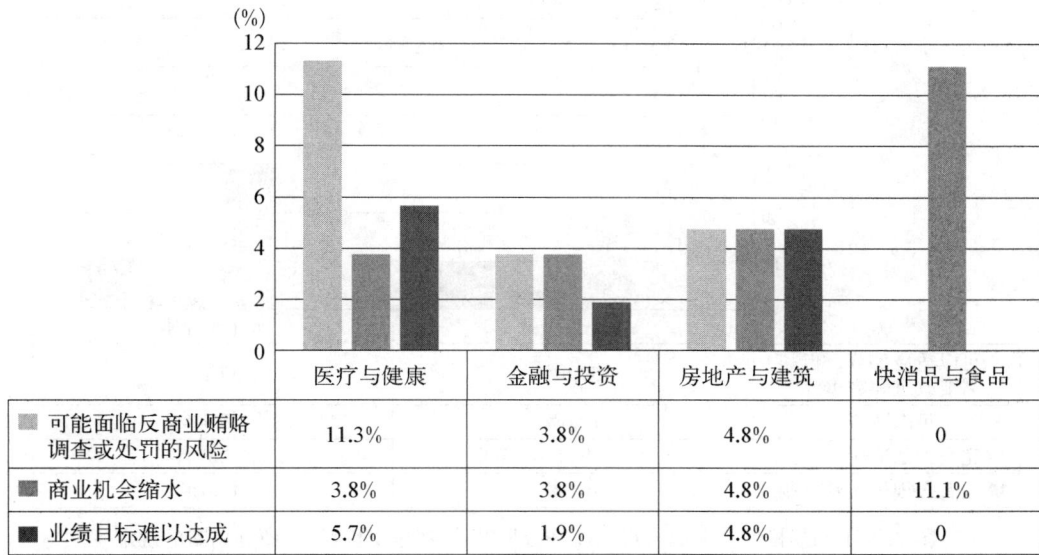

(%)	医疗与健康	金融与投资	房地产与建筑	快消品与食品
可能面临反商业贿赂调查或处罚的风险	11.3%	3.8%	4.8%	0
商业机会缩水	3.8%	3.8%	4.8%	11.1%
业绩目标难以达成	5.7%	1.9%	4.8%	0

图 20　对不同行业的企业的消极影响

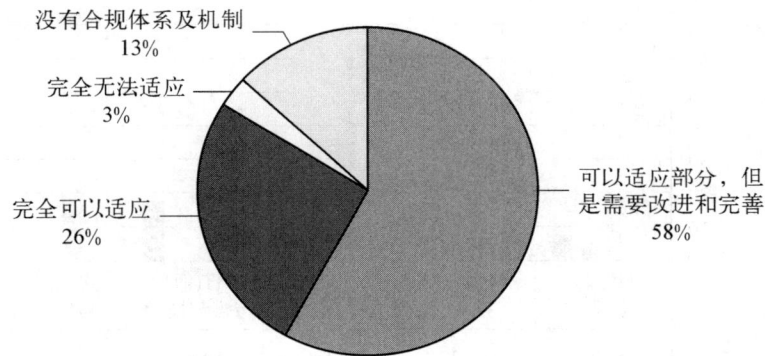

图 21　企业的合规制度是否足以适应送审稿对于商业贿赂的规定

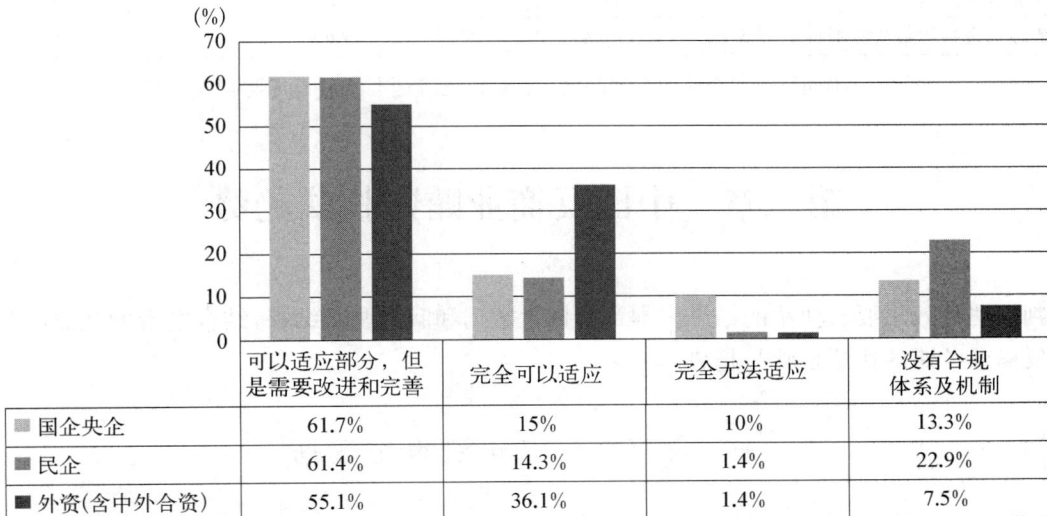

(%)	可以适应部分，但是需要改进和完善	完全可以适应	完全无法适应	没有合规体系及机制
国企央企	61.7%	15%	10%	13.3%
民企	61.4%	14.3%	1.4%	22.9%
外资(含中外合资)	55.1%	36.1%	1.4%	7.5%

图 22　国企、民企、外企的合规制度是否足以适应《送审稿》对于商业贿赂的规定

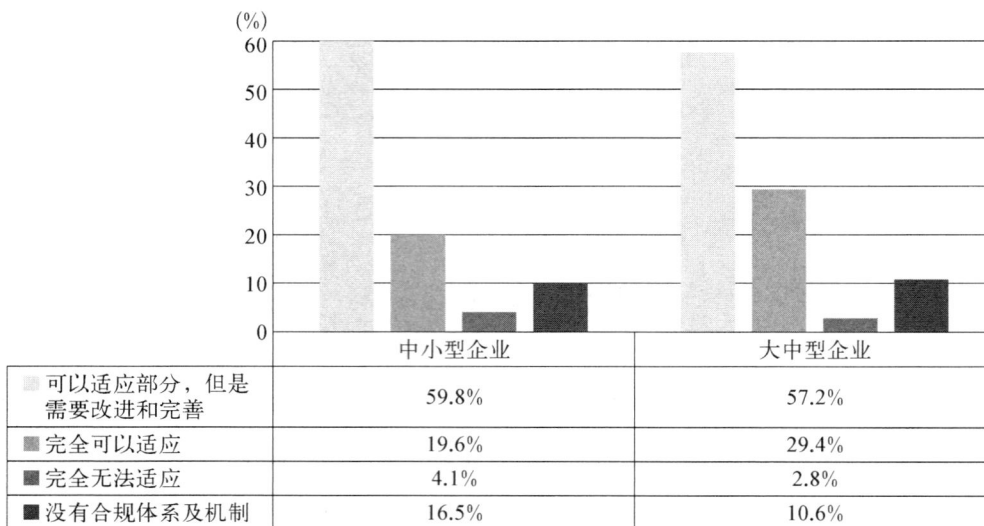

(%)	中小型企业	大中型企业
可以适应部分，但是需要改进和完善	59.8%	57.2%
完全可以适应	19.6%	29.4%
完全无法适应	4.1%	2.8%
没有合规体系及机制	16.5%	10.6%

图 23　不同规模的企业的合规制度是否足以适应《送审稿》对于商业贿赂的规定

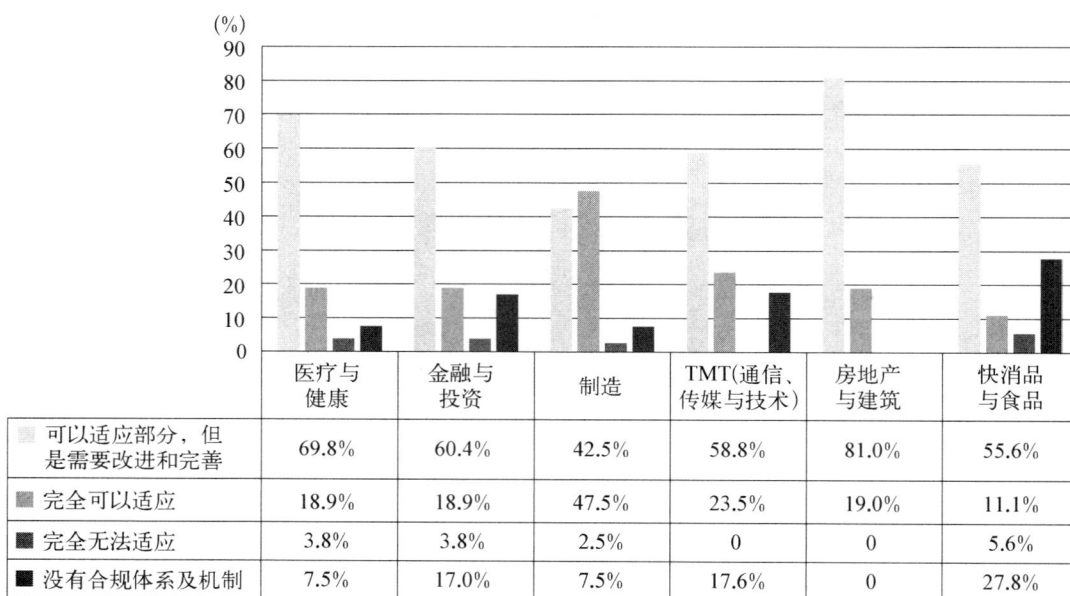

(%)	医疗与健康	金融与投资	制造	TMT(通信、传媒与技术)	房地产与建筑	快消品与食品
可以适应部分，但是需要改进和完善	69.8%	60.4%	42.5%	58.8%	81.0%	55.6%
完全可以适应	18.9%	18.9%	47.5%	23.5%	19.0%	11.1%
完全无法适应	3.8%	3.8%	2.5%	0	0	5.6%
没有合规体系及机制	7.5%	17.0%	7.5%	17.6%	0	27.8%

图 24　不同行业的企业的合规制度是否足以适应送审稿对于商业贿赂的规定

第二章　中国反商业贿赂执法趋势

　　评判立法的效果要看执法的结果。本章根据大数据和问卷调研结果，结合笔者的从业经验，来分析我国反商业贿赂的执法现状与趋势。

一、最新执法与司法审结数据

（一）加强对行贿的刑事执法

　　从图 25 可以看出，根据最高检察院在两会上的工作报告公布的数据，针对贪污贿赂等职务犯罪立案侦查情况看，2014、2015 年相对于 2013 年有案件数量以及涉及个人数量上的增加。查处行贿人的个数逐年有明显上升趋势，并且查处行贿人员数相对于查处受贿人员数的比例有很大提高：2013 年查处的行贿人员数占受贿人数比约为 30.5％，而 2014 年和 2015 年明显上涨，占比分别约为 55.7％和 62.2％，可以看出司法机关对行贿行为的打击在不断地加强。

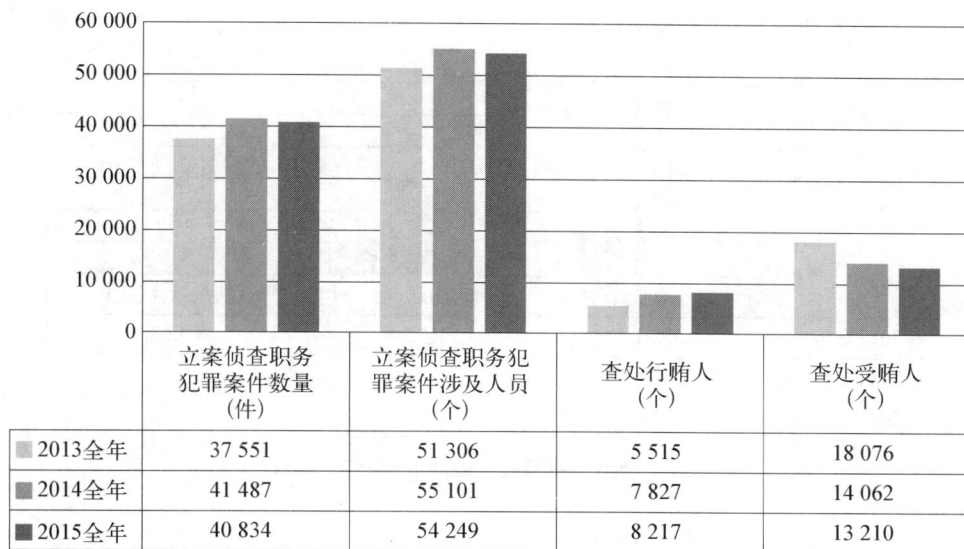

	立案侦查职务犯罪案件数量（件）	立案侦查职务犯罪案件涉及人员（个）	查处行贿人（个）	查处受贿人（个）
2013全年	37 551	51 306	5 515	18 076
2014全年	41 487	55 101	7 827	14 062
2015全年	40 834	54 249	8 217	13 210

图 25　最高检察院关于贪污贿赂等职务犯罪立案侦查统计

相应地，最高法院在过去三年发布的两会工作报告也显示出各级法院审结贪污贿赂等犯罪案件的数量以及涉及人员逐年递增（见图 26）。但是，最高法院没有对此类案件作进一步细分。

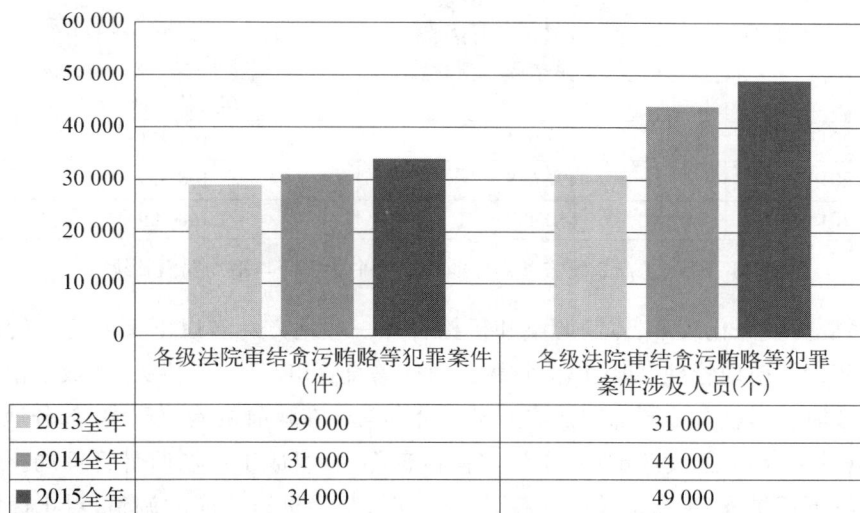

	各级法院审结贪污贿赂等犯罪案件（件）	各级法院审结贪污贿赂等犯罪案件涉及人员（个）
2013全年	29 000	31 000
2014全年	31 000	44 000
2015全年	34 000	49 000

图 26　最高法院关于贪污贿赂等职务犯罪审结案件统计

（二）行政执法蓄势待发

2016 年工商总局公布了 2013 全年、2014 全年以及 2015 上半年全国工商行政管理系统商业贿赂案件查处数据[24]。2015 年全年的执法数据还没有公布。从图 27 可以看出,2015 上半年工商系统商业贿赂案件查处数量下降明显。虽然 2013 年以来全国案件查处数量有所下降,但个案平均案值及平均罚没款数均呈上升趋势(见图 28)。

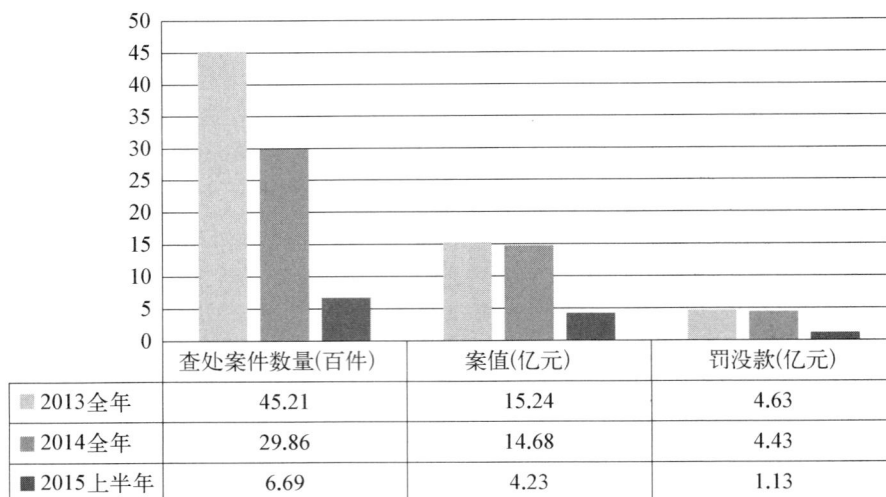

	查处案件数量(百件)	案值(亿元)	罚没款(亿元)
2013全年	45.21	15.24	4.63
2014全年	29.86	14.68	4.43
2015上半年	6.69	4.23	1.13

图 27　全国工商系统查处商业贿赂案件统计

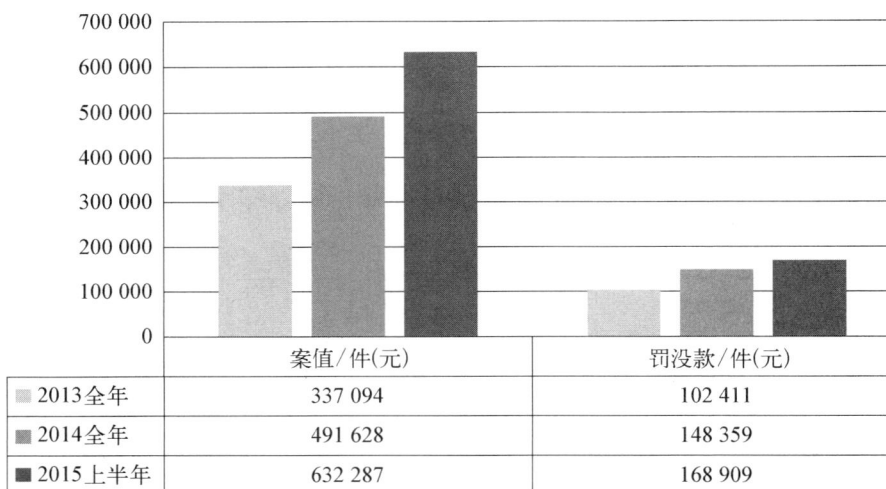

	案值/件(元)	罚没款/件(元)
2013全年	337 094	102 411
2014全年	491 628	148 359
2015上半年	632 287	168 909

图 28　全国工商系统查处商业贿赂案件平均案值与平均罚没款统计

当前工商系统面临深化改革、体制调整和机构合并一些地方对省以下工商行政管理垂直管理体制进行了调整,实行了属地管理,即由以前省级工商机关直管市、县工商机关,变成了由各级地方政府管理,便于地方政府及时整合不同部门执法力量联合办案。在政府机构改革中,部分地方工商部门与其他一些部门进行了合并,如食药部门、质量监督检查部门,组成了市场监督管理局。在行政体制调整、机构合并的改革背景下,工商机关的人权、财权、物权都会进行相应的调整,对工商行政执法造成了一定影响。但是在改革结束后,特别是《反不正当竞争法》修订稿通过后,随着立法上对商业贿赂的处罚力度加大,预计会迎来新的一波执法高潮。

----

〔24〕 工商总局办公厅:《工商总局对政协十二届全国委员会第三次会议关于在我国传统产业领域开展商业贿赂专项治理的提案的答复》,2016 年 3 月 8 日。

二、问卷调研：执法变化对企业的影响

（一）企业及其员工在 2015—2016 年遇到反商业贿赂执法情况

1. 高风险行业：医疗与健康、快消品与食品、房地产与建筑、制造业、金融与投资

问卷调查发现，2015—2016 年度，近 13％的企业及其员工曾因商业贿赂接受过行政或刑事调查（见图 29）。问卷调查发现，国企、民企、外企都有曾被行政调查和刑事调查。其中，外企被行政调查的情况最多，国企受行政处罚的情况最多，而民企则是被刑事处罚的情况最多（见图 30）。从企业规模来看，仍然是大中型的企业更受政府关注，遇到反商业贿赂执法的情况要比中小型企业更多（见图 31）。而从行业的角度来看，医疗与健康、快消品与食品、房地产与建筑、制造业、金融与投资行业仍然是遇到反商业贿赂执法的高风险行业（见图 32）。这与多年来，工程建设、产权交易、医药购销、政府采购及资源开发和经销等为执法机关商业贿赂重点监管领域的情况相吻合。

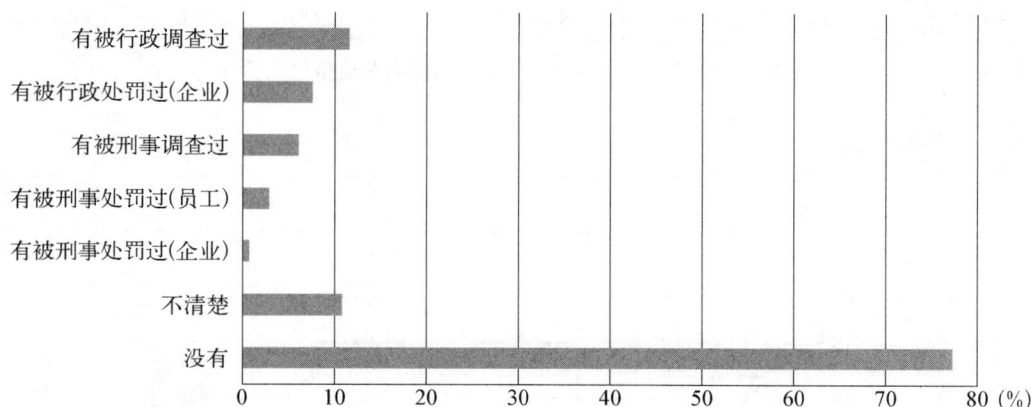

图 29　企业或其员工遇到反商业贿赂执法情况

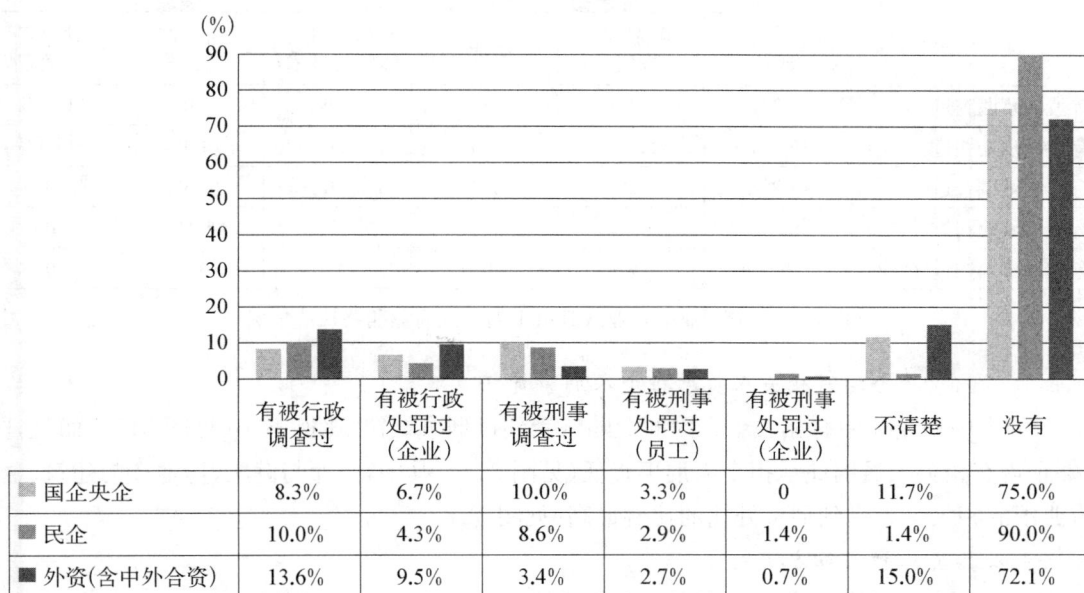

	有被行政调查过	有被行政处罚过（企业）	有被刑事调查过	有被刑事处罚过（员工）	有被刑事处罚过（企业）	不清楚	没有
国企央企	8.3%	6.7%	10.0%	3.3%	0	11.7%	75.0%
民企	10.0%	4.3%	8.6%	2.9%	1.4%	1.4%	90.0%
外资（含中外合资）	13.6%	9.5%	3.4%	2.7%	0.7%	15.0%	72.1%

图 30　国企、民企、外企或其员工遇到反商业贿赂执法情况

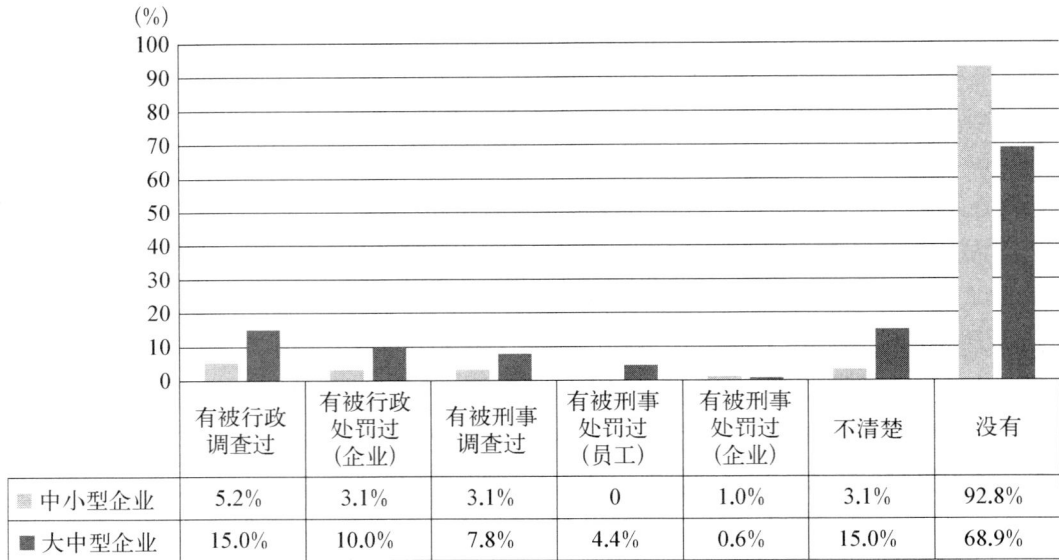

	有被行政调查过	有被行政处罚过（企业）	有被刑事调查过	有被刑事处罚过（员工）	有被刑事处罚过（企业）	不清楚	没有
中小型企业	5.2%	3.1%	3.1%	0	1.0%	3.1%	92.8%
大中型企业	15.0%	10.0%	7.8%	4.4%	0.6%	15.0%	68.9%

图 31　不同规模的企业或其员工遇到反商业贿赂执法情况

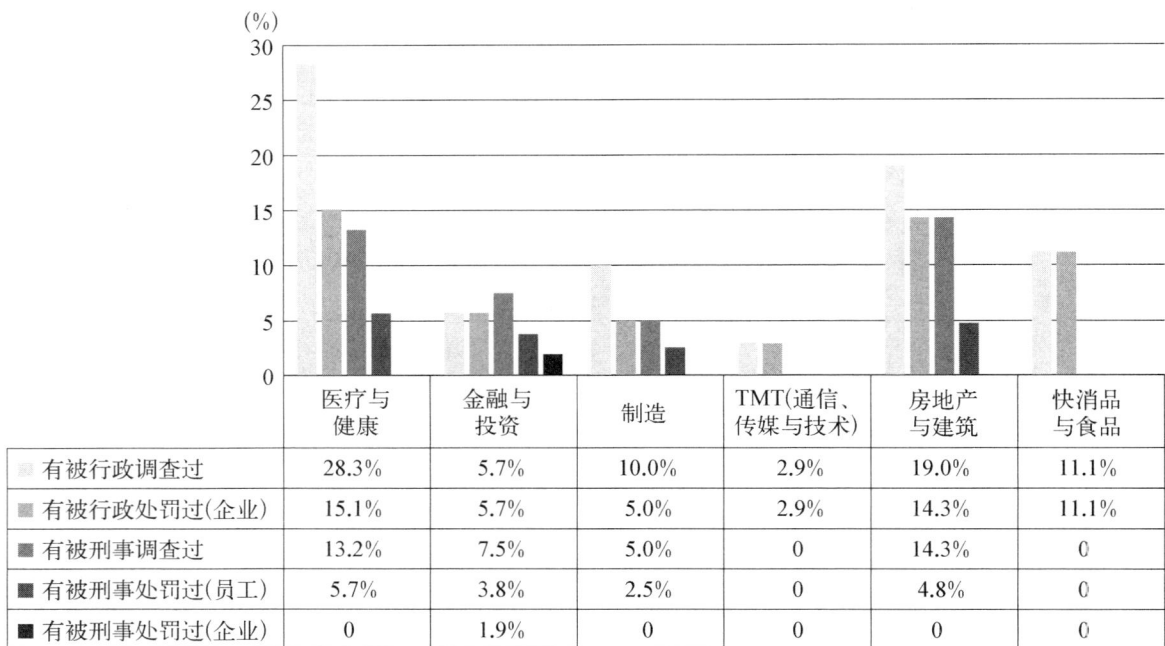

	医疗与健康	金融与投资	制造	TMT（通信、传媒与技术）	房地产与建筑	快消品与食品
有被行政调查过	28.3%	5.7%	10.0%	2.9%	19.0%	11.1%
有被行政处罚过(企业)	15.1%	5.7%	5.0%	2.9%	14.3%	11.1%
有被刑事调查过	13.2%	7.5%	5.0%	0	14.3%	0
有被刑事处罚过(员工)	5.7%	3.8%	2.5%	0	4.8%	0
有被刑事处罚过(企业)	0	1.9%	0	0	0	0

图 32　不同行业的企业或其员工遇到反商业贿赂执法情况

2. 国企、民企、外企均有相关人员承担个人刑事责任

4.4％的大中型企业中有相关个人因商业贿赂受到过刑事处罚，比例不小（见图31）。而且，国企、民企、外企均有相关人员因此承担个人刑事责任（见图31）。其中，医疗与健康、房地产与建筑、金融与投资行业中的相关个人受到刑事处罚的比例最高（见图32）。

3. 企业及其员工面临多方执法

行政执法方面，工商局是最主要的执法机关，同时卫计委、海关等也积极执法；刑事方面，企业面临的检察院执法要比公安机关执法略多一些（见图33）。

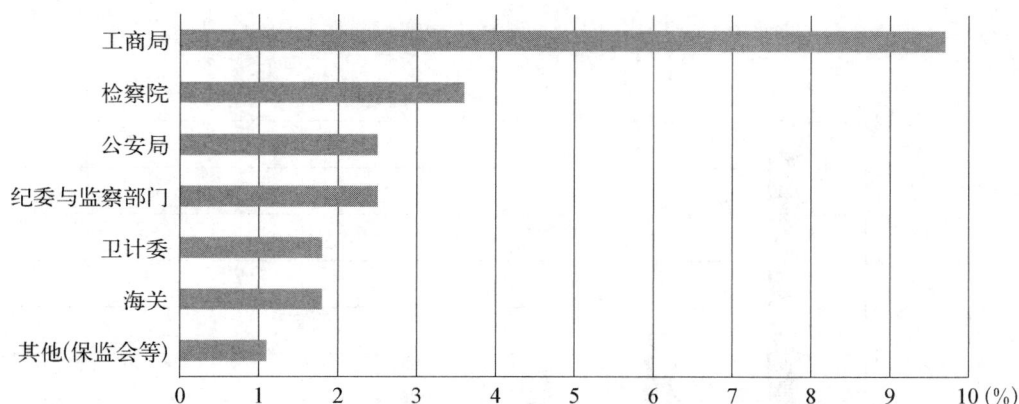

图33　企业或其员工遇到反商业贿赂调查时面对的执法机关

对于国企来说，由于其性质特殊，除了刑法、行政法外，还受党纪、行政纪律的约束，遇到的反商业贿赂执法机构主要是检察院、纪委、监察部门及工商局。外企面临的执法最多来自于工商局，但也有检察院和公安的刑事执法（见图34）。

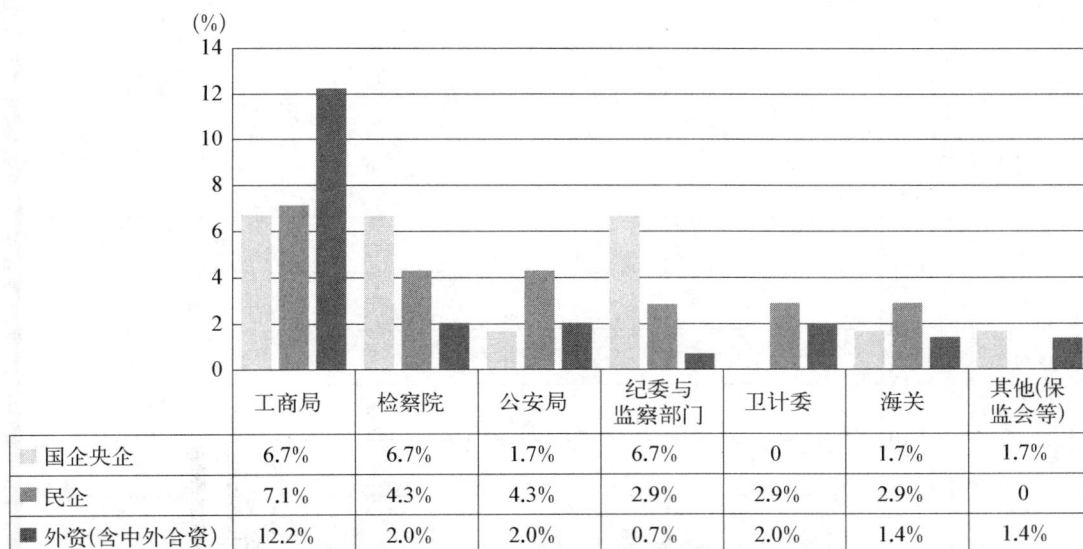

	工商局	检察院	公安局	纪委与监察部门	卫计委	海关	其他（保监会等）
国企央企	6.7%	6.7%	1.7%	6.7%	0	1.7%	1.7%
民企	7.1%	4.3%	4.3%	2.9%	2.9%	2.9%	0
外资（含中外合资）	12.2%	2.0%	2.0%	0.7%	2.0%	1.4%	1.4%

图34　国企、民企、外企或其员工遇到反商业贿赂调查时面对的执法机关

4. 与商业贿赂相关的民事诉讼多元化

企业及其员工遇到反商业贿赂处罚时面临的执法机关主要是工商局或法院（见图37），绝大部分行业都呈现这个特点（见图40）。外企受到工商局的处罚较多，而国企受到法院判处的处罚较多（见图38）。这主要是因为工商行政机关具有较为普遍的商业贿赂案件管辖权，而对于商业贿赂的刑事诉讼及基于商业贿赂提起的民事诉讼最终都会由法院进行审理。问卷调查的企业中，遇到反商业贿赂处罚的机关为法院时，50％的涉及刑事诉讼，50％的涉及非刑事诉讼（见图41）。据笔者了解，常见的民事诉讼为竞争对手提起的诉讼。例如，在招投标领域，竞标人对中标人在投标过程中的商业贿赂行为提起诉讼；另一种越来越常见的与商业贿赂相关的民事诉讼是因为第三方（如经销商、代理等）违反协议中的反腐败条款，企业要求根据合同解约，从而引发赔偿争议。

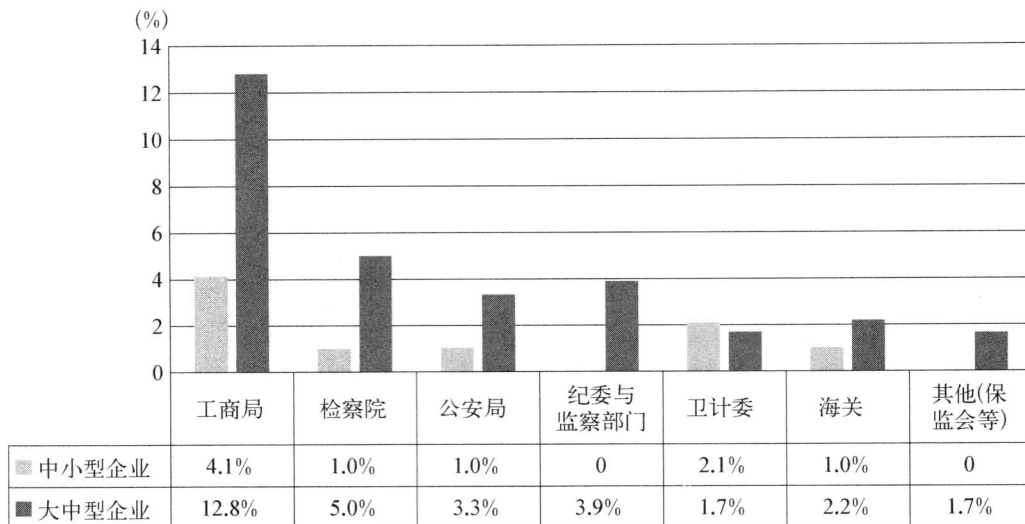

	工商局	检察院	公安局	纪委与监察部门	卫计委	海关	其他(保监会等)
中小型企业	4.1%	1.0%	1.0%	0	2.1%	1.0%	0
大中型企业	12.8%	5.0%	3.3%	3.9%	1.7%	2.2%	1.7%

图 35 不同规模的企业或其员工遇到反商业贿赂调查时面对的执法机关

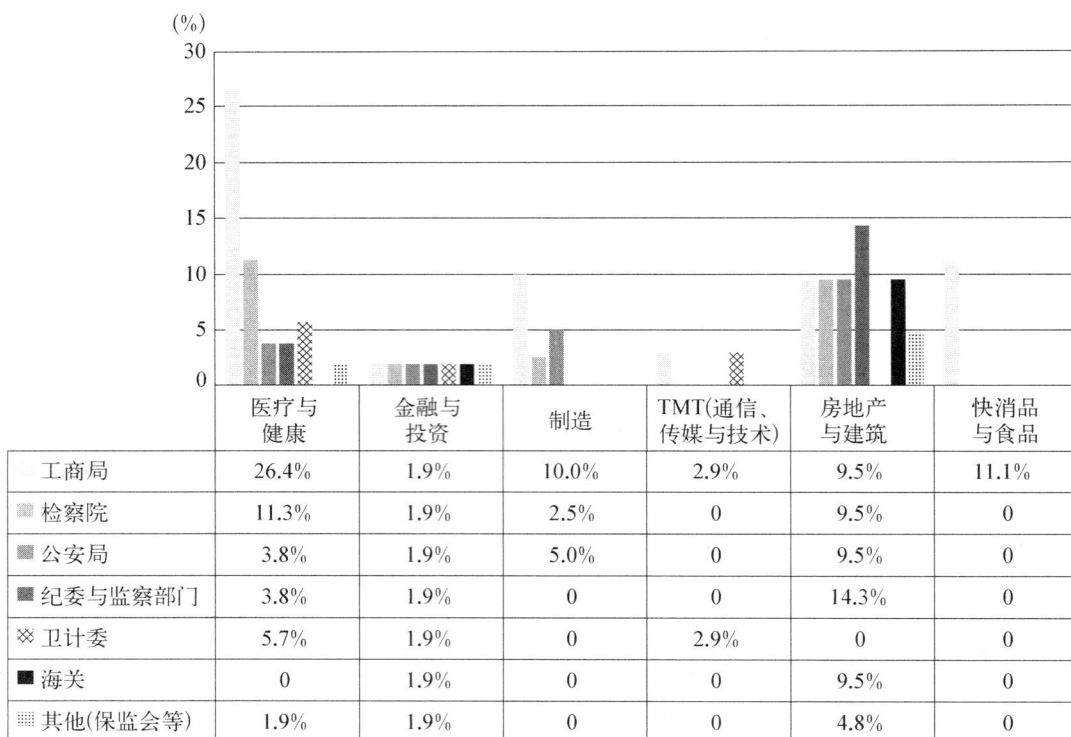

	医疗与健康	金融与投资	制造	TMT(通信、传媒与技术)	房地产与建筑	快消品与食品
工商局	26.4%	1.9%	10.0%	2.9%	9.5%	11.1%
检察院	11.3%	1.9%	2.5%	0	9.5%	0
公安局	3.8%	1.9%	5.0%	0	9.5%	0
纪委与监察部门	3.8%	1.9%	0	0	14.3%	0
卫计委	5.7%	1.9%	0	2.9%	0	0
海关	0	1.9%	0	0	9.5%	0
其他(保监会等)	1.9%	1.9%	0	0	4.8%	0

图 36 不同行业的企业或其员工遇到反商业贿赂调查时面对的执法机关

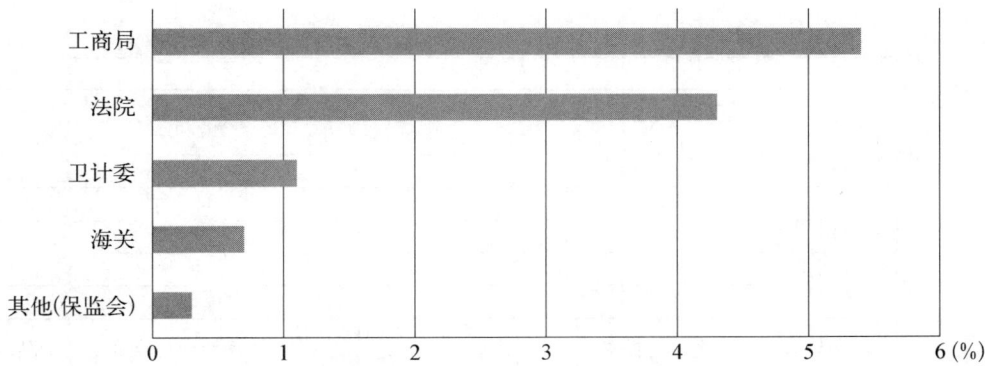

图 37　企业或其员工遇到反商业贿赂处罚时面对的执法机关

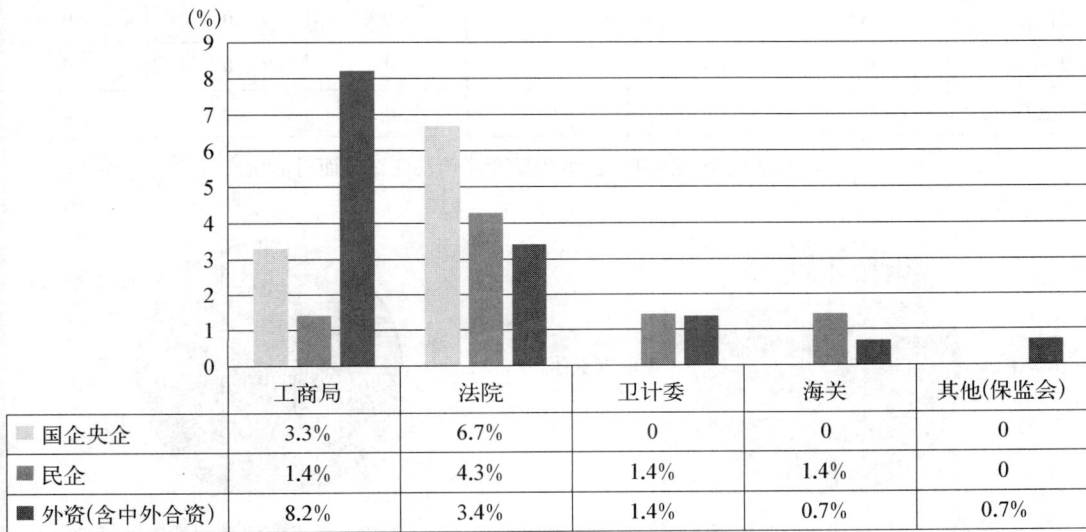

	工商局	法院	卫计委	海关	其他(保监会)
国企央企	3.3%	6.7%	0	0	0
民企	1.4%	4.3%	1.4%	1.4%	0
外资(含中外合资)	8.2%	3.4%	1.4%	0.7%	0.7%

图 38　国企、民企、外企或其员工遇到反商业贿赂处罚时面对的执法机关

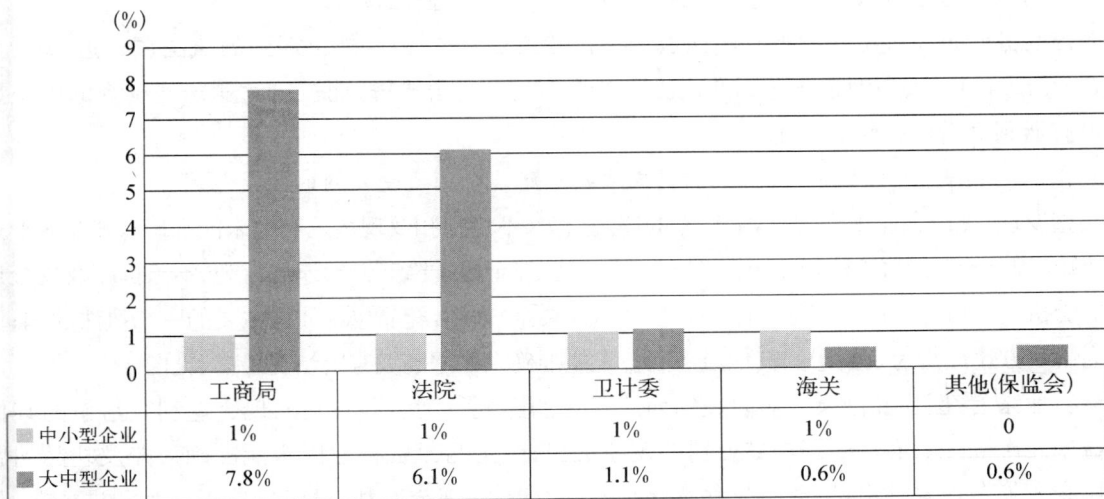

	工商局	法院	卫计委	海关	其他(保监会)
中小型企业	1%	1%	1%	1%	0
大中型企业	7.8%	6.1%	1.1%	0.6%	0.6%

图 39　不同规模的企业或其员工遇到反商业贿赂处罚时面对的执法机关

	医疗与健康	金融与投资	制造	TMT(通信、传媒与技术)	房地产与建筑	快消品与食品
工商局	13.2%	1.9%	5.0%	0	4.8%	11.1%
法院	9.4%	3.8%	2.5%	0	14.3%	0
卫计委	3.8%	0	0	2.9%	0	0
海关	0	1.9%	0	0	0	0
其他(保监会)	0	1.9%	0	0	0	0

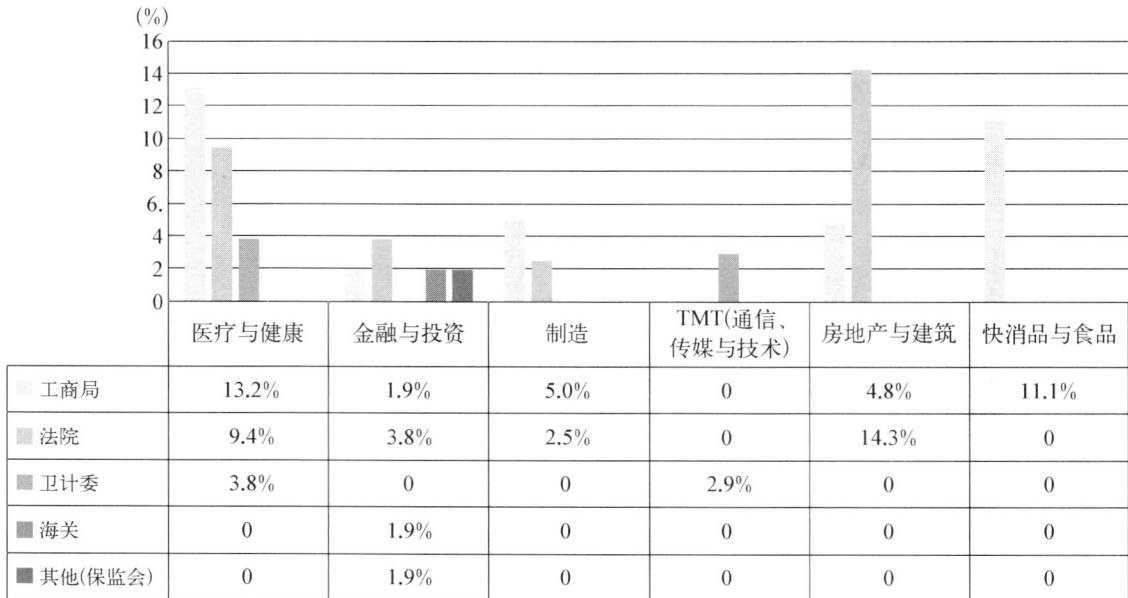

图40　不同行业的企业或其员工遇到反商业贿赂处罚时面对的执法机关

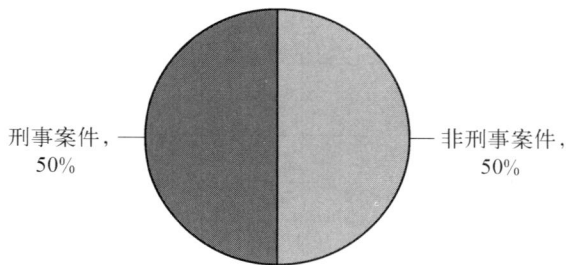

图41　企业遇到反商业贿赂处罚的
机关为法院时,其案件的属性

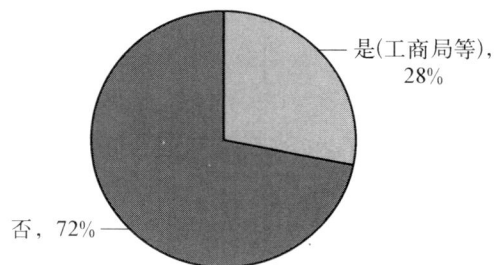

图42　被反商业贿赂调查的企业
遭遇突击检查的情况

5. 医疗与健康企业经历的调查有近一半为突击检查;外企近四成

医疗与健康企业经历的调查有超四成为突击检查(见图45)。外企遇到的执法调查近40%为突击检查(见图43)。大中型企业遇到的执法调查约1/3为突击检查,而被反商业贿赂调查的中小型企业中没有遇到突击检查(见图44)。

6. 第三方违规、不当折扣及现金返利、未准确入账是企业遭受处罚的主要原因

调查发现,无论企业规模大小,第三方的违规行为、不当折扣及现金返利和未能准确入账是企业遭受反商业贿赂调查或处罚的主要原因(见图46、图48)。外企由于第三方的违规行为、不当折扣及现金返利原因遭受执法的情况远高于其他原因;而对于国企(央企)来说,礼品也是非常主要的一个执法起因;民企则因为第三方违规行为及给予的其他经济利益未能准确入账遇到调查的情况最多(见图47)。

从行业来看,医疗和健康行业因经销商或代理的违规行为、不当折扣、现金返利及给予的其他经济利益未能准确入账而遭受调查或处罚的现象突出;金融与投资行业因未能准确入账及礼品问题引起的调查和处罚现象突出;快消品与食品行业因不当折扣、现金返利、第三方违规行为和进场费、陈列费、堆头费等原因遭受调查和处罚的现象突出(见图48)。

(%)	国企央企	民企	外资(含中外合资)
■ 否	87.5%	85.7%	61.9%
是(工商局等)	12.5%	14.3%	38.1%

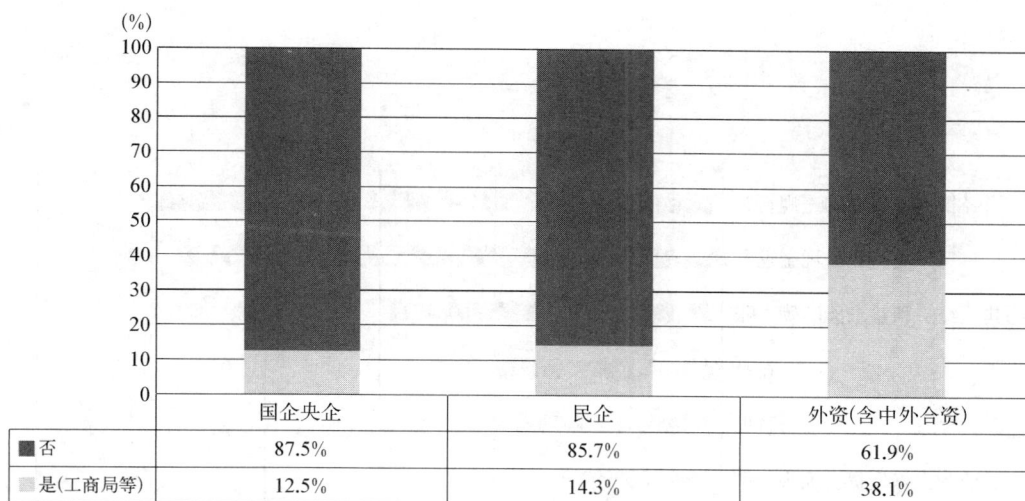

图 43　被反商业贿赂调查的国企、民企、外企遭遇突击检查的情况

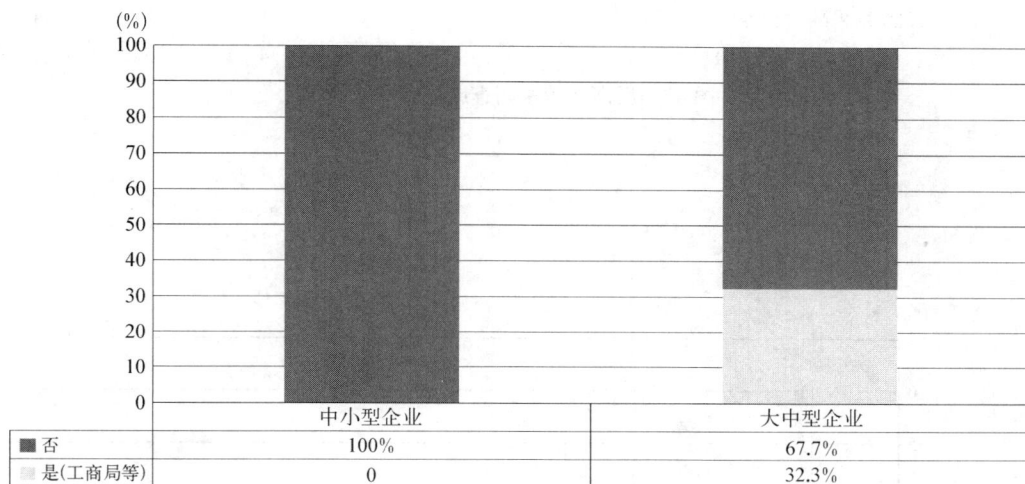

(%)	中小型企业	大中型企业
■ 否	100%	67.7%
是(工商局等)	0	32.3%

图 44　被反商业贿赂调查的不同规模的企业遭遇突击检查的情况

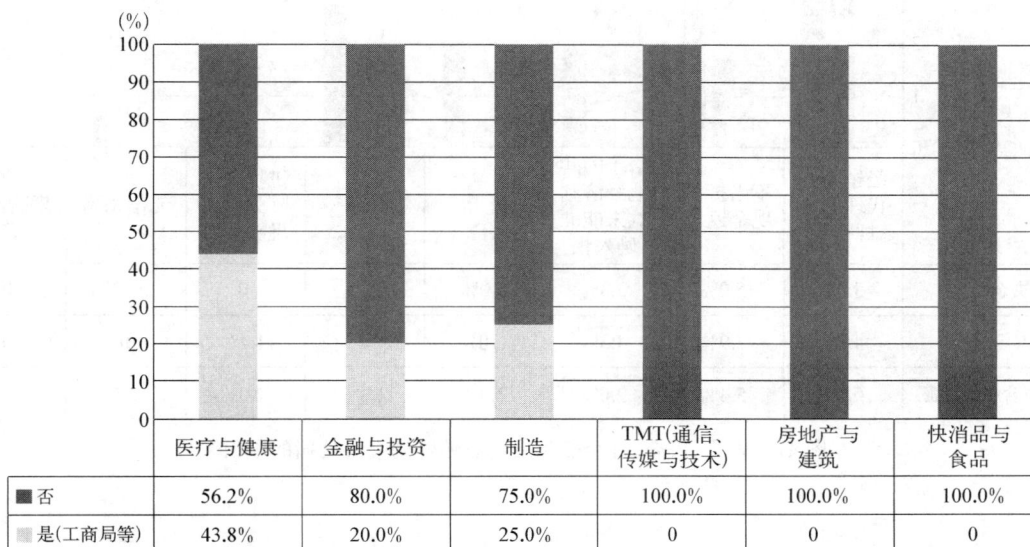

(%)	医疗与健康	金融与投资	制造	TMT(通信、传媒与技术)	房地产与建筑	快消品与食品
■ 否	56.2%	80.0%	75.0%	100.0%	100.0%	100.0%
是(工商局等)	43.8%	20.0%	25.0%	0	0	0

图 45　被反商业贿赂调查的不同行业的企业遭遇到突击检查的情况

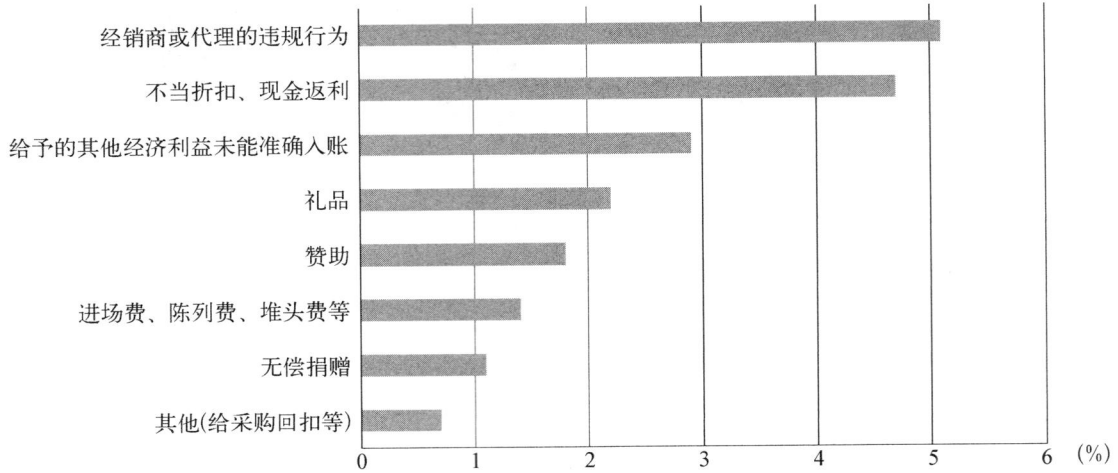

图 46　反商业贿赂调查或处罚的原因

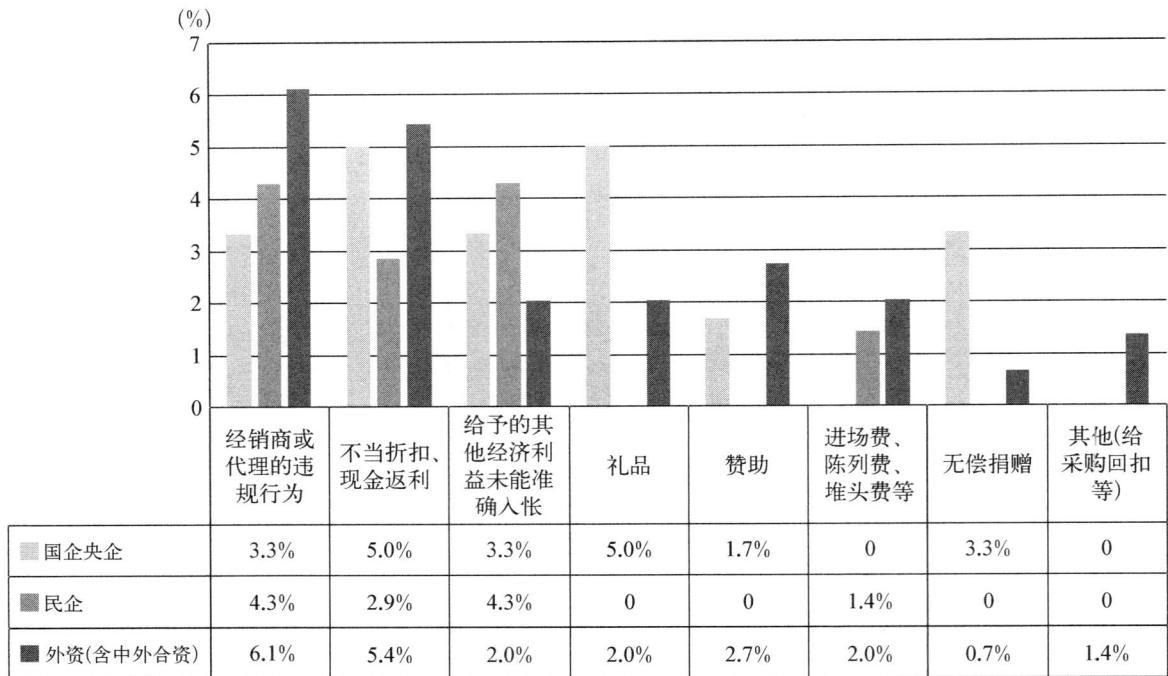

	经销商或代理的违规行为	不当折扣、现金返利	给予的其他经济利益未能准确入怅	礼品	赞助	进场费、陈列费、堆头费等	无偿捐赠	其他(给采购回扣等)
国企央企	3.3%	5.0%	3.3%	5.0%	1.7%	0	3.3%	0
民企	4.3%	2.9%	4.3%	0	0	1.4%	0	0
外资(含中外合资)	6.1%	5.4%	2.0%	2.0%	2.7%	2.0%	0.7%	1.4%

图 47　国企、民企、外企受到反商业贿赂调查或处罚的原因

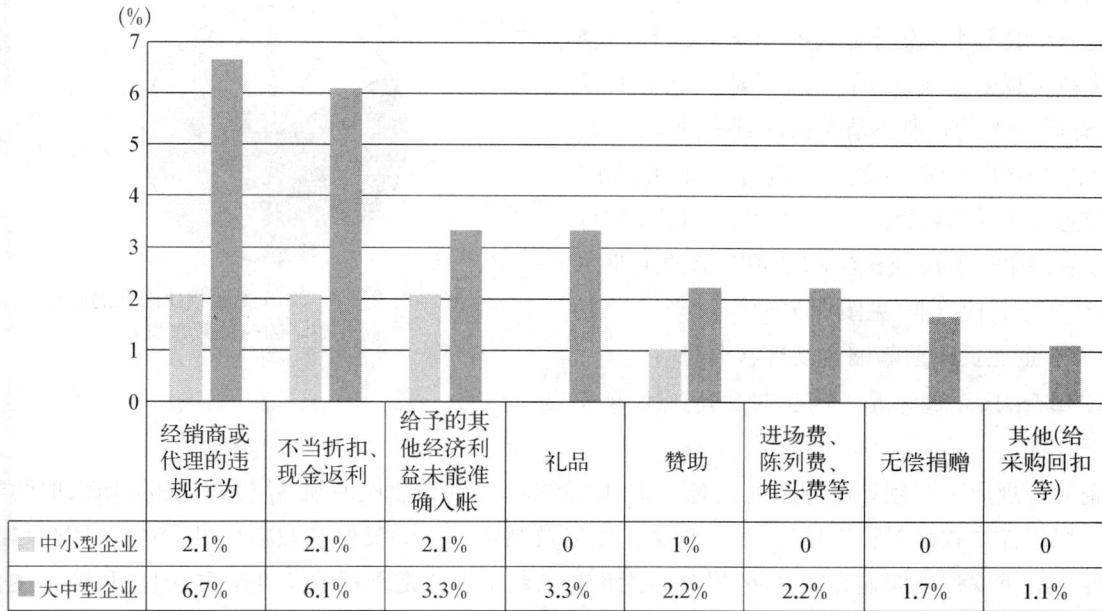

	经销商或代理的违规行为	不当折扣、现金返利	给予的其他经济利益未能准确入账	礼品	赞助	进场费、陈列费、堆头费等	无偿捐赠	其他(给采购回扣等)
中小型企业	2.1%	2.1%	2.1%	0	1%	0	0	0
大中型企业	6.7%	6.1%	3.3%	3.3%	2.2%	2.2%	1.7%	1.1%

图 48 不同规模的企业受到反商业贿赂调查或处罚的原因

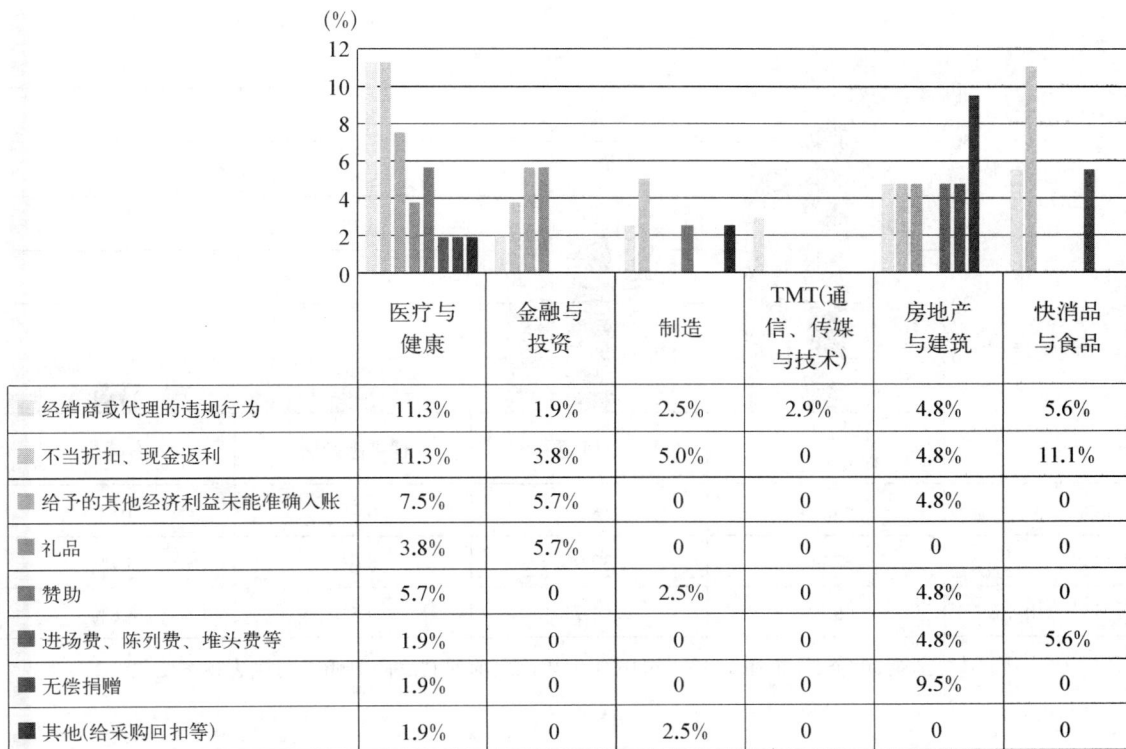

	医疗与健康	金融与投资	制造	TMT(通信、传媒与技术)	房地产与建筑	快消品与食品
经销商或代理的违规行为	11.3%	1.9%	2.5%	2.9%	4.8%	5.6%
不当折扣、现金返利	11.3%	3.8%	5.0%	0	4.8%	11.1%
给予的其他经济利益未能准确入账	7.5%	5.7%	0	0	4.8%	0
礼品	3.8%	5.7%	0	0	0	0
赞助	5.7%	0	2.5%	0	4.8%	0
进场费、陈列费、堆头费等	1.9%	0	0	0	4.8%	5.6%
无偿捐赠	1.9%	0	0	0	9.5%	0
其他(给采购回扣等)	1.9%	0	2.5%	0	0	0

图 49 不同行业的企业受到反商业贿赂调查或处罚的原因

7. 医疗和健康行业反映执法越来越频繁

对于 2015—2016 年度执法频率,近半数的企业认为是保持原状,没有太大的变化;约 9％的企业认为执法越来越频繁;约 8％的企业认为有所减少;还有近 35％的企业不清楚执法频率的变化(见图 50)。从企业性质、规模角度统计,反映出来的趋势与总体统计的趋势是一样的(见图 51、图 52)。但医疗和健康行业反映执法越来越频繁的企业约 23％,远高于其他行业(见图 53)。

(二)企业反商业贿赂合规现状调查

1. 国企、民企在资源投入和制度建设上亟需提高

企业合规离不开领导层的重视。对于此问题,约 80％的企业认为领导层是重视的,所采取的最普遍的合规管控方式是对员工培训、设置相关机制以及制定全球的反腐败政策(见图 54)。外企与国企的领导层的重视程度明显高于受访的民企,无论是从数量上还是重视的角度来看;国企和民企在合规方面的固定资源和预算投入上明显少于外企,制度建设上也相对落后(见图 55)。从企业规模上看,大中型企业领导层更重视企业合规建设(见图 56)。从行业看,与其它行业相比,金融与投资行业反商业贿赂合规工作的重视程度有待进一步加强(见图 57)。

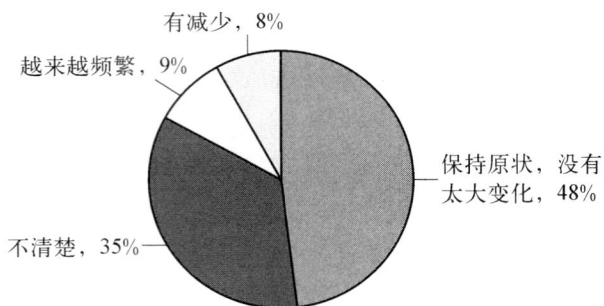

图 50　2015—2016 年度相比之前遇到反商业贿赂的执法频率变化

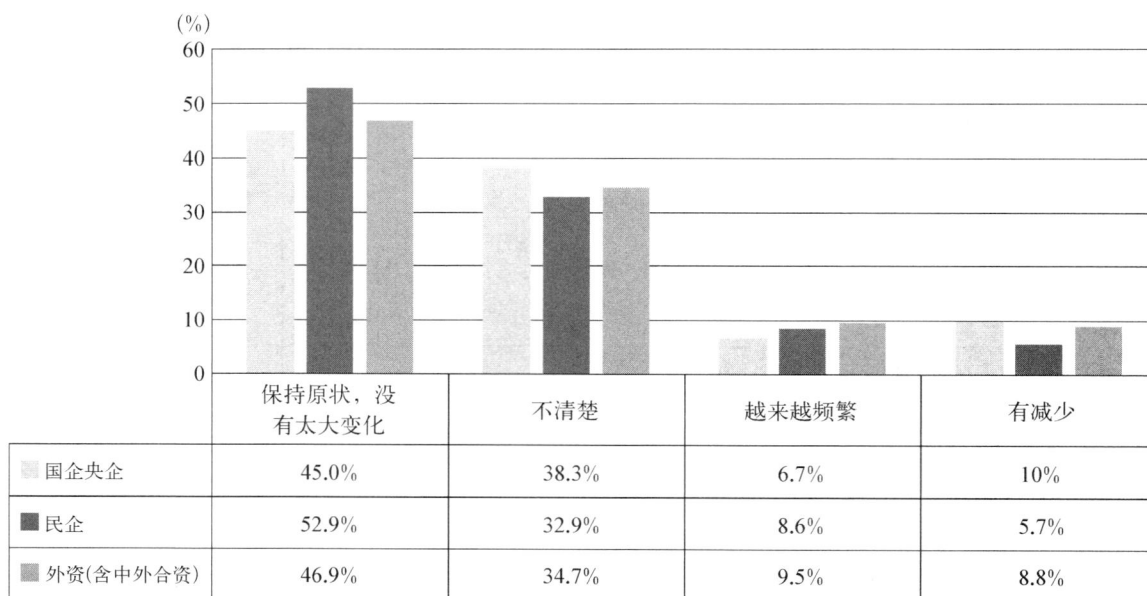

	保持原状,没有太大变化	不清楚	越来越频繁	有减少
国企央企	45.0%	38.3%	6.7%	10%
民企	52.9%	32.9%	8.6%	5.7%
外资(含中外合资)	46.9%	34.7%	9.5%	8.8%

图 51　国企、民企、外企在 2015—2016 年度相比之前遇到反商业贿赂的执法频率变化

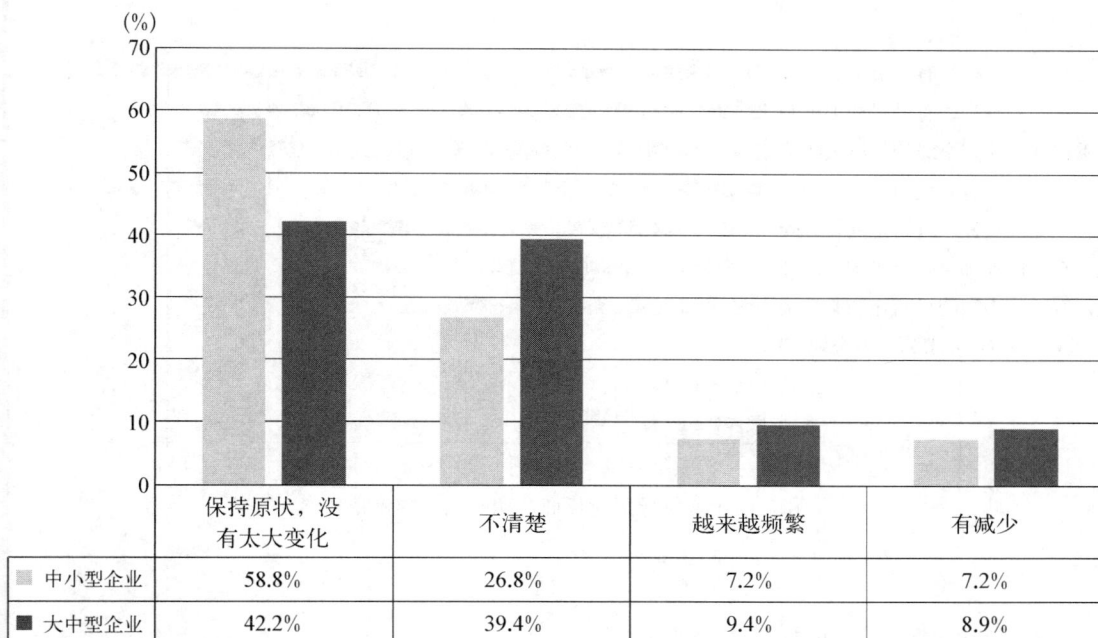

	保持原状，没有太大变化	不清楚	越来越频繁	有减少
中小型企业	58.8%	26.8%	7.2%	7.2%
大中型企业	42.2%	39.4%	9.4%	8.9%

图 52 不同规模的企业在 2015—2016 年度相比之前遇到反商业贿赂的执法频率变化

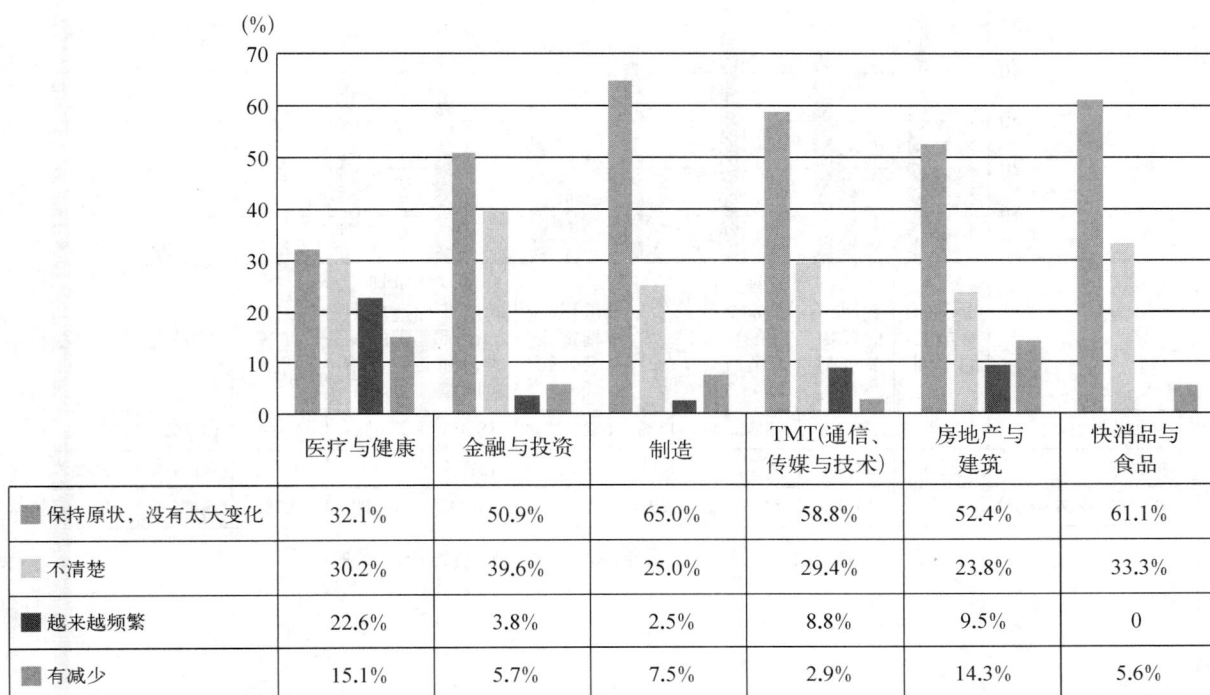

	医疗与健康	金融与投资	制造	TMT(通信、传媒与技术)	房地产与建筑	快消品与食品
保持原状，没有太大变化	32.1%	50.9%	65.0%	58.8%	52.4%	61.1%
不清楚	30.2%	39.6%	25.0%	29.4%	23.8%	33.3%
越来越频繁	22.6%	3.8%	2.5%	8.8%	9.5%	0
有减少	15.1%	5.7%	7.5%	2.9%	14.3%	5.6%

图 53 不同行业的企业在 2015—2016 年度相比之前遇到反商业贿赂的执法频率变化

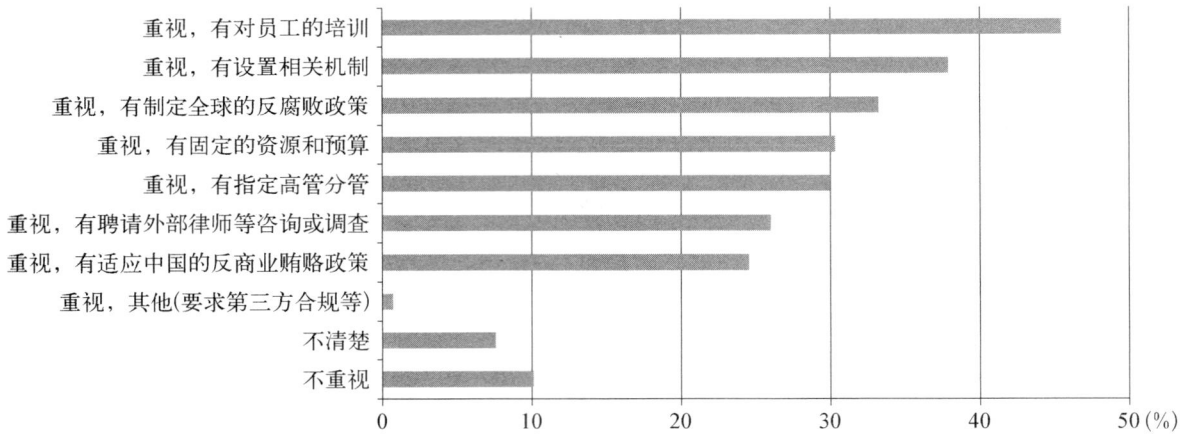

图 54　企业领导层对反商业贿赂工作的重视程度

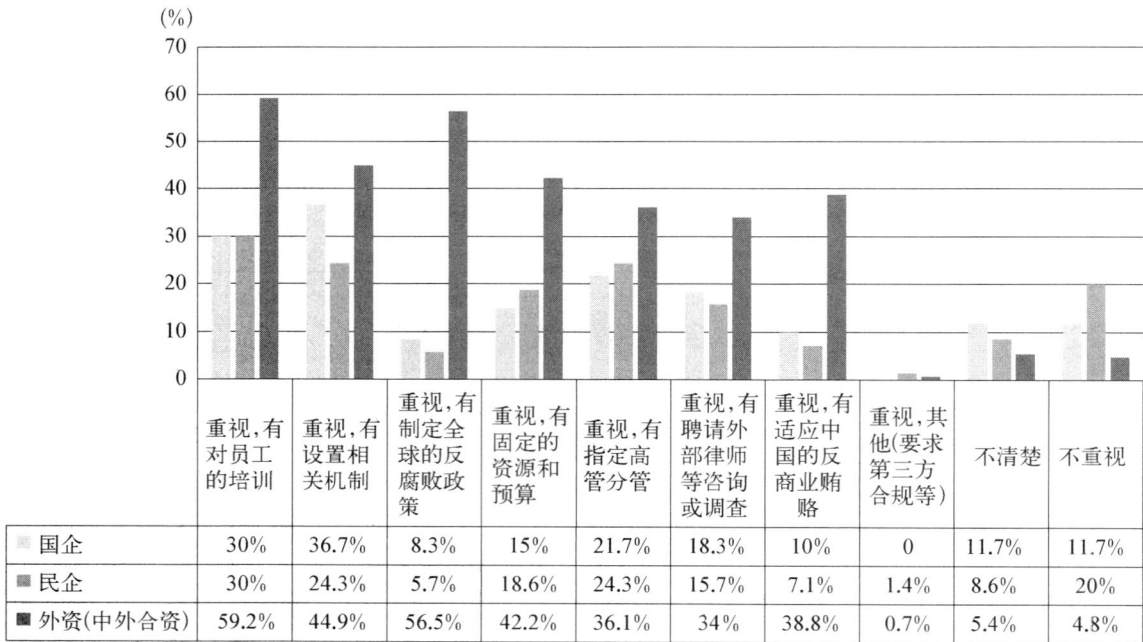

	重视,有对员工的培训	重视,有设置相关机制	重视,有制定全球的反腐败政策	重视,有固定的资源和预算	重视,有指定高管分管	重视,有聘请外部律师等咨询或调查	重视,有适应中国的反商业贿赂	重视,其他(要求第三方合规等)	不清楚	不重视
国企	30%	36.7%	8.3%	15%	21.7%	18.3%	10%	0	11.7%	11.7%
民企	30%	24.3%	5.7%	18.6%	24.3%	15.7%	7.1%	1.4%	8.6%	20%
外资(中外合资)	59.2%	44.9%	56.5%	42.2%	36.1%	34%	38.8%	0.7%	5.4%	4.8%

图 55　国企、民企、外企的领导层对反商业贿赂工作的重视程度

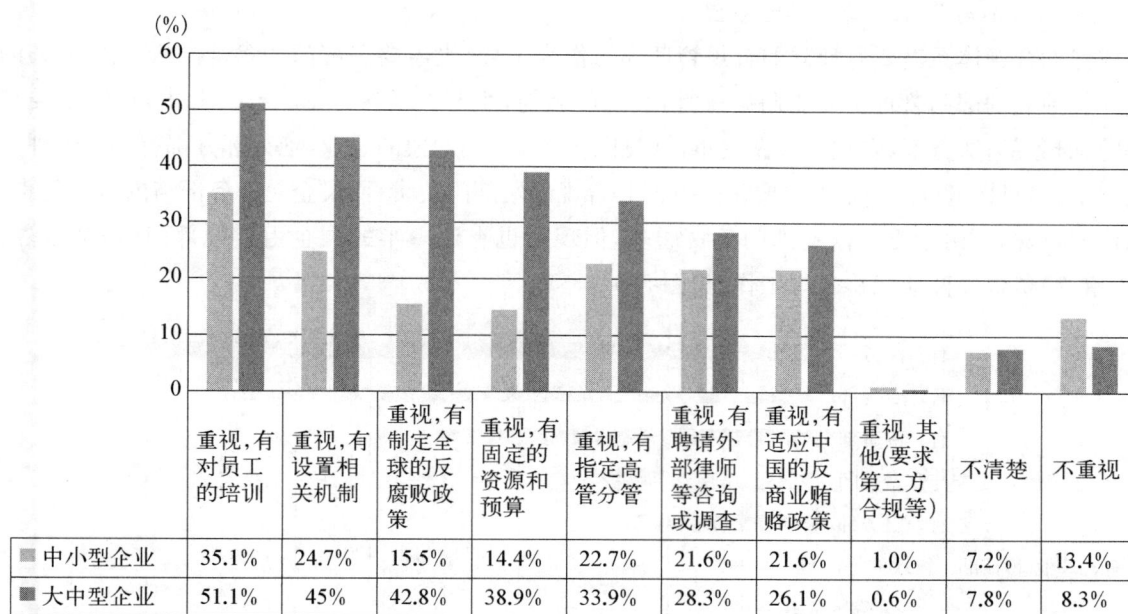

(%)	重视,有对员工的培训	重视,有设置相关机制	重视,有制定全球的反腐败政策	重视,有固定的资源和预算	重视,有指定高管分管	重视,有聘请外部律师等咨询或调查	重视,有适应中国的反商业贿赂政策	重视,其他(要求第三方合规等)	不清楚	不重视
中小型企业	35.1%	24.7%	15.5%	14.4%	22.7%	21.6%	21.6%	1.0%	7.2%	13.4%
大中型企业	51.1%	45%	42.8%	38.9%	33.9%	28.3%	26.1%	0.6%	7.8%	8.3%

图56　不同规模的企业领导层对反商业贿赂工作的重视程度

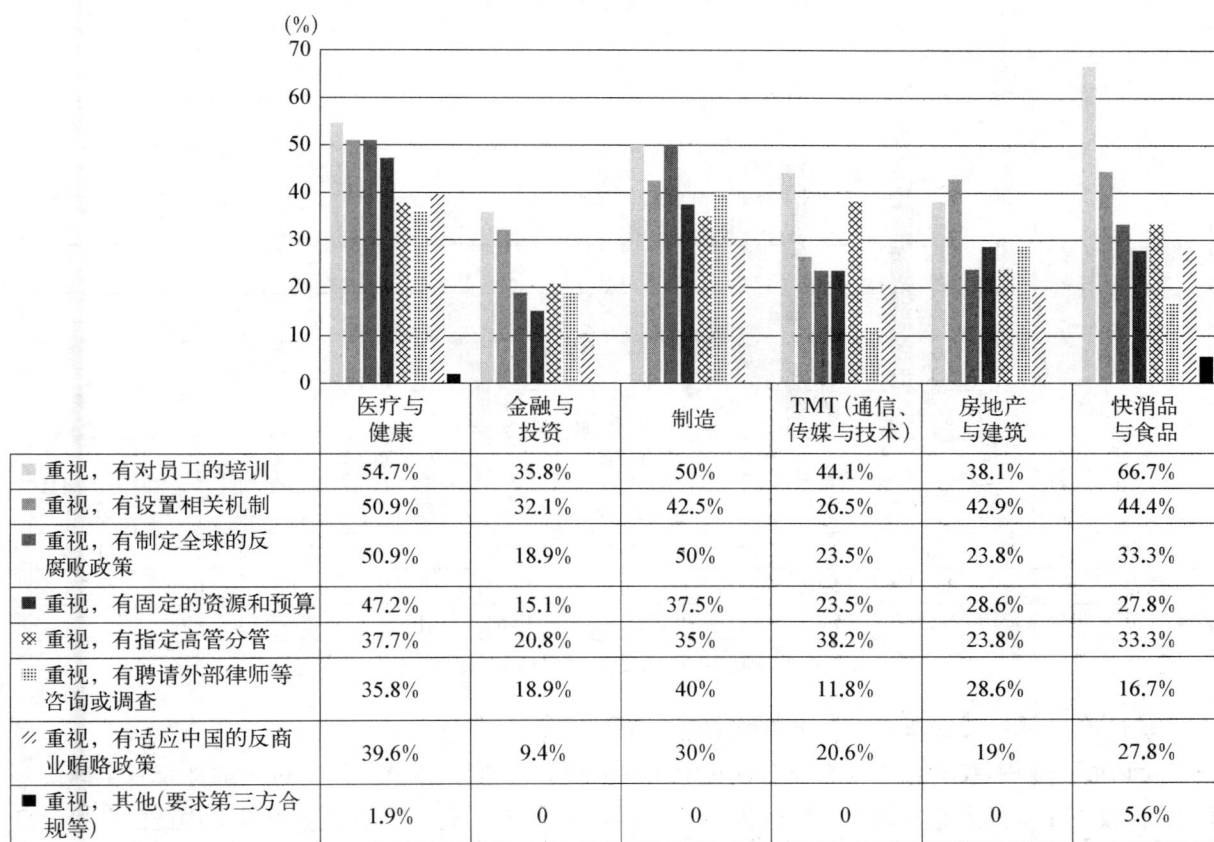

	医疗与健康	金融与投资	制造	TMT(通信、传媒与技术)	房地产与建筑	快消品与食品
重视,有对员工的培训	54.7%	35.8%	50%	44.1%	38.1%	66.7%
重视,有设置相关机制	50.9%	32.1%	42.5%	26.5%	42.9%	44.4%
重视,有制定全球的反腐败政策	50.9%	18.9%	50%	23.5%	23.8%	33.3%
重视,有固定的资源和预算	47.2%	15.1%	37.5%	23.5%	28.6%	27.8%
重视,有指定高管分管	37.7%	20.8%	35%	38.2%	23.8%	33.3%
重视,有聘请外部律师等咨询或调查	35.8%	18.9%	40%	11.8%	28.6%	16.7%
重视,有适应中国的反商业贿赂政策	39.6%	9.4%	30%	20.6%	19%	27.8%
重视,其他(要求第三方合规等)	1.9%	0	0	0	0	5.6%

图57　不同行业的企业领导层对反商业贿赂工作的重视程度

2. 多部门参与管理反商业贿赂事宜

成熟的合规体系需要有独立的合规管理部门作为主导,也需要多部门的参与配合。近85%的受访企业有独立的部门管理反商业贿赂事宜,多部门参与,主要包括法务部、合规部、内审部、纪委与监察部门、财务部;法务部、合规部以及内审部(见图58)。不同规模的企业,绝大部分都有部门管理反商业贿赂事宜(见图60)。外企中主要是法务部与合规部两部门负责;而民企是法务部与内审部负责;国企因体制特殊,则由纪委与监察部门负责居多,但现在也有近一半的国企由其他部门(包括法务、合规、内审等)负责反商业贿赂合规工作(见图59)。

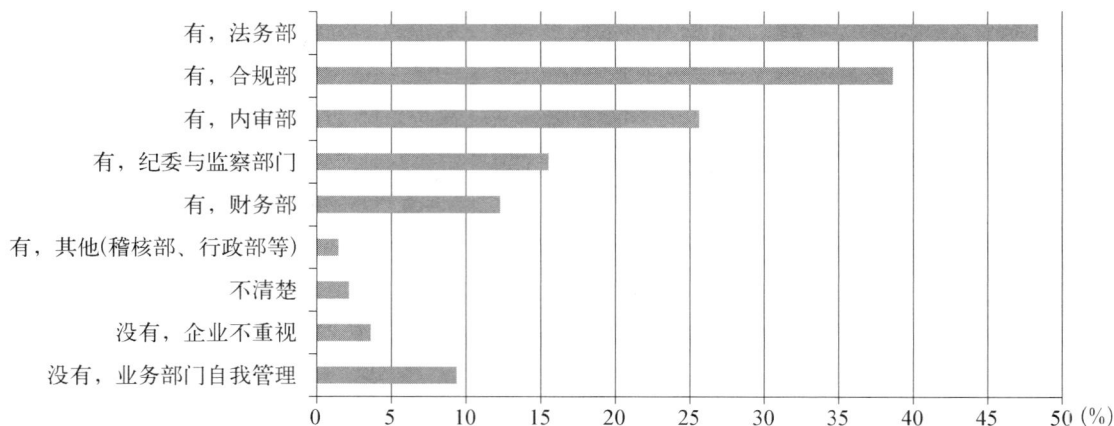

图 58　企业管理反商业贿赂的部门

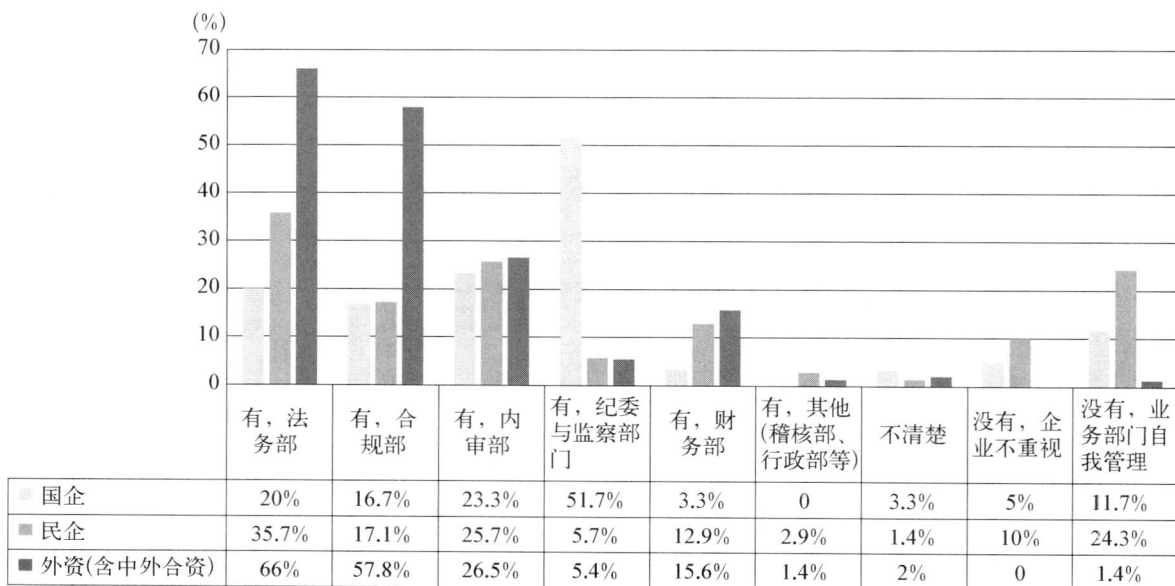

	有,法务部	有,合规部	有,内审部	有,纪委与监察部门	有,财务部	有,其他(稽核部、行政部等)	不清楚	没有,企业不重视	没有,业务部门自我管理
国企	20%	16.7%	23.3%	51.7%	3.3%	0	3.3%	5%	11.7%
民企	35.7%	17.1%	25.7%	5.7%	12.9%	2.9%	1.4%	10%	24.3%
外资(含中外合资)	66%	57.8%	26.5%	5.4%	15.6%	1.4%	2%	0	1.4%

图 59　国企、民企、外企管理反商业贿赂的部门

3. 仅有约30%的企业有针对中国的危机处理机制

受访的企业中,仅有约1/3企业有针对中国的危机处理机制(见图62)。过半的外企有全球统一机制,但仅有1/3的外企有针对中国的机制;国企和民企只有不到30%的企业有针对中国的危机处理机制(见图63)。从行业角度来说,有针对中国的危机管理机制的比例最高的医疗与健康业、快消品及食品行业也只有不到40%(见图65)。

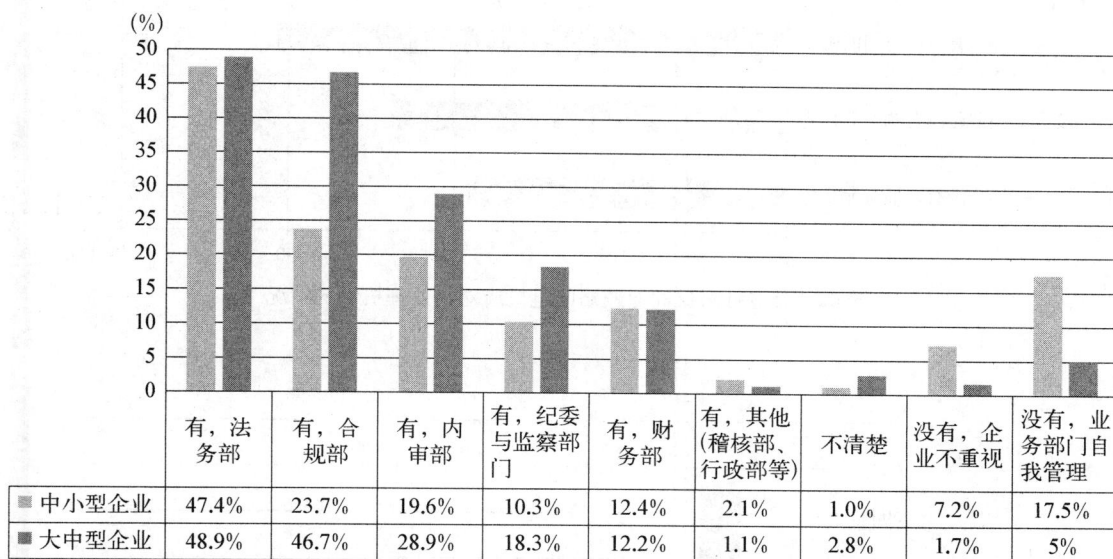

	有，法务部	有，合规部	有，内审部	有，纪委与监察部门	有，财务部	有，其他(稽核部、行政部等)	不清楚	没有，企业不重视	没有，业务部门自我管理
中小型企业	47.4%	23.7%	19.6%	10.3%	12.4%	2.1%	1.0%	7.2%	17.5%
大中型企业	48.9%	46.7%	28.9%	18.3%	12.2%	1.1%	2.8%	1.7%	5%

图 60　不同规模的企业管理反商业贿赂的部门

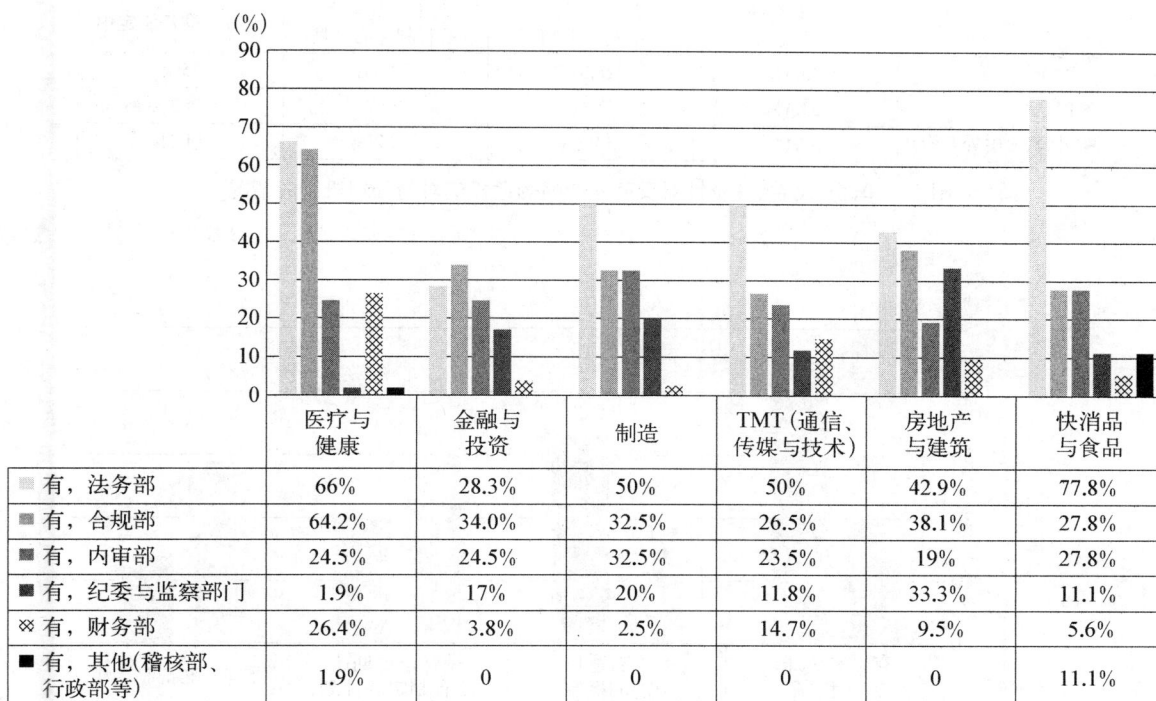

	医疗与健康	金融与投资	制造	TMT(通信、传媒与技术)	房地产与建筑	快消品与食品
有，法务部	66%	28.3%	50%	50%	42.9%	77.8%
有，合规部	64.2%	34.0%	32.5%	26.5%	38.1%	27.8%
有，内审部	24.5%	24.5%	32.5%	23.5%	19%	27.8%
有，纪委与监察部门	1.9%	17%	20%	11.8%	33.3%	11.1%
有，财务部	26.4%	3.8%	2.5%	14.7%	9.5%	5.6%
有，其他(稽核部、行政部等)	1.9%	0	0	0	0	11.1%

图 61　不同行业的企业管理反商业贿赂的部门

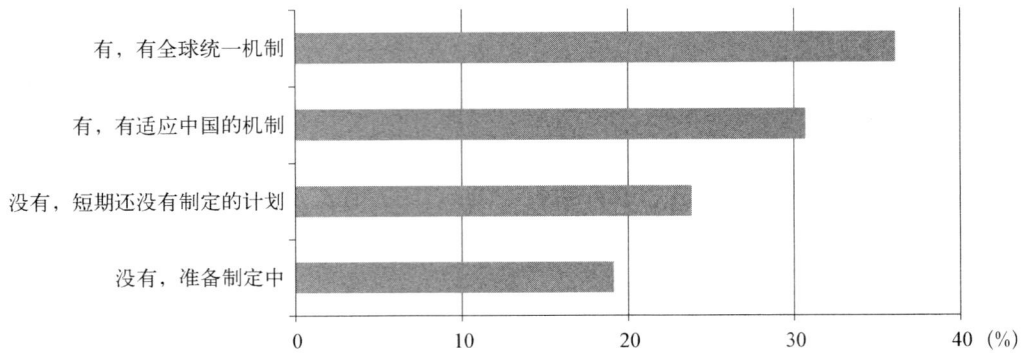

图 62　企业针对反商业贿赂的危机应对与处理机制的情况

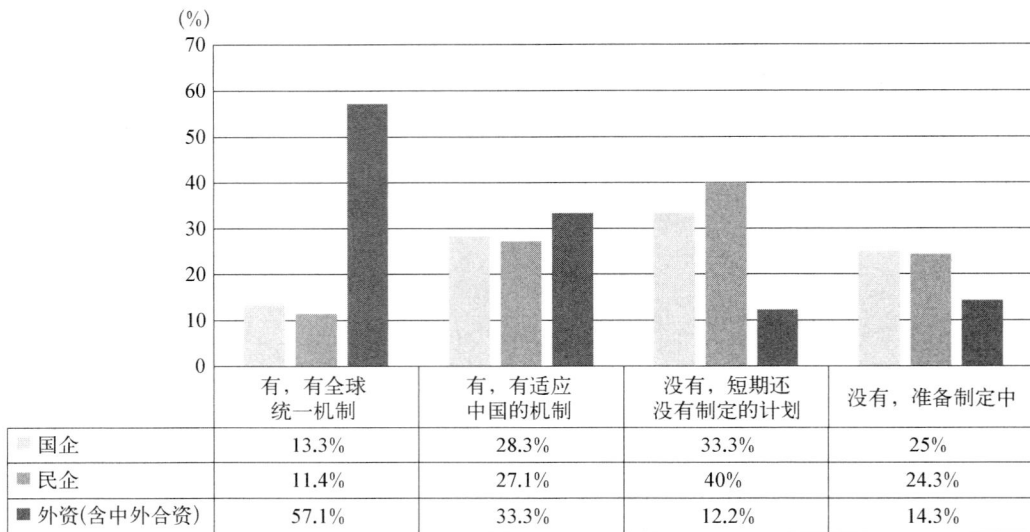

	有，有全球统一机制	有，有适应中国的机制	没有，短期还没有制定的计划	没有，准备制定中
国企	13.3%	28.3%	33.3%	25%
民企	11.4%	27.1%	40%	24.3%
外资(含中外合资)	57.1%	33.3%	12.2%	14.3%

图 63　国企、民企、外企针对反商业贿赂的危机应对与处理机制的情况

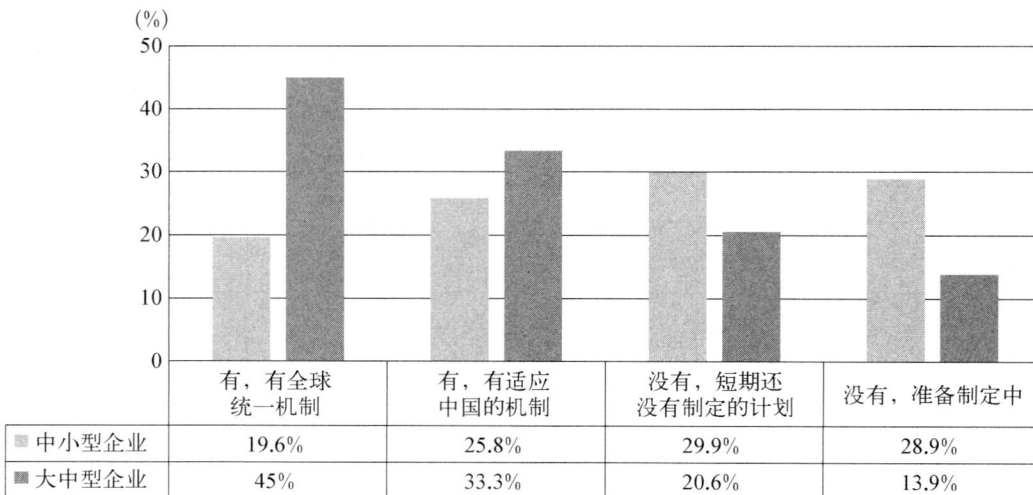

	有，有全球统一机制	有，有适应中国的机制	没有，短期还没有制定的计划	没有，准备制定中
中小型企业	19.6%	25.8%	29.9%	28.9%
大中型企业	45%	33.3%	20.6%	13.9%

图 64　不同规模的企业针对反商业贿赂的危机应对与处理机制的情况

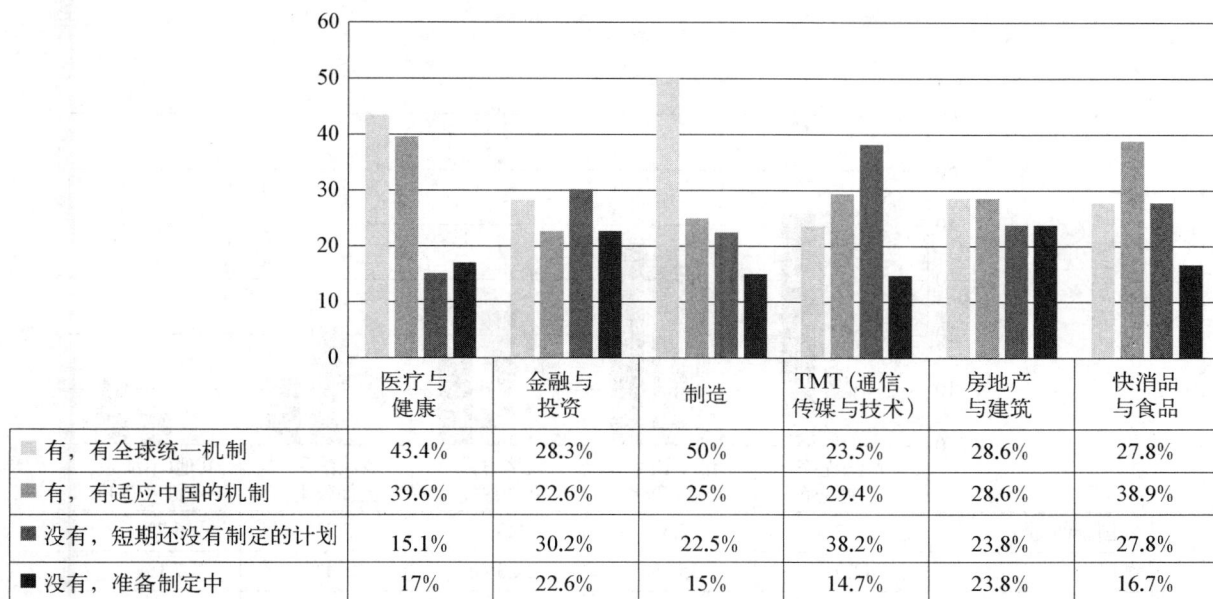

	医疗与健康	金融与投资	制造	TMT（通信、传媒与技术）	房地产与建筑	快消品与食品
有，有全球统一机制	43.4%	28.3%	50%	23.5%	28.6%	27.8%
有，有适应中国的机制	39.6%	22.6%	25%	29.4%	28.6%	38.9%
没有，短期还没有制定的计划	15.1%	30.2%	22.5%	38.2%	23.8%	27.8%
没有，准备制定中	17%	22.6%	15%	14.7%	23.8%	16.7%

图 65　不同行业的企业针对反商业贿赂的危机应对与处理机制的情况

全球危机处理机制通常并不足够处理中国本地的危机事件，特别是有中国特色的突击检查。当有政府执法时，特别是突击检查时，企业是否有适用于中国本土的危机处理机制，使得员工不至于慌乱失措、销毁证据、妨碍执法，能够有礼、有节地配合政府执法，非常重要。对此，建立危机管理政策和流程、形成协调机制、培养适应能力，是企业亟待完成的要务。

（三）执法变化趋势及存在问题

1.《行政诉讼法》修订后执法情况有了一定的改善

《行政诉讼法》修订后，越来越多的企业反映行政执法情况有了一定的改善。调查发现，约半数的受访企业认为执法程序更加规范，有近1/5的企业认为救济方式更加便捷，并且有近15％的受访企业认为执法结果更加公平（见图66）；较多的民企认为在救济方式上以及执法结果上有了很大的进步（见图67）。总体而言，大部分企业看好行政执法变化，但也有35％左右的企业认为是纸上谈兵，没有太多的变化（见图68），其中快消品与食品行业持这一观点的企业占到55.6％（见图69）。

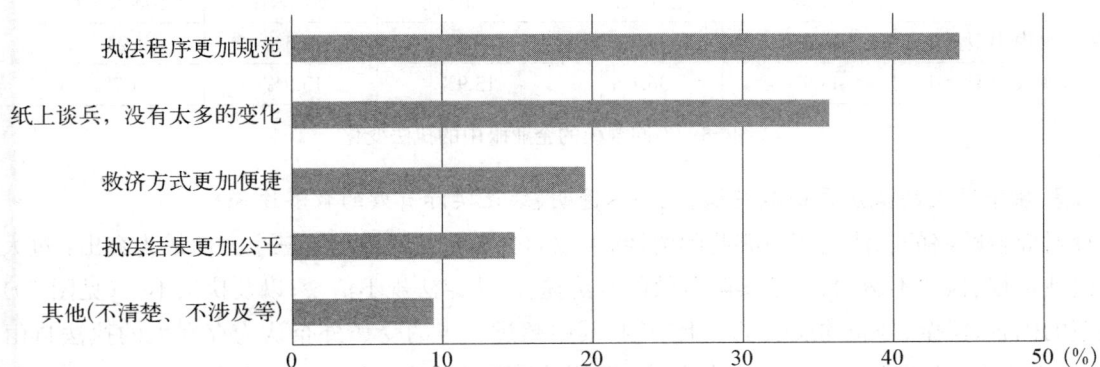

图 66　企业眼中的执法变化

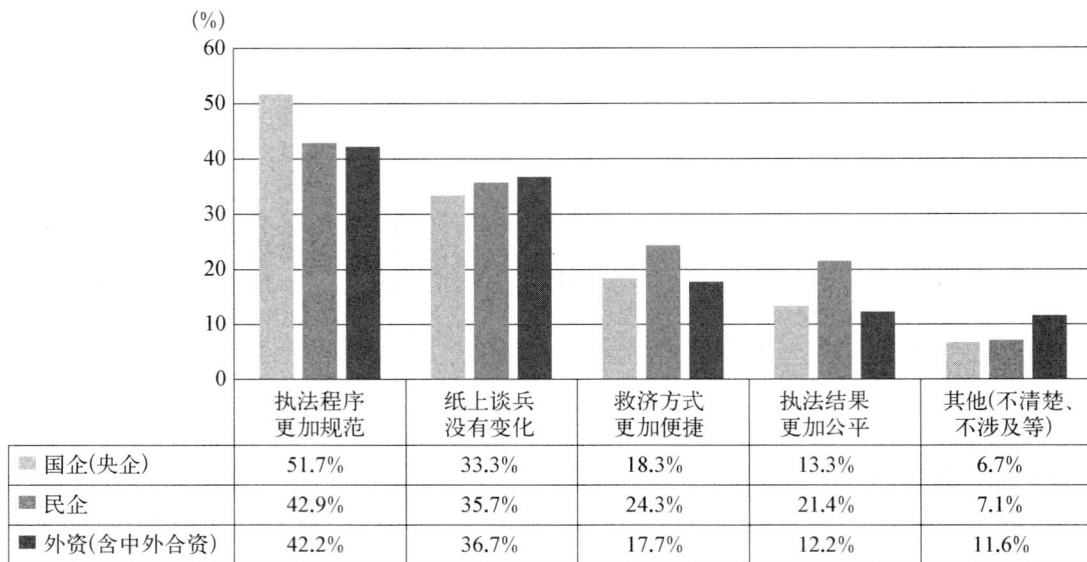

	执法程序 更加规范	纸上谈兵 没有变化	救济方式 更加便捷	执法结果 更加公平	其他(不清楚、 不涉及等)
国企(央企)	51.7%	33.3%	18.3%	13.3%	6.7%
民企	42.9%	35.7%	24.3%	21.4%	7.1%
外资(含中外合资)	42.2%	36.7%	17.7%	12.2%	11.6%

图 67　国企、民企、外企眼中的执法变化

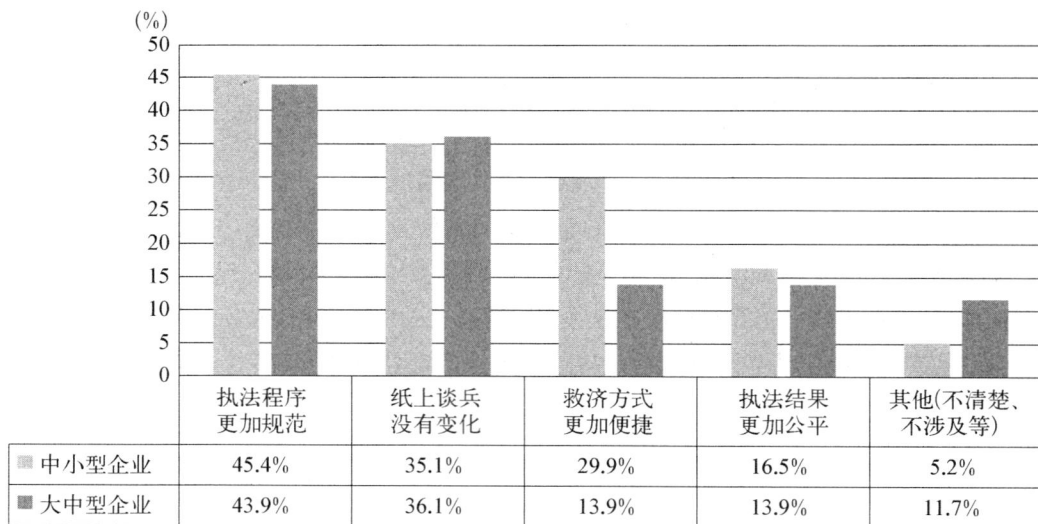

	执法程序 更加规范	纸上谈兵 没有变化	救济方式 更加便捷	执法结果 更加公平	其他(不清楚、 不涉及等)
中小型企业	45.4%	35.1%	29.9%	16.5%	5.2%
大中型企业	43.9%	36.1%	13.9%	13.9%	11.7%

图 68　不同规模的企业眼中的执法变化

2.执法中过大的执法自由裁量权、执法不透明、缺乏实际有效的救济途径

针对商业贿赂的执法还存在哪些问题,约半数的受访企业认为以下三个方面最为突出:过大的执法自由裁量权、执法不透明、缺乏实际有效的救济途径;法律法规不清楚;以及执法不一(见图70)。不同规模的国企、民企、外企均反映了以上问题,其中超过一半的受访外企认为存在大的执法自由裁量权、执法不透明(见图71、图72)。整体而言,经历过最多的政府执法的医疗与健康行业对这些问题的感受比其他行业更加强烈(见图73)。

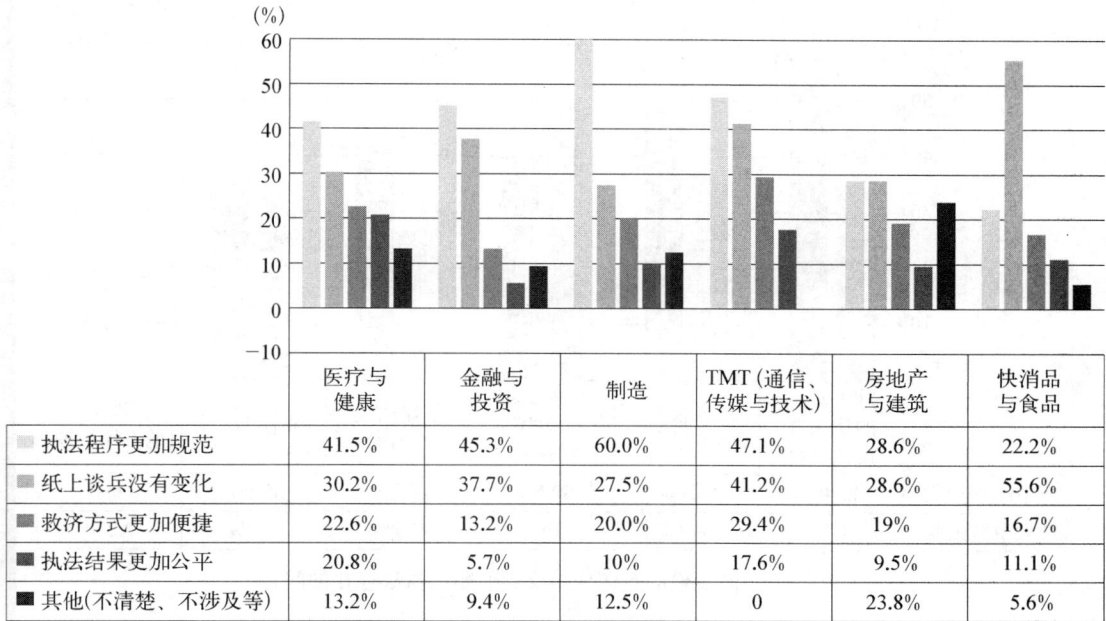

	医疗与健康	金融与投资	制造	TMT(通信、传媒与技术)	房地产与建筑	快消品与食品
执法程序更加规范	41.5%	45.3%	60.0%	47.1%	28.6%	22.2%
纸上谈兵没有变化	30.2%	37.7%	27.5%	41.2%	28.6%	55.6%
救济方式更加便捷	22.6%	13.2%	20.0%	29.4%	19%	16.7%
执法结果更加公平	20.8%	5.7%	10%	17.6%	9.5%	11.1%
其他(不清楚、不涉及等)	13.2%	9.4%	12.5%	0	23.8%	5.6%

图 69　不同行业的企业眼中的执法变化

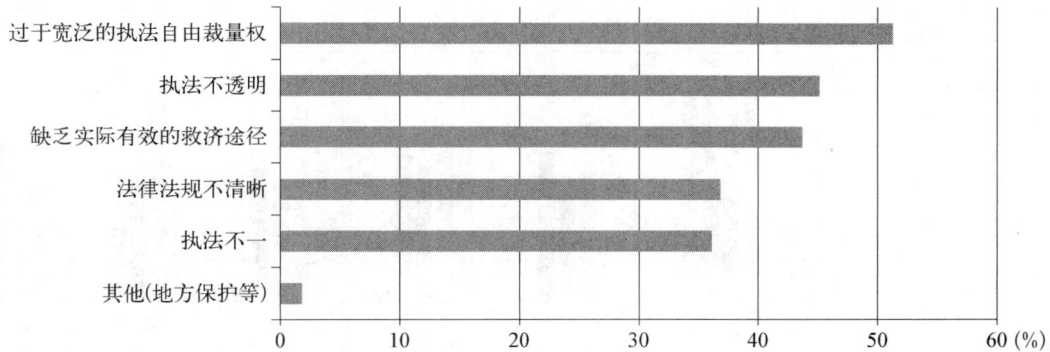

图 70　企业认为反商业贿赂执法存在的问题

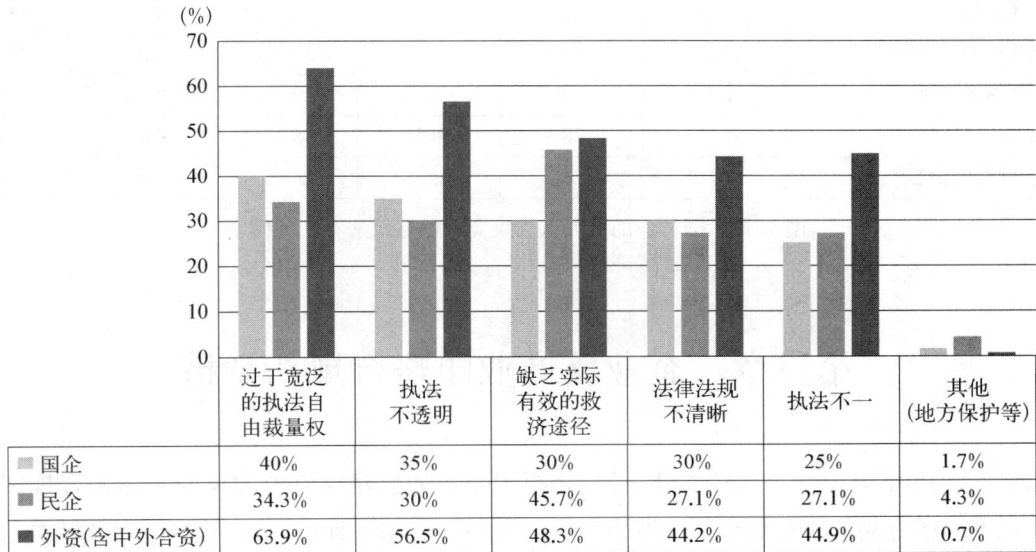

	过于宽泛的执法自由裁量权	执法不透明	缺乏实际有效的救济途径	法律法规不清晰	执法不一	其他(地方保护等)
国企	40%	35%	30%	30%	25%	1.7%
民企	34.3%	30%	45.7%	27.1%	27.1%	4.3%
外资(含中外合资)	63.9%	56.5%	48.3%	44.2%	44.9%	0.7%

图 71　国企、民企、外企认为反商业贿赂执法存在的问题

(%)

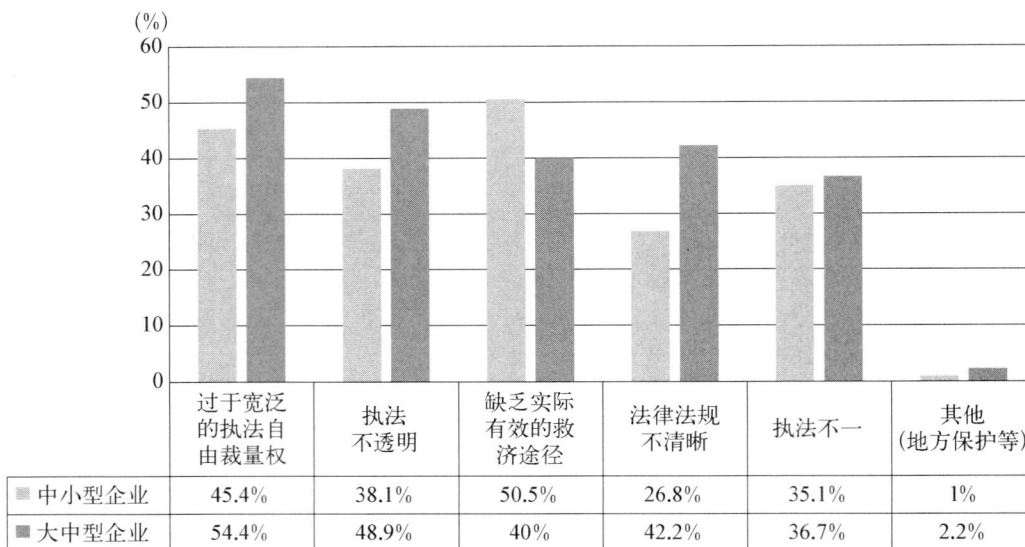

	过于宽泛的执法自由裁量权	执法不透明	缺乏实际有效的救济途径	法律法规不清晰	执法不一	其他(地方保护等)
中小型企业	45.4%	38.1%	50.5%	26.8%	35.1%	1%
大中型企业	54.4%	48.9%	40%	42.2%	36.7%	2.2%

图 72　不同规模的企业认为反商业贿赂执法存在的问题

(%)

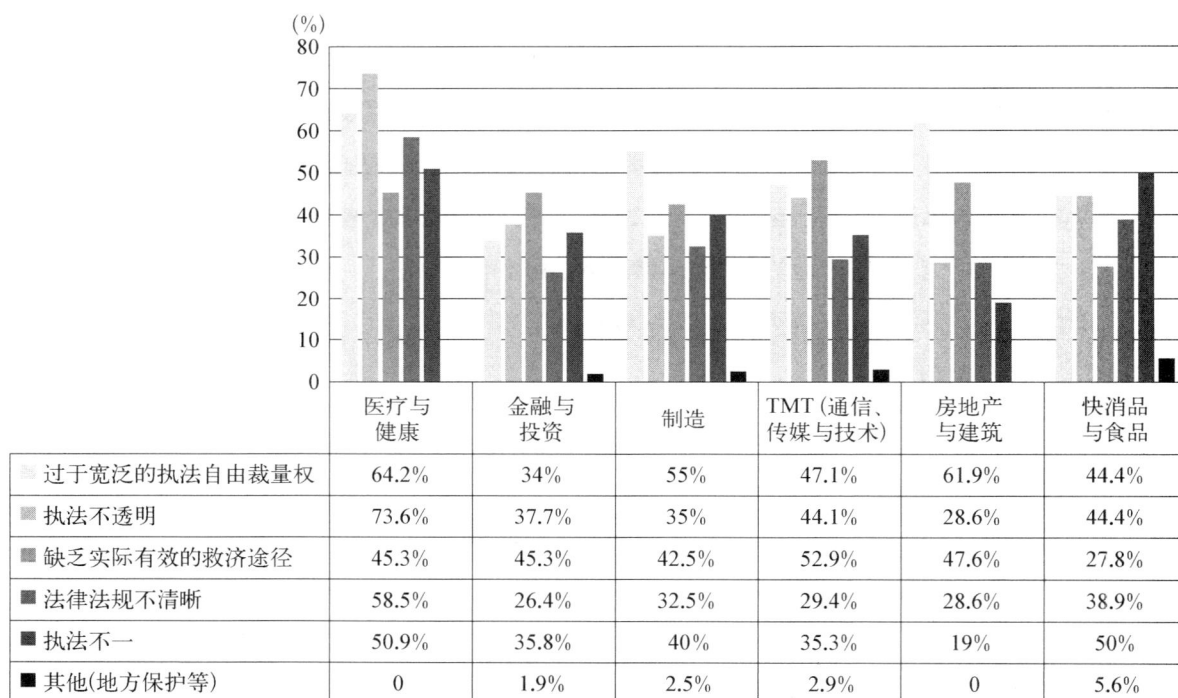

	医疗与健康	金融与投资	制造	TMT(通信、传媒与技术)	房地产与建筑	快消品与食品
过于宽泛的执法自由裁量权	64.2%	34%	55%	47.1%	61.9%	44.4%
执法不透明	73.6%	37.7%	35%	44.1%	28.6%	44.4%
缺乏实际有效的救济途径	45.3%	45.3%	42.5%	52.9%	47.6%	27.8%
法律法规不清晰	58.5%	26.4%	32.5%	29.4%	28.6%	38.9%
执法不一	50.9%	35.8%	40%	35.3%	19%	50%
其他(地方保护等)	0	1.9%	2.5%	2.9%	0	5.6%

图 73　不同行业的企业认为反商业贿赂执法存在的问题

第三章　企业反商业贿赂合规新举措

《2014—2015 中国反商业贿赂调研报告》介绍了企业如何建立有效的反商业贿赂合规制度和体系,并针对不同所有制的企业提出了落地指引。过去一年中,随着相关立法的修订以及针对行贿犯罪执法的加强,企业对反商业贿赂的风险管控也相应加强。合规管控的增强主要体现在以下三个方面:

进入市场的风险评估和管控；建立有效的第三方管理机制；建立有效的危机管理体系。尚未落实上述合规管控的企业，应当从上述三个方面着手制定和完善相关政策和机制。

《2014—2015 中国反商业贿赂调研报告》介绍过内部调查对于公司合规的重要性和必要性，以及开展内部调查中需要注意的问题。现在开展内部调查的企业越来越多，有些企业也考虑在调查之后，将违法犯罪嫌疑人员移交司法机关或针对这些人员提起诉讼。但是，很多企业的合规调查并没有做到完全遵守法律和必要的程序，造成内部调查涉嫌违法、污染证据或是取得的证据无法在诉讼、行政复议等程序中使用，导致内部调查的效力和效果大大降低，失去应有的威慑力。可见，合法、有效地进行内部调查十分重要。本章对于在内部调查中如何合法取证，进行了深入探讨。

一、进入市场的风险评估和管控

《2014—2015 中国反商业贿赂调研报告》分析了商业贿赂的概念。在实务中，商业贿赂的认定是错综复杂的，并且各地的标准并不完全一致。比如，一个产品在生产企业的经营流程中，从原材料采购、生产到产品通过质检商检，经过经销商、专营店、大卖场、网络销售等流传途径，到达终端消费者手中，再到售出产品的安装、售后服务，其间的各个环节都可能涉及商业贿赂风险。这些风险，有可能是传统的腐败性贿赂，也就是给予政府官员或者能够影响交易的个人财物或好处，换取审查审批、交易机会等便利和利益；也有可能是竞争性贿赂，即通过给予个人或单位不适当的财物和好处来排挤竞争对手，争取交易机会和市场地位，谋求不正当的竞争优势。执法实践中，竞争性商业贿赂的认定尤其复杂，一些看似合法或存有争议的操作，比如陈列费、搭送设备等，实际上存在违规和处罚的风险，这也加大了企业预估和防范这些风险的难度。

因此，重视并且懂得如何管控商业贿赂风险，建立行之有效的管控制度，对企业来说越来越重要。进入市场的风险评估和管控应当成为企业必备的、逐步成熟的体系和习惯性操作。实践中，企业需要做到"事前防范、事中控制、事后处理"，才能真正有效地管控和降低商业贿赂风险。例如，从商业推广模式设计之初就要未雨绸缪，对商业模式是否合法合规进行体检；销售、推广、返利、折扣、促销、经销商奖励等合同应该怎么规定；各种利益给予的安排，比如货款、佣金、服务费、返利、折扣、实物奖励、报销费用等等应该如何入账；销售、推广、营销等实际运营过程中，需要从人、钱、物各个方面确保实际操作不跑偏；在单笔交易完成及季度、年中、年底等节点，还要开展事后审查；发现商业贿赂违规信号或者发生商业贿赂违规事件时，要有清晰的应对措施和整改办法；等等

（一）事前防范：商业模式的合规体检及风险预控

事前防范胜于事后纠正。对产品或服务的销售、推广、营销的模式和具体操作进行事前评估，能够有效预防商业贿赂风险。面对千变万化的市场，企业确实需要创造性的销售和推广模式来促进企业盈利。有时，还需要针对特定的市场环境推出特殊的营销活动和市场计划。但是，多种多样的销售和推广办法，就难免触及商业贿赂的风险。在销售、推广等营销模式的方案设计阶段就对其进行合规防范，是非常必要的。这样做，能够明显提高营销模式的安全性，避免营销模式推出后，因商业贿赂风险导致计划叫停而产生损失，甚至导致企业违法受罚的严重后果。

"合规体检"是专业合规人员根据多年的合规调查经验，针对商业模式中的风险点，全流程、全方位地进行风险评估。一方面要依照流程时间轴，从合同签订、货物提供、奖励给予、款项支付、发票开具、财务入账等环节对营销计划进行全流程评估。另一方面，要依照组成环节，全方位地考察销售安

排，比如折扣、返利、特殊支付、账期安排、附赠、样品、潜在搭售、免费(低价)设备、免费(低价)配套服务、免费(低价)运输、中间商库存差价补偿、利益提供(旅游、劳务费用、礼品赠送)等安排是否合规；还要考察公司、买方及第三方等各方主体各种活动的合规性，如佣金、广告营销、柜台或卖场促销、医疗人士促销、政府采购及招投标等。

例如，某一快消品企业拟在销售热季推出经销商、大卖场等分销渠道的奖励计划，其设想是通过经销商的进货量给予积分，按照积分给予经销商折扣、返利等销售激励，激发转售环节的产品销售。对于这样的营销计划，就需要按照上述全流程、全方位的办法，全面考察潜在风险：第一环节，考察销售激励设定的合规性，如是否涉及返利或折扣变更为实物、旅游、礼品等做法；折扣、返利的提供是否以经销商排除其他品牌为条件，是否涉及给予经销商管理层个人的奖励和利益；是否以经销商、大卖场提供促销服务以及服务费的名义给予费用，但实际上并无促销服务，仅按销量来计算服务费；销售激励是否涉及免费样品、设备、库存补差等特殊安排等。第二环节，考察销售及促销协议的签署安排和文本草案。比如，是否明示、准确地描述和约定返利、折扣及其计算；是否签订补充协议约定一些可能有争议的利益，比如推广费用报销等。第三环节，审查促销计划相关产品的出货、收货等安排，如出货单、收货单等单据的设定、签发和监控。该等单据是计算销售数据的依据，进而决定奖励额度的计算，往往成为舞弊的高发点。第四环节，审查收付款安排，尤其是折扣、返利如何入账，是否存在抵扣货款、抵扣欠款，以服务费、佣金等其他名义入账的高危做法；发票开具、具体入账情况如何监督；实际付款的监督安排是否合理等等。

可见，在商业模式推出伊始，就要对各个环节全面检查。一方面，发现计划中存在高危安排时，及时提出合规的改进方案，确保商业模式在进入市场之前就是合规且安全的；另一方面，从一开始就设定合规的整体方案，帮助业务、财务、法务形成整齐划一的合规操作，避免商业模式在执行中出现违规偏差。

每个行业有自己的特点和高风险点，比如，快消行业的入场费、摆位费、经销商奖励等；医药及医疗器械行业的捐赠赞助、科室会、卫星会、讲课费、免费样品设备、经销商管控等。企业应当结合自己的行业特点、业务实际和高风险点，形成最为贴合的合规体检方案。

(二) 事中控制：监控营销活动的实际执行

制度之好，贵在执行。经过充分事前防范的商业计划，如果在实际执行中出现偏差，或者部分人员出于业绩、私利等考虑擅自偏离合规要求，企业仍然要承担商业贿赂的风险和损害。这种情况在实践中并不鲜见。那么，如何做好商业营销的事中控制呢？简言之，就是从人、财两个方面，按照科学的流程，对营销活动的具体实施进行监督。具体来说：

第一，对合同、协议、订单、营销计划等书面安排的执行情况进行监控。比如，企业的法务、合规、财务部门，可以定期抽查销售、营销等各个项目的具体执行情况，通过调取并抽查相关文件等进行核查；必要时，询问业务人员、交易对方，进一步了解情况，以便识别、评估是否存在潜在的执行违规或高危操作。

第二，在收付款的财务支付环节中增加合规监控。财务在审查和批准业务部门申请的各项付款、报销等过程中，遵守既定的、根据企业实际设计的合规审查步骤和标准，保持合规敏感性，在必要时，通报法务或合规管理部门进行联合审批，在支付前增加一道安全闸门，避免违规款项流出，资助违规活动。这一道阀门，对于某些行业的商业贿赂风险管控是非常有效的。比如，医疗行业的教育基金等项目，如果能分阶段支付，在支付前，就能够充分审查相关活动的真实性、合规性，及时审核前段活动的真实性、合理性，往往能够有效地避免以捐赠为名、推销为实等违规做法，识别和阻止违规行为的发生。

第三，对交易进行事后抽查。在促销活动或商业计划涉及的交易结束之后，可以对交易文件、财务记录等进行事后抽检，查漏补缺，形成完整的审核链条。发现问题的，视情况启动调查进行纠问。实践中，许多企业的内审部门已在实施这一举措，并已证明事后审查对于商业贿赂风险的控制很有效果。

第四，重点管控。企业应当整理出自己业务中的高风险领域，形成"商业贿赂合规检查核对清单"，进行重点监控。具体而言，可以针对高风险领域采取更加严格的支付前审核、更加密集的抽检、更加严格的批准要求等，同时对于高风险领域的运营人员，进行更加深入的培训和指导。

第五，第三方管理。加强对经销商、供应商等第三方的管控，避免通过第三方实施的违规行为。

第六，合规教育和举报机制。对领导和员工加强教育，使得企业上上下下都理解商业贿赂的风险对企业及其个人的危害，使得每个人在工作中能识别商业贿赂风险点，及时向企业的合规负责人员咨询可能的风险，或者举报发现的合规问题。

事中控制做得好不好，很大程度上取决于流程和制度的设定，以及人员的意识和配置。我们建议企业尽早设立和完善商业运营的事中监控机制，形成固定流程；配备具有专业知识和技能的合规人员；与商业推广的事前预防制度相辅相成，架构安全的内控结构。这样做，能够有效降低企业在商业运营过程中的违规风险。

（三）事后处理：查处和应对商业贿赂违规行为

实践经验告诉我们，再完美的制度，也不可能完全消除所有风险。因此，发现商业贿赂违规行为，或者发生商业贿赂外部调查时，企业应当有完备的反应机制。

首先，在举报、日常抽检及审计中发现商业贿赂风险时，要进行评估和内部调查，并根据调查结果对违规员工、第三方作出处罚。其次，企业需要勇于整改，用合规的销售模式来替代具有风险的销售做法，创造性地解决商业贿赂风险。这确实不是一件容易的事情，但相对于违规带来的巨大后果，整改和替代是必然的选择。再次，出现合规问题多是因为内控仍有可钻的漏洞，有效的内部调查不仅可以发现违法违规的行为，也可以发现内控漏洞，采取弥补措施。最后，发生政府执法、司法机关对商业贿赂的外部调查甚至突击检查时，企业应当懂得如何正确地配合，避免错误的做法引发更严重的处罚后果。

二、建立并完善第三方监督与管理机制

在《2014—2015 中国反商业贿赂调研报告》中笔者简要阐述了第三方聘用与管理制度。近两年，国内外的执法机构都加强了对企业所用第三方的审查和检查，因为第三方违规风险越来越高。实践中，通过第三方实施违规行为，因第三方的违规行为而遭受调查和处罚的案例并不少见。遭受中国最高商业贿赂处罚的葛兰素史克案件中，就涉及大量第三方实施的行受贿行为。因此，加强对第三方的合规管控越来越重要。

以下从第三方选择、第三方合作、第三方反馈与矫正三个阶段，系统介绍第三方合规管理机制。

（一）第三方选择阶段的合规管控

好的开端是成功的一半，在选择第三方，与第三方建立合作关系的前期，就采取尽职调查，设定合

规审查权,约定合规解除权等管控措施,可以为后续风险整体管控打下良好基础。具体而言,第三方选择阶段的合规管控措施主要包括第三方合规尽职调查、反腐败合同条款、预先批准的第三方名单、选择阶段第三方合规培训四个方面。

1. 第三方合规尽职调查

第三方合规尽职调查的核心工作是收集信息并进行法律分析,以便实现两个目的:第一,通过信息收集,识别第三方违规历史、合规意识、合规制度等方面的真实情况,分析和评估该第三方现在和将来合规风险的高低;第二,根据风险评级结果,综合考量业务需求、替代第三方、成本高低等综合因素做出相应决定。

第三方合规尽职调查需要综合考量业务需求、调查成本等因素,采取时间、成本和风险控制需求最平衡的方案。一家公司往往涉及一定数量的供应商、经销商、咨询公司、受赠机构等第三方,如何有的放矢地在数量较多的第三方当中推行切实可行而又具备风险控制成效的尽职调查,是个难题。一刀切的尽职调查,要么过于简单,难以识别高风险第三方,要么过犹不及,错误地对低风险第三方花费过多精力和成本。

较为有效的尽职调查体系,应当是基于风险因素的分级尽职调查系统,也就是根据初步的信息收集和风险判断来决定对第三方进行最合适等级和深度的尽职调查。这种机制能够尽可能实现风险控制需求和企业调查成本之间的平衡,结合定制化的、切合本企业实际的风险点,通过尽职调查,全面而又重点地了解企业采用第三方的风险状况,有效提高第三方选择的合规性。

对应不同等级的风险,进行不同级别的尽职调查。根据尽职调查中的发现,尽职调查的级别可能会相应调整。尽职调查的措施包括:媒体检索,调查问卷,专业背景调查,第三方关键股东及负责人调查,匿名电话及现场调查,访谈管理人员等。随着尽职调查等级不断提高,这些调查方法按照由简入难的方式逐级增加。

在尽职调查中采取正确的调查策略和方法非常重要。一是针对不同的情况要正确选择最适当的调查策略和方法;二是调查当中也要正确、熟练地运用具体的调查措施。如果这两方面做得不好,都可能使尽职调查流于形式或难以继续,而不能真正提供充分的信息和风险评估。比如,媒体检索中,检索词句的选择,针对不同行业相关线索的搜集和敏感度,都会在很大程度上决定媒体检索效果的好坏;了解实际控制第三方的个人,第三方可能与公司内部采购人员的关联等问题需要精密的设计和专业的技术。这些专业化极高的任务,如果完成得好,往往能够非常充分地识别真相,了解风险,保护企业;反之,则可能使尽职调查无法发挥作用。

第三方尽职调查中,注意识别和把握风险点也是尽职调查的关键。风险点把控越准确,对风险相关的信息越敏感,第三方尽职调查的效果就越好;反之,则可能查错方向,问错问题,看错材料,白忙一场。举例来说,一些各行业第三方都可能涉及的常见风险点可能包括:第三方与政府关系密切;要求签订与其同行业类似产品或服务的供应商具有明显差异的商业条款;不正常的支付模式或财务处理;担保其大多数竞争对手无法提供的保证结果;要求支付仅在达成对公司有利结果的情况下才支付的费用(成功费);涉及通过第三方实施的捐赠、资助等社会活动;第三方需要向其他主体(包括但不限于政府机构或政府官员)提供礼品、招待或其他利益,并由公司承担费用;有关于第三方或其关键控制人的不合规报道、处罚历史或负面消息;第三方由政府推荐;第三方缺乏合规和内控机制,合规意识薄弱等。

另外,除了行业通行的一些常见风险点外,每家企业的实际情况不同,涉及第三方的合规风险点也有所不同。比如,医药企业的受捐赠方、医药咨询公司等第三方,就具有医药行业特有的一些风险点,如名为捐赠实为推广药品、员工串通第三方通过虚假调研项目获取资金向医生提供利益等做法;而对于快消品行业,则存在通过经销商、代理商等支付选位费、开瓶费、陈列费等高危做法。因此,企业在第三方尽职调查实践中,应当不断积累识别本行业、本企业反腐败风险的经验,不断更新、完善最适合本企业实际的"第三方尽职调查风险核对清单",以便最为贴切地进行第三方尽职调查。

2. 反腐败合规条款

在与第三方建立正式的合同关系时,应当纳入起草得当的反腐败条款,获得第三方的合规承诺,一方面对第三方附加遵守合规要求的合同义务;另一方面赋予企业对第三方进行合规审计审查,在第三方出现违规行为时解除合作等权利。

反腐败条款的内容应当完整,并且具备完善的法律效力。对于一些关键的权利,更要确保合同法下的效果和威慑力。一份好的反腐败条款,可以保证企业有充分的权利来实施合规措施,或者向第三方合理合法地施加压力,从而实现合规要求。遗憾的是,在实践中,第三方出现违规行为甚至可能牵连企业本身使之受到处罚的时候,由于没有反腐败条款或者约定不完善,导致企业缺乏合同保障,无法追究第三方责任,甚至反而被第三方追诉。这种被动局面常常出现。

完善的反腐败条款至少应当包括如下内容:第一,第三方遵守反腐败法律法规和行业实践的承诺。该等承诺所涉及的具体范围,应当根据企业的业务情况予以确定。这些条款应实际且具体,在后期追责和解约中可以有效应用。第二,合规解除。需要明确写明当第三方违反合规承诺时,企业有权解约。第三,合规审查条款。该等条款确保企业有权对第三方进行审查,第三方应当配合。条款应考虑到审查中的具体问题而有的放矢,为第三方合规审查及管理提供权利基础。第四,财务条款。这类条款非常重要,却常常被忽视。该条款规定第三方应当承诺维持准确、充分、符合要求的财务记录。实践中,第三方出现潜在违规行为时,证明违规行为比较困难,但通过审计发现其财务违规却相对容易。因此,该条款能够更便利地实现企业的合同解除权。第五,第三方的披露义务。约定第三方与政府的关系,第三方出现违规事件或遭受调查,或者第三方在尽职调查中向企业提供的关键信息(比如关键股东、控制人等)出现任何有可能影响合规管理的变化时,有义务及时向企业进行披露,否则构成违约。

实践中,上述条款的草拟和签署并非易事。尽管企业常常处于甲方的地位,拥有较好的谈判能力,但要对方完全服从严格的反腐败条款,往往并不容易。尤其是在一些特殊行业涉及的特殊第三方,比如医药行业进行社会捐赠时涉及的基金会、公益组织等第三方,或者具备较强的谈判能力的第三方,可能更难接受签订反腐败条款的要求。因此,反腐败条款既要实现合规的目的,又要能够灵活地妥协和商谈,在守住底线的同时,能让对方接受。

3. 预先批准的第三方名单

预先批准的第三方名单是非常有效的合规控制措施。企业在经过完善的第三方合规尽职调查之后,综合评估第三方的表现和长期合作等因素,可以形成经批准的第三方名单,也称为"白名单"。

"白名单"有三大功能:一是提供合规表现良好、风险较低的第三方资源库,建议业务人员选用,甚至在同等商业条件下要求必须优先选用。这样可以极大提升第三方的整体合规质量。二是合理控制第三方数量,减少私自选用第三方、勾结第三方违规舞弊的风险敞口。实践中,大量未经控制的第三方,或者自由选用第三方,可能会成为串通第三方舞弊、通过第三方行受贿、通过第三方套取贿赂资金等行为的温床。一些企业在采纳笔者的建议进行尽职调查,筛选建立"白名单"后,原有的第三方数量大幅度减少,合规管控的压力也大为降低。事实证明,公司并不需要数量很多的第三方,经过挑选的数量有限的第三方已经足以满足业务需要。三是"白名单"可以成为鼓励第三方合规行为的激励机制。进入"白名单",意味着更容易获得与企业的交易机会,更能建立长久的合作关系,从而鼓励第三方加强自我合规管理;相反,因为合规表现不佳而被移出"白名单",对第三方而言,则意味着失去更多的交易机会。

4. 选择阶段的第三方培训

第三方合规培训,是增强第三方合规意识,指导第三方合规行为,增加第三方合规能力的重要途径。在第三方合作开始的阶段,就加强对第三方的合规培训,也有助于宣传公司的合规理念和态度。第三方合规培训可以采用高效、灵活的方式,比如通过在线教程实施网络培训、在经销商大会中增加合规培训环节等,便捷有效。对第三方的培训,还应当明确受训人员。

(二) 合作中的第三方合规管控

第三方合作过程中的合规风险管控主要从具体交易风险审查入手,结合支付前审核、交易后审核、内部审计和第三方审计、例行评估与合规年检,以及第三方违规内部调查等机制,建立完整的持续监控体系。具体而言:

1. 交易风险审查系统

选择阶段的反腐败尽职调查,并非一劳永逸。尽职调查表现优良的第三方,也可能在具体交易中发生贿赂等违规行为。因此,具体合作过程中的交易风险审查非常重要。交易风险审查是指企业与第三方之间的每项具体交易开始之前,对交易进行合规风险的个案评估,并按照潜在合规风险的高低,将交易分为低风险和高风险,分别对应简化批准和深度审批的审核举措。

企业与第三方的交易往往比较多,日常往来繁多,对每笔交易都进行深度的合规审查既不现实也没必要。那么,如何通过有限的合规专业人员,实现科学的具体交易风险管理? 笔者的建议是,企业应当采取交易风险分级审批系统。首先,法务与合规部门可以通过与业务部门的深入协作,充分了解本企业的第三方交易类型、交易内容、具体交易安排、金额、替代市场、需求强度等基本情况。其次,由合规专业人员根据合规风险点,对各类第三方交易进行初步的风险级别分类。这样,在具体交易审批过程中,可以对各类具有相似风险程度的交易进行初步的风险判断。识别为高风险的交易,采取进一步的高风险交易审核,对于交易的真实性、合理性、合规性进行评估。

实践中,对第三方交易的审查涉及各种各样的不同情形。企业应当形成最切合自身实际的风险审核系统。如前所述,企业对自身需要和涉及的第三方交易进行一个梳理,先将各类交易的风险类别进行一个划分;同时,整理出最贴合本企业的风险点清单作为参考,该清单根据审核实践不断更新和完善。这样一来,交易风险的合规审核效率会明显提高。

2. 支付前审核与交易后审核

实践中,第三方将企业支付的资金用于违规用途,或者与企业员工串通,虚报费用套取资金等做法屡见不鲜。严重的案例中,第三方甚至成为贪污公司资金或者为行受贿行为提供资金的平台。对此,支付前审核与交易后抽检是非常有效的合规管控措施。

首先,与第三方选择阶段或交易合同签署阶段相关联,在与第三方签订的协议、订单等合同性文件中,应当非常清晰地写明企业向第三方支付费用的前提和条件。比如,第三方必须提供何等文件和信息,证明其提供的服务或产品符合合同约定等。这样,在对第三方施加合同约束的同时,也使公司在必要时有权拒绝支付款项，避免合规风险。其次，基于上述安排，企业在向第三方支付款项之前，应当经过谨慎、严格的审查程序，审核第三方提交的付款申请是否符合合同约定、是否合理，比如是否存在没有合理解释的管理费等特殊费用等。第三，财务审核过程中发现风险信号时，应当及时通告法务或合规部门，进一步审核。如果出现虚假票据、舞弊贪腐等情况，应当中止支付款项，并启动调查等应对程序。

需要特别提及的是预付款交易。很多时候，企业为方便项目安排，会将款项一次性或分批预先支付给第三方，由第三方按照合同目的，开展具体项目、提供产品或服务。预付款交易尤其需要慎重审查。这是因为款项一旦付转由第三方控制，企业方面对款项用途是否合规的管控力度和途径就会明显减少。实践中，也确实常常出现预付款被第三方用于违规目的，导致企业遭受损失甚至处罚的情况。对于预付款交易，不仅要在支付预付款之前，进行充分的支付前审查，还要在预付款支付后一定的时间节点，对交易中期履行情况和款项实际使用情况进行监督检查。当然，预付款交易在签订相关合同时，就要赋予企业中期检查的权利，以及发现违规风险时中止支付后续款项，要求退回预付款，以及解除合同的权利。

3. 内部审计和第三方审计

内部合规审计是发现第三方合规风险的重要途径，也是促使第三方合规经营的有力举措。内部审计可以分为定期的例行抽检和深入的系统审计。内部审计的主要范围是对第三方交易的相关情况，从人、财、事三个方面进行核查。在交易结束后，法务、内审部和合规部门可以按照一定的时间段、一定的范围（比如针对某一季度内的高风险类别交易），对相关第三方的交易进行例行抽检，审查是否存在合规风险。根据需要，公司可以对第三方交易进行深入系统的审计，了解第三方交易是否存在行受贿、舞弊贪腐等合规风险。

第三方合规审计是企业在必要时根据合同权利，直接对第三方进行的审计活动。比如，企业接到举报，声称某第三方与企业员工合谋，虚假报销第三方费用据为己有，或者利用报销所得资金贿赂政府官员等。此时，第三方审计将成为了解事实真相的重要途径。需要注意的是，此时如果企业没有在合同中约定具体有效的审计权利，则可能陷入无法审计第三方的被动局面。

4. 定期评估

在与第三方合作过程中，企业可以对第三方各方面的合规表现进行定期评估，以确定第三方的表现级别，最终决定第三方的奖惩措施。举例而言，评估的范围可以包括：配合合规培训的情况；第三方交易抽检中的合规表现；是否出现过未通过审批的高风险交易；是否在支付前审查中被识别出合规风险，或者被拒绝付款；是否在交易后抽查中发现过问题；是否在公司进行的内部审计或第三方审计中被识别出合规风险等。

根据例行评估的结果，决定第三方是否获得续约的权利、是否需要进行整改、是否需要终止合作甚至放入不得合作黑名单。这些机制和后果，为公司提供决策依据，也能促使第三方加强自身的合规运营。

（三）第三方管理中的反馈与矫正

1. 针对第三方违规的内部调查

必要时，企业需要针对第三方违规行为开展内部调查。例如，通过内部审查或举报等途径发现下列情况时，企业可能需要考虑对第三方开展合规调查：第三方出现重大的款项收付问题，比如公司支付给第三方的较大金额款项用途不明；第三方可能存在与公司员工串通，进行虚假报销、虚构费用等行为,或者员工可能通过第三方套取公司资金;第三方可能利用公司资金进行行受贿等行为,尤其是可能向政府官员行贿;第三方可能存在向公司员工行贿的行为等。如何确定第三方违规调查的范围,具体如何制定调查策略和计划,如何开展调查等,都需要慎重计划和安排。

2. 合规奖惩体系

企业应当赏罚分明,根据第三方的合规表现,给予奖励或处罚,提高第三方遵守合规要求的积极性。可以采取多种灵活的方式,例如建立对第三方的积分评价体系。该体系对于综合评估第三方的合规表现很有帮助。根据积分体系,第三方的尽职调查结果以及在各项合规评估项目下的表现,将导致第三方获得或扣除合规积分。企业根据合规积分的高低设定奖惩规则,高于一定积分的第三方获得优先续约的权利或者其他奖励;而低于一定积分的第三方,则可能被要求整改、失去续约资格等。

3. 黑名单及观察名单

黑名单制度是指将存在严重违规行为或高风险的第三方,列入黑名单,禁止公司与之合作的制度。黑名单的作用主要在于:黑名单上的第三方不得采用,即直接排除了高风险第三方;黑名单制度也是对第三方的警示,对于第三方而言,由于合规问题被纳入黑名单,意味着丢失商业机会。因此,第三方也有动力来更加合规的经营,避免进入黑名单。黑名单标准的设定,需要根据企业行业、业务实践来深度定制。

观察名单的后果要弱于黑名单。一般来说,纳入观察名单的第三方是指需要对其作进一步的观察、整改的第三方。该类第三方尚未达到终止合作或放入黑名单的程度,因此暂时放入观察名单。如果整改效果好,能够有效排除风险,则移出观察名单。观察名单作为过渡性的处罚措施,可以做到松紧有度,也是非常有效的合规管控机制。

三、建立并完善危机应对方案和体系

政府执法持续增强是法治完善的必然趋势。这就意味着企业越来越需要懂得如何在越加频繁的反商业贿赂执法、司法行动中,适应并配合政府调查和突击检查,避免阻碍执法所产生的严重后果,正确主张企业合法权利,最大限度地降低政府调查,尤其是突击检查给企业经营带来的负面影响。对此,建立配合政府调查的公司政策和流程,形成协调机制,培养适应能力,是企业亟待完成的要务。

(一) 正确配合政府调查及突击检查的重要性

面对执法机关的突击检查,许多企业往往措手不及、慌乱应对,甚至出现与执法人员发生冲突、逃避执法、藏匿损毁文件、提供虚假信息等阻碍执法等行为,导致严重的法律后果。事实上,执法机关根据法律法规的明确规定依法执法,被检查、调查的企业完全没有必要惊慌失措。不懂得如何配合政府执法,往往是由于企业缺乏完整的配合系统和反应机制,相关人员分工不明,又缺乏相关的经验和知识,结果导致毫无必要的慌乱和错误应对。

懂得如何配合突击检查,懂得如何合法、正确、有序地做出反应,合理合法主张企业的权利,同时又能配合执法人员履行职责,是企业应当具备的能力。根据实践经验,发生政府突击检查时,拥有成熟机制、作出正确应对的企业,与缺乏政策、错误应对的企业相比,结果可能会大相径庭,见表1。

表 1　正确配合与错误应对突击检查区别

体系成熟，配合正确	政策缺乏，错误应对
● 通过顺畅的信息互动，协助确定必要的调查事项，避免不必要的过宽调查和检查 ● 提升调查、检查效率，缩减公司配合调查的时间成本 ● 减少因突击检查阻碍阻断公司运营的损失 ● 协助执法，良好印象，形成合理抗辩的有利环境，积累减轻处罚的有利因素 ● 减少后续公司内部调查成本。	● 因阻碍执法而违法违规 ● 引发冲突，加深矛盾，问题复杂化 ● 政府部门加强对公司的调查、检查 ● 配合度低下，成为影响刑事、行政处罚裁量的重大不利因素 ● 公司消耗大量时间、人力、成本应对调查检查 ● 公司运营遭受严重阻碍甚至阻断，损失不可忽视 ● 公司被要求进行更多的内部调查，花费高昂的调查成本

制定重视配合突击检查的企业政策，建立反应机制和配合流程，设置合理的团队，对公司员工进行相关培训，是企业亟待完成的任务。这样做，能够最大限度地避免因不知如何配合政府调查而造成的不利后果，有时，其后果可能很严重。

以下以反商业贿赂行政执法为重点，介绍突击检查内容，并系统介绍企业应当如何建立机制，更好地配合突击检查。

（二）什么是突击检查

突击检查，是指执法部门为调查刑事或行政违法行为，对目标企业的场所、财产、员工、文件资料等进行的突然检查。突击检查，顾名思义即未经事先通知，是预料之外的突然检查。

突击检查的目的是通过突然检查或搜查实现调查取证的最佳效果。检查中，执法人员要求立即进入目标企业的场地，接触其设施和财物，获取文件资料或询问企业的员工以实施搜查、检查、询问、查封扣押等行动。

相反，执法部门常规性的、不涉及立即搜查目标企业的场所、财产、资料和人员以实施检查、查封等措施的执法活动，则不属于突击检查的范畴。比如，向目标企业送达司法文书、行政通知或其他文件，或仅仅要求企业提供信息等执法活动。

政府实施突击检查的目的，在于收集与潜在违法行为相关的文件、信息和证据。具体而言，突击检查可能包括调查：反腐败和反商业贿赂方面的违法行为；反垄断及竞争方面的违法行为；违反其他行业相关法律法规的违法行为，如药品相关法律法规中的欺诈或其他刑事犯罪等。另外，执法部门对第三方机构进行调查的过程中，为配合取证，也可能会对与被调查的第三方相关的企业进行突击检查。

（三）哪些执法机构会实施突击检查

在我国，司法、政府执法机关根据法律赋予的权限进行突击检查。比如，《反不正当竞争法》赋予工商行政管理机关查处商业贿赂行政违法案件的权力；工商总局根据《行政处罚法》，颁布《工商行政管理机关行政处罚程序规定》，规定工商执法机关在调查取证的过程中，有权对有违法嫌疑的物品或场所进行检查，并有权询问相关人员，调取相关证据。这就赋予了工商执法人员对企业场所进行突击检查的权力。又如，《反垄断法》第 39 条也明确赋予反垄断执法机构进入被调查的经营者的营业场所或者其他有关场所进行检查的权力。

我国有权进行突击检查的执法机关主要包括：国家发展与改革委员会及其下属各地机构；国家工商行政管理总局及其下属各地机构；商务部及其下属各地商务委员会、商务局；国家卫生和计划生育委员会及其下属各地机构；最高检察院及省市地方各级检察院；公安部及省市各地公安厅、局。

（四）突击检查的主要程序及执法权限

典型的突击检查程序包括开始阶段、检查阶段、检查结束前和检查结束后四个阶段。

开始阶段，政府官员到达后，宣布进行现场检查，出示证件、执法文件等。一般而言，执法过程都要求至少两名执法人员。在规模较大的调查活动中，也可能涉及人数较多的执法人员进行现场检查。执法官员到达后，一般愿意等待一段合理的时间，以便公司适当的代表到达现场协助检查。实践中，公司也可以争取请求公司律师到场后，再开始检查活动。但需要注意的是，我国法律并未规定执法人员需要等待公司律师到场。因此，企业不应当因律师未到场而阻挡检查。

检查阶段的主要执法活动是检查场所、物品、资料（包括电子数据）；审阅、复印、拷贝文件和资料；执法官员也可能要求与员工进行一对一会谈。需要提示的是，通常情况下，争取获得执法人员的同意后，可以由公司法务人员或律师陪同参与谈话，但我国法律也并未规定被访谈人员有要求律师陪同在场的权利，因此不能以此为由拒绝与执法人员对话。检查过程中，执法人员有权在被检查场所四处走动，不受妨碍。同时，执法人员也有权进入电子数据系统审阅或拷贝数据。在一些情况下，执法人员可能会对涉嫌违法的物品，或者重要的证据资料等采取查封、扣押或者先行登记等措施。

检查结束前，执法官员会告知是否还有后续现场检查，双方审核、确认复制、带走的文件清单，双方确认谈话笔录、现场检查笔录以及查封、扣押情况。

现场检查结束后，执法人员可能会通知公司继续提供必要的文件和资料，或者要求公司前往汇报情况，或者要求与特定的公司人员进行访谈。在调查潜在违法、违规事件的过程中，执法机关也可能再次前往公司场所，进行进一步的现场检查。

现场检查过程中，执法或司法人员的权限，均由刑事、行政法律法规予以明确的规定。以商业贿赂行政执法调查为例，执法人员的权限主要包括：进入相关场所，但不得使用强力或暴力；对相关场所各处进行检查；要求出示、查阅、复制与调查事项相关的文件，包括合同、票据、财务记录、收据、往来函件等；检查与调查事项相关的产品、设备、设施、办公室等；要求查阅、复制电子数据，视听资料；询问相关人员，形成询问笔录；查封、扣押、没收、先行登记保存相关证据或违法物品。在反商业贿赂的行政执法程序中，执法人员并没有权力搜查人身或私人住所，如需要检查的，应当报请公安机关执行，工商机关予以配合。

（五）企业应当如何配合突击检查

为了形成完善的突击检查配合体系，企业应当首先明确并贯彻正确的基本应对原则。在此原则的基础上，建立全面而实用的公司政策，架构适应执法实践的反应流程，配备合理的人员并加强员工培训，从而形成整体的协调配合体制。

1. 配合突击检查的基本原则

发生突击检查时，企业的每一位员工，都应当始终坚持如下的基本行事原则：第一，在执法人员出示有效执法证件的情况下，一定要采取合作的态度；第二，不得阻挠、破坏突击检查，也不应采取任何可能阻碍执法的行为；第三，努力与执法人员建立诚实、有效的互动。

在上述基本原则之下，还应当注意以下关键点：第一，请求执法人员出示有效的执法证件或执法文件；第二，从执法人员处获得必要的信息，比如执法机关、执法要求、检查范围等；第三，立即通知公司专门负责该等事务的人员，比如法务、现场经理等；第四，及时从法务和外部律师处获得法律咨询和支持；第五，及时、适当地回应政府官员的执法要求；第六，密切跟进突击检查过程。

尤其需要强调的是，与执法人员建立信任的工作关系，而非对抗的抵制关系，对于适当配合政府调查至关重要。在面对突击检查时,主要的负责人员,一定要做到诚恳、合作,不应逃避、拒绝甚至抵抗调查;回应政府官员时保持前后一致、可靠可信;配合调查时,尽量做到流程清晰、时间明确;尊重执法人员,始终保持礼貌友好,但在必要时应有力坚持立场。一旦与执法人员建立起有效交流,往往能够形成主动配合调查的良好印象,避免因冲突、抗拒而导致执法人员采取更强势的调查举措;合作的态度和有效的交流,还能使公司获得与执法人员合理讨论的机会,通过提供信息、配合调查人员要求,明确调查范围,缩短调查时间,甚至减小整个调查规模,使调查活动变得更简单和高效。这样做,才能使得突击检查更快进行,最大程度减少对正常业务活动的影响,避免损失。同时,通过有效配合和交流,争取与执法机构进行协商,必要时获得宽大处理的机会。

2. 建立完善的突击检查配合政策及方案

实践中,能够建立完整的政府调查、突击检查配合政策和应对方案的企业并不多。事实上,建立这样的一套政策和方案并不是一件非常耗时耗力的事情,但该等政策方案一旦适当设立并落地,却能非常有效地发挥指导企业正确配合政府调查的作用,基本上能够避免因配合不当而导致的负面后果。

当然,这类政策应当具备完整正确、简单易行的特点。总结起来,笔者认为一套好的政府调查或突击检查配合方案,应当做到了解执法实践、切合公司实际、实操指引简明、流程安排清晰,一旦执行,绝无慌乱。具体而言,应当具备如下特点:第一,效力保证:该等政策必须是公司高度重视并着力推行的一份政策,在政府调查、突击检查发生时立即启动,严格执行;第二,文本简明:撰写清晰明确、简明易懂、执行性极强的指引条款;第三,体系科学:政策之下建立切合公司实际、高效可行的组织体系,安排简单、清楚、确定的汇报线;第四,人员配置合理:安排最适当的人员配置,比如设立全国协调员、现场协调员和执法官员随同人员;针对每一部门人员(比如法务、财务、IT、前台和安保、行政和秘书等)给予专门的职责规定和行动指引,使其在突击检查中各司其职,有条不紊;第五,流程清晰:切合政府执法程序,对每一环节给予操作指引和注意事项。

3. 建立合理的配合体系

如果不设定合理的配合体系,或者负责人员不清晰,导致汇报线不清楚,就会造成多头汇报、混乱管理的局面,很容易导致员工无所适从,不清楚如何对执法人员作出反应,结果出现胡乱应对,甚至出现对抗、抵制、提供虚假陈述、销毁藏匿文件等严重违法等行为。

因此,我们建议企业根据自己的实际情况,设立最为合理的配合体系。比如,根据企业的场所分布、分子公司数量、业务类型和特点、员工构成等情况,设定最贴切的政府调查配合体系。各个企业的情况不一,但根据实践经验,一些通用的体系结构具有很好的参考价值,比如设定全国协调员、现场协调员,明确突击检查期间的最高管理团队和简单清晰的汇报关系等。

4. 根据执法流程设定合理职责

实践中常常存在一些误解,认为配合突击检查是法务人员的工作,与他人无关。事实并非如此。在突击检查中,公司的每位员工都是当事人。而且,不同的部门还需要承担相应的职责。比如,IT人员可能需要协助提供信息系统的进入途径,提供相关电子数据;人力资源需要安排员工访谈等工作;后勤行政需要安排复印支持、会议室和调查场所的进出安全等事宜。所以,根据现场调查执法流程,设定各个部门细节的职责,加以充分的指引,才能做到各司其职,有条不紊。

这里需要特别提及,总体负责协调突击检查的公司人员,应当承担起非常全面的协调责任,否则整个配合过程就容易出现混乱。如前文所述,从执法人员到达现场开始,总协调人员就应当懂得如何核实官员身份,通知各部门人员组建配合小组,及时联络外部律师获得法律支持,尽量了解执法信息,陪同检查、访谈并安排提供文件和信息,做好检查记录,保留提供文件的复印件,保留官员联系方式,并保持后续跟进等。在一些特殊情况下,还应当懂得如何向执法人员提出异议,尽量保护公司保密信息,或者协商某一文件是否属于调查范围等。因此,这些复杂而专业的任务,最好是由相当经验的法务人员承担,或者,企业也可以考虑及时召唤外部律师来提供专业支持。

另重要人员是陪同人员。陪同人员是指在执法过程中陪同执法人员的人员,其主要职责是陪同记录,随时为执法人员提供支持,作为执法官员与公司总协调人之间的联络点等。陪同人员的培训和配置是非常重要的。实践中,因为没有设置合适的陪同人员,常常出现执法人员需要协助时找不到任何公司人员,企业不知道执法人员查阅了哪些文件等比较被动的情形。

5. 加强员工培训

实践中,很多企业对执法机关的应对事宜疏于重视,没有建立上述的政策和流程,对员工也没有任何培训。发生突击检查时,甚至出现过与执法人员发生严重冲突的情况,也出现过遣散员工、锁闭办公室、拒绝提供文件等做法。这些情况都会导致更加严厉的执法措施,甚至构成阻碍执法的违法犯罪行为。

公司的每位员工,都应当具备对突击检查的基本知识,明白配合执法的基本原则,并了解公司的调查配合政策。对于员工的事先培训,一方面是普适性的培训,无论职位高低,无论是业务还是支持团队,都需要参加,主要是介绍突击检查的背景、构成、形式、职责、流程、配合方案以及调查后的总结与反馈。另一方面是针对性的培训,按照职能分类,针对相关人员可能遇到的情形,进行分类细节培训,使员工熟知突击检查中应当做到的事和一定不能做的事。

四、进行有效合法的内部反腐败调查

公司内部调查是加强风险管理和内部控制以及弥补损失的重要途径。一般来说,企业在行政或司法执法、收到内部举报、出现审计异常和非正常商业运营时会启动公司内部调查。

公司在内部调查结束后,如果调查报告显示确实存在腐败或商业贿赂,则需要采取相关的应对措施,例如进行相关的人事处理、决定是否向监管机关检举、披露等。此外,在公司采取相应的应对措施之后,还有可能面临后续问题。例如,公司将涉嫌商业贿赂的员工辞退之后,可能会发生劳动仲裁或其他人事纠纷;监管机关决定对此开展进一步调查,或要求公司提供有关证据。

为确保公司在面临上述可能发生的状况时能够适当、从容地应对,以合法方式开展调查,取得合法有效的证据就变得尤为重要。

(一)明确公司内部合规调查的目的

公司在开展内部合规调查之前首先要明确调查目的,以便在调查和取证的过程中能够有的放矢,以免发生事倍功半的情况。

具体而言,公司开展内部调查首先应先行判断证据的用途,是用于民事范围(劳动仲裁或民事诉讼),还是用于刑事调查。因为这两个领域对于取证的主体、程序、证据的证明力要求均存在较大的差异。一般而言,如果确定被调查的员工涉及刑事犯罪,则应尽量缩小取证工作范围,尽快移交司法机关立案调查。如果被调查的员工只是违反了公司的规章制度,公司准备依照内部规章对员工进行处罚,则需要公司对被查事项自行取证,合法取得的证据也可以在未来可能出现的如劳动争议中使用。

（二）涉及刑事犯罪的公司内部调查

如果公司调查事项可能涉及刑事犯罪，则需要谨慎取证。在刑事案件中，由司法机关按照刑事程序调取的证据才具有完整的法律效力。公司收集的证据仅需要达到有证据证明"有犯罪事实发生，需要追究刑事责任"[25]的提请立案标准。在此过程中，公司如果开展过多的主动性调查，有时反而会导致相关证据失去刑事证明力。但与此同时，如果不向司法机关提供必要的证据，在实践中又将面临立案难的现实。通常，公司需要进行一定的内部调查，收集到较充分的证据，才能促成案件的顺利立案、侦查。公司应聘请有丰富刑事经验的调查律师，进行合理的内部调查。

虽然在涉及刑事犯罪的调查中，公司承担的取证工作范围较小，但是仍需特别注意以下问题：

首先，公司对"有犯罪事实发生"负有举证责任。因此公司在决定提请立案前，需要收集证据证明员工的行为涉嫌犯罪且给公司造成了损失，并且需要证明损失数额达到了刑事立案的标准，这样有利于公安司法机关启动立案侦查程序。

其次，对员工可能涉及商业贿赂犯罪的调查中，公司在调查中要注意收集单位是否承担责任的证据。例如，公司是否有明确的反腐败规定，内部审批机制是否完备，员工实施行为时是否规避了公司的正常监管，公司管理层是否默许员工的腐败行为，等等。

再次，公司要妥善保管证据。对于员工可能涉及刑事犯罪的证据，公司要注意妥善保存与案件有关的所有证据，防止被篡改、销毁，并根据公安司法机关的要求及时提供。如果故意损毁、隐匿证据，则可能会涉及"帮助毁灭、伪造证据罪"等刑事犯罪。

（三）涉及民事责任的公司内部调查

民事诉讼中的举证责任采取"谁主张谁举证"原则[26]，尤其是劳动纠纷中更加强调公司的举证义务。对此，公司调查中需要注意证据的客观、完整及关联性，并根据不同类型证据的特点开展取证工作。

民事诉讼中的证据种类包括当事人陈述、书证、物证、视听资料、电子数据、证人证言、鉴定意见、勘验笔录 8 类，针对不同类型的证据，取证要求也有所区别。在公司内部调查时，上述证据类型中经常出现的证据主要包括邮件、电脑文件、访谈录音、工作计划、投影、演示材料、照片、会计报告（开支报告和收据）、发票和订单、访谈人笔录等。

一般情况下，只有合法获取的证据才能被法院采纳。证据是否合法涉及多方面的问题，包括取证主体、取证方式或手段、取证程序、证据形式、提交证据时限是否合法等。公司调取证据最需要注意的常见问题如下：

（1）公司要确保原始证据尽量密封保存，如果未来对证据存在异议，则可以提交法院对原始证据进行鉴定。对于公司内部的财务账目等证据，需要保持记录的完整性。

（2）电子数据的调取，应当由第三方技术人员进行，同时需对取证过程进行公证。在民事诉讼中，一旦对方对复制的电子数据提出异议，实践中对此往往做出不利于取证方的裁判。但是，如果相关的取证工作能够由第三方技术人员进行，且全程进行公证，则相关证据在实践中多能得到裁判者的认可，对方即使提出异议，也多因缺乏合理性而被排除。

（3）未征得对方同意的录音、录像证据具有法律效力，但取证中需要注意操作方式。访谈是公司内部调查的一个关键环节，其对从还原事件、确认事实到提出合适的法律建议是必不可少的，因此访

---

〔25〕 公安部于 2012 年 12 月颁布《公安机关办理刑事案件程序规定》第 175 条。
〔26〕 最高人民法院《关于适用〈中华人民共和国民事诉讼法〉的解释》第 90 条。

谈录音作为证据的可采性也是非常重要的。公司在对员工职务行为进行访谈过程中偷偷做的录音录像,其合法性一般能够得到法院的确认。但需要特别注意的是,采用私下录音、录像方式取证不能使用间谍设备、不能采用窃听手段,否则公司的行为本身可能违反相关法律法规,将受到行政处罚甚至刑事处罚。同时,如公司为美国公司,应综合考虑录音录像取证对于其法律保密特权(Privilege)的影响,须慎重考虑通过录音录像的方式取证。

(4)公司制作的访谈笔录,应当要求被访谈对象签字确认。在中国法项下,访谈笔录需要被访谈人签字确认后才具有证明力,否则作为单方的记录,即使笔录由公司聘请的律师制作,由于律师与公司存在利益关系,一旦被访谈人对于记录内容予以否认,则该笔录的真实性往往不被认可。与此相反,如果访谈笔录能够由被访谈人签字确认,则在没有反证的情况下,一般均能够被认为具有完整的证明力。同时,如公司为美国公司,应综合考虑法律保密特权来决定访谈笔录是否应由被访谈人签字。

(5)除了上述电子证据和录音证据,公司内部调查还涉及其他证据的收集,例如会计报告、订单及发票、开支报告及收据等。这些证据的获取虽然没有电子证据那样困难,但为确保这些证据的合法性及有效性,收集时也应当注意法律规定的程序,形式上也需符合相关规定。

(6)为了增加证据的证明力,尽量调取原件,如果复制件存在瑕疵,法院在结合案件其他证据,对待证事实予以综合判断后,仍有可能认为该瑕疵复制件不具有证据证明力,从而不被采纳[27]。

(四)内部调查取证中其他常见问题

除了上述针对刑事、民事领域进行调查取证应当注意的问题外,公司内部调查取证还应当注意保护商业秘密、个人隐私与国家秘密。

中国已经形成了保护商业秘密的法律制度,侵犯商业秘密有可能面临行政处罚、民事诉讼甚至刑事诉讼。在公司内部调查中,对公司而言,平衡信息披露和公司商业秘密保护是一个重要的问题。"证券调查及反商业贿赂调查可能存在严格的保密义务,违反保密义务可能导致公司高管以及董事会成员面临被起诉的风险,因此有必要确定在公司内部以及对外进行披露的范围,为避免违反披露限制的风险,比较有利的做法是由公司主动向调查机关通报需获悉该调查事宜的人员名单,遵守监管机构的要求[28]",从而避免违反保密或披露义务。而对参与调查的第三方主体,比如律师和会计师和电子取证专家,如果在调查中获得或知悉公司秘密,应当严格遵守职业道德规范,保护公司的商业秘密,避免公司商业秘密泄露。

针对我国目前关于个人信息及隐私权保护的法律制度以及立法趋势,公司内部调查如需收集公司员工相关信息时,应尽量获得被收集员工的同意。具体来说,可以通过事前的书面同意来收集员工个人信息;也可以通过协议,比如劳动合同、内部规章制度、确认函、书面授权等方式收集;对通过公开渠道(如媒体、网络等)获得的个人信息,应记录来源,保存相关证据(如网页信息、截屏等)。在收集了员工个人信息后,要对该员工信息采取适当的保护措施,避免员工信息被窃取或泄露。如果需要将员工信息转移至第三方时,应当再次获取员工的同意,对于一些特殊行业,转移个人信息可能受到其他限制,例如根据中国人民银行的一则通知,"除法律法规及中国人民银行另有规定外,银行业金融机构不得向境外提供境内个人金融信息。"

---

〔27〕 最高人民法院《关于适用〈中华人民共和国民事诉讼法〉的解释》,第111条。
〔28〕 周玲玲:《"电子证据"概述及其采集与认定》,中国法院网(http://www.chinacourt.org/article/detail/2012/12/id/799019.shtml),最后访问日期:2016年4月9日。

中国对于窃取、泄露国家秘密实施了严格的刑事和行政制裁，但是相关的法律法规对于究竟什么是国家秘密的规定却十分宽泛和模糊，有时国有企业内部政策和程序也有可能被认定为国家秘密。公司在做内部调查时，可能会涉及国家秘密，或者不确定某类信息是否属于国家秘密，比如同某些敏感行业（例如电信、银行、信息技术、能源和自然资源）的国有企业进行的交流或协议。在这些情形下，公司首先要做的是咨询中国律所，确定该等信息是否属于国家保密信息范围，并了解获悉该等国家保密信息是否会面临相关的法律责任，并衡量法律责任的严重程度，然后再决定是否进一步获悉该等国家秘密信息。最好的做法就是先在中国境内审阅文件。在中国律师澄清了是否涉及国家秘密之后，可以视情况将相关文件转移到境外。如果该相关法律对查阅该等文件的主体或查阅目的不作禁止性限制，那么外国公司法律顾问也可能前往中国审阅相关文件。

稿　　约

　　《国际商事法务评论》是由上海交通大学凯原法学院主办、上海交通大学企业法务研究中心编辑，并由上海交通大学出版社出版的学术连续出版物。本连续出版物对来稿不做字数上的限制，只根据学术水准和学术规范的要求，实行双向匿名审稿制度。来稿请以电子邮件方式发送至电子邮箱 guojishangshi@126.com。稿件请附标题、目次、摘要、关键词的中英文版本，注明作者身份和联系方法；引文注释采取整篇文章连续编码，体例请参照《中国社会科学杂志社关于引文注释的规定》。来稿的审稿期限为 3 个月，对来稿原则上不退还。本书所发表文章中的观点均属于作者个人，并不必然反映编辑部及其他机构、个人的观点。